David Hempleman-Adams, geboren 1956 in Swindon, England, ist Geschäftsmann von Beruf, aber Abenteurer aus Passion. Auf seinen über 30 Expeditionen hat er viele waghalsige Rekordleistungen vollbracht: Im Jahre 1984 wanderte er als erster Mensch allein und ohne Unterstützung zum Nordpol und er war der erste Brite, der völlig auf sich gestellt zu Fuß den Südpol erreichte. Der Ausnahmeabenteurer gewann 1998 als Erster den »Grand Slam« der Forschungsreisenden, eine Herausforderung, bei der es galt, die Pole zu erobern sowie auf allen Kontinenten den höchsten Berg zu besteigen.
Bei Frederking & Thaler erschien von Hempleman-Adams bereits:
Arktisches Solo

Robert Uhlig, der zusammen mit David Hempleman-Adams das vorliegende Buch geschrieben hat, ist Redakteur des *Daily Telegraph* in London. 1998 begleitete er Hempleman-Adams und Rune Gjeldnes in die kanadische Arktis, um deren Expedition zum Nordpol zu dokumentieren.

Für Hilary, Linus und meine Mädchen

Die Deutsche Bibliothek – CIP-Einheitsaufnahme
Ein Titeldatensatz für die Publikation ist bei
Der Deutschen Bibliothek erhältlich.

NATIONAL GEOGRAPHIC ADVENTURE PRESS
Reisen · Menschen · Abenteuer
Die Taschenbuch-Reihe von
National Geographic und Frederking & Thaler

1. Auflage Juli 2004, erstmals im Taschenbuch
Deutsche Erstausgabe © 2001 Frederking & Thaler Verlag GmbH, München
© 2001 Cold Climates Expeditions Ltd. und Robert Uhlig
Titel der Originalausgabe: At the Mercy of the Winds
erschienen bei Transworld Publishers, London,
einem Unternehmen von Random House Group Ltd., London
Alle Rechte vorbehalten

Aus dem Englischen von Hans-Joachim Maass
Fotos: siehe Bildnachweis S. 393
Lektorat: Monika Blume, München
Umschlaggestaltung: Petra Dorkenwald, München
Herstellung: Caroline Sieveking, München
Druck und Bindung: Clausen & Bosse, Leck
Printed in Germany

ISBN 3-89405-228-7
www.frederking-thaler.de

Das Papier wurde aus chlorfrei gebleichtem Zellstoff hergestellt.

DAVID HEMPLEMAN-ADAMS
ROBERT UHLIG

MIT DEM WIND ZUM NORDPOL

Ein moderner Abenteurer auf den Spuren einer historischen Tragödie

Aus dem Englischen von
Hans-Joachim Maass

Inhalt

Karte	6
Einführung von Ian McEwan	9
Prolog: Die Entdeckung: Weiße Insel, norwegische Arktis, 5. August 1930	13
I. Der Funke: Kanadische Arktis, 1. April 1998	20
II. Der Plan: London, England, 29. Juli 1895	48
III. Die Vorarbeiten: Spitzbergen, Norwegen, 25. Januar 2000	77
IV. Die Rivalen: Virgo-Hafen, norwegische Arktis, 14. August 1896	98
V. Die Verlobung: Stockholm, Schweden, Oktober 1896	118
VI. Der Countdown: Spitzbergen, Norwegen, Mai 2000	146
VII. Der Start: Virgo-Hafen, norwegische Arktis, 21. Juni 1897	177
VIII. Die Fahrt: Das Eismeer, 11. Juli 1897	199
IX. Die Fahrt: Das Eismeer, 29. Mai 2000	224
X. Der Marsch: Im Eismeer, 14. Juli 1897	246
XI. Der Anfang vom Ende: Das Eismeer, 4. August 1897	268
XII. Der Pol: Das Eismeer, 31. Mai 2000	292
XIII. Der Todeskampf: Weiße Insel, norwegische Arktis, 2. Oktober 1897	318
XIV. Die Heimkehr: Das Eismeer, 1. Juni 2000	345
Nachbemerkung des Koautors	369
Fußnoten	372
Anhang I: Die Todesursache	373
Anhang II: Die Ausrüstung	384
Danksagung	389
Literaturhinweis zum Anhang	391
Bildnachweis	393

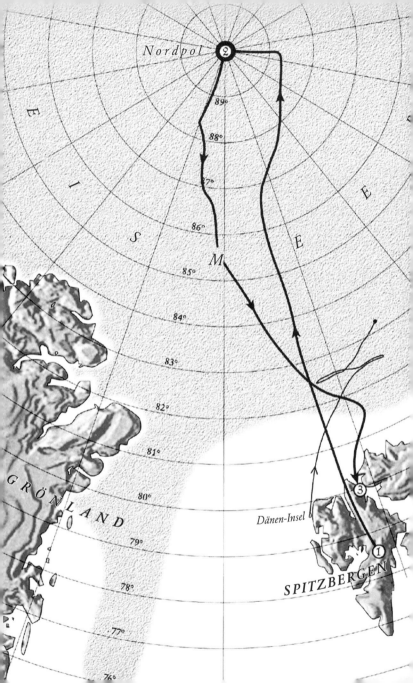

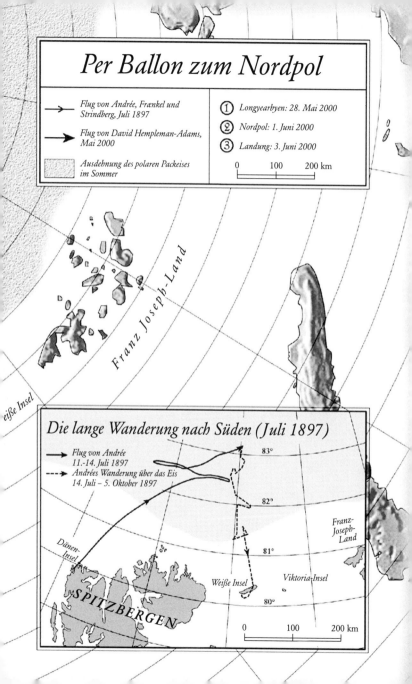

»Es ist schon recht eigenartig, hier als Erster in einem Ballon über dem Polarmeer zu schweben. Wie bald werden wir wohl Nachfolger bekommen? Wird man uns für verrückt halten oder unserem Beispiel folgen?«

ANDRÉES TAGEBUCH, 12. Juli 1897

Einführung

Es ist aufschlussreich, hier zu lesen, dass der Forschungsreisende Andrée 1896 bei seinem zum Scheitern verurteilten Versuch, mit einem Wasserstoffballon den Nordpol zu überfliegen, einen Smoking im Gepäck hatte – für den Fall, dass er genötigt sein würde, mit dem König irgendeines bis dahin unentdeckten arktischen Landes zu speisen. Das liegt nur drei oder vier Generationen zurück. Wenn wir fünf oder sechs Generationen zurückdenken, wurden weite Teile Afrikas, Asiens und selbst des amerikanischen Westens gerade erst durch europäische Reisende erforscht. Auch mit dem Maß menschlicher Zeit gemessen, die sich im Vergleich mit der evolutionären oder geologischen Zeit so gering ausnimmt, ist die vollständige Erforschung der Welt noch nicht sehr alt. Als Redmond O'Hanlon sich vor acht Jahren in den zentralen Kongo aufmachte, konnte er mir noch auf seinen in einem großen Maßstab gezeichneten Karten weiße Flecken unerforschter Mangrovensümpfe zeigen. Durch die Satelliten-Kartografie sind die letzten weißen Flecken der Landkarten verschwunden. Wir sind schon überall gewesen, oder vielmehr andere beziehungsweise deren Ausrüstung sind in unserem Namen überall gewesen. Für Biologen und Geologen sowie Wissenschaftler anderer Disziplinen wird es auch weiterhin gute Gründe geben, sich an entlegene Orte zu begeben, doch für den reinen Forschungsreisenden, den es einfach nur reizt, sich als Erster irgendwohin zu begeben und lebend zurückzukehren, gibt es mit Ausnahme des Tiefseegrunds nicht mehr viel zu erkunden. Der Mount Everest, der erst 1953 »erobert« wurde, ist jetzt mit Tausenden von Tonnen Abfall und zurückgelassener Ausrüstung geschmückt. Sechs Milliarden von uns Menschen drängen sich auf dem Planeten, und es werden noch mehr kommen. Selbst wenn nur eine geringe Anzahl von ihnen neugierig genug ist, gefahrvolle Reisen durch die Wildnis zu relativ unberührten Orten zu unternehmen, werden diese Pfade am Ende dieses Jahrhunderts ziemlich ausgetreten sein.

Beim Nordpol wird das nicht der Fall sein. Er ist ein rein imaginärer Punkt in einem erstarrten Meer, dessen Eis ständig durch mächtige Strömungen verschoben wird – wie Generationen von Forschungsreisenden zu ihrer Enttäuschung und gelegentlich zu ihrem Vorteil entdeckt haben. Die Wetterbedingungen können extrem rau und unbeständig sein. Das »Gelände« ist nichts weiter als unter großem Druck stehendes Eis; Eisschollen bewegen sich gegeneinander wie tektonische Platten und türmen riesige Felder von Brucheis oder Eisblöcken auf oder lassen offene Wasserrinnen entstehen. Heute durchpflügen Atom-U-Boote das Wasser unter der polaren Eiskappe routinemäßig, über dem Eis fliegen Jumbojets durch die Stratosphäre, und gelegentlich lassen sich hier auch im Sommer Eisbrecher sehen, die zahlreiche Touristen mitbringen. Doch nur diejenigen, die sich vom nächstgelegenen Land zu Fuß aufmachen, können von sich behaupten, wirklich am Nordpol gewesen zu sein.

David Hempleman-Adams und sein Freund Rune Gjeldnes haben diese Wanderung 1998 unternommen – ihre Schlitten hinter sich herziehend –, über diese Reise wird in *Arktisches Solo* berichtet. Weder ausgeklügelte elektronische Geräte noch die allerjüngsten Entwicklungen an Fasern und Material reichen für eine Expedition aus, nein – die Teilnehmer müssen sich verlassen können auf ihre körperliche Fitness, Geduld, Stimmung, wechselseitige Toleranz und Zielstrebigkeit. So hatte David durchaus Grund zu glauben, er habe sich beim nächsten Mal eine Ballonfahrt verdient.

Seine vielleicht größte Leistung dabei war, von Grund auf zu lernen, wie man einen Ballon steuert. Schon nach wenigen Monaten stellte er mit einem Flug quer über die Anden einen Weltrekord auf und machte sich dann auf den Weg zum Nordpol. So wie abgehärtete Überlebensspezialisten einem gern erzählen, dass Schlangen, Ratten oder Termiten »genau wie Hühnerfleisch« schmecken, werden Ballonfahrer steif und fest behaupten, dass diese Art des Fliegens Kilometer für Kilometer »die sicherste Form der Fortbewegung« sei. Ich bin da nicht so sicher. Als ich für meinen Roman *Enduring Love* recherchierte, der mit einem Ballonfahrtunfall beginnt, erkundete meine Frau – die selbst an Höhenangst leidet – eine Unmenge von Daten mit den Schlüsselbegriffen »Ballon« und »Tod«. Das Ergebnis ihrer Mühen waren fünf eng beschriebene Seiten mit Katastrophen, und das in einem zeitlichen Rahmen von nur zwei Jahren. Murphys Gesetz scheint auch ein paar tausend Fuß über dem Erdboden Gültigkeit zu haben: Was schief gehen kann, geht manchmal schief, auch am Himmel. Daher habe ich immer höfliche Ausflüchte vorgebracht, wann immer David meine heranwachsenden Söhne und mich zu einem Flug über die Felder Wiltshires eingeladen hat. Ich glaube, ich würde lieber eine Ratte verspeisen.

Auch das vorliegende Buch kann mich nicht von meiner Meinung abbringen. Auch der Titel bestätigt meinen Entschluss vollkommen. Das Gleiche gilt für den ungewöhnlichen Bericht über die Expedition Andrées, die mit der zeitgenössischen Geschichte verwoben ist. Die damalige Technik – überall poliertes Holz und Messing, Leinwand und Schießpulver – erinnert an den Stand der Wissenschaft von Wells' *Die Zeitmaschine*, und das Abenteuer Andrées und seiner Gefährten war tatsächlich so ehrgeizig und unwahrscheinlich wie eine Reise durch die Zeit. Die traurige Liebesgeschichte, die damit verbunden ist, und das tragische Ende der drei Forschungsreisenden, das mehr als 30 Jahre lang ein Rätsel blieb, erheben diese

Ballonfahrt in den Rang von Cherry-Garrards *The Worst Journey in the World*. Im Gegensatz dazu ist David wohlbehalten zu der Familie zurückgekehrt, die er liebt; ihm standen bei seinem Flug eine Menge der jüngsten Entwicklungen auf dem Gebiet der Telekommunikation, meteorologischer Computermodelle und der Ballontechnologie zur Verfügung. Doch letztlich können Maschinen versagen, insbesondere, wenn sie komplexe Konstruktionen sind. Es geht hier nämlich nicht nur um Elektronik, sondern um einen Mann, der an Schlafmangel leidet und über einer in Eis erstarrten Einöde in einem Korb hängt und es allein mit seiner Intelligenz schafft zu überleben. Ein Mann, dem im Umkreis von Hunderten von Kilometern niemand helfen kann und der die Richtung seines Ballons nicht genau bestimmen kann. Material und Instrumente mögen revolutionäre Entwicklungen durchgemacht haben, aber das menschliche Element bleibt unverändert. Ich zweifle nicht daran, dass David sich freiwillig für die Expedition Andrées gemeldet hätte, wenn er damals schon gelebt hätte. Wenn man von dieser Ballonfahrt zum Nordpol im Jahr 2000 liest, gewinnt man einen völlig veränderten Blick auf die Welt, die immer noch diesen einen einsamen Punkt am Nordpol besitzt. Und so wie es bei allen früheren Generationen von Forschungsreisenden gewesen ist, können nur Mut, Ausdauer und eine eigentümliche Form von Sturheit einen aus eigener Kraft dorthin bringen.

Ian McEwan

Prolog

Die Entdeckung

Weisse Insel, norwegische Arktis
5. August 1930

Nur die gedämpfte Bewegung der Schiffsschraube, die sich in dem eiskalten Wasser drehte, und das stetige leise Keuchen des Atems der Männer durchbrach die Stille. Rund 800 Meter entfernt tauchte die kleine Insel auf, die Robben- und Walrossfänger unter dem Namen »Unzugängliche Insel« kannten. Sie schien wie ein blendend weißer Schild auf dem Meer zu treiben. Überall um sie herum war das Wasser mit auf Grund gelaufenen Eisbergen gesprenkelt, deren nackte Eiswände sich im Eismeer spiegelten. Es war das erste Mal seit vielen Jahren, dass das Packeis so weit geborsten war, dass es einen Zugang zur Weißen Insel ermöglichte, und die Robbenfänger hielten auf den Strand zu.

Während er die Küste nach Walrossen absuchte, kauerte sich der jüngste der acht Robbenfänger mit den beiden Harpunieren an Bord der *Bratvaag* gegen die bittere Kälte zusammen. Es war Olav Salens erste Fahrt im Eismeer, und der Siebzehnjährige war erleichtert, endlich seiner beengten Kajüte im Bug des hölzernen Robbenfängers mit 96 Tonnen Tragfähigkeit entkommen zu sein. Er war seit elf Tagen auf See; elf Tage in dem nasskalten Griff des Polarnebels, der einem nichts weiter zu tun ließ, als Jagdausrüstung vorzubereiten, mit den drei Wissenschaftlern an Bord zu sprechen und von den Erinnerungen an Ålesund zu sprechen, den Heimathafen der norwegischen Eismeerfischerflotte.

Am folgenden Morgen, als die arktische Sommersonne an einem wolkenlosen Himmel ihre Bahn zog, tauchte Olav aus dem Unterdeck auf. Ole Myklebust und sein zweiter Harpunier Sevrin Skjelten hatten sich auf der Suche nach Walrossen schon auf den Weg gemacht. Das Kielwasser ihres Boots breitete sich in der eisigen See wie eine riesige Pfeilspitze aus. Olav, der zum ersten Mal die gesamte Weiße Insel sehen konnte, fand den Anblick deprimierend. Es war ein unwirtlicher Ort, der nichts Gutes verhieß; die Stille wurde nur durch ein gelegentliches Donnergrollen aus dem Norden unterbrochen, als massive Eisbrocken sich vom Gletscher lösten und ins Meer stürzten, wo sie zu Eisbergen wurden, die nach Süden trieben, bis sie schmolzen.

Die Harpuniere stießen bald auf Beute, und um die Mittagszeit steuerten Olav und zwei seiner Gefährten in einem Fangboot auf die Weiße Insel zu, auf dem Skjelten das Kommando führte. Mit einer Beute von zwei harpunierten Walrossen im Schlepptau fuhr das Boot Richtung Land, bis die Männer die mächtigen Großrobben auf den Strand wuchteten und zu häuten begannen. Die Kadaver dampften in der kalten Luft. Nach einer Stunde dieser ermüdenden Arbeit hatten die vier Männer einen brennenden Durst. Als jüngstes Mitglied des Trupps wurde Olav in Gesellschaft seines Freundes Karl Tusvik auf die Suche nach Trinkwasser geschickt.

Ein kurzes Stück weiter am Strand entdeckten sie eine Rinne eisigen Wassers, die sich zwischen Schneeverwehungen und Granitfelsen dahinschlängelte. Als Olav auf die andere Seite hinüberwatete, fühlte er, wie sein Stiefel gegen etwas Metallisches stieß. Er blickte nach unten. Auf dem Boden lag ein Aluminiumdeckel. Erstaunt, ein so offenkundiges Zeichen von Zivilisation auf einer Insel zu finden, die als einer der unzugänglichsten Vorposten der Arktis galt, wateten die Männer durch den Kies, rutschten auf Eisflecken und spärlichem rotbraunen Moos aus, als sie den Boden absuchten und sich weiter landeinwärts begaben, um nach weiteren Spuren zu suchen, die den Metalldeckel vielleicht erklären konnten.

Ein kurzes Stück landeinwärts entdeckten sie einen dunklen Gegenstand, der in der Nähe eines felsigen Hügels aus einer Schneewehe ragte. Mit bloßen Händen kratzten sie in aller Hast den verharschten Schnee von dem Gegenstand, der zur Hälfte im Schnee verschüttet lag, und entdeckten ein Boot aus Holz und Segeltuch.

Als Olav und Karl sorgfältig so viel verharschten Schnee und Matsch entfernten wie nur möglich, enthüllte sich ihrem Blick der Inhalt des Boots: ein Paket mit Büchern und Karten, Kleidungsstücke, Hämmer, eine Harpune, ein Bootshaken aus Bronze, zwei Gewehre, ein Anemometer zur Messung der Windgeschwindigkeit, einige Aluminiumschachteln und Schnüre sowie ein Theodolit, ein Instrument zur Landvermessung. Die Knochen eines Eisbären schienen allerdings erst in jüngerer Zeit hinzugekommen zu sein.

Vor Aufregung über ihre Entdeckung meldeten sie mit lauten Rufen ihre unglaubliche Neuigkeit. Dann rannten Olav und Karl dorthin zurück, wo Skjelten und die anderen Robbenfänger immer noch an den Walrossen arbeiteten. Alle vier rannten zum Fundort zurück, wo sich ihnen kurze Zeit später der Schiffer der *Bratvaag* anschloss, Peder Eliassen. Als er einige der Gegenstände im Boot näher unter die Lupe nahm, bemerkte er, dass sie markiert waren: *Andrées pol.-exp. 1896.* Er wandte sich an seine Männer und war höchst erstaunt über die ungeheure Tragweite ihrer Entdeckung.

»Meine Herren, Sie stehen vor den Überresten des kühnsten aller Versuche, als Erste zum Nordpol zu gelangen«, teilte er ihnen mit.

Doch ein wirklich schauerlicher Anblick erwartete die Männer, als sie ihre Suche fortsetzten. Etwa zehn Meter von dem Segeltuchboot entfernt war ein verstümmelter menschlicher Leichnam gegen eine Felswand gelehnt. Was von dem Fleisch des Mannes noch übrig geblieben war, sah aus wie rohes gelbes Leder; der Kopf fehlte, und der größte Teil des Oberkörpers war aus der offenen Jacke des Leichnams herausgerissen worden. Weiter unten ragten Knochen aus der zerfetzten Kleidung hervor. Die Beine schienen in einem besseren Zustand zu sein. Sie lagen in natürlicher Haltung da, und an den Füßen waren immer noch zwei Lappenstiefel festgebunden. Später fand man etwa 60 Meter weiter östlich ein menschliches Becken, vermutlich an der Stelle, an der Eisbären es hatten fallen lassen.

Erschüttert durch diese Entdeckung, kehrte der Kapitän langsam zum Strand zurück, wo er an Dr. Gunnar Horn herantrat, den Leiter des Wissenschaftlerteams an Bord seines Schiffes. Eliassen zog das tropfende, in Leder gebundene Notizbuch aus der Tasche, das er im Boot an sich genommen hatte, und schlug es auf. Auf der ersten Seite stand *Die Schlittenfahrt 1897*, dem eine Liste der Vorräte und eine Woche für Woche geführte Aufzeichnung der eingenommenen Mahlzeiten folgte. Ein zweites Beweisstück war ein weiteres Tagebuch, in dem über ihren Todesmarsch übers Eis berichtet wurde. Die Beschreibung wurde gelegentlich durch komplizierte astronomische Berechnungen und Beobachtungen unterbrochen, die unterwegs angestellt worden waren.

Ohne Zweifel, so sagte Eliassen dem Geologen, haben wir die Überreste von Andrée und seinen Gefährten gefunden.

Endlich hatte das Eis seine Toten freigegeben; das rätselhafte Schicksal der drei tapferen Schweden, die mehr als 30 Jahre zuvor von der kältestarrenden Inselgruppe Spitzbergen aufgebrochen waren, stand kurz vor der Enthüllung. Sie waren 1897 in einem Wasserstoffballon zum Nordpol aufgebrochen, doch danach hatte man nie mehr etwas von ihnen gehört.

Sobald ihnen die Tragweite der Entdeckung aufgegangen war, nahmen die Forscher Spieße, Hacken, Spaten und Brechstangen und machten sich zum Fundort auf, etwa 180 Meter landeinwärts von der Stelle, an der Eismöwen schon auf den beiden blutigen gehäuteten

Walrosskadavern herumhackten. Die Männer suchten sorgfältig die Beweise für ihren Fund zusammen. In der Nähe des Bootes schienen mehrere Gegenstände von Beute suchenden Eisbären verstreut worden zu sein, darunter eine schwere Kiste, die wohl Munition enthielt, ein paar Kleidungsstücke, einige Instrumente und weitere Kisten sowie eine zusammengerollte schwedische Flagge. Das eindeutigste Beweisstück lag neben einem leeren Schlitten im Schnee: ein mit einem Monogramm besticktes Taschentuch. Mit verblichener roter Baumwolle waren die Initialen von Nils Strindberg zu sehen, N.S., dem Vetter des berühmten Dramatikers August Strindberg, einem von Andrées Gefährten.

Als Nächstes untersuchten die Männer die Überreste der Leiche in der Nähe des Bootes. Dr. Horn öffnete sorgfältig die Jacke um den verstümmelten und kopflosen Torso herum. Im Rücken der Jacke war ein großes »A« in das zerfetzte Gewebe eingenäht worden. Ob dies Andrée sein konnte? fragte er sich. Als er die verrottete Kleidung des Leichnams eingehender untersuchte, fand er in einer Innentasche ein kaum benutztes Tagebuch, einen Bleistift und einen Schrittzähler. Auf den Seiten des Tagebuchs war nur wenig geschrieben, doch zusammen mit dem Monogramm in der Jacke genügte es für die Vermutung, dass die Überreste tatsächlich die von Salomon August Andrée waren.

In der Nähe entdeckte einer der Robbenfänger, dass der Kolben eines Gewehrs aus dem Schnee ragte, und kniete nieder, um den Lauf freizukratzen. Das Gewehr schien noch funktionsfähig zu sein – was vielleicht darauf schließen ließ, dass die Männer sich trotz des Zustands von Andrées Leichnam vor Angriffen durch Eisbären hatten schützen können.

Auf einem Stapel von Kleidungsstücken lag ein Primuskocher, dessen Petroleum immer noch im Behälter schwappte. Einer der Robbenfänger betätigte die Pumpe, worauf Petroleum in einem feinen Sprühnebel aus dem Brenner schoss – ein Anzeichen, dass die Forschungsreisenden wahrscheinlich nicht verhungert waren. Kochgefäße, Steingutgeschirr und ein Porzellantopf mit Lanolin zur Heilung von Kälteverletzungen an der Haut der Forschungsreisenden wurden ebenfalls verstreut gefunden.

Nach einer Weile entfernte sich Sevrin Skjelten, der zweite Harpunier, von dem restlichen Suchtrupp. Er suchte prüfend den Boden ab und sah plötzlich das eingefrorene Lächeln eines menschlichen Schädels, der etwa 30 Meter nördlich des vermutlichen Leichnams von Andrée auf dem Granitkies lag. Etwa dreieinhalb Meter von dem Schädel entfernt ragten zwei immer noch in Lappenstiefeln steckende Füße aus einem arktischen Grab. Man hatte den Leichnam in eine Spalte zwischen zwei großen Felsbrocken geklemmt und ihn mit Steinen zugedeckt. Als er sich hinunterbeugte, um ihn sich näher anzusehen, bemerkte Skjelten, dass die linke Schulter der Leiche unter den Steinen hervorlugte. Auf dem Grabhügel ruhte ein menschliches Schulterblatt. Er fragte sich, ob man den Leichnam dort liegen lassen sollte, wo er ihn gefunden hatte, doch nach einer Diskussion mit seinen Kollegen und den Forschern wurde beschlossen, das Grab zu öffnen und den Leichnam zu exhumieren, um die Forschungsreisenden in Schweden über 30 Jahre nach ihrem Tod beerdigen zu können.

Das Skelett unter dem Felsen war ebenfalls kopflos. Vielleicht erklärte dies seinen Tod. Die Männer vermuteten, dass Eisbären ihm den Kopf abgerissen hatten, was die beiden Gefährten des Mannes gezwungen hatte, den enthaupteten Leichnam zu begraben. Oder vielleicht gehörte auch der von Skjelten in der Nähe gefundene Schädel zu diesem Haufen von Gebeinen. Die Exhumierung ging nur langsam vonstatten, weil die Knochen am Boden festgefroren waren und mit Hilfe von Hacken und Spaten gelöst werden mussten. Sobald der Leichnam befreit war, nahmen die Männer das

Segeltuchboot in Angriff. Sie brauchten nur eine Stunde, um es vom Eis zu befreien, doch ein Schlitten, der sich darunter befand, war vollständig von Eis umschlossen und erforderte weit mehr Zeit. Schließlich waren alle Überreste befreit und in Persenning gehüllt. Zum Schluss errichteten die Männer einen kleinen Steinhügel, um die letzte Ruhestätte der Andrée-Expedition zu markieren, und Dr. Horn schrieb eine kurze Notiz auf Norwegisch und Englisch:

An dieser Stelle fand die norwegische Expedition zum Franz-Joseph-Land an Bord der MS Bratvaag mit dem Schiffer Peder Eliassen die Überreste der schwedischen Andrée-Expedition. Weiße Insel, am 6. August 1930. Gunnar Horn.

Er steckte das Papier in eine Flasche, die behutsam in den Steinhügel gelegt wurde. Ein mit drei Halteseilen gesicherter Holzpfahl wurde an der Spitze befestigt, um die Stelle zu markieren.

Dann legten die zehn Mann der Besatzung der *Bratvaag* fünf Riemen auf den Boden, hievten das Segeltuchboot darauf und trugen es dann vorsichtig zum Wasser hinunter, wo es zusammen mit den restlichen Funden auf eines der Fangboote geladen wurde, so dass es nur noch wenige Zoll über der eisigen Wasseroberfläche lag.

An Bord der *Bratvaag* wurden Boot, Schlitten und menschliche Überreste für die lange Rückreise nach Schweden an Deck festgebunden – 33 Jahre nachdem Andrée und seine Gefährten, von brennendem Ehrgeiz getrieben, zu dem Abenteuer des Nordpolflugs aufgebrochen waren.

Erstes Kapitel

Der Funke

Kanadische Arktis
1. April 1998

An diesem Tag kommt mir der Gedanke, dass es vielleicht einen leichteren Weg gibt. Seit vier Wochen unternehme ich meinen dritten Versuch, den Nordpol zu Fuß zu erreichen. Keine Hunde, keine Schneemobile, keine tägliche Unterstützung von einem nur mir zur Verfügung stehenden Flugzeug. Ich schleppe 250 Pfund Ausrüstung und Lebensmittel fast 650 Kilometer lang über zwölf Meter hohe erstarrte Grate gebrochenen Eises. Zweimal haben wir unsere Lebensmittelvorräte ergänzen und schadhafte Ausrüstungsgegenstände ersetzen können; im Übrigen sind wir auf uns gestellt. Es ist ein fast mörderisches, äußerst riskantes Vorhaben, bei dem ich in acht Wochen fast ein Drittel meines Körpergewichts verlieren werde, und ich frage mich oft, warum ich dieses Elend für lohnend halte.

Ich habe mich noch nie so elend gefühlt. Rücken und Schultern schmerzen ständig, weil ich den Schlitten gegen starken Wind hinter mir herziehen muss. Ich habe Erfrierungen an Nase, Zehen und Fingern. Das Wetter war grauenvoll. Manchmal lag die Temperatur bei -55 °C, aber der starke Wind gab einem das Gefühl, als wären es -85 °C gewesen.

Mit Rune Gjeldnes, meinem Partner bei dieser Polarwanderung, habe ich bis jetzt ein Drittel des Trecks vom Rand Nordkanadas bis zum Nordpol zurückgelegt. Dieser Marineinfanterist der norwegischen Streitkräfte ist zum einen der denkbar beste Gefährte geworden – vertrauenswürdig, stetig und in Krisen verlässlich, zum anderen ein wahrer Freund. Wir wissen beide, dass wir mehr sind als nur die Summe unserer beiden Teile, wenn wir zusammenarbeiten. Keiner von uns wäre ohne die Hilfe des anderen auch nur annähernd so weit nach Norden gekommen, und im Kampf gegen unsere gemeinsamen Feinde stehen wir wie ein Mann zusammen: gegen die Kälte, die uns erbarmungslos schwächt, gegen die seelische Qual und die rein körperliche Folter, der wir uns jedes Mal stellen müssen, wenn wir unser winziges Zelt verlassen und die halbe Million Quadratmeilen der lebensfeindlichsten Umwelt auf Erden betreten.

Inzwischen sollte das Schlimmste hinter uns liegen, doch das Wetter scheint mit jeder Meile, die wir uns weiter nach Norden quälen, immer schlechter und das Eis immer tückischer zu werden. Vor einigen Tagen kämpften wir zehn Stunden lang in einem »Whiteout«, dem scheinbaren Ineinanderfließen von Himmel und Erde bei bedecktem Himmel. Es ist eine Furcht erregende Wetterkonstellation, bei der der Wind Schneewolken aufwirbelt, während gleichzeitig die Wolken am Himmel weiß sind. Dabei verliert man leicht die Orientierung. Unter solchen Bedingungen ist es unmöglich, zwischen dem Eis unter den Füßen und dem Himmel oder offenem Wasser zu unterscheiden – das ist meine größte Angst.

Zu unserem Elend kommt noch hinzu, dass die Sonne weniger als sechs Stunden pro Tag am Himmel steht, die Arktis also gerade erst von der permanenten winterlichen Dunkelheit befreit wird. Wir befinden uns sowohl in einem Wettlauf gegen die Zeit als auch in einem Kampf gegen die Elemente. Von der strengen Kälteperiode mit vierundzwanzigstündiger Dunkelheit, die Anfang März zu Ende geht, bis Ende April, wenn diese hohen Breitengrade rund um die Uhr in Sonnenschein baden, gibt es eine nur eine sehr kurze Zeitspanne, in der das Eis stark genug ist, unsere Last zu tragen. Vor März ist es für die Fahrt zu kalt und dunkel, und nach April ist die Hitze des ständigen Tageslichts zwar ein relativer Luxus, leider lässt diese Wärme aber auch das Eis aufbrechen, das unsere Brücke über das Eismeer darstellt.

Doch die grausamste der vielen Herausforderungen spart die Arktis für die Zeit auf, in der Rune und ich schlafen, wenn nämlich die Polarströmungen das Eis, auf dem wir unser Lager aufgeschlagen haben, nachts weiter nach Süden treiben lassen, als wir unsere Schlitten während des Tages nach Norden schleppen können.

Ich liege in meinem Schlafsack und denke über das Elend nach, das uns erwartet. Manchmal zwingen wir uns an die äußerste Grenze unserer Leistungsfähigkeit, um zehn Kilometer pro Tag zu schaffen, doch zu unserer Verzweiflung werden wir nachts dann elf Kilometer zurückgetrieben. Wenn das so weitergeht, werden wir in einigen Wochen wieder bei Ward Hunt Island ankommen, unserem Ausgangspunkt. Natürlich weiß ich, dass die Strömungen irgendwann die Richtung ändern sollten und uns sogar zum Nordpol tragen könnten. Natürlich können wir die Reise nur zu dieser Jahreszeit machen, wenn das Eis stark genug ist, das Gewicht von zwei Männern und ihren Schlitten zu tragen. Ich bin überzeugt, dass es für Abenteurer noch eine andere, relativ einfache Möglichkeit geben muss, zum Nordpol zu gelangen.

Am Vortag waren mir die Gefahren eines Fußmarsches zum Nordpol auf schlimmste Weise deutlich gemacht worden.

Beim Aufwachen fühlte ich mich scheußlich, und Rune sagte mir sofort, dass ich genauso schlimm aussäh, wie ich mich fühlte. Er lehnte sich in seinem Schlafsack zurück, zog an einer der anscheinend unerschöpflichen selbst gedrehten Zigaretten, die er immer rauchte, und lächelte. »Warum ist dein rechtes Auge so geschwollen? Ich kann mich nicht erinnern, dass wir uns geprügelt haben.« Rune war putzmunter und fröhlich wie immer und begierig aufzubrechen. Ich wünschte nur, ich könnte genauso putzmunter sein.

»Es liegt daran, dass ich alt werde. Dieser Nordpol-Blödsinn ist nichts mehr für mich, Rune. Du wirst auch so aussehen, wenn du 41 bist und ausgebrannt.«

Wir hatten keinen Spiegel, und so konnte ich nicht sehen, ob ich so schlimm aussah, wie Rune behauptete. Stattdessen brachte ich ihn dazu, mich einige Sekunden lang mit der Videokamera aufzunehmen. Dann sah ich mir das Ergebnis im Sucher der Kamera an. Der Anblick war ein Schock für mich. Er hatte Recht. Ich sah total kaputt aus. Unter meinen tatsächlich sehr geschwollenen Augen waren riesige dunkle Ringe. Ich wirkte bleich und ausgelaugt, und die rundlichen Wangen, die ich vor vier Wochen gehabt hatte, waren verschwunden; an ihrer Stelle hing schlaffe Haut an den Wangenknochen.

Meine Deprimiertheit wurde noch verstärkt, als ich entdeckte, dass wir über Nacht mehr als eine Meile zurückgetrieben worden waren und dass der blaue Himmel vom Vortag verschwunden war. Er herrschte ein relativ schwacher Wind, und durch die tief hängenden Wolken konnten wir den Himmel vom Boden aus nicht mehr erkennen – mit anderen Worten, wieder so ein verdammtes »whiteout«.

Nach dem Frühstück machten wir uns auf den Weg, und schon nach einer Stunde begegneten wir der Katastrophe. Der Albtraum, der mich seit vierzehn Jahren bedroht, kam wieder, um mich zu peinigen, und diesmal war er real. Es war vermutlich der schlimmste Augenblick, den ich in zwei Jahrzehnten Polarforschung erlebt hatte.

An der ersten offenen Wasserrinne, zu der wir kamen, ging Rune mit seinem Schlitten vor, ich folgte in seiner Spur. So überquerte ich gerade ein scheinbar solides Stück Eis, im nächsten Augenblick war ich schon mit angeschnallten Skiern durch das Eis in das unglaublich kalte Eismeer gefallen. Hier steigt das weniger dichte »superkalte« Wasser an die Oberfläche. Die Temperatur betrug -4 °C. Nichts deutete darauf hin, dass das Eis an dieser Stelle nachgeben würde, dass mein immer wiederkehrender Albtraum Furcht erregende Wirklichkeit werden würde, der mich verfolgte, seit ich 1984 auf dem Weg zum magnetischen Nordpol durchs Eis brach und ins Wasser fiel.

Wegen des Whiteout hatte ich nicht bemerkt, dass der Rand des neu gebildeten Eises nur rund zweieinhalb Zentimeter dick war. Jetzt steckte ich bis zur Taille im Eismeer und geriet in Panik. Im Fallen riss ich die Eisspikes herunter, die mir am Hals hingen, und versuchte, die beiden Titan-Nägel in das nächste Stück Eis zu bohren, das ich entdecken konnte, und rief Rune, der rund drei Meter entfernt war. Er schien meinen Panikzustand gar nicht zu bemerken.

Ich versuchte zu schwimmen, was mir schon unter besseren Bedingungen schwer fällt, aber da die Skier noch an den Füßen befestigt waren, konnte ich die Beine nicht bewegen. Ich sank, und mir war bewusst, dass ich in dem kalten Wasser Kraft und Bewusstsein verlieren und unter das Eis gleiten würde, wenn ich nicht bald etwas unternähme.

Rune hatte mich schon ins Wasser fallen und rufen hören, aber in der Zeitlupenwelt, in die ich eingehüllt war, hatte er noch nicht reagiert. Ich hatte gehört, dass das Leben von Menschen oft blitzschnell an ihnen vorbeizieht, kurz bevor sie sterben, und in diesem Augenblick kam es mir vor, als würde vor meinem inneren Auge eine kurze Zusammenfassung der letzten wenigen Monate auf eine imaginäre Leinwand projiziert. Ich sah die Vorbereitungen in der Resolute Bay, unseren Aufbruch von Ward Hunt Island und die Wochen, die wir gemeinsam in dem Zelt verbracht hatten. Am besorgniserregendsten war, dass ich sah, wie sich meine Erfrierungen an der Nase, den Zehen und den Fingern ausbreiteten; damit sah ich meinen Versuch, den Nordpol zu erreichen und den ersten Abenteurer-Grand-Slam zu schaffen, beendet – nämlich den jeweils höchsten Berg auf jedem Kontinent zu besteigen und mich zu den vier geografischen und magnetischen Polen der Erde zu schleppen. Das war's dann, dachte ich. Die Expedition ist beendet. Davon werde ich mich nicht erholen.

Doch bevor ich wusste, wie mir geschah, beschleunigte sich die Welt um mich herum, und Rune stand vor mir. Er zog mich aus dem unerbittlichen Griff des eisigen Wassers. Er zog mich auf eine Eisscholle, wo ich nach Atem ringend liegen blieb. Meine Hosenbeine begannen schon festzufrieren, als wären es Röhren.

Ich wollte, dass Rune das Zelt so schnell wie möglich aufbaut, damit ich meine durchnässte Kleidung abstreifen und in meinen Schlafsack kriechen konnte, doch er riet davon ab. »Das Beste, was du jetzt tun kannst, ist, einfach weiterzugehen«, sagte er. »Dann wird deine Körperwärme die Kleidung von innen trocken.« Das hörte sich für mich unwahrscheinlich an. Ich hatte schreckliche Angst, dass sich meine Erfrierungen ausbreiten würden. Ich beharrte darauf, dass ich die Kleidung ausziehen müsse. »Vertrau mir, David, das ist mir auch schon oft passiert. Wenn du dich jetzt nicht mehr bewegst, wird das Wasser in deinen Kleidern gefrieren, und du wirst nie mehr das Eis aus ihnen hinausbekommen. Du musst weiterlaufen.«

Folglich machten wir uns wieder auf den Weg nach Norden, wobei mir noch mindestens zwei Stunden lang die Knie zitterten. Schon nach sehr kurzer Zeit trafen wir auf loses Packeis, das zu dem Schlimmsten gehörte, was wir während des ganzen Unternehmens erlebt hatten. Eine Katastrophe. Es türmte sich hoch vor uns auf, und es gab keine Möglichkeit, es zu umgehen. Es dauerte mindestens drei Stunden, um nur eine halbe Meile lang durch diesen albtraumhaften erstarrten Eisbrei zu kriechen, und in dem Whiteout war es unmöglich, eine klare Route zu erkennen.

Am Ende des Tages kamen wir an eine weitere offene Wasserrinne. Wir kamen zu dem Schluss, dass wir sie überqueren mussten, bevor wir unser Lager aufschlugen, weil diese Rinne breiter werden könnte. Wir brauchten vierzig Minuten, um sie zu überwinden. Als der Tag zu Ende ging, konnte ich mich kaum noch rühren und brach im Zelt zusammen.

Es verblüffte uns, was wir in den letzten acht Stunden geschafft hatten, nämlich auf Skiern sieben Meilen zurückzulegen. Unter den gegebenen Umständen war das fabelhaft, und ich war überzeugt, dass wir zehn Meilen geschafft hätten, wenn wir klare Sicht und plattes Treibeis gehabt hätten, was wir erwartet und erfleht hatten. Wie es schien, hatten wir vergeblich gewartet.

Wenn ich nur eine Möglichkeit finden könnte, die Gefahren offener Gewässer zu vermeiden, denke ich, als ich am nächsten Tag in meinem Schlafsack liege und versuche, den Augenblick hinauszuzögern, in dem ich aufstehen muss und das quälende Dahinschleppen übers Eis erneut beginnt, so als müssten wir irgendeine gottverlassene Prozession überstehen. Ich denke an die Zeit vor ein paar Wochen, als wir uns einen Tag freinahmen, um uns zu erholen. Ich hatte aus der Zeltöffnung geblickt, um Tausende von Metern über uns die Kondensstreifen eines Flugzeugs über uns hinwegziehen zu sehen. Das schien eine leichte und letztlich vernünftigere Art des Reisens zu sein, und das brachte mich zum Nachdenken.

Mehrere Jahre zuvor hatte ich von Andrées tragischem Versuch gehört, mit einem Wasserstoffballon zum Nordpol zu fahren. Seitdem habe ich immer daran gedacht, da mir diese Idee so einleuchtend erschien. Auf Skiern kann ich allenfalls hoffen, etwa 15 Meilen am Tag zurückzulegen. Meist ist es erheblich weniger, und es kommt sogar vor, dass wir uns die größte Mühe geben müssen, um unsere Schlitten über loses Packeis und zusammengepresste Eiswülste auch nur eine Meile am Tag hinter uns herzuschleifen. Im Gegensatz dazu erwartete Andrée, an einem Tag bis zu 485 Kilometer fahren zu können.

Doch die so genannten Experten sagen, dass es ein tollkühnes Vorhaben gewesen sei, und andere Abenteurer meinen, dass es verrückt wäre, dort, wo Andrée auf so spektakuläre und tragische Weise gescheitert sei, einen neuen Versuch zu wagen. Es ist eine Herausforderung, an die sich seit über hundert Jahren niemand mehr herangewagt hat. Die Gefahr und die Geschichte vom tragischen Tod der einzigen Männer, die je versucht haben, den Nordpol per Ballon zu erreichen, haben bislang jeden von einer solchen Reise abgehalten. Alle meinen, dass es offensichtlich unmöglich ist, weil Andrées einziger Versuch gescheitert ist. Wenn ich diese Meinung höre, wächst mein Wunsch umso mehr, den Versuch zu wagen. Und außerdem ist Andrées Ballonfahrt ein so außergewöhnliches Beispiel von Kühnheit und Mut, dass es mir schwer fällt, dort keinen Versuch zu wagen, wo ihm der Erfolg versagt blieb.

Zweifel befallen mich nur bei dem Gedanken, dass die Ballonfahrerei durch die Versuche in den letzten Jahren, nonstop um die Erde zu fahren, in den Augen mancher Menschen einen Makel bekommen hat. An den Vorhaben ist an sich nichts falsch, aber Leute wie Richard Branson haben ungeheure Geldsummen für Ballonfahrten ausgegeben, bei denen die neuesten und raffiniertesten Hightech-Ausrüstungen eingesetzt werden und die dennoch keinen Erfolg haben. Das hat vielen Menschen die Illusionen über das Ballonfahren geraubt. Es gilt nicht mehr als etwas Einfaches und relativ Preiswertes, man hält es zunehmend für den Spleen eines reichen Mannes, doch diesen Eindruck möchte ich vermeiden.

Dieser ehrgeizige Traum ist ein Zukunftsprojekt. Jetzt muss ich zunächst zum Nordpol kommen. Es wird der Höhepunkt meiner 15 Jahre während Odyssee sein, mit der ich das Ziel verfolgte, der erste Mensch zu sein, der den »Grand Slam« der Abenteurer schafft. Vier Wochen später, am 28. April, stehe ich auf der Spitze des Globus und habe damit schließlich meinen Traum verwirklicht. Aber selbst in diesem Moment, als ich mit Ehrgeiz diesen lebenslangen Traum endlich verwirklicht habe, nehme ich ein neues Ziel ins Visier. Wenn es mir gelingt, mit einem Ballon zum Nordpol zu fahren, wird das eine wirkliche Weltpremiere sein. Keine Vorbehalte, keine verklausulierten Bedingungen. Es ist unerforschtes Territorium, und darin liegt für mich der Reiz.

Es gibt nur ein Problem: Ich muss erst lernen, einen Ballon zu fahren.

Wenige Tage nach der Rückkehr nach Wiltshire machte ich mich daran, meinen Vorstoß in neue Abenteuerbereiche zu planen. Meine erste Anlaufadresse ist Cameron Balloons, der führende Ballonhersteller der Welt, der passenderweise in Bristol ansässig ist, nur wenige Kilometer von meinem Haus entfernt. Das Unternehmen hat die Ballonhüllen für mehrere Weltumseglungsversuche hergestellt, und Don Cameron, der Eigentümer, ist daran gewöhnt, dass Leute mit dieser Art von Träumen bei ihm aufkreuzen, die den meisten Menschen als unrealistischer Irrsinn erscheinen. Dennoch sind meine Ansprüche weitab vom Alltäglichen. Phil Dunnington, dem Verkaufsleiter von Cameron, erkläre ich und sehe ihm dabei in die Augen: »Ich bin nicht daran interessiert, Champagner-Ballonfahrten durchs Land zu machen. Ich brauche etwas anderes.«

Ich sehe Phil an, dass er meine Bitte mit einiger Skepsis betrachtet, vor allem, da ich bis jetzt noch nie einen Ballon betreten habe, aber er verwirft die Idee nicht. Vielleicht merkt er mir meine lange Vergangenheit und Erfahrung als Bergsteiger und Pol-Abenteurer an. Und vielleicht macht auch Phils Wissen darum, dass ich diese Neigung habe, Rekorde aufzustellen oder zu brechen, ebenfalls Eindruck, denn er schlägt kühn vor, eine Fahrt über einen Gebirgskamm werde für ein solches Vorhaben vielleicht ein passender Beginn sein. »Der Mount Everest ist schon in einem Heißluftballon überquert worden, aber ich glaube nicht, dass jemand schon die Anden bewältigt hat. Unser Mann in Chile wird bald herkommen. Warum kommen Sie nicht wieder und treffen ihn?«, sagt er.

Dieser Vorschlag fasziniert mich. Ich habe bei meinem Vorhaben, die sieben höchsten Gipfel der Welt zu besteigen, auch schon den Aconcagua bewältigt, den höchsten Gipfel der Anden. Es wäre eine Rückkehr zum Schauplatz eines früheren Triumphs. Außerdem weiß ich, dass Rune sich schon seit einiger Zeit wünscht, einen Höhenrekord für das Landen mit einem Fallschirm auf einem Berg aufzustellen, so dass für ihn dieser Flug eine passende Gelegenheit bieten könnte.

Eine Woche später lerne ich Victor Mardones kennen, einen kleinen, stämmigen ehemaligen Piloten der Marine, einen Mann, der durch nichts aus der Ruhe zu bringen ist und für Cameron in Chile als Agent tätig ist. Ich frage Mardones, ob mein Plan, mit einem Heißluftballon den höchsten Gipfel der Anden zu überqueren, durchführbar sei. Seine Antwort ist doppeldeutig: Ein Gasballon habe die Fahrt in den zwanziger Jahren geschafft, aber einem Heißluftballon sei es noch nie gelungen. Zwei Versuche in jüngerer Zeit, die von einem Amerikaner und einem Spanier unternommen worden seien, sagt er mahnend, seien aufgrund von Sauerstoffproblemen fehlgeschlagen. Das könnte mir bei der notwendigen behördlichen Genehmigung einen Strich durch die Rechnung machen.

Bisher habe ich es immer noch geschafft, bürokratische Hemmnisse zu überwinden, wende ich ein. Der Anreiz, dass noch niemand zuvor es geschafft hat, die Anden per Ballon zu überqueren, ist äußerst attraktiv; tatsächlich wird es dadurch zu der Art von Herausforderung, der ich kaum widerstehen kann.

»Demnach wäre ich also der Erste?«

»Ich denke, ja. Wie viele Flugstunden haben Sie hinter sich?«

»Äh, keine, um die Wahrheit zu sagen. Ich habe noch nicht mal angefangen.«

Es entsteht ein viel sagendes Schweigen, während Victor eine Zigarette anzündet, einen Zug nimmt, den Rauch langsam ausbläst und mir einen vernünftigen Vorschlag macht. »Warum machen Sie nicht den Pilotenschein, dann werden wir weitersehen.«

Das scheint ein faires Argument zu sein. Es ist noch keine Woche vergangen, da mache ich schon meine erste Fahrt mit einem Fesselballon, und zwar mit Terry McCoy, einem von Phil Dunnington empfohlenen Fluglehrer. Für meine Jungfernfahrt ist der Ballon an einem Landrover im Victoria Park in Bath festgebunden.

Terry äußert einen merkwürdigen Vergleich. »Es ist ganz einfach«, sagt er. »Ballonfahren ist so, als liebte man eine Frau.« Das kommt mir falsch vor, aber ich höre trotzdem zu. »Wenn man sich die Brust einer Frau einfach schnappt, wird ihr das nicht gefallen. Sie wird mit heftiger Ablehnung reagieren. Genauso ist es mit einem Ballon: Wenn man sich ungeschickt anstellt und die heiße Luft mit Gewalt reinpumpt, wird er unvorhersehbar reagieren. Wenn man aber behutsam vorgeht und zärtlich, wird er wunderbar reagieren.«

Mit diesem unvergesslichen Ratschlag ausgestattet, beginne ich einen Schnellkurs, um die für den Ballonpilotenschein der Civil Aviation Authority nötigen Fertigkeiten zu erwerben. Zum Unterrichtsstoff der ersten Lektion gehört es, wie man die Hülle und den Korb zusammensetzt. Es folgen stundenlange gewissenhafte Übungen, damit ich lerne, den Brenner so zu bedienen, dass der Ballon sanft abhebt und kontrolliert landet. Zunächst kämpfe ich gegen eine Scheu vor heftigem Aufsetzen und schalte den Brenner beim Landeanflug einmal zu oft ein, so dass ich kurz vor dem Aufsetzen wieder abhebe. Als mir mein Fehler klar wird, lasse ich den Ballon so hart aufsetzen, dass ich dabei Gefahr laufe, mich zu verletzen.

Nach 25 Unterrichtsstunden absolviere ich meine Tauglichkeitsfahrt, die von Brian Jones geprüft wird, dem späteren Kopiloten der ersten erfolgreichen Ballonfahrt um die Welt. Ich darf jetzt allein einen Ballon fahren, und an jenem Abend mache ich in der Aufregung über die erfolgreiche Abschlussprüfung meine erste Alleinfahrt und hebe in der Stadtmitte von Bath ab. Als ich die golden glänzenden steinernen Fassaden der halbmondförmigen georgianischen Häuserreihen im abendlichen Sonnenschein unter mir verschwinden sehe, denke ich über meine Zielsetzung nach: mit einem Ballon, der diesem nicht ganz gleicht, ihm aber stark ähnelt, zum Nordpol zu fahren. Ich lande etwa eine Stunde später in Hochstimmung, nachdem meine erste Solofahrt in einem Ballon jetzt hinter mir liegt. In der Nähe sind die Insassen eines Vergnügungsflugs gelandet, und ich schlendere hinüber. Sie bieten mir einen Schluck von ihrem Champagner an. Er schmeckt großartig, und ich habe das Gefühl, als hätte man mich in eine besondere Gemeinschaft aufgenommen.

Im Lauf der nächsten Monate bereiten Rune und ich uns auf unsere Fahrt über die Anden vor. Wir bemühen uns um den fachkundigen Rat von alpinen Ballonfahrern und Brian Jones. Dutzende von Fragen müssen beantwortet werden, darunter die, ob wir Barographen und Titantanks benutzen sollen, ein bestimmtes, für große Höhen notwendiges Propangas, Sauerstoffgeräte zum Atmen und ob Stickstoff nötig ist, um den Druck in den Propangastanks aufrechtzuerhalten.

Die wertvollste Lektion erwartet uns im medizinischen Testzentrum der Royal Air Force in Boscombe Down. Eine Sitzung in einer Unterdruckkammer illustriert auf einfache Weise, wie schwierig es ist, bei Zuständen mit geringer Sauerstoffzufuhr klar zu denken.

Eine Ausbilderin schließt uns in einer Kammer ein, worauf der Luftdruck auf ein Niveau reduziert wird, wie er in einer Höhe von gut 8300 Meter herrschen würde. Als es so weit ist, nehmen wir unsere Sauerstoffmasken ab und versuchen, ein einfaches Puzzle zu legen. Es kommt mir vor, als hätte ich alle Zeit der Welt, aber außerhalb der Kammer kann jeder sehen, dass ich mich äußerst ungeschickt anstelle. Meine Fähigkeit zu denken verlangsamt sich so drastisch, dass ich innerhalb von drei Minuten das Bewusstsein verlieren könnte.

Damit wird uns verdeutlicht, welcher Gefahr wir uns aussetzen. Wenn unsere Sauerstoffzufuhr irgendwann während der Überquerung der Anden versagt, werden wir zunächst gefährlich übermütig werden und dann vollständig das Gefühl dafür verlieren, wie sehr sich unsere körperlichen Reaktionen verlangsamen. Wenn uns dann aufgeht, dass unsere Sauerstoffzufuhr unterbrochen ist, wird es zu spät sein, etwas dagegen zu unternehmen. Dies ist eine sehr ernüchternde Erfahrung.

Mitte November kommt es zur Katastrophe, nachdem ich einen kleinen Ballon gekauft habe, mit dem ich üben und die Zahl meiner Alleinfahrstunden erhöhen will. Bisher kann ich nur drei davon verbuchen. Kurz vor dem geplanten Abflug nach Chile mache ich eine letzte Alleinfahrt in meinem Gefährt und steige an einem frischen Herbstmorgen in dem winzigen Korb über Bath auf. Es ist eine Bilderbuchfahrt bis zur Landung in der Nähe von Marshfield, wo ich mit solcher Wucht auf den Boden aufpralle, dass ein in der Nähe stehender Farmer herbeigelaufen kommt, weil er glaubt, ich wäre ums Leben gekommen. Ich klettere aus dem Korb und merke, dass ich mich kaum bücken kann, um den Ballon zusammenzupacken. Der Rücken tut mir weh, doch das ist nichts im Vergleich mit dem stechenden Schmerz in meinem Knie. Ich soll in wenigen Tagen nach Südamerika aufbrechen und kann nicht einmal laufen.

Ein Chirurg, der sich auf die Behandlung von Verletzungen der Rugbymannschaft von Bath spezialisiert hat, eröffnet mir die schlechte Nachricht: ein Knorpelriss. Zum Glück gibt es einen Hoffnungsschimmer: Die Erfahrung des Chirurgen bei der Behandlung von Sportlern bedeutet, dass ich nicht operiert werden muss, was noch vor fünf Jahren das Übliche war. Stattdessen wird mir eine Tasse voller Flüssigkeit aus dem Gelenk abgesaugt, und mir werden einige gymnastische Übungen verschrieben. Eine Woche später humple ich los in Richtung Chile, ein wenig lahmer, als ich gehofft hatte.

Am Dienstag, dem 7. Dezember, zwei Wochen nach der Ankunft in Chile, stehe ich am Rande von Los Anses, knapp 100 Kilometer nördlich von Santiago, auf einem kleinen Flugfeld, auf dem Flugzeuge starten, die Felder mit Schädlingsbekämpfungsmitteln besprühen. Es ist vier Uhr morgens, kurz vor Sonnenaufgang. Rune und ich treffen letzte Vorbereitungen, um die Anden mit einem Heißluftballon zu überqueren.

Seit der Ankunft in Chile habe ich mir eine weitere halbe Stunde Erfahrung als Ballonpilot erworben, doch es war nur eine frühmorgendliche Testfahrt des gebrauchten 3396-Kubikmeter-Ballons, den Victor Mardones für mich aufgetrieben hat. Jetzt beläuft sich meine Fahrerfahrung schon auf bescheidene viereinhalb Stunden, und der *Typhoo Challenger*, dessen Korb nur noch mit dem Allernötigsten ausgestattet ist, um Gewicht zu sparen, ist der bei weitem größte Ballon, den ich bis dahin gefahren habe. Zum Glück lässt er sich mühelos lenken.

Es sind zwei frustrierende Wochen gewesen, in denen wir auf die richtige Windrichtung gewartet haben, um über das Rückgrat Südamerikas hinweggetragen zu werden. Die Bürokratie in Chile und Argentinien hat das ermüdende Warten noch verschlimmert. Da die beiden Länder sich wegen des genauen Verlaufs ihrer gemeinsamen Grenze noch immer in den Haaren liegen, sind die Verhandlungen über den Start in Chile und eine Landung in Argentinien mit politischem Hickhack befrachtet. Meine Absichten wurden von der chilenischen Flugsicherung nicht gerade freudig begrüßt. Sie lehnte die Fahrroute zunächst ab, bis Victor seine Beziehungen spielen und durchblicken ließ, dass sein Vater früher Direktor des internationalen Flughafens von Santiago gewesen ist. Kaum hatte der Flughafendirektor dies gehört, erteilte er uns die Genehmigung und rief sogar einen Freund beim Zoll an, um dafür zu sorgen, dass die chilenische Einwanderungsbehörde die Fahrt billigte.

Der Aconcagua ist mit seinen 7014 Metern der höchste Berg der Welt außerhalb des Himalajas, für mich aber vertrautes Territorium. Ein Versuch, ihn zu besteigen, scheiterte im November 1994, aber ich versuchte es erneut und schaffte es im Februar 1995. Dies war ein Teil meiner geplanten Besteigung der sieben höchsten Gipfel der Welt. Jetzt bin ich wieder da, um über den alten Gegner hinwegzufahren. Ich könnte mir für die Überfahrt zwar auch einen niedrigeren Teil der Anden aussuchen, aber ich habe mir den Aconcagua vorgenommen, weil ich damit einen unangreifbaren Rekord aufstellen würde: eine Überquerung der Anden mit einem Heißluftballon an ihrem höchsten Punkt.

Jetzt bleibt nur noch ein Problem: Bei dem zehn Liter fassenden Sauerstofftank kommt es immer wieder zu Lecks. Er war schon undicht, als er aus England ankam, und ein Ersatz-Gummiverschluss behob den Fehler auch nicht, so dass Victor für uns zwei Fünf-Liter-Aluminiumtanks mit Trockensauerstoff besorgte.

Als die bürokratischen Hindernisse überwunden sind und die Ausrüstung bereitsteht, überprüfen Rune und ich auf dem Flugfeld noch einmal alle Einzelheiten. Wir sind extrem gespannt, da unser Ziel in greifbare Nähe gerückt ist. Bei der Fahrt werden wir einen

Temperaturunterschied von +40 °C bis -40 °C zu bewältigen haben, so dass wir mehrere Schichten Kleidung brauchen: unter unserer Thermo-Unterwäsche für die Arktis normale Unterhosen und über all dem die Ausrüstung für kaltes Wetter. Rune hat seinen Fallschirm, aber wegen der Notwendigkeit, mit Gewicht und Masse sparsam umzugehen, habe ich keinen. Stattdessen trage ich Bergsteigerstiefel und einen Helm, falls wir zu einer Bruchlandung auf einem Berg genötigt sein sollten. Außerdem habe ich einen Rucksack dabei mit einem Seil, Steigeisen, einem kleinen Zelt und einem Schlafsack. In der Nähe läuft ein Hubschrauber mit einem englischen Fernsehteam im Leerlauf und wartet darauf, dass ich abhebe.

Die Uhr läuft unerbittlich weiter. Wir wissen, dass wir vor Sonnenaufgang abheben müssen, solange die Luft noch ohne Bewegung ist, um dann hoch genug aufzusteigen, um die Westwinde zu erwischen, die den Ballon quer über die Berge treiben sollten, bevor die Hitze des Tages die Thermik erhöht. Doch es scheint nicht ganz nach Plan zu verlaufen, und das Gefühl, dass uns die Zeit davonläuft, verstärkt sich noch, als eins der Bodenteams den Ballon um die eigene Achse dreht. Ich komme zu dem Schluss, dass es jetzt reicht, und treffe blitzschnell die Entscheidung zum Start. Ich vergewissere mich, dass Rune bereit ist, und schalte die Brenner ein, um den 24 Meter hohen Ballon über die Menschenmenge, die sich inzwischen versammelt hat, in die frühmorgendliche Luft steigen zu lassen. Während wir einige von Chiles berühmten Weinbergen überqueren, prüfe ich, ob das Satellitenortungssystem GPS in Ordnung ist, und stelle Funkkontakt mit der Flugsicherung her. Der Ballon beginnt mit seinem stetigen Aufstieg.

Victor und den Meteorologen zufolge sollten die Westwinde den Ballon in einer Höhe von etwa 2400 Metern erfassen, aber als wir diese Höhe erreichen, ist keinerlei Bewegung auszumachen. Tatsächlich stellen wir fest, dass wir auf der Stelle stehen und uns noch immer direkt über dem Flugfeld befinden. Die versprochenen Winde haben sich nicht eingestellt, und ich weiß, dass ich höher steigen muss. Dazu muss ich auf der Stelle Ballast abwerfen, falls ich überhaupt noch auf eine Andenüberquerung hoffen kann.

Es gibt eine einfache Möglichkeit, aus dieser misslichen Lage herauszukommen, und ich zögere nicht, sie anzupacken. »Rune, du musst jetzt springen!«, rufe ich über das Fauchen der Brenner hinweg.

»Wie bitte?«, erwidert Rune. So hatte er sich seinen Fallschirmabsprung nicht vorgestellt, und die Aussicht auf einen vorzeitigen Abgang bringt ihn aus seiner gewohnten Ruhe.

Ich weiß, dass er für mich so gut wie alles tun wird, und das schließt den Verzicht auf seinen eigenen Rekordversuch ein, damit ich die Möglichkeit habe, meinen zu verwirklichen. »Wenn ich es schaffe, werden wir zurückkommen und uns auf deinen Rekord konzentrieren«, fühle ich vor, obwohl ich weiß, dass mir keine andere Wahl bleibt. Doch ich hasse mich dafür, diese Entscheidung treffen zu müssen.

Ohne ein weiteres Wort ist Rune verschwunden. Mit einer einzigen Bewegung springt er über die Seitenwand des Korbs und stürzt sich in die Dunkelheit der Morgendämmerung unter uns. Es ist einer der traumatischsten Momente meines Lebens. Ich muss zusehen, wie der einzige Mensch, von dem ich um meiner Sicherheit und Gesundheit willen stärker abhängig bin als von jedem anderen, einfach über die Brüstung springt. Für einen unerfahrenen Fallschirmspringer wie mich scheint das doch sehr gefährlich zu sein, und ich fürchte um das Leben des Mannes, ohne den ich den Nordpol nicht erreicht und meinen »Grand Slam« nicht vollbracht hätte. Obwohl ich versucht bin, über die Seite des Korbs zu blicken, kann ich es nicht ertragen, ihn fallen zu sehen, falls sein Fallschirm sich nicht öffnen sollte. Ich kann mich nicht erinnern, mich jemals so einsam gefühlt zu haben wie jetzt in diesen ersten wenigen Augenblicken nach Runes Verschwinden.

Doch ich habe nicht viel Zeit, über sein Schicksal nachzudenken. Da ich rund 200 Pfund menschlichen Ballast losgeworden bin, schießt der Ballon jetzt wie eine Rakete in die Höhe, und ich muss mich anstrengen, um ihn wieder unter Kontrolle zu bringen. Mir schlägt das Herz bis zum Hals, und ich spreche immer wieder die Worte »Himmel, ich hoffe, es geht ihm gut« wie ein Mantra, bis ich vom Boden die Nachricht erhalte, dass er sicher gelandet ist. Dann widme ich mich meiner misslichen Lage, der eines Pilotenneulings, der mit einem Tempo von gut 300 Metern pro Minute in Höhen aufsteigt, die er noch nie zuvor bewältigt hat. Ich drossele die Brenner, befestige meine Sauerstoffmaske und prüfe meine Position. Immer noch kein Wind. Ich steige in einer geraden Linie auf. Das entspricht nicht meinen Wünschen, und ich habe kaum Zeit zu verlieren. Ich habe nur noch genug Treibstoff für fünf Stunden Fahrt und muss möglichst schnell nach Osten. So entschließe ich mich, auf der Suche nach den flüchtigen Westwinden noch höher aufzusteigen. Dabei verliere ich den Hubschrauber mit dem Fernsehteam an Bord aus den Augen. Der letzte Kontakt mit dem Hubschrauber war auf seiner äußersten Operationshöhe von 6300 Metern möglich. Unterdessen bewegen sich die Zahlen auf meinem Höhenmesser schnell weiter: 6600 Meter, 6900 Meter, 7200 Meter.

In einer Höhe von 7800 Metern erwische ich schließlich Wind, allerdings treibt dieser den Ballon in nördlicher Richtung an den Anden entlang. Wo sind die versprochenen Winde, die mich nach Osten quer über die Berge Argentiniens zum Erfolg und in die Sicherheit tragen sollten? Ich treibe langsam nach Norden, blicke auf die majestätischen Umrisse des Aconcagua hinunter, die wie auf einer topografischen Karte unter mir ausgebreitet sind. Ich kann die Route erkennen, auf der ich den Gipfel erklommen habe, vorbei an dem Kondorhorst und der Nissenhütte, wo Neil Williams, mein Partner beim Bergsteigen, und ich unser letztes Lager aufschlugen, bevor wir den Gipfel erklommen. Fabelhafte Erinnerungen, aber jetzt ist nicht die richtige Zeit dafür, in ihnen zu schwelgen. Ich habe eine Aufgabe zu erfüllen und sage mir, dass ich nur eine Möglichkeit habe: Auf der Suche nach einem westlichen Wind sollte ich den Ballon lieber noch etwas mehr antreiben. Die Brenner brüllen in der dünnen Luft, und ihre Stichflammen kreischen mir in den Ohren, als der Ballon wieder in die Höhe schießt. Ich weiß, dass mir der sichere Tod bevorsteht, wenn ich mich ohne angereicherten Sauerstoff über eine Höhe von 10.000 Metern hinauswage, und so fange ich den Ballon ein wenig unterhalb der Höhe von 9600 Metern ab, das ist die Höhe, in der Passagierflugzeuge den Atlantik überqueren.

Ich fühle mich verängstigt, ungeschützt und völlig allein. Einen Ballon habe ich bisher nur in einer Höhe von einigen hundert Metern über dem Süden Englands gelenkt, und jetzt befinde ich mich in der Nähe des Jetstreams und überdies in einem absolut unbekannten Territorium. Über mir wabert ein Kondensstreifen von den Brennern um den Ballon, und mir fällt ein, dass es der Anblick des Kondensstreifens eines Düsenflugzeugs war, der mich vor fast neun Monaten dazu brachte, mich in diese missliche Lage zu begeben. Anders als ein Düsenflugzeug bewege ich mich mit der gleichen Geschwindigkeit und in der gleichen Richtung wie der Wind, so dass der Kondensstreifen keine gerade Linie bildet. Stattdessen schlängelt er sich um die Ballonhülle, während ich allein über dem großartigen Gebirgskamm dahinschwebe, der etwa 3000 Meter unter mir liegt. Ich frage mich wirklich, was ich jetzt tun soll.

Ich drehe den Brenner auf, um die Flamme in dem niedrigen Luftdruck dieser Höhe am Leben zu erhalten, und prüfe dann meinen Kurs. Verdammt. Ich treibe immer noch nach Norden, aber jetzt bleibt mir kaum noch Zeit, mir Alternativen zu überlegen. Der erste meiner beiden Fünf-Liter-Tanks mit Sauerstoff ist fast leer, und ich werde in wenigen Minuten auf den zweiten Tank umschalten müssen. Ich muss nur die Verbindung abschrauben, während ich die Maske auf dem Gesicht behalte. Es ist ein einfacher Vorgang, den ich am Boden unzählige Male geübt habe, aber in großer Höhe erweist er sich als schwieriger. Dann geht mir auf: Ich bin zwar an die Kälte von -45 °C gewöhnt, die in einer Höhe von 9600 Metern herrscht, die Verbindung aber nicht. Sie ist festgefroren und will nicht nachgeben.

Mir zittern vor Nervosität die Hände. Ich schaffe es, die Flasche aus ihrer Befestigung zu lösen, und strecke den ganzen Körper bis zum Äußersten, um die Verbindung an den Propangasbrenner zu halten, um diesen so zu erwärmen. Aber noch immer bewegt sich nichts. Die Maske klebt weiterhin an meinem Gesicht, und ich werfe einen Blick auf den Zähler, um zu sehen, wie viel Sauerstoff – und Zeit – mir noch bleibt. Himmel, der Zeiger ist schon im roten Bereich. Ich höre noch die Stimme der Ausbilderin in Boscombe Down, die mir sagte, dass ich noch drei Minuten zu leben habe. Wo ist sie jetzt, wo ich wirklich Hilfe brauche?

Angesichts der brutalen Realität, dass ich keine Hilfe von außen bekommen werde, muss ich blitzschnell überlegen – obwohl ich den Verdacht habe, meine Entscheidungen könnten schon jetzt durch partiellen akuten Sauerstoffmangel beeinträchtigt sein. Ich weiß, dass ich ohne Sauerstoff nicht weitermachen kann. Entweder werde ich sterben oder in irgendeinen Teil der Anden abgetrieben werden, wo es unmöglich ist, mit dem Ballon zu landen. Die Berechnung ist nicht schwierig: In gut 3000 Meter Höhe kann ich ohne Sauerstoff atmen, und so bleibt mir keine andere Wahl, als aus der dreifachen Höhe hinunterzugehen, bevor mein Tank leer ist. Es gibt keine Alternative; ich muss in den Notsinkflug gehen, eines der gefährlichsten Ballonfahrt-Manöver überhaupt, von dem man mir zwar schon erzählt hat, das ich aber selbst noch nie versucht habe. Wenn ich die Brenner ausschalte und die Luft im Ballon kalt werden lasse, werde ich mit etwa 600 Metern pro Minute sinken. Ich werde also mindestens elf Minuten brauchen, um eine Höhe von gut 3000 Metern zu erreichen. Viele Berge in der Nähe sind erheblich höher, und es könnte mir passieren, dass ich irgendwo eine Bruchlandung mache. Das wird eine knappe Angelegenheit werden, aber mir bleibt keine Wahl.

In dem Wissen, dass weiteres Zögern den Tod bedeutet, schalte ich sofort die Brenner aus und lasse den Ballon in den Sinkflug gehen. Es ist schrecklich zu hören, wie der Treibstoff ausströmt und in der bitteren Kälte flüssig wird, aber der besorgniserregendste Moment kommt, als die Zündflammen der Brenner zu flackern beginnen und dann in der dünnen Luft ausgehen. Ich weiß, dass ich es unter Umständen nicht schaffen werde, sie wieder anzuzünden, und wenn das passiert, werde ich über die Marke von 3000 Meter hinaus weitersinken, und weniger als fünf Minuten später werde ich auf dem Erdboden aufprallen.

Ich stelle mein Funkgerät auf die Frequenz ein, die von dem unter mir schwebenden Hubschrauber benutzt wird, und funke ein kurzes »Mayday« an seinen Piloten Mario. Seine Stimme hört sich besorgt an, und er erzählt mir, dass er schon seit einiger Zeit versucht habe, mich über Funk zu erreichen, da er auf seine früheren Anrufe keine Antwort bekommen habe. Ich habe keine Zeit zu erklären, warum ich nicht erreichbar war; stattdessen habe ich eine dringende Nachricht für ihn: »Ich habe fast keinen Sauerstoff mehr. Ich mache eine Notlandung.«

Es ist die richtige Entscheidung, sage ich immer wieder, als ich mit einer Geschwindigkeit von mehr als zehn Metern pro Sekunde erdwärts stürze. Ich bin zwar nicht von blinder Panik erfasst, und es sollte mir möglich sein, einigermaßen kontrolliert zu landen, selbst wenn die Kontrollleuchten nicht wieder angehen. Wenn alles schief geht, weiß ich, dass der Ballon ab einer Höhe von etwa 4500 Metern, wenn die Luft dicker wird, nach und nach aus eigener Kraft sinken sollte. Wenn ich die Brenner nicht wieder in Gang bringen kann, sollte der Ballon wie einer dieser überladenen kreisrunden Fallschirme landen, wie sie im Zweiten Weltkrieg benutzt worden sind. Es kann zwar sein, dass es zu einer gewaltigen Bruchlandung kommt und ich nicht in der Lage sein werde, mich zu Fuß zu entfernen, doch ich sollte überleben. Das hat man mir jedenfalls bei der Ausbildung erzählt.

Doch als der sinkende Ballon immer mehr an Geschwindigkeit gewinnt, beginnt er sich immer schneller und schneller zu drehen, gerät außer Kontrolle und bewegt sich auf die Felsen unter mir zu. Ich weiß, dass ich den Aufprall auf den Boden nicht werde vermeiden können, wenn es mir nicht gelingt, die Drehung zu beenden. Ich fühle mich jedoch unfähig, etwas dagegen zu unternehmen. Mir ist bewusst, dass ich mich schon jetzt schwindlig und übermütig fühle. Das sind die ersten Anzeichen von Sauerstoffmangel, und ich bringe nichts weiter fertig, als zu denken, wie froh ich bin, mich über den Vorbergen zu befinden statt über den kahlen Gipfeln der Anden. Dann erfasst mich die Thermik und beginnt, mich auf den Kamm des Aconcagua zuzutreiben.

Jetzt ist eine schnelle Lösung notwendig. Der Ballon fällt weiter wie ein Stein. Entweder ich schalte die Brenner ein, um den Ballon dem Griff der Thermik zu entreißen, oder ich werde auf den schnell näher kommenden felsigen Berg aufprallen. Ich kämpfe mit den Brennern und versuche wiederholt, die Zündflammen in Gang zu setzen, erfolglos. Dann kommt mir ein Geistesblitz. Zum Glück bin ich so umsichtig, Mario zu bitten, mich mit den Fallwinden seines Hubschraubers von den Bergwänden wegzuschieben. Bei meiner Sinkgeschwindigkeit kommen mir diese Felsen ungemütlich nahe.

Es ist etwas, was Mario noch nie zuvor versucht hat, aber er erklärt sich einverstanden, es zu wagen. Nach einer Zeit, die mir wie eine Ewigkeit der Isolation und Furcht erschien, ist es ein großer Trost, mit einem Kollegen zu sprechen. Zu meiner ungeheuren Erleichterung funktioniert meine Strategie. Der Ballon treibt von den Gipfeln weg, und kaum bin ich außer Gefahr, schaffe ich es, die Brenner mit dem Funkenzünder meines Schweißbrenners in Gang zu setzen. Ich bin noch einmal davongekommen und weiß es auch. Wenige hundert Meter weiter, vielleicht 15 weitere Sekunden, und ich wäre gegen die Bergwand gekracht. Stattdessen hüpfe ich über einen nahen Gipfel hinweg und mache wenige Minuten später direkt neben einem riesigen Kaktus eine relativ kontrollierte Landung. Mein erster Versuch, die Anden zu überqueren, ist fehlgeschlagen. Zum Glück habe ich überlebt, so dass ich diese ungewöhnliche Geschichte erzählen kann.

Etwa eine Minute später lässt Mario den Hubschrauber in der Nähe des Ballons aufsetzen. Ich versuche, mich aus dem Korb zu wuchten, allerdings bin ich nach drei Stunden in der kalten Luft unglaublich steif gefroren. Jeder Gedanke an Ruhe löst sich in Luft auf, als ich mich plötzlich von Kindern umringt sehe, die zu Fuß und zu Pferd aus allen Himmelsrichtungen aufgetaucht sind. Ich bin in der Nähe ihres Spielplatzes gelandet, und sie staunen und kichern beim Anblick eines blauäugigen Fremden, der vom Himmel gefallen ist. Sie helfen mir dabei, die Ballonhülle von den Kaktusstacheln zu befreien, und dann bringt Mario meinen Ballon mit seinem Hubschrauber in Sicherheit. Ich bleibe da, um mit den Schulkindern von El Sobrante zu Mittag zu essen, danach sitze ich in ihrem Klassenzimmer und mache bei einem improvisierten Fußballspiel mit. Zum Glück hat das Dörfchen ein Münztelefon, und so bitte ich eine Lehrerin, Hermana anzurufen, die Frau von Victor Mardones. Diese gibt meine Botschaft weiter, und vier Stunden später taucht das von Terry McCoy geleitete Team auf.

»Meine Güte, das wäre beinahe schief gegangen. Mein Bester, was sagst du dazu?«

Ich weiß, dass ich extremes Glück gehabt habe, noch am Leben zu sein, gebe mich aber unbeeindruckt. »Es ist nur eine sinnvolle Erfahrung, Terry. Glaub ja nicht, dass ich schon am Ende bin.«

Im Lauf der nächsten paar Tage formieren wir uns neu und überprüfen unsere Pläne. Zunächst muss der Ballon repariert und erneut für fahrtauglich erklärt werden. Dann erkläre ich Rune, dass ich die nächste Fahrt allein schaffen muss. Die letzte Fahrt hat mir deutlich gemacht, dass ich einen dritten Propangastank brauche, damit ich Zeit habe, in der richtigen Höhe die richtigen Windverhältnisse zu finden. Der Ballon wird das zusätzliche Gewicht nicht tragen, wenn Rune seinen Platz nicht opfert. Es ist keine einfache Entscheidung, aber Rune nimmt sie gut auf. Ich verspreche ihm, dass er seinen Fallschirmsprung nachholen kann, wenn wir nach meinem nächsten Versuch einer Andenüberquerung noch genug Treibstoff haben, doch das ist kein überzeugendes Angebot. Wir wissen beide, wie schnell die Zeit vergeht.

Das drängendste Problem ist das des Sauerstoffvorrats. Ich kann mir keine weiteren Fehler erlauben. Das kostet nicht nur wertvolle Zeit, sondern beim nächsten Mal könnte es sich als tödlich erweisen. Es war sicherlich falsch anzunehmen, dass ich keine zweite Maske brauche. Unser ursprünglicher Plan hatte die Verwendung eines einzigen Zehn-Liter-Tanks vorgesehen, stattdessen haben wir uns für zwei Fünf-Liter-Tanks entschieden. Schließlich wurde mein Leben durch die Tatsache gerettet, dass ich auf der Suche nach den flüchtigen Westwinden mehr Sauerstoff verbraucht hatte als erwartet. Wenn ich die Westwinde gleich erwischt hätte, wäre ich ohne Sauerstoff gestrandet und nicht in der Lage gewesen, den zweiten Tank zu benutzen, und das irgendwo über einem unwirtlichen Teil der Anden. Das war eine schwer wiegende Fehleinschätzung, die mich hätte töten können. Für die nächste Fahrt entscheide ich mich, drei Fünf-Liter-Flaschen mitzunehmen und jede davon mit einer eigenen Sauerstoffmaske auszustatten.

Meine letzte Entscheidung ist, die Abfahrt von Los Andes nach Santiago zu verlegen. Das bedeutet, dass ich die Anden zwar nicht an ihrem höchsten Punkt überqueren werde, aber die Nähe zur chilenischen Hauptstadt wird uns in die Lage versetzen, eine genaue Wettervorhersage für den Start zu bekommen. Kleine Veränderungen können eine Expedition zum Erfolg führen oder scheitern lassen.

Drei Tage nach meinem ersten fehlgeschlagenen Versuch bin ich noch vor Tagesanbruch zu der Abfahrtstelle unterwegs. Als ich mich dem unberührten Poloplatz am Stadtrand von Santiago nähere, erhalte ich durch eine Düsenmaschine, die gerade zum Landeanflug auf den internationalen Flughafen ansetzt, eine Information, die mir sehr lieb ist: Es herrscht stetiger Westwind. Der Ballon wird aufgeblasen, und Terry hält die gewohnte Ansprache, um mich anzufeuern. Wie immer endet sie mit der Mahnung, dass die Entscheidung allein bei mir liege: Es sei nicht zu spät, die Fahrt aufzugeben. Aber für mich gibt es nur eine Möglichkeit, den Tag zu nutzen und es zu wagen.

Ich marschiere entschlossen auf den Ballon zu, klettere in den Korb, nehme die letzten Kontrollen vor dem Start vor und bitte dann, die Haltetaue zu lösen. *Typhoo Challenger* erhebt sich langsam und majestätisch über einen Morgennebel, der einen perfekten Tag ankündigt. Ich schalte die Brenner ein, und der Aufstieg beschleunigt sich. Santiago und den Pazifik lasse ich ebenso hinter mir wie meine Sorgen um Sauerstoff und Treibstoffknappheit. Als ich eine Höhe von gut 3000 Metern erreicht habe, erwische ich den vorhergesagten Wind und bewege mich zügig auf die Silhouetten der Gipfel zu, die durch das Licht der aufgehenden Sonne von majestätischer Schönheit sind. Unten auf dem Poloplatz ist es immer noch dunkel, aber ich bin schon so hoch, dass die Sonne den Ballon leuchten lässt – fast wie eine Glühbirne.

Leider habe ich zu wenig Zeit, die Schönheit wirklich zu genießen. Ich muss mich darauf konzentrieren, viel klaren blauen Himmel zwischen den Ballon und die schnell näher kommenden, mehr als 6000 Meter hohen Berge zu legen. Je höher ich steige und je schneller ich fahre, um so größer wird auch die Windgeschwindigkeit. Als ich meine höchste zulässige Höhe von fast 9700 Metern erreiche, zeigt der Geschwindigkeitsmesser nicht mehr zehn, sondern 25 Knoten. Diesmal gerate ich nicht in Panik, als die Brenner ausgehen. Da ich genügend Sauerstoff habe, weiß ich, dass der Sinkflug bis zum Neustart nicht der Furcht erregende Sturzflug in Richtung Hölle sein wird wie vor einigen Tagen. Ich brauche zwei magische, wenn auch einsame Stunden, um die Gipfel zu überwinden. Ich fahre stetig über den 6400 Meter hohen Vulkangipfel des Tupungato hinweg, schwebe in meinem Weidenkorb, auf Gnade und Ungnade dem Wind ausgeliefert, und weiß, dass im Fall eines Versagens zwischen den Gipfeln keine Landemöglichkeit besteht und ich wahrscheinlich sterben müsste.

Kurz nach neun Uhr morgens melde ich Terry und dem Team über Funk meine Position. Ich sage ihnen, dass ich mich östlich des Andenkamms befinde, und lese Längen- und Breitengrad von meinem Satellitenortungsgerät GPS ab. »Willkommen im argentinischen Luftraum«, lautet die Antwort. Ich habe es geschafft! Habe die Anden allein in einem Heißluftballon überquert! Jetzt muss ich nur noch eine Stelle finden, an der ich landen kann.

Und dann mache ich den Fehler, in meiner Aufmerksamkeit nachzulassen. Als ich den Mount Everest bestieg, erzählte man mir, dass sich die meisten Unfälle auf dem Rückweg vom Gipfel ereigneten, wenn Ausgelassenheit und Selbstzufriedenheit zusammenwirken und ein Übermaß an Selbstvertrauen und Sorglosigkeit erzeugen. Als sich die staubigen Ebenen Argentiniens vor mir ausbreiten, unterläuft mir eine Fehleinschätzung, die mich beinahe teuer zu stehen gekommen wäre. Da ich mir jetzt nach Sonnenaufgang um die Wirkung der Thermik Sorgen mache, gehe ich auf 6100 Meter hinunter, um nach einer Stelle zu suchen, an der ich landen kann. Doch das ist ein gravierender Fehler. Ich verliere zu schnell an Höhe, gerate in zu große Nähe der Berge und lande infolgedessen in Aufwinden, die mich mit Furcht erregender Geschwindigkeit auf die Gipfel zurücktreiben. Alles wäre in Ordnung gewesen, wenn ich bis zu der Stadt gewartet hätte, die ich in acht Kilometer Entfernung vor mir sehe, um erst dann die Entscheidung zur Landung zu treffen. Stattdessen gerate ich in Panik. Verzweifelt bemühe ich mich, den Sieg den Krallen der Niederlage zu entreißen: Ich lasse den Ballon neben einer Schotterstraße aufschlagen. Ich habe es geschafft, aber der Himmel weiß, wo ich mich befinde. Ich bin nicht einmal ganz sicher, noch in Argentinien zu sein.

Ich konsultiere mein Satellitenortungsgerät GPS. Wie es scheint, ist dies argentinisches Territorium, und die erste äußere Bestätigung, dass ich die Grenze überquert habe, bekomme ich, als ich einen unverkennbar argentinischen Gaucho und seine Tochter quer über das staubige Feld auf mich zukommen sehe. Ich melde mich über Funk bei dem Team in Chile, um ihnen von meinem Erfolg zu erzählen. »Fabelhafter Flug. Keine Probleme. Leichte Landung«, sage ich zu Terry. Ich nenne ihm meine Position, und er sagt mir, ich befände mich zwölf Kilometer westlich des Dorfs Pareditas und gut 62 Kilometer östlich der chilenischen Grenze. Ich kann hören, wie das Team im Hintergrund jubelt. Ein großartiges Gefühl. Ich bin vor dem Frühstück in Chile gestartet und rechtzeitig zum Lunch in Argentinien gelandet.

Es wird recht lange dauern, bis mich jemand abholt, und so feiere ich den Augenblick des Triumphs allein. Ich hebe die Arme in den Himmel und lasse in dem menschenleeren Buschland Freudenschreie ertönen. Tränen rollen mir über die Wangen, als mir aufgeht, dass ich meinen ersten Ballonfahrtrekord aufgestellt und überlebt habe. Die nächste Station, sage ich mir, ist der Nordpol.

ZWEITES KAPITEL
Der Plan

LONDON, ENGLAND
29. JULI 1895

Der viktorianische Vortragssaal war mit den Spitzenwissenschaftlern der Arktisforschung aus aller Welt gefüllt. Auf den Sitzbänken drängten sich militärische Luftfahrtexperten neben anerkannten Akademikern der geografischen Wissenschaft. An den holzgetäfelten Wänden sah man Journalisten und Schriftsteller sowie zahlreiche andere, die einfach nur neugierig waren, begierig, die jüngsten Forschungs- und Abenteuerberichte zu hören, wie sie dem Sechsten Internationalen Geografischen Kongress vorgetragen wurden.

Im Publikum saß General Adolphus Washington Greely, der amerikanische Erforscher Grönlands und Ellesmere Islands sowie Gründer der American Geographical Society. 1883 hatte er eine Expedition von 25 Männern 250 Tage lang durch den arktischen Winter geführt. Nur sieben überlebten – indem sie ihre Lederkleidung aufaßen. In der Nähe von Greely saß Konteradmiral Albert Markham, eine legendäre Gestalt der Polarforschung. Im Jahre 1875 war er mit einem Schlitten so nahe an den Nordpol herangekommen wie kein Mensch zuvor. Wie die anderen Delegierten waren auch diese Männer an einem heißen Sommerabend in dem stickigen Saal zusammengekommen, weil der Schwede Salomon August Andrée einen Bericht über seine geplante Expedition zum Nordpol halten wollte. Als Ballonflugpionier und einfallsreicher Techniker hatte er sich in ganz Europa schon einen Ruf erworben.

Gerüchte und Spekulationen schwirrten durch den Raum. Herr Andrée hatte schon in Stockholm, Berlin und Paris von seinem großartigen Plan gesprochen, und es ging das Gerücht, dass Alfred Nobel, der Erfinder des Dynamits, ein Baron namens Oscar Dickson und der König von Schweden die nötigen Geldmittel zur Verfügung gestellt hätten. Für einige der Zuhörer war Andrées Vorschlag der einzige Weg, den Nordpol zu erreichen, für andere war es die jüngste lächerliche Idee von verrückten Ballonfahrern.

Kurz vor der festgesetzten Zeit betrat Andrée den Raum. Er war ein ungewöhnlich großer und kräftiger Mann mit einem buschigen Schnurrbart und öligem, gescheiteltem Haar. Er blieb stehen, um kurz mit einem der Veranstalter der Konferenz zu sprechen, und trat dann ans Rednerpult.

Andrée wusste, dass für ihn sehr viel auf dem Spiel stand. Am Ende des neunzehnten Jahrhunderts waren Nord- und Südpol die einzigen Teile des Planeten, die es noch zu entdecken gab. Forschungsreisende hatten den Erdball auf dem Seeweg und auch zu Lande umrundet, so weit dies möglich war. Sie waren den großen Flüssen bis zu den Quellen gefolgt, hatten sich durch Dschungel, Wüsten und Sümpfe gekämpft, um die am weitesten entlegenen Vorposten der Zivilisation zu erforschen. Nach dem Wettlauf in Afrika blieben nur noch die inneren Weiten der Arktis und der Antarktis weiße Flecken auf der Landkarte. Für Männer wie Andrée übten die Pole eine unwiderstehliche Anziehungskraft aus. Er wusste, dass er den Menschen bei einem Erfolg für immer als der Mann in Erinnerung bleiben würde, der als Erster den Nordpol erreicht hatte. Wenn sein Versuch aber fehlschlug, würde sein kühner Plan nichts weiter sein als eine Fußnote in der Geschichte der Polarforschung.

Das Raunen im Saal legte sich und wurde zu erwartungsvollem Schweigen. Andrée räusperte sich und trat dann vor, um seinen Plan in fließendem Englisch mit schwedischem Akzent vorzutragen, das er während seiner Arbeit in Philadelphia gelernt hatte.

»Die Geschichte der geografischen Entdeckungen ist durch große Gefahren und Leiden gekennzeichnet. Doch von allen zu entdeckenden Gebieten hat keins dem Forschungsreisenden so große Schwierigkeiten gemacht wie die Arktis«, begann er.

»In heißen Gegenden der Welt können Eingeborene dem Forschungsreisenden den Weg versperren, aber sie können ihm auch bei seinen Bemühungen beistehen. Seen und Flüsse können sein Vorwärtskommen vielleicht verlangsamen, ihn aber auch über große Entfernungen hinwegbringen und seinen Lebensunterhalt sichern. Selbst Wüsten sind nicht ohne Oasen, Unterkunft und Nahrung. Die Arktis zu erforschen, ist jedoch etwas ganz anderes.

Die Kälte tötet nur. In der Eiswüste gibt es keine Oasen, keine Vegetation, keinen Treibstoff. Das Polareis kann einen Forschungsreisenden zwar übers Meer treiben, aber es ist eine tückische Fahrt, die durch riesige Eisblöcke und unüberwindliche Mauern bröckelnder Eismassen versperrt wird. Meeresströmungen unter dem Eis können einen schnell zu dem vorgesehenen Bestimmungsort bringen, können einen aber genauso gut vom Ziel entfernen oder das Schiff zwischen den Eisschollen zermalmen. Der ewige Sonnenschein im Sommer zeigt einem den Weg, lässt das Eis aber auch zu einem dicken Brei schmelzen, der das Gewicht eines Mannes nicht tragen kann.«

Zur Zeit dieser Ansprache waren alle Versuche, den Nordpol zu erreichen, mit Schlitten unternommen worden, die von Menschen, Hunden, Pferden oder Rentieren gezogen worden waren. Und alle waren gescheitert. Frustriert, weil es anscheinend unmöglich war, den Nordpol zu Fuß oder per Schlitten zu erreichen, war Fridtjof Nansen vor etwas mehr als zwei Jahren an Bord der *Fram* von Norwegen aus aufgebrochen. Das hölzerne Boot war so gebaut, dass es im Winter auf die Eisfläche emporgehoben und nicht vom Eis zerdrückt wurde. Nansens Plan bestand darin, dass sein Schiff vor der

Küste Ostsibiriens im arktischen Eis einfrieren sollte, um dann durch Meeresströmungen über den Pol nach Kanada getrieben zu werden. Doch seit dem Tag, an dem er 1893 in Kristiania aufgebrochen war, hatte man von Nansen kein Wort mehr gehört.

»Es bleibt die Tatsache«, sagte Andrée, »dass sämtliche Versuche, das Polareis zu überqueren, im Lauf der Jahrhunderte gescheitert sind. Zahlreiche Menschenleben und Schiffe sind verloren gegangen und große Summen Geldes vergeudet worden.

Die Zeit ist reif für ein anderes Transportmittel in der Arktis als den Schlitten. Wir brauchen nicht lange zu suchen, um eins zu entdecken, das sich ideal für den Zweck eignet. Ich meine den Ballon. Nicht den perfekten, lenkbaren Ballon unserer Träume, aber einen, den wir tatsächlich herstellen können. Ich bin überzeugt, dass ein solcher Ballon eine Gruppe von Forschungsreisenden zum Nordpol tragen und auch quer über die arktischen Weiten nach Hause bringen kann.«

An einem kalten und nebligen Märzabend des Jahres 1894 hatte Andrée zum ersten Mal von seinem Plan gesprochen, eine Ballonfahrt zum Nordpol zu unternehmen. Adolf Nordenskiöld, Schwedens führender Arktisforscher der damaligen Zeit, hatte ihn am Ende eines Treffens der Schwedischen Anthropologischen und Geographischen Gesellschaft angesprochen. Nordenskiöld, der zehn Polarexpeditionen überlebt hatte, wusste besser als die meisten, dass man den Nordpol zur damaligen Zeit nicht mit einem Schlitten erreichen konnte.

»Begleiten Sie mich nach Hause, zur Wissenschaftsakademie«, sagte der große schwedische Naturforscher.

»Es wäre mir eine Ehre, Baron Nordenskiöld«, erwiderte Andrée.

Das war eine erhebliche Untertreibung. Andrée, ein scheuer und von starkem Ehrgeiz geprägter Mann, führte ein zurückgezogenes, nur seinen Studien und seiner Position als leitender Ingenieur des Schwedischen Patentamts gewidmetes Leben. Für ihn verkörperte Baron Nordenskiöld all den Glanz und den Einfluss, die er auch für sich ersehnte. Seit dem Tag im Jahre 1880, an dem der schwedische König Oscar Nordenskiöld nach dessen Rückkehr nach Göteborg in den Adelsstand erhoben und zum Baron ernannt hatte, war dieser in einer Zeit starken Patriotismus ein Nationalheld gewesen. Er hatte Beträchtliches geleistet, die Inselgruppe Spitzbergen erforscht und eine Expedition in den Westen Grönlands geleitet, um dort das Inlandseis zu studieren. Seine größte Leistung jedoch, die mit der Erhebung in den Adelsstand belohnt wurde, war seine Durchsegelung der Nordostpassage von Norwegen über die sibirische Arktis zum Pazifik.

Die beiden Männer gingen langsam durch den kalten, feuchten Nebel die Drottninggatan zur Adolf-Fredriks-Kirche hinauf. Die Wangen des Barons glühten in der kalten Luft, und auf seiner Stirn bildeten sich infolge des Nebels winzige Tautropfen, als er Andrée von seinem ehrgeizigen Plan erzählte, die Antarktis zu erforschen, den damals einzigen noch unerforschten Kontinent.

»Ich habe mich oft gefragt, ob man für Erkundungsflüge in den Polarregionen Fesselballons benutzen kann«, sagte Nordenskiöld. »Ich habe mir gedacht, dass sie für Beobachtungen sinnvoll sein könnten, weil man so das Land für die Erstellung von Karten vermessen könnte.«

Der Baron skizzierte seine Theorie, dass Ballons wegen der zu schwierigen Landung in der Antarktis dazu benutzt werden könnten, eine Expedition mit sämtlichen Mitgliedern und ihrer Ausrüstung von der Wasserfläche über die Eiswände hinwegzuheben. So könnte man auf das Eisschelf des Kontinents gelangen.

Den Doyen der schwedischen Naturforscher über die Vorzüge des Ballonfahrens sprechen zu hören, war genau die Ermutigung, die Andrée brauchte. Er nutzte die Gelegenheit, Nordenskiöld, der seine kleine runde Nickelbrille säuberte, zu unterbrechen, und sprudelte seinen Plan hervor.

»Ich könnte versuchen, den Nordpol in einem Ballon zu überqueren, der vom Wind getrieben wird«, sagte er plötzlich. »Sonst scheint noch niemand das großartige und regelmäßige Windsystem bemerkt zu haben, das in der Lage ist, riesige Ballons mit Ladung und Passagieren zu bewegen. Ich habe schon viele Fahrten mit der *Svea* unternommen, einem Ballon, den ich mir vor einem Jahr von dem besten Ballonhersteller Frankreichs habe anfertigen lassen. Ich habe entdeckt, dass es eine vorzügliche Art zu reisen ist.«

Nordenskiöld machte Andrées plötzliche Begeisterung sprachlos. Noch vor wenigen Minuten hatte er in der höchst reservierten Art und Weise gesprochen, die man von einem leitenden Ingenieur des Patentamts erwarten konnte, wenn er zur Schwedischen Anthropologischen und Geographischen Gesellschaft sprach. Jetzt plapperte er drauflos wie ein junger Mann in seiner ersten Verliebtheit.

»Ich weiß, wie sich die Winde auswirken, wie Luftfeuchtigkeit und Temperatur eine Fahrt beeinflussen und was ich aus jeder erreichbaren Höhe zu fotografieren und zu hören erhoffen kann«, fuhr Andrée fort. »Ich habe schon viele Fahrten unternommen, aber für mich waren sie nie Sport oder angenehmer Zeitvertreib, sondern immer rein wissenschaftliche Experimente, mit denen ich hoffte, bestimmen zu können, wie weit ich bei einer Fahrt kommen konnte – und mit welcher Genauigkeit.«

Nordenskiöld fand es ungewöhnlich, dass ein Mann so leidenschaftlich über etwas so Lebloses wie einen Ballon sprechen konnte. Für Andrée waren die *Svea* und die Ballonfahrerei tatsächlich zu einer Besessenheit geworden, die mit Ausnahme seiner geliebten Mutter alles andere aus seinem Leben verdrängte.

»Ich bin einmal zweieinhalb Stunden lang gefahren, und in dieser Zeit habe ich vierzig Kilometer zurückgelegt und eine Höhe von 4000 Metern erreicht«, sagte er Nordenskiöld. »Wissen Sie, selbst dort oben konnte ich deutlich Hundegebell hören.«

Nordenskiöld betrachtete den kräftigen Mann, der vor ihm stand, mit einiger Skepsis. Andrée sah nicht wie ein klassischer Abenteurer aus. Seine Hände waren weich, er hatte ein leicht rundliches Gesicht, das Ergebnis einer verwöhnten Kindheit. Seine Mutter hatte ihn zu sehr verhätschelt, und sein Vater hatte seine exzentrischen Ansprüche toleriert. Er schien nicht von einer Liebe zum Leben im Freien und einer Entschlossenheit, die Natur zu erobern, getrieben zu sein. Stattdessen kam Andrée Nordenskiöld eher wie ein gelehrter Mann vor, dem sorgfältiges wissenschaftliches Vorgehen mehr lag als Draufgängertum. Kaum jemand konnte sich vorstellen, wie Andrée beim Kampf gegen die Elemente mit den Zähnen knirschte. Vielleicht war das der Grund, weshalb er zum Nordpol fliegen will, dachte Nordenskiöld im Stillen. Auf diesem Wege müsste er sich nicht auf eine verzweifelte Existenz auf dem Eis einlassen, mit der Nordenskiöld so vertraut war. Trotz dieser Vorbehalte beeindruckte ihn Andrées übersprudelnder Enthusiasmus.

»Das hört sich höchst interessant an«, sagte Nordenskiöld zu Andrée. »Jede Möglichkeit, die Qual abzukürzen, Monat für Monat oder gar Jahr für Jahr auf dem Eis leben zu müssen, kann nur einen Schritt nach vorn bedeuten. Ich hoffe, Sie werden auch weiterhin an Ihrem Plan arbeiten.«

»Aber Baron, der Plan ist schon fast fertig«, entgegnete Andrée. »Ich habe einen Ballon entworfen, der zum Pol fahren soll. Jetzt brauche ich nur noch zwei Gefährten, die während meiner Fahrt Fotos machen und wissenschaftliche Beobachtungen vornehmen können: einen Beobachter und einen Sekretär.«

Wieder war Nordenskiöld sprachlos. Hinter Andrées gelehrtem Äußeren schien ein Mann von visionärer Kraft und ungeheurer Entschlossenheit zu stecken.

»Ihr Plan hat aber einen Schwachpunkt«, sagte Nordenskiöld mahnend. »Niemand weiß, ob die Passatwinde die Arktis erreichen. Was werden Sie tun, wenn Sie keinen direkt nach Norden wehenden Wind erwischen?«

Da gab Andrée seine bislang größte Entdeckung preis, die er bei seiner dritten Ballonfahrt und bei seiner sechsten Reise vervollkommnet hatte – nämlich wie man den Ballon steuert.

»Vergangenen Oktober hatte ich mir vorgenommen, an der Küste entlangzufliegen, die Winde aber falsch eingeschätzt. Als ich abhob, wehte der Wind leicht seewärts, aber ich unternahm die Fahrt trotzdem, weil ich darauf baute, dass sich die Windrichtung ändern würde, wenn ich eine größere Höhe erreicht hatte.

Die Fahrt verlief gut. Ich befand mich über den Wolken, beobachtete die Temperatur, die Wolken, meinen Atem und meinen Durst in verschiedenen Höhen. Im Sinkflug entdeckte ich zu meiner Besorgnis, dass ich mich über dem Meer befand.«

Der Wind hatte die *Svea* über das Ålandsmeer getrieben, einen Meeresarm der Ostsee zwischen Schweden und Finnland. Andrée hatte erkannt, dass es keine Möglichkeit gab, auf das Festland zurückzukehren. Als er ein Boot entdeckte, versuchte er, die Geschwindigkeit der *Svea* dadurch zu reduzieren, dass er an einem Leitseil einen Anker hinabließ, der auf der Wasseroberfläche baumelte. Dadurch wurde der Ballon jedoch nicht langsamer, und so befestigte er am Ende des Landungsseils zwei schwere Ballastsäcke und senkte diese ins Wasser. Die weit offenen Säcke hatten Wasser aufgenommen und die Geschwindigkeit der Svea verlangsamt.

»Ich rief zum Kapitän des Boots hinunter und bat ihn, eins der Taue des Ballons zu ergreifen, doch er rief zurück, er würde sein

Boot lieber quer zu meinem Kurs legen, damit sich eins der Taue vielleicht in der Takelage verfange.«

Andrée sah, dass er Nordenskiölds ungeteilte Aufmerksamkeit hatte, als er fortfuhr.

»Ich konnte den Irrsinn eines so gefährlichen Manövers sehen. Wenn mein mit Wasserstoff gefüllter Ballon dem Schornstein des Dampfers auch nur nahe kam, würde die Explosion jeden an Bord des Dampfers ebenso töten wie mich. So blieb mir keine Wahl. Ich musste den Beistand des Kapitäns ablehnen und versuchen, Land zu erreichen.«

Da Andrée nicht in der Lage war, die mit Wasser gefüllten Säcke wieder zu seiner Gondel hochzuziehen, schnitt er sie ab, worauf die *Svea* schneller geworden war und eine Geschwindigkeit von etwa 28 Stundenkilometern erreichte. Das war jedoch immer noch nicht schnell genug, um vor Einbruch der Dunkelheit Land zu erreichen, so dass Andrée das am Anker befestigte Leitseil durchschnitt und einige andere Taue ins Wasser baumeln ließ.

»Ich bemerkte, dass ich mal aufstieg und mal sank, und erkannte, dass der teilweise entleerte Ballon sich im Wind wie ein Drachen verhielt. Durch die Leitseile war es möglich, die Höhe des Ballons zu kontrollieren, ohne dass ich Ballast über Bord werfen oder Gas ablassen musste. Das bedeutete, dass ich weiter fahren konnte als ein Freiballon von gleichen Dimensionen. Nach dieser Entdeckung war ich davon befreit, ausschließlich nach den Launen der Winde zu fahren.«

Nordenskiöld blieb stehen und wandte sich zu Andrée um. Die Straße war dunkel und wurde nur durch Gaslaternen erleuchtet, aber Andrée konnte sogar in dem dunklen Nebel Nordenskiölds forschenden Blick erkennen.

»Bedeutet dies tatsächlich, was ich jetzt denke?«, wollte Nordenskiöld wissen.

»Absolut, Baron. Ich brauche wohl kaum zu betonen, welche Implikationen dies für lange Ballonfahrten zu Forschungszwecken hat.«

Andrée fuhr mit seiner Geschichte fort und schilderte, wie er seine 270 Kilometer lange Fahrt mit einer Bruchlandung auf einem einsamen Inselchen beendete, als sich die Dunkelheit auf das Ålandsmeer senkte.

»Es war eine äußerst heftige Landung, hatte aber ein glückliches Ergebnis. Meine sämtlichen Instrumente waren schwer beschädigt, auch meine Armbanduhr, die um 19.18 Uhr stehen blieb und damit genau die Dauer meines Fluges bestätigte. Anschließend verbrachte ich eine äußerst unangenehme Nacht auf der Insel bis zum nächsten Vormittag um elf, als ich endlich entdeckt und von einem Boot gerettet wurde.«

Andrée hatte seinen Bericht zeitlich gut geplant, denn inzwischen hatten die beiden Männer einen Seiteneingang der Wissenschaftsakademie erreicht. Nordenskiöld hielt kurz inne, bis er die wenigen Treppenstufen hinaufging, die zu seiner Wohnung führten.

»Dies ist ein faszinierender Abend gewesen. Es ist ein Vergnügen gewesen, Sie kennen zu lernen. Ihre Pläne sind wirklich erstaunlich«, sagte er und gab Andrée die Hand. »Bitte sehen Sie in mir einen Ihrer Förderer. Sie müssen mich wissen lassen, welche Fortschritte Sie machen. Sie können mit jeder Hilfe rechnen, die ich Ihnen bieten kann. Doch für den Moment muss ich mich verabschieden.«

Die Tür schloss sich, und Andrée kehrte wieder auf den Bürgersteig zurück. Nordenskiölds offene Unterstützung und Ermutigung hatten ihn elektrisiert. Als er zum Haus seiner Mutter ging, sagte er sich selbstbewusst, dass dies die Geburtsstunde seiner Polarexpedition sei.

Aus Furcht, die Leute würden ihn für einen idealistischen Träumer halten, war Nordenskiöld erst die zweite Person, der Andrée den vollen Umfang seiner ehrgeizigen Pläne anvertraut hatte. Nicht einmal seine Mutter kannte die ganze Geschichte. Er hatte ihr nur erzählt, dass er die Arktis erforschen wolle und dies möglicherweise mit einem Ballon tun werde. Allein Gurli Linder wusste, dass er davon träumte, sich durch eine Ballonfahrt bis zum Nordpol einen Namen zu machen.

Andrée wusste, dass es einen sehr einfachen Grund dafür gab, weshalb Gurli seine Pläne nie einem anderen verraten würde: Sie war die Ehefrau eines engen Freundes, und wenn sie die schwierigen Details seiner ehrgeizigen Pläne preisgab, würde sie der Stockholmer Gesellschaft gegenüber zugeben, wie intim ihre Beziehung zu Andrée war. Denn Gurli hatte sich hoffnungslos in ihn verliebt. Es war eine Liebe, deren sich Andrée sehr wohl bewusst war, die er aber nicht erwiderte.

Der Sommer und der Herbst 1894 waren die glücklichste gemeinsame Zeit der beiden, obwohl Gurli den tiefen Verdacht hatte, dass es ihre letzte sein würde. Sie verbrachten viele lange Nachmittage mit Spaziergängen in der Umgebung Stockholms oder segelten zwischen den Stockholmer Schären und hofften, nicht entdeckt zu werden. Es war eine beachtliche Leistung, einer Frau so offen den Hof zu machen und dabei unentdeckt zu bleiben. Gurli war eine aufregende Frau, hoch gewachsen und stattlich mit blondem Haar und einer guten Figur. Es war unvermeidlich, dass sie bewundernde Blicke auf sich zog, vor allem, da Andrée neben ihr weniger eindrucksvoll aussah. Es war jedoch nicht Gurlis Schönheit, die Andrée angezogen hatte, sondern ihre Intelligenz und ihr Geist. Er hatte das Gefühl, dass sie der einzige Mensch war, der genügend Feingefühl besaß, ihn wirklich zu verstehen. Sie allein konnte erfassen, weshalb er sich immer für einen Außenseiter hielt, sie allein konnte

Verständnis für seinen Ehrgeiz aufbringen, sich einen Namen zu machen.

Als die beiden wie irgendein beliebiges Ehepaar an einem Sonntagnachmittag inmitten vieler Bürger Stockholms spazieren gingen, erzählte Andrée Gurli von den Entdeckungen, die er mit der *Svea* gemacht hatte, und sagte ihr, er glaube vor einer Revolution in der Ballonfahrt und der Polarforschung zu stehen.

Unbeeindruckt von der Tatsache, dass er nur knapp dem Tod entronnen war, hatte Andrée seine Experimente fortgesetzt und bewiesen, dass er die Fahrhöhe der *Svea* präzise und auf sehr unkomplizierte Weise kontrollieren konnte. Der Schlüssel dazu war das Schleppseil, das die *Svea* in einem Gleichgewicht hielt. Beim Aufstieg des Ballons hob auch das Schleppseil vom Boden ab, und sein zusätzliches Gewicht zog den Ballon wieder auf die Fahrhöhe zurück; wenn der Ballon unter seine optimale Fahrhöhe hinaus sank, schleifte ein größerer Teil des Schleppseils auf dem Boden, mit der Folge, dass der Ballon einen geringeren Teil seines Gewichts tragen musste. Es war so, als wäre Ballast abgelassen worden, und infolgedessen kehrte der Ballon zu seiner idealen Fahrhöhe zurück.

»Es ist sehr wichtig, dass man die Fahrhöhe kontrollieren kann«, erzählte Andrée Gurli bei einem ihrer vielen Nachmittagsspaziergänge. Wie immer sehnte sie sich danach, dass er mit ihr über die Möglichkeit einer gemeinsamen Zukunft sprach, aber Andrée war nicht zu bremsen. »Das bedeutet, dass ich den Ballon daran hindern kann, bis in eine Höhe aufzusteigen, in der Wasserstoff aus der Hülle entweichen wird. Das ist das Einzige, was die Entfernung einschränken wird, die ich zurücklegen kann. Das Fahren in konstant geringer Höhe wird der *Svea* weit größere Ausdauer verleihen als jedem anderen Ballon.«

Gurli hörte zu und sah ihn mit noch größerer Bewunderung an; sie sehnte sich danach, dass Andrée die Tiefe ihrer Gefühle erkannte, wünschte sich, kein so ungewöhnliches Doppelleben führen zu müssen. Sie wusste aber auch, dass Andrée nur eine Liebe in seinem Leben hatte.

»Meine Liebe gilt nur dir«, sagte sie Andrée bei einem anderen Spaziergang im Frühsommer. »Sie ist beständig und ewig, aber es sieht nicht danach aus, als würde sie je Erfüllung finden.«

Andrée wusste um den Egoismus seiner Beziehung zu Gurli, die Gefahr lief, ihre Kinder zu verlieren, falls ihre heimliche Liebe ans Licht kam. Er wusste auch, was sie hören wollte, schonte aber ihre Gefühle nicht.

»Ich habe die Wahl zwischen dir und der Expedition«, sagte er ihr. »Du musst verstehen, dass die Expedition immer an erster Stelle stehen wird.«

Jahre später schrieb Gurli, dass der Schmerz dieses Augenblicks sie immer noch heimsuche, aber ihre Hingabe an Andrée war so absolut, dass sie ihn auch weiterhin unterstützte. Als sie seine Zielstrebigkeit erkannte, ließ sie nicht zu, dass ihre unerwiderte Liebe der engen Freundschaft mit Andrée irgendwie Abbruch tat.

Mitte Juli setzte Andrée ein dreiarmiges Schleppseil und ein Steuersegel ein, das er zwischen Hülle und Gondel der *Svea* befestigte. Als die Schleppseile auf dem Erdboden schleiften, fuhr die *Svea* in einem langsameren Tempo dahin als der Wind, und das Segel ließ sich so anpassen, dass der Ballon den Wind erwischte und die Fahrtrichtung des Ballons änderte.

Bei einem seiner letzten Flüge ließ Andrée Karten zur Erde fallen. Sie trugen seinen Namen, seine Adresse und eine Bitte: Jeder, der eine Karte finde, möge sie mit Angaben über die Position zurückschicken, an der sie gefunden worden sei. So konnte er seine Route feststellen und in Erfahrung bringen, inwieweit es ihm gelungen war, den Ballon zu steuern.

Wieder war Gurli die Erste, die seine gute Nachricht hörte. Da sie immer noch auf eine Liebeserklärung von ihm hoffte, war dies das Letzte, was sie an diesem milden Augustabend erfahren wollte. Als sie auf der Terrasse eines Restaurants mit Blick auf den Mälarsee westlich der Altstadt von Stockholm aßen, erzählte Andrée Gurli, er habe jetzt eine Möglichkeit nachgewiesen, wie er die *Svea* höchst lenkbar machen könne.

Gurli sah an jenem Abend strahlend aus. Ihr goldener Teint wurde vom Mondschein erhellt, und Andrée sah, wie sich das Flackern der Kerzen auf dem Tisch in ihren Augen spiegelte. Es ließ sie wie die Sterne glitzern, die er über den Bäumen hinter ihren blonden Locken sehen konnte. Es war nicht das erste Mal, dass er sich körperlich stark zu Gurli hingezogen fühlte, doch er verweigerte sich dieser Empfindung erneut. Er wusste, dass er zwar eine Geliebte gewinnen, dafür aber die mütterliche Unterstützung verlieren würde, wenn er ihrer Anziehungskraft erlag. Er hatte das Gefühl, diese Unterstützung mehr von ihr zu brauchen als sonst etwas.

»Und was bedeutet das für deine Pläne?«, fragte Gurli in der Hoffnung, Andrée würde ihr jetzt sagen, seine Besessenheit sei vorbei, da er jetzt eine Möglichkeit nachgewiesen habe, wie sich der Ballon steuern lasse.

»Manchmal schaffte ich es, die *Svea* bis zu 30 Grad von der Windrichtung abweichend zu steuern. Ich weiß jetzt, dass ich lange Fahrten über Land und über das Meer unternehmen kann, wenn ich einen mit Segeln und Schleppseilen ausgerüsteten Ballon benutze. Ich bin nicht völlig vom Wind abhängig, sondern kann den Ballon steuern und der Route folgen, die ich mir vorgenommen habe. Ich glaube, das bedeutet, dass ich einen Ballon zum Nordpol fahren kann.«

»Du bist also immer noch entschlossen, deine Fahrt zum Pol zu verwirklichen? Und was wirst du dann tun, wenn es dir gelingt? Wirst du je zur Ruhe kommen, oder wirst du einer dieser Menschen werden, die immer nach einer neuen Herausforderung Ausschau halten und unfähig sind, in dem einfachen Glück des häuslichen Lebens Befriedigung zu finden?«

»In der Ehe muss man seinem Ehrgeiz Zügel anlegen«, entgegnete Andrée. »Es ist ein zu großes Risiko, mich an einen anderen Menschen zu binden, der dann genauso wichtig sein würde wie ich selbst.«

Gurlis Augen füllten sich mit Tränen.

»Sobald ich spüre, dass so etwas wie Liebe in mir zu keimen beginnt, bin ich entschlossen, sie mit der Wurzel auszureißen«, fuhr Andrée unbarmherzig fort. »Ich weiß, dass diese Gefühle in mir tief verwurzelt sein würden, wenn ich zuließe, dass sie in meinem Herzen zu wachsen beginnen. Ich könnte mich versucht fühlen, die Frau, die ich liebe, der Expedition vorzuziehen, und ich habe geschworen, das nie zuzulassen.«

Als Andrée im Juli 1895 vor dem Kongress in London sprach, hatte er mit der *Svea* neun Flüge absolviert und in Erfahrung gebracht, was er für eine Fahrt zum Nordpol brauchte.

»Erstens sollte der Polarballon genügend Tragkraft für drei Passagiere haben«, erklärte er dem Publikum in dem riesigen Vortragssaal. »Er muss auch in der Lage sein, alle für Beobachtungen notwendigen Instrumente zu tragen sowie Proviant für vier Monate und Ballast. Insgesamt schätze ich, dass die Ladung etwa 3000 Kilo wiegen wird. Zweitens sollte der Ballon wasserdicht sein, damit er sich bis zu 30 Tage über Wasser halten kann. Drittens muss der Ballon in der Arktis mit Wasserstoff gefüllt werden. Und schließlich muss er lenkbar sein, damit er nicht wie ein Schiff vom Wind abhängig ist, sondern weit gehend unter Kontrolle des Luftschiffers bleibt.«

Andrée hatte schließlich berechnet, dass er den Ballon bis zu 27° abweichend vom Wind steuern konnte. Über eine längere Entfernung hinweg würde sich das dramatisch auswirken. Statt in einer geraden Linie von Cork in Irland über Hull nach Kopenhagen in Dänemark zu fahren, würde es bedeuten, dass der Ballon im Süden bis nach London und Brüssel gelangen konnte oder im Norden bis Edinburgh und Bergen in Norwegen. Auf einen fast tausend Kilometer langen Flug bis zum Nordpol bezogen, würde dies für die Ballonfahrer genügend Abdrift bedeuten, um mit Winden zu fahren, die nicht direkt nach Norden wehten.

Der Korb, sagte Andrée, solle geräumig und bequem sein, Kojen für drei Männer haben und eine Beobachtungsplattform auf dem Dach. Er solle Schwimmer haben und an einem Tragring befestigt sein, der ihn so mit der Ballonhülle verbinde, dass er im Notfall schnell von der Hülle gelöst werden könne.

Andrée hatte auch berechnet, dass seine geplante Expedition nicht mehr als 129.000 schwedische Kronen kosten würde (was damals rund 145.000 Goldmark entsprach, nach heutiger Kaufkraft etwa 1,4 Millionen DM). Der Ballon und der Korb würden 36.000 Kronen kosten, eine Ballonhülle aus Segeltuch 15.000 Kronen und das Wasserstoffgerät 18.400 Kronen. Der Rest werde auf andere Ausrüstungsgegenstände entfallen, technische Beihilfe und auf Transportkosten zum Norden Spitzbergens. »Wir werden einen Schlitten brauchen, ein Segeltuchboot, ein Zelt, Waffen und Munition sowie Proviant für vier Monate. Das alles für den Fall, dass wir gerettet werden müssen, wenn dem Ballon etwas zustößt.

Ich möchte jedoch betonen, dass man angesichts der Versorgung der Expedition mit Ausrüstung ihren Charakter nicht aus den Augen verlieren sollte. Die Fahrt« – und hier machte Andrée eine Pause, um seinen Worten Nachdruck zu verleihen – »soll mit einem Ballon erfolgen, und die Reisenden müssen sich dem Ballon anvertrauen. Die lebensrettende Ausrüstung wird deshalb keine andere Funktion haben als Rettungsboote und Rettungsbojen an Bord eines Schiffs.«

Viele im Vortragssaal wussten nicht, wer dieser Mann mit dem bemerkenswerten Plan war. Einige der anwesenden Geografen kannten ihn dem Namen und seinem Ruf nach, denn er war während des ersten internationalen Polarjahres 1882/83 Assistent des Meteorologen Nils Ekholm gewesen. Damals waren am Polarkreis zwölf Messstationen installiert worden, um Daten zu erheben und Ergebnisse zusammenzufassen. Andrée hatte an der schwedischen Station von Kap Thordsen auf Spitzbergen gearbeitet, wo andere Wissenschaftler über seine Ideen gespottet hatten, vor allem weil er beträchtliche Lücken in seinem akademischen Hintergrund zugestehen musste. Am schlimmsten jedoch war, dass er die Sticheleien seiner Kollegen ertragen musste, da er die notwendige Menge des Kerosins falsch berechnet hatte. Die Folge seiner Arroganz war – er hatte die errechnete Zahl nicht von einem Kollegen prüfen lassen –, dass die schwedischen Wissenschaftler einen großen Teil des Winters bei stark rationierter Beleuchtung zubringen mussten.

Andrées peinliche Lage gegenüber seinen Kollegen brachte ihn dazu, sich in jenem Winter für ein Experiment als Versuchskaninchen zur Verfügung zu stellen. Jahrelang hatten Wissenschaftler Berichte in Frage gestellt, dass Menschen, die in der permanenten Dunkelheit polarer Winter lebten, im ersten Sonnenschein des Frühlings mit einem gelb-grünlichen Teint im Gesicht auftauchten. Um festzustellen, ob sich die Farbe des Teint veränderte oder ob die Augen der Betreffenden einfach nur nicht ans Sonnenlicht gewöhnt waren, schloss sich Andrée einen Monat lang in einem Haus ein. Als er aus der Dunkelheit wieder auftauchte, war sein Gesicht tatsächlich gelbgrün.

Mehr noch als seine Bereitschaft, sich freiwillig in eine Art Gefangenschaft zu begeben, war der Eintrag aufschlussreich, den er bei Beginn seines Versuchs in seinem Tagebuch machte: *Gefährlich? Vielleicht. Aber was bin ich wert?*

Ein derart geringes Selbstwertgefühl ist vielleicht ein Nebenprodukt von Andrées nüchternem Intellektualismus gewesen. Er hatte ein zwanghaftes Bedürfnis nach Ordnung und einen tief verwurzelten Glauben an die Rationalität der Wissenschaft. Das könnte auch erklären, weshalb er ein so brennendes Verlangen spürte, sich als bedeutender Mann zu erweisen.

Schon in ganz jungen Jahren war Andrée ungewöhnlich eigenwillig gewesen und hatte von seinen Eltern immer Antworten auf ein Trommelfeuer von Fragen verlangt. Nachdem er mit sechzehn die meisten Schülerpreise gewonnen hatte, die es zu holen gab, verlangte er, dass seine Eltern ihn von seinem Gymnasium in Jönköping herunternahmen, das nicht weit von seiner Geburtsstadt Gränna am Vätternsee liegt. Sie sollten ihm erlauben, sich an der staatlichen technischen Hochschule einzuschreiben. Kurze Zeit später starb sein Vater. Andrée schien einige Zeit unfähig zu sein, mit irgendeinem anderen Menschen als seiner Mutter eine enge Beziehung zu haben.

Nach der Universität arbeitete er als technischer Zeichner und Designer, bevor er nach Amerika reiste. Dort hörte er erstmalig von einem Mr. Wise aus Philadelphia, der im Ballonfahren erfahren war. Doch Andrées Sparsamkeit und schlechte Ernährung führten zu einer angegriffenen Gesundheit. Er kehrte nach Schweden zurück, nahm einen Assistentenposten an der Technischen Hochschule an und führte ein zurückgezogenes Leben. Er tauchte in die Welt der Bücher und der Kontemplation ein und war ausschließlich mit sich selbst beschäftigt, bis er sich den Experimenten des Internationalen Polarjahres anschloss und nach Spitzbergen reiste. Um die Zeit, in der er mit Ballonfahrten zu experimentieren begann, war er nach allem, was wir wissen, ein Außenseiter und Eigenbrötler.

Mit nur wenigen engen Freunden und einem akademischen und beruflichen Hintergrund, den er anscheinend selbst für ungenügend hielt, war es vielleicht nicht überraschend, dass Andrée ein unzufriedener Mann war, als er seine ersten Ballonfahrten unternahm. Bei diesen Fahrten über der schwedischen Landschaft konnte er seiner Fantasie jedoch freien Lauf lassen. Gab es eine bessere Möglichkeit, die Genialität seiner Methode zur Steuerung eines Ballons zu zeigen, als durch eine Fahrt zu dem einzigen Ort, der für den Menschen noch immer unerreichbar war? Und sollte er Erfolg haben, würde ihm das nicht bleibenden Ruhm sichern und endlich den Respekt, vielleicht sogar den Neid einbringen, den er von seinen Akademikerkollegen ersehnte? Und würde es für seine schwedischen Landsleute nicht Grund zu einem Nationalstolz bieten, der in dieser Zeit des Gezänks mit Norwegen um dessen Souveränität sehr nötig war? Wenn schon nichts anderes dabei herauskommt, dachte er, könnte die Förderung des nationalen Prestiges vielleicht dabei helfen, mein Vorhaben finanziell abzusichern. Und als er am 13. Februar 1895 vor der Königlich Schwedischen Akademie der Wissenschaften sprach und dabei sein Vorhaben einer Polarexpedition per Ballon darlegte, fügte er einige Absätze von patriotischer Leidenschaft hinzu.

»Wer ist besser geeignet als wir Schweden, diese Anstrengung zu unternehmen?«, fragte er. »Wir sind ein hochzivilisiertes Volk, das seit ewigen Zeiten für seinen Mut bekannt ist. Da wir in der Nähe der Arktis leben, sind wir mit diesem Klima vertraut und durch die Natur daran gewöhnt, damit zu leben. Wir sollten nicht vor der Aufgabe zurückscheuen, die vor uns liegt. Sind wir nicht mehr als jedes andere Volk, sind wir nicht als Einzige dafür geeignet, diese Aufgabe zu erfüllen? Gehe ich recht in der Annahme, dass wir das weiße Viertel der Welt erforschen sollten, so wie Mittel- und Südeuropäer Afrika erforschen?«

Mit dieser Ansprache hatte Andrée bei seinen schwedischen Landsleuten zweifellos den richtigen Ton angeschlagen. Anderswo machte man sich über seinen Plan oft lustig – eine österreichische Zeitung schrieb, er sei ein Narr und ein Schwindler –, aber in Schweden wurde er zu einem Nationalhelden, bevor er die Gelder für sein Vorhaben zusammenhatte. Im Mai betrat Alfred Nobel Andrées Büro und fragte ihn, ob er sich an ihre Begegnung vor acht Jahren erinnere. Als Andrée erwiderte, er erinnere sich, erbot sich Nobel, Andrées erster Sponsor zu werden, und spendete fast ein Fünftel seines Budgets. Später erhöhte er seine Bindung an das Projekt, indem er mehr als die Hälfte der Expeditionskosten übernahm. Als Andrée keine drei Monate später nach London kam, waren sämtliche Kosten der Expedition schon gedeckt, und nun verzichtete er in seiner Ansprache auch auf den patriotischen Appell an seine Landsleute.

Andrée beendete seine Ansprache mit einer letzten Bitte an sein erlesenes Publikum: »Ist es nicht wahrscheinlicher, dass der Nordpol per Ballon erreicht werden wird statt mit Hund und Schlitten oder mit einem Schiff, das wie ein von Eis umschlossener Felsblock dahintreibt? Ich glaube, dass es möglich ist, mit wenigen Tagen Ballonfahrt tiefer in die Arktis vorzudringen als während eines Jahrhunderts der Erforschung zu Fuß.«

Höflicher Beifall wurde im Saal laut; einige unter den Zuhörern waren von seinem Vorschlag sichtlich beeindruckt, andere jedoch nicht. Unter den Skeptikern war auch Konteradmiral Albert Markham, der sich langsam erhob. Im Saal wurde es sofort still.

»Ich möchte die neuartigen Bemühungen, den Nordpol zu erreichen, keineswegs entmutigen, und ich hoffe aufrichtig, dass das vorgeschlagene Vorhaben Herrn Andrées erfolgreich sein möge«, begann er. »Infolge meiner Unwissenheit in Fragen der Luftfahrt kann ich jedoch nicht dazu ermuntern. Vielleicht ist es mir aber gestattet, die Aufmerksamkeit auf die Tatsache zu lenken, dass wir bei nebligem oder wolkigem Wetter nicht zu erkennen vermögen, was wir gerade überfliegen.

Ich hoffe, dass Herr Andrée in der Lage sein wird, vom Nordpol zurückzukehren und uns zu erzählen, was er dort gesehen hat; aber selbst wenn er vielleicht nur drei- oder vierhundert Meter über dem Meeresspiegel dahinfliegt, wird es für ihn sehr schwierig sein zu wissen, ob er sich über Land, Eis oder Schnee befindet. Es wird ihm unmöglich sein, naturgeschichtliche Proben zu sammeln oder irgendwelche Himmelsbeobachtungen zu machen, um seinen Längen- und Breitengrad zu bestimmen, ohne auf festen Boden hinunterzugehen. Sein Ballon wird vielleicht gegen einen Felsen oder einen Eisberg geweht. Wie soll er zurückkehren, wenn der Ballon beschädigt ist?

Dies sind nur einige der Fragen, die ich Herrn Andrée stellen möchte, obwohl ich keinen Zweifel daran hege, dass sie schon gründlich überlegt und bedacht worden sind.«

Und mit diesen Worten setzte sich Konteradmiral Markham hin, anscheinend zufrieden, diesen hergelaufenen Schweden in seine Schranken gewiesen zu haben.

Andrée hätten diese Einwände nicht überraschen dürfen. Vor drei Jahren hatte die Royal Geographical Society Fridtjof Nansens Plan, das Eismeer mit der *Fram* zu durchsegeln, mit Hohn und Spott bedacht. Diese konservative Körperschaft von Männern schien zu glauben, die Skandinavier sollten die Arktisforschung den Briten und Amerikanern überlassen. Doch bevor Andrée Gelegenheit bekam zu antworten, stand ein anderer, jüngerer Mann auf.

»Ich habe Herrn Andrées Vortrag mit Interesse angehört.« Der Geograf Arthur Silva White machte einen leicht verknöcherten Eindruck. »Aber sosehr ich für jeden wagemutigen Versuch im Namen der Wissenschaft Sympathie aufbringe, kann ich dieses Vorhaben in keinem anderen Licht als dem einer kühnen Fahrt ins Unbekannte betrachten. Selbst unter den günstigsten Umständen könnte Herr Andrée vielleicht einen höheren nördlicheren Breitengrad erreichen als jeder andere Arktisforscher vor ihm, aber es gibt keinerlei wissenschaftliche Begründung für die Annahme, dass man sich während der kurzen Lebenszeit eines Ballons auf eine gleichermaßen günstige Rückfahrt verlassen kann.«

Voller Unbehagen darüber, seine geliebten Ideen so offen herausgefordert zu sehen, errötete Andrée. Er erinnerte sich wieder an den langen Winter auf Kap Thordsen, als erfahrenere Männer seine Unwissenheit enthüllt und sich über seine Arroganz lustig gemacht hatten. Unfähig zu analysieren, dass er allein wegen seines blanken Ehrgeizes erneut eine Demütigung riskierte, reckte Andrée das Kinn vor. Er war entschlossen, das Publikum davon zu überzeugen, wie vernünftig sein Plan war. Aber bevor Andrée ein Wort äußern konnte, ergriff Silva White erneut das Wort. Er trat von seinem Platz am Ende eines runden Dutzends Bänke zur Seite, die in Reihen um das Rednerpodium herum angeordnet waren. Er war selbstbewusst und wirkte leicht theatralisch. Er war daran gewohnt, öffentlich zu sprechen, und seine Selbstbeherrschung brachte Andrée noch mehr aus der Fassung.

»Vor neun Jahren führte ich in Schottland eine Reihe von Experimenten durch, um festzustellen, inwieweit ein Luftschiffer sich auf Luftströmungen verlassen kann. Dies brachte mich dazu, stark auf die Möglichkeiten zu setzen, die ein Luftschiffer vielleicht hat, einen fernen Punkt mit nur wenigen Grad Abweichung durch den vorherrschenden Wind zu erreichen.

Diese Chancen sind jedoch voll und ganz von einem sehr genauen Wissen um die meteorologischen Bedingungen während eines Aufstiegs abhängig. Es kann auch nicht anders sein. Ferner von einem sehr großzügigen Umgang mit Gas und Ballast – dem Herzblut eines Ballons. Auf keinen dieser günstigen Umstände kann sich Herr Andrée verlassen. Seine Schleppseile setzen ihn vielleicht in die Lage, Ballast zu sparen, können seinen Ballon aber kaum dazu bringen, vom Kurs abzuweichen. Ich betrachte Herrn Andrées Vorhaben deshalb als tollkühn, als ein Projekt, das bei einem Treffen dieser Art nicht ernsthaft diskutiert werden dürfte.«

Mit großer Gebärde setzte sich Silva White wieder hin. Der zuvor stille Vortragssaal war jetzt von lautem Stimmengewirr erfüllt. Der arme Andrée stand starr und unerschrocken da, das Kinn immer noch herausfordernd vorgereckt.

Ein anderer Mann räusperte sich. General Adolphus Greely, mit 51 Jahren einer der ältesten lebenden Arktisforscher, hatte sich erhoben. »Ich bin als Amateur noch nie in einem Ballon gefahren«, begann er mit seinem schleppenden amerikanischen Tonfall. »Meine beruflichen Pflichten haben es mir jedoch auferlegt, der Ballonfahrt in Verbindung mit anderen wichtigen Fragen meine Aufmerksamkeit zu schenken. Im Verlauf meiner Untersuchung der Luftfahrt habe ich beispielsweise gelernt, was das Wort ›Durchlässigkeit‹ bedeutet.« Er machte eine Pause, um die Wirkung seiner Worte noch zu steigern. »Lassen Sie mich Ihnen sagen, dass ein Ballon täglich einem Mindestverlust von einem Prozent seines Gases unterworfen ist. Wenn somit die Lebensdauer eines Ballons sechs Wochen betragen soll, wird er am Ende dieser Zeit etwa 40 Prozent oder fast die Hälfte seiner Tragkraft verloren haben. Und wenn es Herrn Andrée gelungen ist, das zu verhindern, dann kann ich nur hoffen, dass er uns vor dem Start ins Vertrauen ziehen wird.«

Der Vortragssaal hallte vor höhnischem Gelächter wider, und wieder errötete Andrée. Er spürte, wie sein Schnurrbart dicker wurde, was immer dann der Fall zu sein schien, wenn seine Autorität herausgefordert wurde. Dann saugte der Schnurrbart die Schweißperlen auf, die auf seiner Oberlippe ausbrachen. Außer Sichtweite der Zuhörer zitterte sein linkes Knie nervös, als er fürchtete, die Menschen zu verlieren, die er mehr als alle anderen von der Durchführbarkeit seines Plans überzeugen musste.

»Ich brauche nur zu sagen, dass diese praktische Frage die Aufmerksamkeit einiger der klügsten Köpfe in Frankreich und Deutschland auf sich gezogen hat«, fuhr General Greely fort. »Man hat große Summen dafür aufgewandt, um für die Kriegsballons dieser Länder Möglichkeiten zu ersinnen, ihre Haltbarkeit zu erhöhen. Inwieweit dies gelungen ist, entzieht sich der Kenntnis der Allgemeinheit, aber alle Experten sind sich darin einig, dass damit ein komplexes und über alle Maßen schwieriges Problem zu lösen wäre. Wenn unser ballonfahrender Freund die Mittel dazu entdeckt hat, bin ich sicher, dass Colonel Watson in England diese Nachricht genauso froh entgegennehmen und bestätigen wird wie ich in Amerika.«

Andrée gab sich die größte Mühe, keine Gemütsregung zu zeigen. Er wusste, dass er sich hier auf dünnem Eis bewegte, da er sich ausschließlich auf den Rat von Monsieur Gabriel Yon verließ, dem Pariser Ballonmacher, der die *Svea* gebaut und ihm versichert hatte, ein aus zwei Seidenschichten bestehender Ballon mit einem Durchmesser von 23 Metern würde alle 30 Tage nicht mehr als 50 Kilogramm Gas verlieren.

»Die längste nachgewiesene Lebensdauer eines Ballons, der 1871 von Paris abflog und in Schweden landete, betrug 15 Tage. Wir müssen auch bedenken, dass der Ballon den örtlichen Luftströmungen folgen muss. Von den Beobachtungen der schwedischen Spitzbergen-Expedition 1883 her wissen wir, dass die typische Windrichtung Südwest ist, ein Wind, der mit einer durchschnittlichen Stärke von 13 oder 14 Stundenkilometern weht. Somit könnte Herr Andrée unter günstigen Verhältnissen in sechs oder sieben Tagen viel erreichen. Selbst wenn wir alles zu seinen Gunsten annehmen, erhebt sich die Frage: Wie soll er zurückkehren?«

General Greely sah sich im Raum um, als suchte er nach einer Antwort auf seine Frage. Seine militärische Ausbildung hatte ihn gelehrt, wie man auf schnellstmögliche Weise die Ambitionen rangniederer Offiziere lächerlich macht, und er setzte alle ihm zur Verfügung stehenden rhetorischen Fähigkeiten ein.

»Er beabsichtigt, an den arktischen Küsten Nordamerikas zu landen. Ich habe zwei Jahre lang eine geografische Polarexpedition befehligt und bei Beobachtungen in Fort Conger im Smith's Sound herausgefunden, dass die vorherrschenden Winde aus Südsüdwest und Südsüdost kommen. Das ist im Osten so. Am Point Barrow im äußersten Westen kommt der vorherrschende Luftstrom aus Südwest. Und folglich sage ich, dass es möglich sein mag, dass der Pol erreicht wird, aber es scheint unmöglich zu sein, dass ein Ballon auch zurückkehren kann.«

Andrée glaubte seinen Ohren nicht zu trauen. General Greely, der früher für seine Ambitionen, zum Nordpol zu gelangen, die Unterstützung von seinesgleichen und höheren Offizieren gewonnen hatte, machte sich jetzt über seinen Versuch lustig, ein weiter gehendes wissenschaftliches Verständnis von der Arktis zu gewinnen. Und um dem Unrecht noch eine Beleidigung hinzuzufügen, schien er der Meinung zu sein, dass der Wind von allen Punkten um den Nordpol herum nach Norden wehe. Wohin richtete sich anschließend wohl der massive Zustrom von Wind? fragte sich Andrée. Direkt in die Atmosphäre?

Greely beendete seine Herabsetzung Andrées mit einem Appell an den Kongress, die Expedition als undurchdacht abzulehnen. »Sollte Herr Andrée an sein Projekt glauben und entschlossen sein, es auszuführen, und wenn es ihm ferner gelingt, das Geld zusammenzubringen, sage ich, soll er gern losfliegen, und möge Gott mit ihm sein. Doch da wir Geografen sind, die einiges Wissen um Luft und Strömungen haben, sollte dieser Kongress das Gewicht seines Einflusses nicht zugunsten dieser Expedition geltend machen oder sie gar befürworten.«

Andrée kochte innerlich, wusste aber, dass er dies nicht zeigen durfte. »Ich habe den Eindruck, dass sich diese Diskussion von den Methoden entfernt hat, mit denen ich meine Polarfahrt durchzuführen gedenke«, begann er ein wenig zögernd. »Ich bin mir durchaus der problematischen Aufgabe bewusst, wie es sein würde, eine solche Expedition in einem Freiballon zu unternehmen, aber ich werde keinen Freiballon benutzen. Mein Polarballon wird ein Schleppseil haben, das immer auf dem Erdboden schleift.

Es ist gesagt worden, die Region, die ich überqueren werde, werde von Nebel bedeckt sein, doch das ist eine bloße Vermutung. Diese Region hat etwa die Größe von Europa, und es wird an einigen Stellen Nebel geben, an anderen aber nicht. Es ist ebenfalls gesagt worden, dass ich nicht in der Lage sein würde, meinen Breiten- und Längengrad festzustellen. Ich werde den Sextanten benutzen.

Admiral Markham fragt, wie ich zurückzukehren gedenke, falls meinem Ballon etwas passieren sollte. Wir werden genau das Gleiche tun, was andere getan haben – das heißt, wir werden Schlitten und Boote benutzen. Meine Lage wird weder besser noch schlechter sein als die irgendeines früheren Forschungsreisenden, der sein Gefährt verloren hat. Sie sagen, die Fahrt lasse sich nur bei Südwind unternehmen. Nun, ich werde auf Spitzbergen auf ihn warten.

Es ist auch behauptet worden, dass es unmöglich sei, in irgendeine andere Richtung als die des Windes zu fahren, ohne von anderen Luftströmungen erfasst zu werden. Ja, wenn man einen Freiballon benutzt, aber davon habe ich mit keinem Wort gesprochen. Ich werde in einem Ballon mit Schleppseilen und Ballastseilen fahren. Ein solcher Ballon lässt sich steuern. Ich habe es schon früher getan und glaube, dass der Polarballon sich weit einfacher handhaben lässt, weil ich viel größere Segel benutzen kann.

Schließlich hat der General behauptet, der Ballon werde nicht lange halten, da er ein Prozent der Füllung pro Tag verlieren werde.

Mein Flug wird 20 bis 30 Tage dauern, und infolgedessen wird der Ballon weniger als 1800 Kilogramm verlieren, da sich der Inhalt des Ballons sich auf 6000 Kubikmeter beläuft. Seine Tragkraft liegt bei 3000 Kilo. Wenn also der Verlust ein Prozent beträgt, wird er nach 30 Tagen noch eine Tragkraft von 1200 Kilo haben.«

Andrée trat vom Rednerpult zurück. Er hob den Kopf von den Notizen, die er konsultiert hatte, und machte eine Pause. »Ich bitte nicht um Geld. Ich habe alles bekommen, was ich brauche, und werde den Versuch unternehmen.« Er blickte Admiral Markham und General Greely offen an und setzte sich dann hin.

Bei der Reise nach London, der geistigen Heimat des geografischen Establishments, hatte er gewusst, dass er auf Widerstand stoßen würde. Aber, so sagte er sich, die Expeditionen zum Nordpol sind in eine Sackgasse geraten. Die gegenwärtig üblichen Methoden funktionieren offenkundig nicht, und jedes weitere Vorrücken nach Norden über das Eis wäre mit großen Gefahren für Menschenleben verbunden. Dies war bestätigt worden, als er in Stockholm, Paris und Berlin gesprochen hatte. In Schweden hatte er die Unterstützung von Nordenskiöld, Gustaf Dahlender, einem führenden Physiker, und von Professor Gustaf Retzius gewonnen, einem Anatomen und Anthropologen. Professor Gösta Mittag-Leffler hatte sich der Unterstützung der Französischen Akademie der Wissenschaften vergewissert, als er einen Ausschuss einsetzte, der Andrées Ballonexpedition untersuchen sollte, und Dr. Baschin, ein Ballonfahrer und Meteorologe am Meteorologischen Institut in Berlin, hatte sein Wohlwollen übermittelt.

Schließlich stand ein weiterer Militär auf. »Ich neige zu der Annahme, dass ein Ballon in der Arktis in einem funktionsfähigen Zustand gehalten werden kann.« Oberst C. M. Watson, der frühere Kommandeur des Ballonkorps der britischen Armee in Aldershot, verlor keine Zeit mit Vorreden. »Mir ist ein Fall eines Militärballons bekannt, der gefüllt wurde, als der Boden schneebedeckt war, er hielt das Gas gut drei Wochen. Einem sehr kleinen Ballon wird es erheblich mehr Schwierigkeiten bereiten, sein Gas zu halten, da die Kraft dazu mit abnehmenden Dimensionen des Ballons sinkt, aber je größer der Ballon ist, umso besser steht es mit seiner Lebensfähigkeit und seiner Tragkraft.

Ein weiterer sehr wichtiger Punkt, der zugunsten dieses Forschungsreisenden spricht, ist, dass er einer großen Schwierigkeit der Luftschifffahrt nicht ausgesetzt wird: Temperaturschwankungen. Im arktischen Sommer gibt es keine Nacht, und es sind gerade die Temperaturschwankungen, die einem Ballon den Garaus machen. Herr Andrée hat uns gesagt, dass die durchschnittliche Temperaturschwankung auf Spitzbergen bei sechs Grad Celsius liege, und weiter nördlich könne sie sogar noch geringer sein. Nach meiner Ansicht sprechen alle diese Einflüsse zugunsten von Herrn Andrée – kleinste Veränderungen der Temperatur und beständiges Tageslicht, so dass er sich zu keiner Zeit außerstande sehen wird festzustellen, wo er sich befindet und wohin er fliegt.«

In Oberst Watson hatte Andrée, wie es schien, schließlich jemanden gefunden, der wusste, wovon er sprach, anders als die anderen, deren Kritik auf ihrer überholten persönlichen Kenntnis der Arktis sowie auf Informationen aus zweiter Hand beruhte.

»Mit allergrößter Bescheidenheit möchte ich es unternehmen, einer weiteren Bemerkung Admiral Markhams zu widersprechen, nämlich, dass es unmöglich sei, die Position eines Ballons festzustellen«, schloss Oberst Watson. »Wir können sehr wohl feststellen, wohin wir fahren, und sollte sich jemand die von meinen Offizieren gewonnenen Resultate ansehen, die mit Ballonaufklärung betraut gewesen sind, würden sie erkennen, was für hervorragende Arbeit da geleistet worden ist, und anerkennen, wie genau die von diesen Männern gezeichneten Karten sind.

Dass das Vorhaben von großen Risiken begleitet sein wird, ist eine Selbstverständlichkeit, und das weiß niemand besser als Herr Andrée selbst. Gleichwohl sind viele Expeditionen, die von einem Risiko begleitet sind, es wert, unternommen zu werden. Es stimmt zwar, dass Herr Andrée vielleicht nie zurückkommen wird, aber der Versuch sollte gleichwohl gemacht werden, und sollte er von Erfolg gekrönt sein, wird er mehr erreicht haben als irgendjemand vor ihm.

Ich kann nicht umhin, dies für den originellsten und bemerkenswertesten Versuch zu halten, der bei der Arktisforschung je unternommen worden ist.«

Beifall brandete in dem Vortragssaal auf, als sich der Oberst setzte. Andrée konnte erkennen, dass er mit Hilfe des unerwarteten Beistands von Oberst Watson mehrere der Skeptiker zu sich herübergezogen hatte.

Jetzt blieb ihm nur noch eins: mit seiner Expedition zu beginnen.

Drittes Kapitel
Die Vorarbeiten

SPITZBERGEN, NORWEGEN
25. JANUAR 2000

Die Planung ist abgeschlossen. Der Meteorologe steht auf Abruf bereit. Der Ballon wird zusammengebaut und ist fast abfahrtsbereit. Kontrollzentrum und Abfahrtsteams sind versammelt. Der Sponsor ist an Bord. Fernsehteams und Zeitungsreporter warten auf den Anruf. Ich habe mein Überlebenstraining beendet und bin abfahrtsbereit, sobald die vierundzwanzigstündige Dunkelheit des arktischen Winters aufhört. Dann erreicht mich eben die Nachricht, die ich nicht hören möchte.

»Nein, Sie werden es einfach nicht tun. Es ist unmöglich.« Yngvar Gjessing, Professor der Meteorologie am polaren Forschungsinstitut auf Spitzbergen, blickt auf ein Blatt Papier, auf dem seine sorgfältig zusammengestellten Daten über Oberflächenwinde zusammengestellt sind. »Die Bodenwinde von März bis Juni haben durchschnittlich eine Geschwindigkeit von mehr als 25 Knoten«, sagt er und schüttelt den Kopf. »Sie werden mit Ihrem Ballon erst später im Jahr starten können, wenn sich die ablandigen Winde der Gletscher legen.«

Ich habe keine Ahnung, was ich tun soll. Ich brauche weniger als fünf Knoten Bodenwind, um abzuheben. Ich bin zwar daran gewöhnt, dass selbst die genauesten Pläne in der letzten Minute umgestoßen werden. Ich habe die Versicherungsgesellschaft Britannic Assurance für die Idee gewonnen; da Geld und Personal bereitstehen, plane ich, in etwas mehr als einem Monat zu starten. Jetzt stehe ich zu meiner großen Verlegenheit mit Clive Bailey, meinem

Projektmanager, und Stuart Nunn, dem Event-Manager von Britannic (er ist gerade dabei, für den Vertreterstab von Britannic einen Wettbewerb zu organisieren, mit dem eine Spitzbergenreise gewonnen werden kann), vor einem Experten von Weltruf, der uns klar macht, dass mein Plan, mit einem Ballon zum Nordpol zu fahren, unmöglich ist. Nichts weiter als ein verrücktes Hirngespinst.

Das Problem ist einfach, seine Lösung weniger. Ich kann die Fahrt von Spitzbergen zum Nordpol ab Anfang April bis Ende Mai versuchen. Davor sind die arktischen Nächte lang und die Tage kurz. Abgesehen von der Kälte, die sehr unwirtlich ist, wird der Ballon zu sehr an Höhe verlieren, wenn die Sonne das Gas in seiner Hülle nicht erwärmt. Nach Ende Mai kann man mich nicht von der polaren Eiskappe retten. Sie wird teilweise geschmolzen und zu sehr aufgesprungen sein, um das Gewicht eines Rettungsflugzeuges zu tragen, und der Nordpol liegt außerhalb der Reichweite der meisten Hubschrauber.

Aber wie Professor Gjessing deutlich macht, sind im April und im Mai die Bodenwinde für den Start eines Ballons zu stark. Zu der Zeit, zu der die Winde beherrschbar werden, wird sich keine Rettungsorganisation damit einverstanden erklären, mich abzuholen, weil das Eis das Gewicht des Rettungsflugzeugs nicht tragen wird. Und ohne eine vorbereitete Rettungsstrategie wird keine Versicherungsgesellschaft die Risiken meiner Fahrt abdecken. Und ohne Versicherung darf ich nicht starten. Das ist eine Bedingung jeder Pilotenlizenz.

Der einzige Trost ist, dass man mir nicht zum ersten Mal gesagt hat, dass es nicht zu machen ist, mit einem Ballon zum Nordpol zu fahren. Immer wenn ich mit einem Experten gesprochen habe, hat man mir gesagt, dass es nicht im Bereich des Möglichen liege, was mich nur noch entschlossener nach Möglichkeiten suchen lässt. Wie gering die Erfolgsaussichten auch sein mögen, habe ich es doch geschafft, meinen Traum am Leben zu erhalten. Ich habe immer gewusst, dass das Überqueren der Anden im Vergleich mit einer Fahrt zum Gipfelpunkt der Welt ein Vergnügungsflug sein würde. Trotz alledem bin ich entschlossen, meinen Plan zu verwirklichen und mich an Andrées Route zu halten. Falls es etwas gibt, was ich gelernt habe, dann dies: dass die Experten nicht immer Recht haben.

Die Vorarbeiten für meine Ballonfahrt zum Pol begannen schon nach meiner Rückkehr aus Chile. Ich rief Brian Jones an, der meine Probefahrt für gut befunden hatte. Ich erzählte ihm von meinen Plänen. Das war im Dezember 1998, und er war gerade sehr damit beschäftigt, als Projektmanager für den von der Uhrenfirma Breitling ausgeschriebenen Versuch einer Fahrt um die Welt mit Ballons zu arbeiten.[1] Er sah mich mit einer Mischung aus Verblüffung und Unglauben an. Verglichen mit ihm, war ich der grünste aller Grünschnäbel. Er lächelte über meinen Wagemut. Seine Nase kräuselte sich bis zum Mund, als er mir sagte, eine Fahrt zum Nordpol werde sogar noch schwieriger sein als eine Fahrt um den Erdball. Dann äußerte er die Worte, die mir für immer im Gedächtnis haften blieben: »David, irgendjemand wird schon bald um die Welt fliegen. Das versuchen so viele Teams schon seit einiger Zeit, dass es unfehlbar passieren wird. Dann wird nur noch der Pol übrig bleiben. Es ist eines der letzten großen Abenteuer der Luftfahrt.«

Das griff ich begierig auf – »eines der letzten großen Abenteuer der Luftfahrt«. Ich wusste sofort, dass ich damit das Lockmittel hatte, um Sponsoren zu ködern, die Medien zu interessieren und ein Förderteam auf die Beine zu stellen. Ich brauchte dazu nur alles zusammenzubringen.

Brian machte mich mit Luc Trullemans bekannt, einem belgischen Meteorologen, der für das Breitling-Team die Windverhältnisse vorhersagte. Seine erste Reaktion auf meine Anfrage war die gleiche zweischneidige Antwort, die mir inzwischen allmählich vertraut vorkam. Unverzagt überredete ich Luc, sich mit mir in Heathrow zu treffen. Er kam aus Brüssel, wo er für das Königlich Meteorologische Institut und den Fernsehsender RTL das Wetter vorhersagt.

Mir gefiel Luc auf Anhieb. Ich hatte einen Wissenschaftler alter Schule erwartet, aber Luc war das genaue Gegenteil davon: elegant, charismatisch und äußerst zugänglich. Von dem Moment an, in dem ich ihn in Heathrow auf mich zugehen sah, wusste ich, dass wir gut miteinander auskommen würden. Er war ein Mann, mit dem ich arbeiten und dem ich vertrauen konnte.

Luc unterschätzte das Ausmaß der vor mir liegenden Aufgabe zwar nicht, doch er war der Erste, der mir erklärte, ich sei verrückt, die Fahrt zu versuchen. Er empfand die Herausforderung als aufregend und sagte mir, dass es für Meteorologen der heilige Gral sei, für eine Fahrt zum Nordpol das Wetter und die Windverhältnisse vorherzusagen. »Das findet in einer anderen Liga statt. Das ist so, als wenn man das Wetter überall sonst auf der Welt vorhersagen soll«, sagte er in seinem Englisch mit dem starken Akzent. Einfach nur zu hören, wie sich die Laute seiner französischen Vokale um die Worte wickelten, bewirkte bei mir, dass sich das ganze Unternehmen gleich viel romantischer anhörte. »Es gibt rund 20 Gelegenheiten in jedem Jahr, bei denen der Wind richtig ist, so dass man einen Ballon um die Welt steuern kann. In der Zeit, in der man fahren möchte, gibt es jedes Jahr höchstens zwei passende Gelegenheiten. Meist weniger. Es bedeutet großes Glück, gerade dann die Gelegenheit zu bekommen, wenn man fliegen möchte.«

Es gefiel mir zu hören, dass es nicht einfach war. Ich wollte, dass es für mich zu einer ebenso großen Herausforderung würde, wie es für Andrée und seine Männer gewesen war. Ich hatte mich entschieden, wie meine schwedischen Vorläufer in einem offenen Korb zu fahren, und wollte wie sie von Spitzbergen aus starten. Ich hatte mich auch entschlossen, die gleichen trigonometrischen Punkte zu benutzen wie Andréc. Er hatte geglaubt, dass sich am Nordpol vielleicht ein Berg befand. In Wahrheit ist dort nichts als das Eismeer, aber wenn man Glück hat, wird der Nordpol von Packeis bedeckt sein, wenn man ankommt. Nach Diskussionen mit dem British Balloon and Airship Club, der führenden Körperschaft dieses Sports, und dem Rest des Teams kam ich zu dem Schluss, dass ich die Fahrt einen Erfolg nennen würde, wenn es mir gelang, Andrées mythischen Berg zu Gesicht zu bekommen. Das bedeutete in einer Entfernung von mindestens 60 Seemeilen oder beim letzten Breitengrad. Ich fragte Luc, ob dies möglich sei.

»60 Seemeilen? Wenn Sie auf 100 Seemeilen herankämen, wäre das eine fantastische Leistung«, erwiderte er. Dann ließ er die Bombe platzen: »Und wenn Sie es schaffen, dorthin zu kommen, wird es fast unmöglich sein zurückzukommen.«

Andrée hatte man das Gleiche gesagt, aber er hatte nicht auf die Experten gehört und sich entschlossen, das Risiko einzugehen. Ich wollte es genauso halten. Ich hatte 100 Jahre gesammeltes Wissen über arktische Wetterbedingungen zu meiner Verfügung, und dies, so glaubte ich, sollte mir in letzter Konsequenz dabei helfen, mein Ziel zu erreichen. Außerdem war es mir gleichgültig, wenn ich nicht per Ballon vom Nordpol zurückkehren konnte. Ich wollte einfach nur hinkommen. Falls nötig, würde ich an Land auf Skiern zurückkehren oder darauf warten, dass mich im Sommer ein Eisbrecher irgendwo abholte.

Es gab jedoch einen triftigen Grund, weshalb ich entschlossen war weiterzumachen, denn dieser Plan war inmitten einer erfolgreichen Expedition ausgebrütet worden. Dies war bei all meinen Abenteuern eine Formel, die mir immer Glück gebracht hatte. So hatte ich beschlossen, es mit dem Nordpol zu versuchen, als ich allein und ohne Unterstützung zum Südpol unterwegs war. Und so hatte ich auch beschlossen, die sieben Gipfel in Angriff zu nehmen, nachdem ich 1993 den Mount Everest geschafft hatte. Der Nordpol per Ballon war eine zu verlockende Herausforderung geworden, um abgeschrieben zu werden, und ich hatte nicht die Absicht, mich den Experten zu beugen. Andrée hatte den Skeptikern, Verleumdern oder Kritikern nie nachgegeben, und ich hatte vor, es genauso zu halten.

»Die Winde sind in der Arktis extrem unvorhersehbar«, sagte Luc mahnend. »Jede Führung über große Distanzen, die ich Ihnen bieten kann, wird weniger verlässlich sein als die Anweisungen, die ich für das Breitling-Team vorbereite. Ich werde die Windverhältnisse nur für ein paar Stunden vorhersagen können, nicht für Tage.« Ich wusste, dass in geringeren Höhen, wo verschiedene Ballonfahrer den Globus zu umfahren versuchten, die Zentrifugalkraft der sich drehenden Erdkugel das Wetter vorhersehbarer machte. Auf deren Routen gab es Dutzende von Wetterstationen, die ausführlichste Wetterdaten in die Supercomputer einspeisten, mit deren Hilfe Meteorologen genaue Modelle der Wetterverhältnisse erstellen. »Dort, wohin Sie fahren wollen, David, gibt es keine Wetterstationen«, rief mir Luc in Erinnerung. Er zuckte dabei die Schultern und hob die Augenbrauen wie eine Bilderbuchkarikatur eines Galliers. »Es ist ein Ozean, und die einzigen Daten, die ich habe, stammen von Satelliten.«

»Ich brauche nur zu wissen, ob Sie es für möglich halten«, entgegnete ich. Ich würde zwar allein unterhalb des *Britannic Challenger* fahren, aber Luc würde mich im Geiste begleiten wie ein drittes Auge, das Hunderte von Kilometern vorausblickte, um zu sehen, welche Gefahren und Möglichkeiten vor mir liegen. Falls er sagen würde, es sei unmöglich, würde ich mir das ganze Vorhaben noch einmal überlegen müssen.

»Es wird nicht einfach sein, David«, erwiderte Luc, »und Sie machen es sich noch schwerer, wenn Sie von Spitzbergen losfahren. Jeder andere Startpunkt – Kanada, Alaska oder Sibirien – wäre leichter. Warum überlegen Sie sich keinen anderen Startplatz?«

Ich dachte an Andrée. Er wusste nicht, was vor ihm lag, als er in Spitzbergen startete. Es hätten Berge oder trockenes Land sein können; denn er nahm sogar einen Smoking mit, falls er mit dem König irgendeines noch unentdeckten Landes würde speisen müssen. Wie sich herausstellte, erwarteten ihn offenes Meer und das polare Packeis. Er war wirklich ein Pionier. Ebenso wusste ich nicht, welches Wetter mich erwarten würde, ebenso wenig, wo der beste Abflugpunkt war, und so war ich im Geiste Andrées entschlossen, auf Spitzbergen zu starten, selbst wenn die Wetterfrösche und andere Experten mir erklärten, dass es woanders leichter wäre.

Luc akzeptierte meine Entscheidung. »Wenn es das ist, was Sie wollen, werde ich mein Bestes tun. Ich mag Herausforderungen, David, aber Sie machen es mir so schwer wie möglich!«, erklärte er.

Einige Wochen später rief Luc mich an. Er hatte sämtliche Wetterverhältnisse der letzten paar Jahre untersucht und nur ein Jahr mit zwei guten Startmöglichkeiten gefunden, als die Winde einen Ballon zum Pol getragen hätten. »Sie können von Glück sprechen, wenn Sie einen Tag mit ruhigen Bodenwinden erwischen«, fügte er hinzu.

So kam es, dass ich eines Tages vor Professor Gjessing in seinem Büro auf Spitzbergen stand und erfuhr, dass ich meinen Plan zu einem Start im April oder im Mai mit größter Wahrscheinlichkeit nicht würde verwirklichen können. Das Problem war, dass ich genau in diesen beiden Monaten verpflichtet war, von Spitzbergen aus zu starten, da ich Britannic überredet hatte, mich zu sponsern.

Zum ersten Mal trat ich im Juni 1999 an Britannic heran. Ich wusste, dass jeder Sponsor meinen Vorschlag als außergewöhnlich riskantes Vorhaben ansehen würde, wusste aber auch, dass mein Plan einen äußerst guten Gegenwert für das Geld bieten würde, wenn sie ihn genau unter die Lupe nahmen. Es waren 22 Versuche und 50 Millionen Pfund Sterling nötig, damit ein Ballon irgendwann mit Erfolg um die Welt fahren konnte. Mindestens sechs Teams oder Einzelpersonen waren mit diesem Ziel gestartet, eins davon in den 1980er Jahren, der Rest in den 1990er Jahren. Mehrere andere Teams hatten Versuche vorbereitet, die sie später aufgaben, weil das Wetter nicht richtig war oder weil sie auf technische Schwierigkeiten stießen. Ich hatte für meine Fahrt Kosten in Höhe von 120.000 Pfund Sterling angesetzt. Ich war entschlossen, ihn im Jahr 2001 zu verwirklichen, wenn ich es im Jahr 2000 nicht schaffte. Und obwohl er das riskanteste Abenteuer war, das ich je unternommen hatte, war ich überzeugt, es zu schaffen.

Die Versicherungsleute brachten Monate damit zu, meinen Vorschlag auf Herz und Nieren zu prüfen. Sie untersuchten ihn immer wieder aus jedem nur denkbaren Blickwinkel. Sie machten sich sehr große Sorgen. Sie wussten, dass die Erfolgsaussichten minimal waren. Bei den Versuchen, um die Welt zu fliegen, hatte man aus früheren Fehlern lernen können. Eine frühere Orbiter-Fahrt von Breitling war zu einem vorzeitigen Ende gekommen, weil kurz nach dem Start ein winziges Brennstoffventil versagte; eine der Virgin-Challenger-Fahrten war fehlgeschlagen, als sich der Ballon während des Aufblasens von seiner Vertäuung löste. Bei meinem begrenzten Budget konnte ich mir so grundlegende Fehler nicht leisten, und um die Dinge zu komplizieren, wagte ich mich noch in zuvor unerforschtes Territorium vor.

Zum Glück besaß ein Mann bei der Britannic Assurance Weitsicht. Der Marketingdirektor Bill Haynes erkannte, dass es eine echte Erstfahrt zum Pol sein würde, wenn alles funktionierte, und dass die Fahrt im Vergleich mit den meisten Rekordversuchen zu einem Niedrigpreis zu haben war. Im Oktober 1999 erklärte er sich einverstanden, mein einziger Sponsor zu sein. Er sagte mir, die Idee gefalle ihm, weil sie ungewöhnlich sei und eine gute Übung sein würde, um im Unternehmen ein Team aufzubauen. Von diesem Augenblick an waren er und seine Mannschaft jederzeit für mich da.

Es war ungewohnt für mich, so eng mit einem Sponsor zusammenzuarbeiten – bei den meisten meiner Abenteuer war ich allein gewesen oder hatte mit einem zweiten Mann zusammengearbeitet –, und in mancherlei Hinsicht waren diese Leute zu professionell für mich. Sie setzten Minuten für jedes Treffen fest oder für Aktionen und erstellten Listen der zu erreichenden Ziele. Ich hatte nichts dagegen, mit vielen anderen Leuten zusammenzuarbeiten, aber die Unmenge von Logistik ließ in mir die Sehnsucht nach der früheren Einfachheit wach werden, bei der ich sämtliche Vorbereitungen selbst bewältigt hatte. Jetzt gab es Ersatzpläne für den Notfall sowie Ausweichpläne, falls die Ersatzpläne nicht funktionierten, und schließlich auch noch Pläne für den äußersten Notfall, falls alle anderen versagten. Manchmal lag ich nachts wach und konnte nicht schlafen, weil ich immerzu daran denken musste, dass ich einen riesigen, unhandlichen Dinosaurier erschaffen hatte, der meiner Kontrolle entglitten war. Doch ich akzeptierte schon bald, dass ein solches Ausmaß von Zusammenarbeit bei einem so riskanten Projekt unvermeidlich ist. Schließlich ist der Erfolg davon abhängig, dass viele verschiedene Menschen keinen einzigen Fehler machen, und ich war erfreut, dass Britannic sich nicht wie ein Sponsor mit dem dicken Geldsack verhielt, der einfach einen Scheck überreichte, sich dann zurücklehnte und dann darauf wartete, dass sich die PR-Effekte von selbst einstellten.

Ich kehre mit zwei Problemen aus Spitzbergen zurück, die gelöst werden müssen. Seltsamerweise haben beide Ähnlichkeit mit logistischen Problemen, denen sich Andrée gegenübersah. Wie er damals müssen wir einen Startplatz finden, der vor den im April und Mai vorherrschenden Bodenwinden geschützt ist. Und während Andrée sich eine Möglichkeit ausdenken musste, eine Wasserstofffabrik nach Spitzbergen zu transportieren, habe ich herausgefunden, dass Helium in Norwegen exorbitant teuer ist. Folglich muss ich mir eine Methode ausdenken, wie man es von Großbritannien zum Startplatz transportieren kann, und das zu einer Zeit, zu der die Gewässer um Spitzbergen vielleicht noch vereist sind.

An jedem Montagabend treffe ich mich mit dem Projektteam im Globe, einem Pub in Bath, um über unsere Pläne zu sprechen. Der Pub trägt den passenden Namen, da bis auf mich jedes Mitglied des Teams auf irgendeine Weise mit einer Weltumsegelung per Ballon zu tun gehabt hat. Jedes Mitglied hat eine entscheidende Rolle, doch als Projektmanager und Logistik-Experte ist Clive Bailey der Eckpfeiler. Er ist ein Energiebündel, immer enthusiastisch und mit einem boshaften Humor ausgestattet. Von unserer ersten Begegnung an hat er mich »Alter« genannt, so dass ich ihn auf der Stelle »Kleiner« taufte, und die Spitznamen sind geblieben.

Gavin Hailes ist für den Start verantwortlich, und abends sieht man ihn meist damit beschäftigt, konzentriert die Hülle zusammenzunähen. Bis zu dem Augenblick, in dem der Ballon vom Erdboden abhebt, wird dieser stämmige ehemalige Hauptfeldwebel der Grenadier Guards der Mensch sein, von dem ich am meisten abhängig bin. Er ist eine Quelle für die Beantwortung unzähliger technischer Fragen. Bei der Arbeit geht er ruhig und überlegt vor und streicht sich seinen dichten Bart, während er sich die Antwort auf irgendeine Frage überlegt. Er feiert aber auch gern und liebt es, anderen Streiche zu spielen.

Clive und Gavin empfahlen mir Pete Johnson als einen der besten Brenner-Ingenieure der Welt, so dass ich ihn sofort bat, für meinen

Ballon Brenner und Treibstoffsystem zu entwerfen und zusammenzubauen. Wie so viele Experten machte er mir klar, dass er das Unternehmen für leichtsinnig hielt. Er erklärte mir sogar, es sei verrückt von mir, diese Fahrt zum Nordpol zu wagen. Doch als der archetypisch stille und nachdenkliche Ingenieur hat er eine ganz andere Vorstellung von Gefahr als ich. Seine ist am anderen Ende des Spektrums angesiedelt. Er sollte mich nach Kanada begleiten, um die Brenner zu testen, und nachdem er sich entschlossen hatte, war es fabelhaft – er war sehr nachdenklich, sehr ausgeglichen und absolut zuverlässig.

Das letzte Mitglied des Teams ist Kieran Sturrock, der in der Breitling-Orbiter-Gondel die Elektrik eingebaut hat. Er bietet seinen Rat und seine Anleitung an, möchte aber nicht offiziell beteiligt sein, da er meinen Plan für zu gefährlich hält.

Die Ratschläge und Ideen, die bei jedem unserer Treffen vorgebracht werden, sind von unschätzbarem Wert, obwohl meine Berater auf einigen Widerstand bei mir stoßen, wenn das Gespräch auf Ausrüstung und Hilfsquellen kommt. Diese Männer sind alle an die üppig bemessenen Budgets der Um-die-Welt-Fahrt gewöhnt und denken sich nichts dabei, wenn sie einen Lear-Jet mieten. Ich aber habe wahrscheinlich weniger Geld zur Verfügung als Richard Branson mit seinem Budget, als er versuchte, die Welt zu umfahren.

In einem frühen Planungsstadium entscheiden wir uns dafür, auf Hightech-Ausrüstung zu verzichten, zum einen, um das Abenteuer im Geist Andrées zu bestehen, zum anderen, um Kosten, Komplexität und die Gefahr, dass etwas Kompliziertes schief geht, nach Möglichkeit zu minimieren. Wir können die Ausgaben niedrig halten und den Treibstoffverbrauch minimieren, indem wir uns für einen relativ kleinen Ballon mit einem Weidenkorb statt für einen großen mit einer schweren geschlossenen Kapsel entscheiden. Der Treibstoffverbrauch wird weiter verringert werden, da ich bei 24-

stündigem Sonnenschein fliege. Wir planen die Mittel für 570 Liter Propangas ein, aber ich gehe davon aus, dass ich mit erheblich weniger auskommen kann.

Wir entscheiden uns auch für einen Roziere-Ballon mit einem Fassungsvermögen von 2547 Kubikmetern, weniger als ein Zehntel des Volumens vieler der Ballons, die für Weltumrundungen eingesetzt werden. Das bedeutet, dass er weniger als ein Zehntel so viel kosten wird, weniger als ein Zehntel des Brennstoffs verbraucht und sich weit einfacher manövrieren lassen wird.

Es ist nicht ohne Ironie, dass Andrée mit Branson und den anderen Versuchen, die Welt zu umfliegen, mehr gemeinsam hat als mit mir. Andrées Ausrüstung entsprach zu seiner Zeit dem jüngsten Stand der Technik, so wie bei vielen Versuchen, die Welt zu umfahren, die anspruchsvollste Technologie der jeweiligen Zeit verwendet wurde. Ich habe versucht, mich möglichst eng an Andrées Ansatz zu halten, selbst wenn ich mich dadurch einer leicht veralteten Methode bediene. Andrée hatte einen Wasserstoffballon, ich benutze Helium. Das ist sicherer, und weil es nicht brennbar ist, kann ich meine Flughöhe korrigieren, indem ich es erwärme, statt ausschließlich Ballast über Bord zu werfen, aber im Prinzip ist es ein Gasballon wie Andrées *Örnen*. Mein schwedischer Vorgänger flog in einem Weidenkorb, und das werde ich auch, obwohl Andrées Korb weit größer und bequemer war als der, den ich für 1000 Pfund aus zweiter Hand gekauft habe. In einem entscheidenden Punkt jedoch war Andrées Ballon komplizierter als meiner; seiner war lenkbar, meiner ist es nicht. Dafür werde ich weit bessere Wetter- und Windvorhersagen haben. Mit deren Hilfe hoffe ich, Windströme – so genannte »Windbahnen« – zu finden, die mich zum Pol steuern werden. Ich verfüge auch über eine weit bessere Kommunikationstechnologie: Hochfrequenzfunk und Satellitentelefone. Andrée hatte Brieftauben und verkorkte Flaschen für seine Flaschenpost.

Anfang Februar nähern sich Ballon und Brenner der Fertigstellung, und der größte Teil der Ausrüstung ist beisammen. Jetzt bleibt nur noch ein Problem: Ob der Heliumcontainer, den wir vor kurzem mit einem Eisbrecher nach Spitzbergen geschickt haben, rechtzeitig ankommen wird? Das Warten ist nervenaufreibend. Wenn der Eisbrecher es nicht schafft, durch das Packeis zu kommen, läuft der nächste Eisbrecher erst im Mai aus – zu spät für meine Zwecke. Zum Glück haben sich die Leute von Spitzbergen zusammengetan, und der hilfreichste von allen ist Atle Brakken, der Hafenmeister. Seine Antwort auf alle Bitten: »Kein Problem.« Das ist ein wohltuender Unterschied zu den vielen Plätzen, an denen ich in der Arktis gewesen bin, wo nämlich die Ortsbewohner sich bestens darauf verstehen, jede Notsituation zu entdecken. Sie wissen genau, wenn man verzweifelt ist, und nutzen die Lage aus.

Ende Februar, etwa sechs Wochen vor dem geplanten Abflug, fahre ich nach Plymouth in der Hoffnung, mit einem letzten Versuch meine Furcht vor Wasser zu überwinden. Ich habe mich für ein Überlebenstraining der Royal Air Force für Düsenjägerpiloten gemeldet. Dies ist das einzige Programm dieser Art, und ich hoffe, dass dieser Schnellkurs mir dabei helfen wird, nicht so leicht in Panik zu geraten – und mich damit in die Lage versetzt zu überleben –, falls ich in offenen Gewässern des Eismeers zu einer Notlandung gezwungen sein sollte.

Es ist so weit, das Training beginnt. Eines frühen Morgens muss ich mich in einen Taucheranzug zwängen. Mit meinen 43 Jahren bin ich der bei weitem älteste Mann an Bord einer Barkasse, die mehrere Kilometer vor der Küste von Devon die Wellen durchpflügt. Meine Mitpassagiere sind nicht älter als 19, und einige von ihnen haben noch nicht einmal angefangen, sich zu rasieren. Als zukünftige Kampfpiloten sind natürlich alle erheblich besser in Form und tapferer als ich.

Der Wind bläst mit Stärke acht, die Dünung geht zwei bis fast drei Meter hoch, und ich bin überzeugt, dass die Ausbilder den Motor nur deshalb mit voller Kraft laufen lassen, weil ich der einzige Zivilist bin. Ich bin in einem Schleudersitz festgebunden und werde dann fast ohne jede Vorwarnung über die Seite der Barkasse geschleudert. Das kommt mir extrem vor, doch den Ausbildern zufolge ist es die beste Möglichkeit, eine Situation zu trainieren, in der ein Pilot von einem Fallschirm durchs Wasser gezogen wird, nachdem er von einem angeschossenen Düsenjäger mit dem Schleudersitz abgeworfen worden ist.

Wasser. Luft. Wasser. Luft. Mein Kopf taucht ins Meer, taucht wieder auf und verbringt mehr Zeit unter Wasser als darüber. Ich habe höchstens eine Sekunde Zeit, schnell Luft zu holen, bevor das Seil sich dreht und ich wieder unter Wasser tauche oder eine Welle über mich hinwegbrandet. Dann bekomme ich wieder ein paar Mund voll Atlantikwasser zu schlucken.

Für Rune wäre dies nichts weiter als normaler Arbeitsalltag gewesen. Als wir zum Pol wanderten, erzählte er mir von der Zeit, in der er zusammen mit einem anderen Angehörigen einer norwegischen Spezialeinheit aus dem Torpedorohr eines U-Boots abgeschossen worden sei. Anschließend seien sie etliche Kilometer an Land geschwommen, hätten ihre Mission erfüllt und seien wieder auf See hinausgeschwommen, wo sie von einer tief fliegenden Maschine aus dem Wasser gefischt worden seien. Ich habe gesehen, dass ihm eisig kaltes Wasser nicht das Geringste ausmacht. Einen Tag nachdem wir 1998 den Nordpol erreichten, rutschte ich durch das Eis, während wir nach einer ebenen Fläche suchten, auf der die Maschine landen konnte, die uns abholen sollte. Nur mein Bein wurde nass, aber Rune kam mir auf der Stelle zu Hilfe. Er sprang mit angeschnallten Skiern ins Wasser. Zu meinem Entsetzen verschwand er einige Sekunden unter Wasser, bevor er aus dem schwarzen Wasser auftauchte, Eiswürfel spie und mit den Skiern, die immer noch an seinen Füßen befestigt waren, Wasser trat. Dieses Erlebnis schien ihn völlig kalt zu lassen, aber ich ängstigte mich seinetwegen halb zu Tode.

Für einen einfachen Sterblichen wie mich ist es das Grauenvollste, was ich je mitgemacht habe, mit hoher Geschwindigkeit hinter einem schnellen Boot durch den kalten Atlantik geschleift zu werden. Ich bin fast gelähmt vor Furcht, unfähig, klar zu denken und mir selbst zu helfen. Ich weiß zwar, was ich zu tun habe, aber mein Gehirn ist ausschließlich damit beschäftigt, mit dem anbrandenden Wasser zu kämpfen, und mein Körper weigert sich zu reagieren. Ich weiß, dass ich das Koppelschloss lösen muss, das mich in meinem Harnisch festhält, aber es ist mir wegen des Wasserdrucks unmöglich, die Arme von den Seiten zu bewegen. Dann geht mir auf, dass mir höchstens zwei Sekunden bleiben, um das Koppelschloss zu erreichen, in dem Moment, in dem ich mich nach oben winde und das Gesicht über Wasser bekomme. Beim dritten Versuch gelingt es mir, und ich schlüpfe aus dem Harnisch. Ich sehe noch, wie das Boot ohne mich weiterrast. Die Schreie der Besatzung dringen mir langsam ans Ohr, und der Schleudersitz hüpft im Kielwasser der Barkasse auf den Wellen.

Ich bin vor Schrecken wie erstarrt. Allein im Wasser, bin ich desorientiert, obwohl ich weiß, dass irgendwo in meiner Nähe ein Rettungsfloß wartet, und ich bin unfähig, über die Wellen hinwegzublicken und es zu entdecken. Die Barkasse kehrt um und fährt auf mich zu, und als sie an mir vorbeirauscht, zeigt der Ausbilder in die Richtung des Rettungsfloßes. Ich schwimme in die angegebene Richtung und finde es eher mit Glück als durch sonst etwas. Es hat sich nicht geöffnet, aber ich schaffe es, die Klemmen zu lösen. Es springt auseinander und bläst sich selbst auf. Ich bin erleichtert, aber nur für einen kurzen Moment. Jetzt muss ich versuchen, in einer zwei bis fast drei Meter hohen Dünung in das Floß zu klettern, während der Wind mit Stärke acht Gischt aufsprühen lässt, die so dicht ist wie Nebel. Das beißende Salzwasser zwingt mich, die Augen mit Gewalt offen zu halten, und ich kann kaum erkennen, was ich tue. Ich versuche, in das Floß zu klettern, kippe es aber um und muss es dann wieder umdrehen. Nach mehreren Versuchen schaffe ich es endlich, mich in das schwarze Gummigefährt von zwei Meter Durchmesser zu wuchten. Kaum bin ich an Bord, entdecke ich, dass das Floß mehrere Zentimeter hoch voll Wasser steht und sich schnell weiter füllt. Ich beginne sofort, Wasser zu schöpfen, und mache den Fehler, mir zu sagen, dass es bald vorbei sein wird. Nachdem ich eine Stunde lang mit meinen wunden und rissigen Händen wie wild Wasser geschaufelt habe, geht mir auf, dass von dem Hubschrauber, der mich retten sollte, nichts zu sehen ist. Bei jeder neuen Woge denke ich, dass ich gleich wieder ins Meer gespült werde. Mir ist kalt, ich bin erschöpft, verängstigt und leide an Seekrankheit, als nach anderthalb Stunden ein Hubschrauber erscheint und mich zu sich heraufzieht, bis ich in Sicherheit bin.

Es ist ein schreckliches Erlebnis gewesen, aber ich bin froh, es durchgemacht zu haben. Es war äußerst hilfreich für mich, der beste Kurs, den ich je absolviert habe. Er hat mich nicht nur gelehrt, dass ich einen Albtraum auf See überleben kann, sondern mir auch nahe gebracht, dass ich für meinen Flug zum Pol einen Taucheranzug und ein Rettungsfloß brauche, wenn ich von Spitzbergen losfliege. Solche Einsichten können sich bei einem Abenteuer als lebensrettend erweisen.

Anfang März ist die gesamte Ausrüstung beisammen. Die Liste umfasst mehr als 200 Positionen, angefangen bei den Brennern und dem Korb bis hin zu Plastiklöffeln, Heftzwecken und Nähzeug.[2]

Ausgesprochen wichtig ist die Ausrüstung für Kommunikation und Navigation, aber eine wichtige Komponente fehlt immer noch.

Die Hülle von *Britannic Challenger* hätte im Februar fertig gestellt sein sollen; jetzt haben wir März, und die Gaszelle ist noch immer nicht fertig. In wenigen Tagen bin ich zu einem zweiten Erkundungsflug unterwegs nach Spitzbergen, und wenn das Wetter mitspielt, könnte ich den Abflug Anfang April wagen, aber mein Ballon ist nicht fertig. Da dieses Vorhaben so viele separate Elemente hat, frage ich mich gelegentlich, ob die Logistik so kompliziert ist, dass ich sie nicht mehr bewältigen kann.

Kurz vor der Abreise nach Spitzbergen begebe ich mich in die Zentrale von Britannic in der Nähe von Birmingham, um vor der gesamten Belegschaft des Unternehmens die Expedition »vom Stapel zu lassen«. Da mich mehr als 1000 Menschen beobachten, geht mir zum ersten Mal die wirkliche Größe meines Unternehmens auf, das ich mir vorgenommen habe. Wegen des Umfangs meines Projekts und der finanziellen Beteiligung von Britannic sieht die Außenwelt zu, und mir dämmert die Erkenntnis, dass ich im Rampenlicht stehe.

Gegen Mitte März, wenige Tage nachdem das erste Licht sechs Monate winterlicher Dunkelheit auf Spitzbergen beendet hat, landen Clive Bailey und ich erneut in Longyearbyen. Zum ersten Mal können wir jetzt unsere entlegene und unwirtliche Umgebung sehen. Eisschollen blockieren den Hafen, und über einem Fjord erheben sich weiß vereiste Berge. Wo die Kais nicht weiß von Schnee sind, entdecken wir hier und da schwarze Flecken von Kohlenstaub. Bergbau ist das Einzige, was auf Spitzbergen stattfindet, der einzige Grund dafür, dass einige wenige Menschen auf dieser norwegischen Insel leben, die weit oberhalb des Polarkreises liegt, das nördlichste Stück Land, das noch zu Europa gehört.

Ich habe in der Arktis schon weniger einladende Orte gesehen, aber nirgends welche mit Bergen von dieser Höhe, wie sie Longyearbyen umgeben. Wir haben einen Startplatz gewählt, der auf halber Höhe eines schmalen Bergtals mit steilen Wänden liegt, nämlich in der Hoffnung, dass er von Bodenwinden relativ gut geschützt sein wird. Wenn alles gut geht, wird ein leichter Wind *Britannic Challenger* nach dem Start talwärts wehen. Mit dem Fjord vor mir sollte ich genug Zeit und Raum haben, eine Höhe von mindestens 2000 Metern zu erreichen, um über die Gipfel auf der anderen Seite des Wassers hinwegfliegen zu können. Wenn ich bedenke, dass ich flüssiges Propan und Flüssigsauerstoff an Bord haben werde, ist eine Bruchlandung an einem Berghang das Letzte, was ich mir wünsche. Man könnte *Britannic Challenger* eine fliegende Bombe nennen, und falls ich abstürzen sollte, werde ich von Glück sagen können, wenn ich nicht mit einem gewaltigen Knall und in einer schwarzen Rauchwolke in die Luft fliege. Meine erste Reaktion beim Anblick der Berge ist, dass ich nie über sie hinwegkommen werde, und Professor Gjessing scheint meinen Eindruck zu bestätigen.

»Sie brauchen Hilfe von einer weit qualifizierteren Person, als ich es bin«, sagt er.

Da bis zu einem ersten möglichen Start noch weniger als ein Monat bleibt, werde ich zum ersten Mal von Zweifeln geplagt. Vielleicht habe ich mehr abgebissen, als ich kauen kann. Bei den meisten meiner vorhergehenden Expeditionen habe ich mich nach und nach gesteigert, eine Taktik, die ich auf schmerzliche Weise lernte, nachdem mein erster Versuch, den Nordpol zu erreichen, 1983 gescheitert war. Damals, im Alter von 26 Jahren, entdeckte ich, dass es keinen Ersatz für Erfahrung gibt.

Ich hatte versucht, als erster Mensch den geografischen Nordpol zu erreichen – die Spitze der Welt –, und zwar allein und ohne Hilfe, hatte aber nur geringe Kenntnisse von der Rauheit der Arktis. Es war tollkühn, und von diesem Augenblick an wusste ich, dass das Geheimnis des Erfolgs darin liegt, dass man den Einsatz mit jeder Expedition ein wenig mehr steigert. Im nächsten Jahr nahm ich mir den magnetischen Nordpol vor, den Punkt, auf den alle Kompassnadeln gerichtet sind. Er war ein leichteres Ziel, und ich war der erste Mensch, der ihn allein und ohne Hilfe erreichte. 1992 wanderte ich als Anführer einer fünfköpfigen Gruppe zum geomagnetischen Nordpol, einem theoretischen Punkt auf der Karte, der zwischen Kanada und Grönland liegt. 1996 marschierte ich durch die Antarktis zum geografischen Südpol und machte mich wenige Monate später per Schiff zu seinem magnetischen Gegenstück auf. Nur mit dem Selbstbewusstsein und der Erfahrung dieser Erfolge im Rücken unternahm ich 1997 erneut den Versuch, den geografischen Nordpol zu erreichen. Ich erlebte zum zweiten Mal einen Misserfolg. Diesmal versagte ein Teil meiner Ausrüstung. Doch auch dabei lernte ich viele wertvolle Lektionen, und im März 1988 machte ich mich ein drittes Mal auf, um den Nordpol zu erreichen. Diesmal erreichte ich schließlich die Spitze der Welt.

Meine bergsteigerischen Fähigkeiten habe ich ebenfalls auf eine lange, harte und langsame Weise aufgebaut. Es gibt keinen Ersatz dafür. Ich begann, in den Brecon Beacons zu klettern, dann in Snowdonia und Schottland, bevor ich mir die Alpen vornahm. Erst nachdem ich beträchtliche Bergsteigererfahrung besaß und in einem Zelt in großer Höhe geschlafen hatte, versuchte ich es mit dem Mount Everest und nahm mir vor, in jedem der sieben Kontinente den jeweils höchsten Berg zu besteigen.

Doch diesmal gehe ich unüberlegt vor. Meine Erfahrung mit Ballonfahrten in der Arktis beschränkt sich auf zwei kurze Vergnügungsfahrten im Jahre 1999. Einer ging quer über die Nordwestpassage, den zweiten brachte ich in der Nähe von Resolute im Norden Kanadas hinter mich. Beides waren Heißluftballons. Jetzt versuche ich es mit einer Fahrt zum Pol, und es ist zudem noch eine Fahrt mit einem Heliumballon, mit dem ich nicht die geringste Erfahrung habe. Auch Experten halten diesen Flug für unberechenbar. Don Cameron, einer der erfahrensten Ballonfahrer der Welt, hat mir gesagt, er habe keine Ahnung, wie sich der Ballon in der extremen Kälte und dem ständigen Sonnenlicht der Arktis verhalten werde. Das erfüllt mich nicht gerade mit Zuversicht.

Mein Glaube in meine Aussichten an Bord des *Britannic Challenger* erhält weitere Dämpfer, als Clive und ich am Boden den Brenner testen. Er versagt. Wie es scheint, hat sich eine der Gummidichtungen in der Kälte verhärtet, und überall sprüht flüssiges Propan hervor. Mein einziger Gedanke ist, dass die Konsequenzen nicht auszudenken sind, falls dieselbe Dichtung versagt, wenn ich in der Luft bin.

Nach einigen weiteren Tagen auf Spitzbergen erhalten wir die Nachricht, dass die Hülle fertig gestellt worden und per Flugzeug auf dem Weg nach Norden ist. Auf dem Rückflug nach England kreuzen wir irgendwo den Weg des Flugzeugs, das den Ballon bringt. Ich fliege weiter nach Brüssel, wo Luc Trullemans mich ein letztes Mal über die Wetterbedingungen aufklärt. Er zeigt mir die jüngsten Bahnen – von denen keine auch nur im mindesten viel versprechend aussieht – und vergleicht sie mit einigen der besten Windbahnen aus früheren Jahren.

»Ich glaube immer noch, dass es verrückt von dir ist, von Spitzbergen aus loszufliegen«, sagt er. »Die Windverhältnisse sind so gut wie überall sonst besser, und es besteht eine hohe Wahrscheinlichkeit, dass im April und im Mai starke Bodenwinde herrschen.«

Der stoische Belgier klärt mich über meine Aussichten auf. Er betont, wie gering die Wahrscheinlichkeit eines Irrtums ist.

»Luc, mein Schicksal liegt in deiner Hand. Wenn du für mich eine gute Windbahn nach Norden finden kannst, werde ich mit aller Kraft versuchen, die Fahrt zu einem Erfolg zu machen.«

»Nein, David. *Du* hältst den Schlüssel zum Erfolg oder zum Fehlschlag in der Hand. Ich werde die Windbahnen zwar auf meinem Computer entdecken, aber du musst sie am Himmel finden. Manchmal können nur 15 Meter Höhenunterschied zwei Windbahnen trennen, die in vollkommen verschiedene Richtungen unterwegs sind.«

Ich weiß, dass es so sein wird, als würde ich mit einem Kopfsprung in einen Fluss springen, ohne zu wissen, in welche Richtung er strömt, aber ich bin entschlossen, es zu wagen.

»Bist du sicher, dass du immer noch weitermachen willst und dass du es schaffen kannst?«, fragt mich Luc.

»Luc«, entgegne ich, »ich habe keine Wahl.«

VIERTES KAPITEL
Die Rivalen

VIRGO-HAFEN, NORWEGISCHE ARKTIS
14. AUGUST 1896

Die Dänen-Insel, ein winziges Stück Land nordwestlich von Spitzbergen, wurde von der Mitternachtssonne des Hochsommers beschienen, aber es lag gleichzeitig beißende Kühle in der Luft, ein Vorgeschmack auf den bevorstehenden bitteren arktischen Winter. In zwei Monaten würde die Sonne zum letzten Mal in diesem Jahr untergehen, und die einzige Wärme- und Lichtquelle würde dann bis zum folgenden Frühjahr hinter dem Horizont versinken.

Doch Andrée drohte schon lange vorher die Zeit knapp zu werden. Es blieben nur noch sechs Tage, bis die *Virgo*, der 300-Tonnen-Dampfer seiner Expedition, über Tromsø nach Göteborg zurückkehren musste. Tag für Tag beobachteten die Ballonfahrer, wie die Flaggen auf der Ballonhalle flatterten. Jeden Morgen ließen die Männer kleine Versuchsballons steigen, um die Richtung der Brise zu prüfen, während sie darauf warteten, dass der Wind sie nach Norden tragen konnte. Die Tage würden schon bald kürzer werden, aber für die drei Polarreisenden, die auf ihren Start warteten, die Wissenschaftler und Techniker sowie die Bootsbesatzung, die ihnen zur Seite standen, für die Touristen und Journalisten, welche die Entwicklung des Spektakels beobachteten, schienen die Tage mit der Verzögerung immer länger zu werden. Die meisten Zeitungen in Europa und Amerika hatten über das ehrgeizige Vorhaben Andrées berichtet, und die Augen der Welt schienen jetzt auf Virgo-Hafen gerichtet zu sein, ein natürliches Hafenbecken am Rand der Dänen-Insel.[3]

Überall wurde gearbeitet; es sah aus wie bei einer militärischen Operation. Ein achteckiger Holzschuppen, die Ballonhalle, war im Schutz eines riesigen schwarzen Felsens aus geschwungenem Granit gebaut worden. Davor lagen auf dem steinigen Strand Ausrüstungsgegenstände, Proviant sowie Müll und Abfall einer marodierenden Armee von Zimmerleuten, Ingenieuren und Handwerkern. Am Tag arbeiteten diese Männer daran, Andrées Ballon *Örnen* (der Adler) für seinen Flug ins Ungewisse vorzubereiten. Nachts spielten sie Akkordeon und Violine, sangen, tranken und tanzten unter der Mitternachtssonne und stellten Spekulationen über die Erfolgsaussichten ihres Arbeitgebers an, Salomon August Andrée, des visionären Technikers, Ballonfahrers und Abenteurers.

Am späten Nachmittag des 14. August, als die Männer gerade ihren Arbeitstag beendeten, kam ein Ausguck von den Bergen oberhalb der Bucht heruntergerannt.

»Die *Fram*!«, rief er. »Die *Fram* läuft ein!«

Nachdem er monatelang im Mittelpunkt der Aufmerksamkeit gestanden hatte, wurde Andrée jetzt auf der Stelle zu einem bloßen Zuschauer degradiert, als ein von Wind und Wetter gezeichnetes Schiff näher kam und langsam durch den sommerlichen Nebel tuckerte. Er erkannte es sofort. Als die *Fram* in den Hafen einlief, konnte Andrée die unrasierte, langhaarige Besatzung des Schiffs sehen, das vor mehr als drei Jahren Norwegen unter der Führung Fridtjof Nansens verlassen hatte. Der von den Londoner Zeitungen als »der moderne Wikinger« bezeichnete 34 Jahre alte Norweger war der unbestrittene Pionier der Polarforschung und die bei weitem schmerzhafteste Konkurrenz für Andrée.

Die *Fram* war ein Meisterwerk der Schiffsbaukunst, überwiegend aus italienischer Eiche gebaut. Bug und Heck waren mit Stahl verstärkt, und drei hohe Segelmasten wurden durch eine Dampfmaschine ergänzt. Der Rumpf des Schiffs war viel dicker und abgerundeter als bei einem Schiff herkömmlicher Bauart, so dass es sowohl dem Druck des Eises widerstehen als sich auch über das Packeis erheben konnte, wenn es von Eis eingeschlossen war. Da Nansen entdeckte, dass das Polareis von Sibirien nach Spitzbergen trieb, brachte er die norwegische Regierung dazu, einen Versuch zu unterstützen, per Schiff zum Nordpol zu gelangen. Mit einer Besatzung von 13 Mann verließ er Oslo im Juni 1893. Drei Monate später steckte die *Fram* im Packeis fest, und die lange Abdrift begann. Da die *Fram* sich jetzt vom Eis befreit hatte, das sie 35 Monate lang festgehalten hatte, befand sie sich auf ihrer langsamen Fahrt nach Süden und dampfte auf der Suche nach einer Zuflucht vor dem hinderlichen Packeis in Virgo-Hafen ein.

Andrée platzte fast vor Neugier und lief zu Hugo Zachau, dem Kapitän der *Virgo*. Er verlangte, mit einer Dampfbarkasse in den Norwegischen Sund zur *Fram* gebracht zu werden. Mehr als alles andere wollte er wissen, ob Nansen es geschafft hatte, den Pol zu erreichen, was seinen Flug weit gehend überflüssig machen würde. Als er mit Mitgliedern seiner Mannschaft zur *Fram* hinaustuckerte, konnte man sehen, wie hinter ihm die Spitze von *Örnen* aus dem offenen Dach der 22 Meter hohen Ballonhalle herausragte. Wenn Nansen der Erfolg versagt geblieben war, hoffte Andrée zu beweisen, dass *Örnen* ihn in einer Woche weiter tragen würde, als sein großer Rivale es in fast drei Jahren geschafft hatte.

Andrée ging mit Kapitän Zachau an Bord der *Fram* und bemerkte, dass die Besatzung keine große Not gelitten zu haben schien. Viele hatten sogar Doppelkinne und mächtige Bäuche.

»Sie sehen sehr gut aus«, sagte er zu Otto Neumann Sverdrup, einem Mann, in dem er den Kapitän der *Fram* erkannte.

»Darauf gibt es eine einfache Antwort: Wir haben gut geplant und mehr als genügend Vorräte mitgenommen«, erwiderte die imposante Gestalt.

Sverdrup hatte ein langes, undurchdringliches Gesicht, einen harten Blick, einen kahlen Kopf und einen mächtigen zweigeteilten Bart, der links und rechts vom Kinn abstand und so etwas wie einen haarigen Teppich bildete. Da er selbst mit wenig Kleidung der strengsten Kälte standhalten konnte, neckte er Nansen als »dünnblütig«, weil dieser Fausthandschuhe trug, wenn die Temperatur auf -30 °C fiel.

Seine Pfeife zwischen die Zähne geklemmt, wandte sich Sverdrup an Zachau. »Haben Sie etwas von unseren Kameraden Nansen und Johansen gehört?«

»Sie sind doch wohl bei Ihnen?«, gab Zachau zurück.

»Sie haben uns vor 17 Monaten verlassen. Wir hatten 84 Grad nördlicher Breite erreicht, und so machten sich Nansen und Johansen im März letzten Jahres auf Skiern auf den Weg zum Pol. Sie hatten 28 Hunde und genügend Lebensmittel für 100 Tage mit sich.«

»100 Tage?«, fragte Andrée zweifelnd. »Wie sollen sie seitdem überlebt haben können?«

»Nachdem ihr für 30 Tage reichender Vorrat an Hundefutter erschöpft war, wollten sie mit den Tieren 80 Tage weiterschaffen, indem sie sie nach und nach töteten und sich gegenseitig zum Fraß vorwarfen«, erwiderte Sverdrup. »Was sie selbst anging, so hofften sie von Fisch und Eisbärfleisch zu leben.« Der Kapitän blickte aufs Meer hinaus. »Dass Sie nichts von ihnen gehört haben, ist ... deprimierend. Wir hofften, sie würden vor uns zu Hause ankommen. Wir gingen davon aus, dass Sie uns von ihrer sicheren Ankunft berichten würden.«

Andrée hatte gemischte Gefühle. Zwischen ihm und Nansen herrschte eine starke Rivalität. Skandinavische Zeitungen veröffentlichten oft Artikel und Karikaturen, in denen der Wettlauf zum Pol als Analogie zu Norwegens Kampf um Unabhängigkeit von Schweden benutzt wurde. Es freute Andrée, dass die *Fram* ihre Prüfung im

Eis unversehrt überstanden hatte, doch er war besorgt, sein Erzrivale könnte immer noch zurückkehren und behaupten, den Pol per Hundeschlitten erreicht zu haben.

Begierig, Neuigkeiten zu erfahren und Informationen über den Zustand des Packeises zu sammeln, gab Andrée jedem Besatzungsmitglied die Hand. Es gab Hochrufe, Ansprachen und Champagner. Nach den Förmlichkeiten unterhielten sich beide Parteien miteinander, besichtigten die *Fram* oder gingen an Land, um sich *Örnen* anzusehen. Sigurd Hansen, ein Leutnant auf der *Fram*, ging mit Henri Lachambre, dem berühmten Pariser Hersteller von *Örnen*, unter Deck, um ihm die Bibliothek der *Fram* zu zeigen. Nansen hatte darauf bestanden, sie einzubauen und gut auszustatten, um die Moral seiner Besatzung während zweier langer dunkler Winter aufrechtzuerhalten, in denen sie im Treibeis festsaßen.

Hansen zeigte auf ein Buch über Ballonfahrerei und erzählte Lachambre von seinem Heimweh. »Während der kältesten Tage, als wir im Eis festsaßen und uns mehr als alles andere wünschten, die Sonne wieder zu sehen und ihre Wärme auf der Haut zu spüren«, sagte er, »hingen wir oft Tagträumen von einem Ballon wie *Örnen* nach, der eines Tages kommen würde, um uns von der *Fram* an Bord zu nehmen und nach Hause zu tragen.«

Die Abfahrt der *Fram* vor vielen Monaten war nur durch Andrées Abschied von Göteborg am 7. Juni übertroffen worden. Schweden hatte so etwas noch nie erlebt. Eine tausendköpfige Menschenmenge drängte sich auf den Kais. Ihre Erregung wurde durch strömenden Regen nicht gedämpft. So weit das Auge sah, hüpften winzige schwarze Punkte auf und nieder. Auf dem Kai waren es die Zylinderhüte und Regenschirme der Würdenträger; auf dem Wasser waren es die Insassen einer Armada von Booten. Die meisten Zuschauer waren bis auf die Haut durchnässt, aber nichts konnte die karnevalhafte Atmosphäre verderben. Kapellen spielten, Champagnerkorken knallten, und auf Vergnügungsbooten feierten lärmende Gruppen. Für die Bürger Göteborgs war der Auszug dreier Schweden in die ungewisse Ferne, die dort für die Nation einen Anspruch auf neue Länder formulieren würden, ein Unternehmen von äußerster Kühnheit.

Andrée stand neben der *Virgo*, ein wenig abseits von der Menge. Die Erwartungen der schwedischen Nation lasteten schwer auf ihm, und als die Blaskapellen mit militärischem Gepränge spielten, fragte er sich erneut, ob er überhaupt das Recht besaß, sein Leben aufs Spiel zu setzen, geschweige denn das seiner beiden jungen Gefährten. Er dachte an den Vorabend zurück, als er sich von seiner Mutter verabschiedet hatte. Er dachte auch an Gurli Linder, die Frau, deren Liebe er nicht erwidern konnte und der er am Morgen mit der für ihn so typischen Gefühllosigkeit gesagt hatte, dass die Trennung von seiner Mutter der schwierigste Augenblick gewesen sei, den ihm die Expedition bereitet habe.

»Vergiss nicht, du bist diejenige, Mutter, nach der ich mich zurücksehne«, hatte er ihr gesagt, als sie sich im Flur ihrer Wohnung umarmten.

»Noch einen letzten Kuss«, hatte seine Mutter gesagt und ihm mit tränennassen Wangen die Wohnungstür aufgehalten. »Dies ist das erste Mal, dass du mir Kummer machst, August.«

Andrée hatte sich vorgebeugt, um seiner Mutter die Tränen von der Wange zu wischen, bevor er sie sanft küsste und ihr ins Ohr flüsterte: »Mach dir keine Sorgen, Liebes. Dein Herz wacht über mich.«

Aber Gurli und seine Mutter schienen schon weit weg zu sein, als Andrée zusammen mit seinen Sponsoren, Freunden und verschiedenen Würdenträgern auf dem Kai stand. Es war eine Zeit für große Gesten und kühne Worte, und so trat Andrée an ein Mikrofon, um zu der Menge zu sprechen.

»Wenn wir Erfolg haben, wenn wir mit den Füßen wieder auf festem Boden stehen, werden unsere Gedanken hier bei Ihnen sein, wo unsere Expedition ihre entscheidendste Hilfe erhalten hat. Aber sollten die Dinge nicht so gut gehen, werden unsere Gedanken im letzten Augenblick nach Göteborg zurückfliegen, und ich werde immer bedauern, nicht in der Lage zu sein, Ihnen ein letztes Mal Dank sagen zu können.«

Nach diesen Worten ging Andrée die Gangway hinauf, drehte sich oben um, salutierte der Menge und ging an Bord der *Virgo*. Zur Begleitmusik von Bootspfeifen, Hochrufen, Jubelschreien und Böllerschüssen und begleitet von einer Flottille aus mehr als 100 kleinen Booten und Vergnügungsdampfern, verließ Andrée mit seiner achtköpfigen Mannschaft und der Besatzung der *Virgo* mit 22 Mann langsam den Hafen. Während Familien in Ruderbooten um das Schiff herum auf den Wellen hüpften und mit den Hüten winkten, um die Abenteurer zu grüßen, zog Andrée einen Brief aus seiner Tasche. Er war von seiner Mutter, die ihn streng ermahnt hatte, ihn erst zu öffnen, wenn die *Virgo* unterwegs war.

Ich bin so enttäuscht von mir, weil ich an jenem schwierigen Tag des Abschieds ein so armseliges schwaches Geschöpf gewesen bin, schrieb sie, *doch es gibt etwas, was Du nicht vergessen solltest, und das ist: Wenn ich bei Deiner Rückkehr nicht mehr da sein sollte, darfst Du nicht traurig sein oder Dir selbst die Schuld geben, weil Du denkst, Dein großes Unternehmen hätte auch nur den geringsten Einfluss darauf gehabt, dass ich den Weg allen Fleisches gegangen bin. Zum Schluss meinen Dank für alles, was Du für mich gewesen bist.*

Wie viele alte Frauen konnte Mina Andrée oft bestürzend direkt sein, aber die Empfindungen, denen sie in ihrem Brief Ausdruck gab, überraschten selbst Andrée. Er hatte keinerlei Hinweis darauf, dass ihre Gesundheit angegriffener war als gewohnt. Einige Minuten lang machte er sich Sorgen, seine Mutter zu einer Zeit zurückgelassen zu haben, in der sie ihn am meisten brauchte, aber diese Gefühle verflogen bald, als er an all das dachte, was vor ihm lag.

Andrée hatte seinen Ballon auf den Namen *Örnen* (der Adler) getauft und zwei Männer ausgewählt, die ihn in der Gondel aus Weidengeflecht begleiten sollten. Dr. Nils Ekholm, leitender Meteorologe am Schwedischen Meteorologischen Zentralamt, kannte die Wetterverhältnisse in der Arktis besser als jeder andere. Andrée hatte ihn während des internationalen Polarjahres vor 14 Jahren kennen gelernt, als er in Kap Thordsen Ekholms Assistent gewesen war. Im Verlauf des Jahres 1895 hatten beide Männer die Polarwinde bis ins letzte Detail untersucht. Da ihn das völlige Fehlen von Daten von der Oberfläche des Eismeers behinderte, hatte Ekholm die wahrscheinlichen Wetterverhältnisse berechnet und dabei Daten der nächstgelegenen Landmassen verwendet sowie Erkenntnisse aus Beobachtungen der Wolkenbewegungen am Rand des Ozeans.

»Ich habe berechnet, dass ein umfangreiches Tiefdruckgebiet westlich von Spitzbergen einen Südwind erzeugen sollte, der stark genug ist, *Örnen* den größten Teil des Wegs zum Pol zu tragen«, sagte er Andrée während einer ihrer Planungskonferenzen. Ein Südwind ist ein Wind, der vom Süden kommt und nach Norden weht. »Wenn der Zyklon vorübergezogen ist, sollten die durch das nächste Tiefdruckgebiet erzeugten Winde ausreichen, *Örnen* nach Kanada oder Sibirien zu katapultieren, je nachdem, welche Seite des Windes den Ballon erfasst.«

Der zweite Mann, Nils Strindberg, war ein ehrgeiziger 23 Jahre alter Physiker, der einen Wettbewerb um den dritten Platz in der Gondel gewonnen hatte. Er beeindruckte Andrée mit seinen wissenschaftlichen Kenntnissen und fotografischen Fähigkeiten und hatte Hunderte anderer Bewerber aus dem Feld geschlagen. Sobald er ausgewählt war, konstruierte er eine Spezialkamera und reiste nach Paris, wo er das Ballonfahren erlernte.

Als die *Virgo* auslief, war Andrée immer noch benommen durch das ungeheure Interesse der Öffentlichkeit an seinem Projekt. Manche faszinierte der technische Ehrgeiz, aber die meisten fühlten sich durch die morbide Anziehungskraft verzaubert, die von drei jungen Männern ausging, die sich aufmachten, einen langsamen und qualvollen Tod auf unerforschtem Territorium auf sich zu nehmen. Nur vier Wochen zuvor hatten sich auf dem Marsfeld in Paris 30.000 Menschen eingefunden, um mitzuerleben, wie *Örnen* von Henri Lachambre enthüllt wurde. Die Pariser staunten über die Tapferkeit und den Mut der drei Schweden, und die Größe ihres Gefährts machte sie sprachlos.

Örnen, ein technischer Triumph der Zeit, war aus 3360 Einzelstücken chinesischer Pongé-Seide zusammengenäht, von denen jedes sorgfältig geprüft worden war, bevor man sie mit einem besonderen Klebstoff zusammenfügte, der angeblich starken Schwankungen von Temperatur oder Luftfeuchtigkeit widerstehen konnte. Monatelang arbeiteten ganze Reihen von Näherinnen in Lachambres Fabrik an der Zusammensetzung des größten Ballons, der je hergestellt worden war. Er wurde durch fast 14 Kilometer Nähgarn zusammengehalten, verteilt auf 4600 Meter Nähte. Jede Naht wurde mit einer zusätzlichen Einzelschicht Seide versiegelt. Der Ballon fasste fast 4500 Kubikmeter, war oben kugelförmig und hatte unten einen konischen Anhang. Er war sowohl innen wie außen mehrmals mit galvanisiertem Kautschuk gefirnisst. Als er fertig und aufgeblasen war, stand *Örnen* wie ein riesiger Gummiball in seiner Halle. Die Männer, die den Ballon gebaut hatten, wirkten daneben wie Ameisen.

Über den Ballon war ein Netz aus italienischem Hanf gelegt, das mit säurefreier Vaseline getränkt war, damit es kein Wasser aufsaugen konnte. Das Netz endete unten mit 48 Tragseilen, die am Tragring befestigt waren. Damit sich nicht Niederschlag und Raureif in dieser Hülle, den Maschen des Netzes, festsetzen konnten, war der obere Teil des Ballons mit einer Haube überzogen worden, die außerhalb des Netzes angebracht war. Diese bestand aus einfacher gefirnisster Seide. Sollten die Piloten zu hoch fliegen, konnten sie an Seilen ziehen, um aus zwei Ventilen in der Hülle Gas freizusetzen. In einem Notfall oder bei einer Bruchlandung genügte ein heftiges Zerren an einem besonderen Tau, das eine gut vier Quadratmeter große »Notklappe« aus der Seite der Hülle reißen würde, um deren Inhalt innerhalb von Sekunden freizusetzen.

Die Gondel war ein zylindrischer Korb aus Weidenruten und Peddigrohr und von einer Persenning überzogen. Das Dach war leicht gewölbt. Eine Luke an dessen Rand verschaffte Zutritt in das Innere der Gondel, in der sich drei Liegeplätze befanden. Der größte Teil von Ausrüstung und Proviant der Expedition waren in Stofftaschen untergebracht, die sich sowohl innerhalb wie außerhalb des Oberteils der Gondel befanden. Das Dach bildete den Boden einer Beobachtungsplattform, die über eine Strickleiter erreicht wurde; ein Instrumentenring etwa in Brusthöhe oberhalb des Dachs trug Befestigungsmöglichkeiten für Kameras sowie meteorologische und andere Instrumente.

Die Liste der Ausrüstungsgegenstände war ebenso verblüffend wie lang. In Aluminium- und Kupferkisten waren genügend Nahrungsmittel für sechs Wochen an Bord von *Örnen* und zwei Monate auf dem Eis verstaut. Der Proviant wog fast 750 Kilo. Dazu gehörte Knäckebrot in Dosen, Kondensmilch, Wein, Spirituosen, Trinkwasser, Butter, belgische Schokolade, Sardinen, Leberpastete und eingemachte Preiselbeeren. Um die drei Ballonfahrer in die Lage zu versetzen, während des Fluges zu kochen, hatte der Ingenieur Ernst Göransson, ein Freund Andrées, einen Spirituskocher entwickelt, auf den Daniel Defoes Robinson stolz gewesen wäre. Damit die offene Flamme des Kochgeräts auf keinen Fall mit dem hochexplosiven Wasserstoffgas der Hülle in Berührung kam, baumelte es rund acht Meter unterhalb der Gondel an einem Seil. Die Speisen konnten aus der Gondel umgerührt und mit Hilfe eines an einem Stock befestigten Spiegels beobachtet werden. Wenn das Essen fertig war, pusteten die Männer in eine lange Röhre, um die Flamme zu löschen, dann konnte die Mahlzeit zum Ballon hochgehievt werden.

Aftonbladet, eine Stockholmer Abendzeitung, stellte die Expedition ausführlich vor, sogar mit Bildern der 36 Brieftauben und zwölf Schwimmbojen, ballonförmigen Korkkugeln, die von einem Netz aus Kupferdraht umsponnen waren. Die Bojen waren in den Farben Blau und Gelb der schwedischen Flagge bemalt. Brieftauben und Bojen sollten in regelmäßigen Abständen freigelassen beziehungsweise abgeworfen werden, um die Welt über den Fortschritt des Unternehmens zu informieren. Eine Boje, die größer war als die anderen, sollte einen ausführlichen Bericht über die Reise und vielleicht eine Erinnerung oder ein Artefakt vom Pol enthalten. Sie sollte an dem nördlichsten Punkt abgesetzt werden, den die Expedition erreichte. Sie enthielt einen Auslöser, der beim Aufprallen auf das Eis einen Stift in die gefrorene Oberfläche treiben und eine kleine schwedische Unionsflagge hissen sollte, in der Hoffnung, dass die Boje irgendwann mit den Meeresströmungen in die Zivilisation zurücktrieb.

Für die wenigen Ballonfahrer in der Pariser Zuschauermenge war die neuartige Anordnung von Schleppseilen und Segeln von größtem Interesse. Die drei Schleppseile wogen 850 Kilo, waren insgesamt 1000 Meter lang, jedoch von unterschiedlicher Länge, damit sie sich nicht verhedderten. Der obere Teil jedes Schleppseils bestand aus Hanf und war mit einer Schraubvorrichtung am unteren Teil befestigt, der aus Kokosfaser bestand. Sollten die drei Ballonfahrer plötzlich ein Schleppseil lösen müssen, das sich an irgendeinem Hindernis verfangen hatte, konnten sie es von der Gondel aus abschrauben. Jedes Schleppseil hatte überdies etwa 45 Meter vor dem Ende eine Schwachstelle, so dass es automatisch reißen würde, wenn es sich verfing. Weitere acht Seile, jedes davon etwa 70 Meter lang, waren so genannte Ballastseile (das heißt Ballast in Form von Tauwerk), die frei herabhängen sollten, wenn der Ballon die vorgesehene Flughöhe erreicht hatte. Sollte *Örnen* plötzlich an Höhe verlieren, würde das Gewicht dieser Seile auf dem Boden ruhen, was bewirkt, dass der Ballon auf seine vorgesehene Flughöhe zurückzukehren würde. Überdies war der Ballon mit drei Segeln ausgerüstet, einem Mittelsegel und zwei Seitensegeln, deren Gesamtfläche 76 Quadratmeter betrug. Diese hingen an einem Bambuspfahl, der zwischen dem Tragring und der Hülle aufgehängt war. Andrée ging davon aus, dass er *Örnen* mit diesen Segeln zum Pol steuern konnte.

Unter den Zuschauern zeigte sich jedoch ein Mann besonders besorgt durch das, was er sah. Gabriel Yon, der französische Ballonfahrer, der Andrées ersten Ballon, die *Svea*, gebaut hatte, war überzeugt, dass die Millionen kleiner Nadelstiche, die beim Zusammennähen des Ballons entstanden waren, so viel Gas entweichen lassen würden, dass *Örnen* nicht länger als einige Wochen in der Luft bleiben konnte. Die zusätzlichen Seidenstreifen, welche die Nähte versiegeln sollten, seien nicht ausreichend, wie er jedem erzählte, der ihm zuhörte. Doch gerade diejenigen, die es am nötigsten gehabt hätten, es zu hören, befolgten seine Warnungen nicht. Am folgenden Tag war *Örnen* nach Schweden unterwegs.

Am 22. Juni, 14 Tage nach dem Auslaufen aus Göteborg, kam die *Virgo* bei der Dänen-Insel an. Andrée und Ekholm hatten mehrere Stunden damit zugebracht, verschiedene Standorte auf drei Inseln zu inspizieren und sich irgendwann für die Dänen-Insel entschieden, weil sie einen im Norden liegenden Strand mit mehreren Mulden hatte, der *Örnen* vor Bodenwinden schützen würde. Dort stand auch eine kleine, von dem britischen Forschungsreisenden Arnold Pike errichtete Holzhütte. Andrée hatte Pikes Erlaubnis, dort sein Expeditionshauptquartier einzurichten.

Die Landschaft war ebenso unwirtlich wie aufregend. Schwarze, schneebedeckte Granitberge erhoben sich hinter dem felsigen Strand; in der Bucht trieben mächtige Eisschollen, und die Temperatur lag knapp über dem Gefrierpunkt. Nur im Norden war der Blick unbehindert – 1000 Kilometer klaren Himmels, gefrierenden Meeres und festen Packeises, das zwischen der Insel und dem Pol lag.

Das Bodenpersonal ging an Land und begann auf der Stelle mit seinen Vorbereitungen für die Fahrt. Jeder Tag, jede Stunde war kostbar, weil die Männer nicht wussten, wann der Wind auf Süd drehen würde. Ebenso wenig wussten sie, wie lange ein solcher Wind weiterhin nach Norden wehen würde. Niemand wollte die vielleicht einzige Chance verpassen, die sich ihnen bieten würde, um *Örnen* fahrbereit zu machen, damit der Ballon sein Ziel erreichen konnte.

Der Standort der Ballonhalle wurde von Schnee befreit. Anschließend wurde über Felsbrocken und Steinen eine runde, ebene Plattform errichtet. Ein heftiger Sturm verzögerte ihren Bau und war so etwas wie ein drohendes Vorzeichen dessen, was in der Zukunft lag, doch am letzten Junitag war die gesamte Ausrüstung von der *Virgo* an Land gebracht worden. *Der Wasserstoffapparat ist an Land, so dass der schwierigste Teil des Entladens erledigt ist,* schrieb Andrée an diesem Abend in sein Tagebuch. *Mit Glück wird es in drei oder vier Wochen nur noch eins zu tun geben: zum Pol zu gelangen. Das könnte sich als schwierig erweisen. Es ist amüsant, sich in einem so großen Maßstab mit Hypnotismus zu beschäftigen.*

Der Errichtung der Ballonhalle machte jetzt Fortschritte. Jede Komponente war in Göteborg gebaut und sorgfältig beschriftet worden, bevor alles auseinander genommen und verstaut wurde.

Die hölzerne Halle war achteckig und hatte vier Stockwerke, die durch Stahlbolzen zusammengehalten wurden. Im obersten Stock war die Konstruktion rundum mit einer Laufplanke versehen sowie versetzbaren Segeltuchplanen, welche die Hülle des Ballons bis zu den letzten Augenblicken vor dem Start vor Windböen schützen konnten. Andrée beaufsichtigte die Arbeit, wobei seine anspruchsvolle Detailversessenheit die Zimmerleute und Bauarbeiter irritierte. Immer wenn jemand eine Änderung oder eine potenzielle Verbesserung vorschlug, erklärte er den Männern, er habe schon jede Eventualität bedacht und dort, wo es notwendig sei, Veränderungen vorgenommen.

Endlich konnte er sehen, wie die Verkörperung seines Traums Gestalt anzunehmen begann. *Der Start wird im Juli stattfinden, sobald günstiges Wetter herrscht, und zwar in einem Augenblick, in dem die Luft klar genug ist und ein frischer südlicher oder fast südlicher Wind weht*, schrieb er in sein Tagebuch.

Am 11. Juli stahl sich Andrée an Land, nachdem er um zwei Uhr seine Wache beendet hatte. Den Rest seiner Mannschaft und die Besatzung ließ er schlafend auf der *Virgo* zurück. Da er seine Erregung nicht mehr meistern konnte, klemmte er sich Adolf Nordenskiölds Bericht über die Entdeckung der Nordostpassage unter den Arm, »Die Umsegelung Asiens und Europas auf der Wega«, und rannte am Strand zu der Weidengondel von *Örnen*, die mit einer Persenning zugedeckt war. Er zog das schwere Segeltuch zurück, flüsterte in der kalten Nacht ein stilles Gebet und kletterte hinein. Mit einem Schlafsack als Kopfkissen und einer Decke über dem Kopf, die das Licht der Mitternachtssonne aussperrte, schlief er ein und träumte von dem Tag, an dem er als Held nach Schweden zurückkehrte, der erste Mann, der den Nordpol erreicht hatte.

Am nächsten Morgen eilte er wieder zurück an Bord und ging in seine Kabine. *Es wehte ein frischer Wind, und die Gondel war so an-*

geordnet, dass sie mit dem Wind schwankte, notierte er. *Ich hatte den ersten Band von Nordenskiölds Buch über die Fahrt mit der Wega bei mir, las ein paar Seiten und stellte ihn dann wieder auf das vor kurzem angebrachte Bücherregal. Auf diese Weise taufte ich das neue Gefährt mit bestem Gewissen.*

Die Arbeit an *Örnen* ging unvermindert weiter. Die Schlepp- und Ballastseile wurden mit Vaseline und Talg getränkt und wiederholt getestet, indem sie über den Boden und durch Wasser geschleift wurden. Die Hülle wurde ausgepackt und mit Ventilen versehen und die Anlage zur Herstellung von Wasserstoffgas zusammengesetzt. Doch erneut hielt schlechtes Wetter den Fortgang der Arbeiten auf. Starker Schneefall durchnässte einen großen Teil der Ausrüstung, und erst am 23. Juli konnte der langwierige und riskante Vorgang, die Hülle mit Wasserstoffgas zu füllen, beginnen.

Die Erzeugung des Gases war ein Vorhaben von fast industriemäßigem Umfang. Dabei wurden drei Tonnen Eisenspäne, 41 Tonnen konzentrierter Schwefelsäure und 76 Tonnen Salzwasser verwendet. Ein großes, mit Blei ausgekleidetes und luftdichtes Gefäß wurde mit der Säure, dem Wasser und den Eisenspänen gefüllt. Das Eisen reagierte mit der Säure und erzeugte Eisensulfat und Wasserstoff. Das fertige Gas entwich, wurde gewaschen, gereinigt und anschließend in besonderen Geräten getrocknet, worauf es durch einen mit Anemometer, Thermometer und Haarhygrometer versehenen Beobachtungsschrank zum Ballon geleitet wurde. Auf Spitzbergen wurden im Jahre 1897 in 86 Stunden 5280 Kubikmeter Gas hergestellt, das heißt 61,4 Kubikmeter pro Stunde. Als der Ballon sich in der Halle allmählich füllte, traten diejenigen, die ihn noch nicht in voller Größe gesehen hatten, zurück und sahen stumm zu. Der Ballon erschien ihnen wie ein Gefährt aus einer anderen Zeit.

Vier Tage später konnte man endlich sehen, wie das Oberteil der Hülle aus der Ballonhalle herausragte, was Andrée veranlasste, stolz zu schreiben: *Um vier Uhr war das Aufblasen des Ballons vollendet. Dieses angeblich unmögliche Vorhaben ist jetzt verwirklicht.* Doch es verging noch eine Woche, bis alle Vorräte an Bord verpackt waren und man die Gondel mit der Hülle verbunden hatte. In den ersten Augusttagen war Örnen zur großen Erleichterung eines äußerst ungeduldigen Andrée fahrbereit.

Lieber Papa, schrieb Nils Strindberg an seinen Vater, *der Ballon ist jetzt gefüllt. Der Wind ist ungünstig, aber wir können noch einen oder zwei Tage warten; einige Details müssen noch korrigiert werden.* Doch Kapitän Hugo Zachau machte seinen Hoffnungen ein Ende, noch mehr gute Nachrichten übermitteln zu können. Wegen der Verzögerungen irritiert und frustriert über das, was er als mangelnde Disziplin und schlechte Organisation bei den Wissenschaftlern ansah, erklärte Zachau Andrée, dass er nach Schweden zurückkehren müsse. »Ich muss am 20. August auslaufen. Die Eigentümer der *Virgo* wollen nicht erlauben, dass das Schiff noch länger bleibt«, verkündete er. Das Boot hatte zwar einen verstärkten Stahlrumpf, der es vor leichtem Eisgang schützte, aber die Versicherung hatte nur noch bis zum Ende des Monats Gültigkeit.

Es war typisch für Andrée, dass er für den Druck, dem die anderen Angehörigen seiner Expedition ausgesetzt waren, keinen Blick hatte. »Aber es hat sich doch alles so gut nach Plan entwickelt«, protestierte er. »Wenn nur die Natur jetzt ihre Rolle spielt, werden wir bald abfahrtsbereit sein.«

Und so setzten sich die Männer hin und warteten auf einen Wind, der sie nach Norden tragen würde. Sie ließen einen Versuchsballon steigen, doch dieser stieg zu schnell in den Himmel und verschwand in den Wolken, bevor Ekholm oder Andrée eine Chance gehabt hatten, die Windrichtung zu schätzen. Immer noch wehte der Wind hartnäckig aus dem Norden und wich nur gelegentlich leicht nach Ost oder West ab, als wollte er die Männer ärgern, die am

Rand der Bucht warteten. Andrée blickte sehnsüchtig auf die Flaggen, die oben auf der Ballonhalle flatterten.

Eine unbehagliche Stimmung begann sich auf das Lager zu legen, als sich die Menschen die Fragen zu stellen begannen, die sie Andrée nicht zu stellen wagten. Würde sich der Wind nach Norden je einstellen? Würde ihre gesamte Arbeit vergeblich sein?

Anders als bei anderen Ballonfahrten, die meist bei ruhigen Wetterbedingungen begannen, plante Andrée, Örnen mit der vollen Stärke eines Sturms von Süden abheben zu lassen. Er war sich bewusst, dass er damit gegen die erste Regel der Ballonfahrerei verstieß, war aber nichtsdestoweniger überzeugt, dass es den Versuch wert sei. »Der starke Wind sollte den Ballon in die Lage versetzen, so schnell wie möglich weit in unbekannte Regionen vorzustoßen sowie in Richtung des Pols«, sagte er den Mitgliedern seines Teams.

Doch Andrée und Ekholm hatten bei ihren Wettervorhersagen einen entscheidenden Fehler gemacht. Sie waren davon ausgegangen, dass das Wetter im Juni, Juli und August jedes Jahr gleich sei, doch das war ein Irrtum. Andrée zeigte sich zunehmend deprimiert darüber, dass immer noch keinerlei Anzeichen der nach Norden wehenden Winde zu bemerken war, die er und Ekholm vorhergesagt hatten, und er begann, das Schlimmste zu befürchten. *Letzte Nacht sah ich mich genötigt, die Möglichkeit ins Auge zu fassen, dass wir in diesem Jahr vielleicht nicht starten können*, schrieb er am 4. August in sein Tagebuch. *Zachau kann nicht länger warten als bis zum 20. August. Wenn es länger dauert, wird sein Schiff nicht mehr versichert sein. Infolgedessen müssen wir am 14. damit beginnen, unsere Dinge an Bord der Virgo zu verfrachten. Auch Ekholm ist der Ansicht, dass wir später keinen Aufstieg wagen können.*

Außerdem drückten Ekholm noch andere Sorgen. Von seinen meteorologischen Studien her wusste er, dass der Wind im Juli günstiger ist als im August, aber er hatte auch Strindbergs Tests der

Durchlässigkeit der Hülle überprüft und war überzeugt, dass *Örnen* schneller Gas verlor, als Andrée zugab. »Nach meinen Berechnungen kann *Örnen* mit jedem Tag, der vergeht, 111 Kilogramm weniger tragen. So viel Gas verliert der Ballon infolge von Lecks durch die Seidenhülle. Nach dem Abflug von *Örnen* wird es nur noch schlimmer werden, da der Winddruck auf die Hülle den täglichen Verlust erhöhen wird«, wie er Andrée sagte.

Andrée rief Henri Lachambre zu sich, der von Paris angereist war, um beim Start zu helfen. Lachambre beharrte darauf, dass Ekholm Unrecht habe und dass *Örnen* pro Tag nur 50 bis 60 Kilo Tragfähigkeit verlieren werde. »Wenn ich Recht habe, wird *Örnen* nur eine Woche oder zwei Wochen fliegen. Das ist nicht genug. Es wäre verrückt zu starten«, beharrte Ekholm.

Da der Wind weiterhin hartnäckig aus nördlicher Richtung wehte, ging allmählich jedem auf der Dänen-Insel auf, dass der Start von *Örnen* nicht länger möglich war. *Heute haben wir die Schere geschliffen, mit der der Ballon aufgeschnitten werden soll*, schrieb Andrée verzweifelt am 16. August. *Morgen werden wir acht Brieftauben freilassen, von denen jede die gleiche Nachricht trägt, dass der Versuch zumindest für dieses Jahr aufgegeben worden ist.*

Als der Wind am nächsten Tag das Wasser der Bucht kräuselte und an den Strand trieb und die Wolken immer noch nach Süden zogen, gab Andrée Befehl, den Ballon zu leeren. Wieder einmal schrieb Strindberg an seinen Vater. *Lieber Papa, wir kehren mit gemischten Gefühlen zurück. Was wird man über unseren Fehlschlag sagen? Wir haben alles getan, was wir konnten. Wenn Andrée im nächsten Jahr Geld beschafft, haben wir eine weitere Erfolgschance.*

Die heroischen Träume der Männer schienen am Ende zu sein.

Eine Woche später kam Andrée in Tromsø an. Dort fand er Nansen vor, der die Tatsache feierte, dass er 86° 14' nördlicher Breite erreicht hatte, den nördlichsten Punkt, den je ein Mensch geschafft hatte, obwohl er noch immer 226 Seemeilen vom Nordpol entfernt gewesen war. Andrée gratulierte seinem norwegischen Rivalen, der den Winter auf Franz-Joseph-Land verbracht hatte, wo er es geschafft hatte, 20 Pfund zuzunehmen. Danach machte sich Andrée auf den Rückweg nach Schweden. Sein Stolz hatte einen schweren Dämpfer erhalten.

Andrée kehrte zu seinem Dienst beim schwedischen Patentamt zurück, Strindberg zu seiner Familie und Ekholm zum Schwedischen Meteorologischen Zentralamt, wo er seine Bedenken hinsichtlich der Tauglichkeit des Ballons sowie seine Überzeugung bekannt machte, dass dessen Durchlässigkeit Andrées Behauptungen nicht entsprach. Diese Frage veranlasste ihn kurz darauf, von der Expedition zurückzutreten. Er wurde schnell durch Knut Frænkel ersetzt, einen sportlichen Ingenieur, der nach Paris geschickt wurde, um bei Lachambre Ballonnavigation zu lernen.

Einige Monate nach seiner Rückkehr schrieb Andrée an Alfred Nobel, den er um weitere Geldmittel bat. Außerdem erklärte er Ekholms Rücktritt. Kurz bevor Nobel im Dezember starb, traf er sich mit Andrée und bot ihm als Ersatz für *Örnen* einen größeren und verbesserten Ballon an. Andrée lehnte ab. Niedergeschlagen und gedemütigt kehrte er zu Gurli zurück, um bei ihr Trost zu finden. Sie erkannte, dass es jetzt unwahrscheinlicher war denn je, dass ihre Romanze je aufblühen würde.

»Warum nimmst du Nobels Angebot nicht an, August?«, fragte ihn Gurli eines Abends.

»Damit hätte ich zugegeben, dass dieser Verräter Ekholm mit seiner Kritik Recht hat. Ich hatte keine andere Wahl, ich musste ablehnen«, erwiderte er.

»Du hast allen Leuten erzählt, dass du keinen Groll hegst, aber in Wahrheit wirst du Ekholm nie verzeihen, nicht wahr?«, sagte Gurli.

»Nein«, lautete die Antwort.

Andrée zog sich noch tiefer in sein Schneckenhaus zurück und stürzte sich mit noch mehr Eifer als zuvor in seine Arbeit beim Patentamt. Dieser Winter war für ihn lang und unangenehm, und die norwegische Presse machte es nur noch schlimmer, als sie prahlerisch hinausposaunte, Nansen habe die erste Runde im Rennen zum Pol gewonnen. Die Presse stellte erneut einen Zusammenhang mit Norwegens Kampf um nationale Unabhängigkeit her. Trotz ihrer Rivalität korrespondierten die beiden Männer jedoch weiterhin miteinander. Nansen konnte es sich jedoch nicht verkneifen, in einem seiner Briefe zu schreiben: *Ich glaube, Macbeths goldene Worte könnten auf Ihrer Flagge stehen:* »*Ich wage alles, was dem Menschen ziemt; wer mehr wagt, der ist keiner.*« *Im Ziehen dieser Grenze erweist sich wahre Geistesstärke.* Die in diesen Worten versteckte Kritik kränkte Andrée. *Da ich bewiesen habe, dass ich zur Umkehr fähig bin, fühle ich mich stark versucht, das genaue Gegenteil zu tun*, entgegnete er.

Obwohl Nansen öffentlich so tat, als unterstütze er Andrées Expedition, stellte er sie privat, sowohl Andrée persönlich gegenüber als auch hinter seinem Rücken, als lächerlich hin. Im April 1897 wurde Andrée gebeten, bei einem Bankett in Stockholm eine Rede zu Ehren von Nansen und Johansen zu halten. Die Schwedisch-Norwegische Unionsregierung wollte den beiden Männern bei diesem Anlass eine Medaille verleihen. In seiner Erwiderung beglückwünschte Nansen Andrée zu seiner Tapferkeit und seinem Einfallsreichtum bei der Suche nach einem neuen Weg zum Pol. Obwohl er Andrée schmeichelte, war es für die Eingeweihten offenkundig, dass Nansen kein Wort von dem meinte, was er sagte.

»Nur ruhig Blut«, sagte er zu seinen Tischnachbarn, als er sich hinsetzte. »Bankette sind Bankette. Warum sollte man nicht auch Verrückten ein paar aufmunternde Worte sagen?«

FÜNFTES KAPITEL

Die Verlobung

STOCKHOLM, SCHWEDEN
OKTOBER 1896

Für Nils Strindberg begann alles mit einem Paar kleiner Galoschen. Das jüngste Mitglied der Andrée-Expedition war Ende September nach Schweden zurückgekehrt. Als die Kutsche, die er vom Hauptbahnhof genommen hatte, vor dem Haus der Familie in einem der besten Viertel Stockholms vorfuhr, war er überrascht zu sehen, dass es trotz des ruhmlosen Endes seiner Reise mit Flaggen und einer Fahne geschmückt war. Der erschöpfte und niedergeschlagene Nils war nicht in der Stimmung zu feiern; er freute sich darauf, seine Brüder wiederzusehen, einen großen Teller guten Essens zu verspeisen und dann in seinem alten Zimmer richtig auszuschlafen.

Die Hochrufe begannen, bevor er auch nur die Tür geöffnet hatte. Als er sie aufstieß, entdeckte er, dass der Hausflur voller Menschen war. Er sah Verwandte, enge Freunde und einige Geschäftsfreunde seines Vaters Johan Oscar, eines Großhändlers, der in Stockholm beträchtliches Ansehen genoss.

»Nisse, mein Liebling Nisse.« Rosalie Strindberg schlang die Arme um den Hals ihres Sohnes. »Komm rein. Willkommen zu Hause! Wir freuen uns so, dich wieder hier zu haben.«

Papierschlangen regneten auf Nils herab, als er den Hausflur betrat. Er wusste, dass seine Familie, die guter Stockholmer Herkunft war, viel davon hielt, ihre jüngeren Familienmitglieder im Schoß der Familie willkommen zu heißen, insbesondere da es nicht jeden Tag passierte, dass ein Sohn von einer Expedition in die Arktis zurückkehrte.

Bevor Nils auch nur seinen Mantel ausgezogen oder seine Reisetaschen auf die Matte gestellt hatte, rief seine Mutter ihren Mann mit seinem Spitznamen zu sich. »Occa! Komm her und bring etwas Wein für deinen Sohn mit.«

Nils lächelte schwach. Für einen Mann, der gerade 24 geworden war, war diese ganze Aufmerksamkeit ziemlich überwältigend, doch es freute ihn, seinen strahlenden Vater näher kommen zu sehen, dessen rundliches Gesicht von dem Portwein, den er gerade getrunken hatte, ein wenig gerötet war.

»Sieh an, sieh an, mein Abenteurersohn. Lass dich mal ansehen«, sagte Occa. »Zurück aus der Wildnis. Ich habe in *Aftonbladet* alles gelesen.« Er zwinkerte seinem Sohn zu, als er ihm einen mächtigen Arm um die Schulter legte. »Ich bin aber sicher, dass du auch ein paar Geschichten zu erzählen hast, die nicht in den Zeitungen standen.«

Johan Oscar trat zurück und musterte seinen Sohn von oben bis unten. Dieser schien sich gegenüber dem Tag, an dem er aufgebrochen war, nicht verändert zu haben; vielleicht sah er ein wenig erschöpfter aus, und ganz gewiss hatte er durch die Mitternachtssonne eine gesunde Bräune bekommen, aber sonst war er derselbe geblieben. Nils hatte ein offenes Gesicht und war etwas kleinwüchsiger und dunkler als die meisten Skandinavier. Seine Eltern sagten oft, er könne leicht als Franzose oder Italiener durchgehen. Wie immer war Nils makellos gekleidet, trug einen dreiteiligen Anzug, ein Hemd mit Eckenkragen und eine lose geknotete Fliege. An den beiden Enden seines säuberlich gewachsten schwarzen Schnurrbarts war eine dünne Strähne nach oben gezwirbelt; seine Haare hatten einen Schnitt nötig, um wie gewohnt ordentlich auszusehen, doch im Übrigen gab es keine Veränderung. Tatsächlich sah Nils so aus, überlegte sein Vater, als hätte er ein wenig an Gewicht verloren.

»Diese Arktisluft scheint dir gut getan zu haben«, sagte Occa. »Deine Taille ist nicht so dick wie damals, als du wegfuhrst, und dein Hemdkragen sitzt auch nicht so eng wie an dem Tag, an dem wir dich zum letzten Mal gesehen haben. Aber ich bin sicher, dass sich all das ändern wird, wenn du etwas von Mutters Essen genossen hast und wieder hinter deinem Schreibtisch in der Universität sitzt. Vielleicht werden sie dich jetzt, wo du berühmt bist, befördern und zu etwas Besserem machen als einem Assistenten in Physik.«

Nils lächelte erneut. »Alles zu seiner Zeit, Vater. Jetzt lass mich erst mal reinkommen und diese schweren Taschen hinstellen.«

In der Nähe stand Tore, der jüngere Bruder von Nils, der sich zum Bildhauer ausbilden ließ. Bei den Strindbergs konnte man zwei Kategorien unterscheiden. Da gab es einmal die künstlerische Seite, etwa mit Tore und seinem Vetter August, dem berühmten Dramatiker und Romancier, dessen Theaterstück *Fräulein Julie* immer noch das Tagesgespräch der Stockholmer Gesellschaft war, und dann gab es die technische Seite, vertreten etwa durch Nils und seinen älteren Bruder Sven, der aus Helsinki angereist war, wo er als Ingenieur arbeitete.

»Sven, wie geht es dir?«, rief Nils seinem Bruder zu. »Du hast meinetwegen eine so weite Reise gemacht?«

Sven lächelte. »Denk nicht an mich. Komm mit in den Salon, und erzähl mir von deinen Abenteuern.«

Nils zog seinen Mantel aus, und die beiden Brüder begaben sich in das Empfangszimmer mit seinen dunklen Sideboards, den schweren Möbeln und dem großen Tisch mit seiner Spitzendecke. Sie unterhielten sich eine Weile über Nils' Heimreise und seine Erlebnisse auf der Dänen-Insel. Langsam entspannte sich Nils und wandte sich den Dingen zu, die ihm im Kopf herumgingen.

»Ich bin froh, wieder hier zu sein, statt auf irgendeiner fernen Eiswüste am Pol gestrandet zu sein, aber ich hatte gehofft, ich würde unter anderen Umständen zurückkehren«, sagte er. »Ich kann nicht leugnen, dass ich enttäuscht bin, besonders – und sage dies zu niemandem – von Andrée.« Nils sah sich im Zimmer um, bevor er seinen Bruder ins Vertrauen zog, und sprach dann leise weiter.

»Er ist ein guter Mann, doch es gab Zeiten, in denen ich mir gewünscht hätte, er hätte spontaner gehandelt. Wir bekamen nicht den Wind, den wir wollten, aber ich muss immer noch unwillkürlich denken, dass Andrée vielleicht zu vorsichtig war. Selbst im Fehlschlag war seine Reaktion gemäßigt.«

Sven war überrascht. »Du solltest dankbar sein, unversehrt und gesund zurückgekehrt zu sein. Allein dafür schuldest du Andrée etwas«, sagte er und stieß Nils einen Finger gegen die Brust. »Nisse, du darfst nicht vergessen, dass Andrée fast doppelt so alt ist wie du. Und als Leiter eurer Expedition ist er verpflichtet, vorsichtiger zu sein. Es wäre falsch, wenn er es nicht wäre.«

»Ich weiß, ich weiß. Aber ich mache mir Sorgen. Auf der Heimfahrt wurde von einer Rückkehr zur Dänen-Insel im nächsten Jahr gesprochen. Aber wir sind kein glückliches Team; Dr. Ekholm ist Andrée und seinen Methoden gegenüber sehr kritisch eingestellt, und ich mache mir einige Sorgen, Ekholms Befürchtungen wegen der Sicherheit von *Örnen* könnten gerechtfertigt sein. Ich werde mir sorgfältig überlegen müssen, ob ich mich Andrée wieder anschließen soll.«

Während die beiden Brüder einige Gläser Wein miteinander tranken, unterhielten sie sich. Irgendwann wandten sie sich auch persönlicheren Themen zu.

»Genug von meinen Reisen«, sagte Nils. »Was ich wirklich wissen muss, ist: Hast du etwas von Anna Charlier gehört – oder, was noch besser wäre, etwas von ihr gesehen? Du musst wissen, dass ich auf der Dänen-Insel kaum an etwas anderes gedacht habe.«

Nils hatte Anna Charlier in dem milden Sommer 1894 zum ersten Mal gesehen. Sein Universitätsstudium lag gerade erst hinter ihm, und er verdiente sich einen bescheidenen Lebensunterhalt als Hauslehrer der Kinder wohlhabender Stockholmer Familien, die in den Strandbädern Schonens, der südlichsten Provinz Schwedens, Urlaub machten. Er und Anna begegneten sich in jenem Sommer mit seiner Blütenpracht mehrmals; Nils unterrichtete Naturwissenschaften und gab Geigenunterricht, während Anna Literatur und Sprachen unterrichtete.

Die Halbinsel Schonen war Annas Heimat – ihr Vater war Postamtsvorsteher der nahe gelegenen Stadt Klippan –, und Nils wandte sich oft an sie, wenn er Auskünfte und Rat suchte. Schon bald ertappte er sich dabei, dass er selbst dann ihre Hilfe suchte, wenn er die Antworten auf seine Fragen kannte. Da war etwas an Annas Sanftheit und ihrer weichen, trägen Art zu lächeln, was ihn wünschen ließ, sie öfter zu sehen.

Wochenlang überlegte sich Nils Möglichkeiten, wie er Anna um eine Verabredung bitten konnte. Da er wusste, dass die Familien, für die sie beide arbeiteten, eine Romanze unter Hauslehrern missbilligen würden, musste er zu einer List greifen. Kurz bevor er nach Stockholm zurückkehren musste, kam ihm eine Idee. »Ich bin gerade dabei, einige Fotos für eine Ausstellung in Stockholm vorzubereiten. Vielleicht darf ich ein Porträt von Ihnen aufnehmen?«, fragte er Anna, als er die Mädchen der Skjöldebrandts ihrer Obhut übergab. »Diese beiden jungen Damen habe ich schon fotografiert, aber ich muss noch ein Meisterwerk festhalten.«

Am folgenden Sonntag lieh Nils von einem seiner Arbeitgeber einen Einspänner und ein Pony und fuhr mit Anna weg von den Stränden und Sommerfrischen der flachen Küstenregion ins Landesinnere. Sie machten sich auf den Weg zu den Buchen- und Kiefernwäldern im südlichen Teil Schonens. Bei sich hatten sie einen

Korb mit einem Picknick aus Fleischbällchen, Heringssalat und Zitronenlimonade. Nils' selbstgebaute Kamera lag auf dem Rücksitz des Einspänners. Als das Pony auf den Landstraßen dahintrottete, warf Nils Anna verstohlene Seitenblicke zu, die kerzengerade neben ihm saß. Die Sonne leuchtete in ihrem lockigen hellbraunen Haar. Trotz ihrer Versuche, es unter einem Strohhut festzustecken, hatten sich im Wind ein paar Strähnen gelöst und flatterten ihr um die Ohren. Nils fand das bezaubernd. Ein blasses Sommerkleid mit einer Schleife an dem hochgeschlossenen Kragen war an ihrer schmalen Taille eng zusammengezogen; Nils fand, dass das Kleid ihre Figur perfekt betonte, obwohl er mit einiger Besorgnis feststellte, dass sie eine Winzigkeit größer war als er, wenn sie nebeneinander saßen.

Nachdem sie eine Stunde gefahren waren, stellten sie den Einspänner auf einer kleinen Brücke ab und kletterten zum Flussufer hinunter, wo Nils ein paar Aufnahmen von Anna machte, die unter einem Baum lag, das Picknick neben sich auf einer karierten Decke ausgebreitet. Die beiden plauderten ungezwungen über die von ihnen unterrichteten Kinder und die Schwächen ihrer Arbeitgeber. Sie waren sich darin einig, dass die Dahlanders von allen Familien am anspruchsvollsten waren.

Als Anna sprach, beobachtete Nils, wie sich ihre vollen sinnlichen Lippen bewegten. Er wartete darauf, dass ihr Mund wieder dieses träge Lächeln zeigte. Es war die Art von Lächeln, das andere Frauen jahrelang vor dem Spiegel üben würden, um es zu vervollkommnen, aber bei Anna war es natürlich – vorausgesetzt, die Umstände waren richtig. Nils entdeckte schon bald, dass es schwierig war, Anna dazu zu bringen, auf die Art zu lächeln, die er so attraktiv fand. Wenn er Witze erzählte, reagierte Anna mit einem dünnen Lächeln und presste die Lippen fest aufeinander, aber wenn sie selbst eine Geschichte erzählte und Nils zuhörte, verlieh dieses mühelose, apfelwangige Lächeln ihrem Gesicht einen Zug von Weichheit. Wie sehr wünschte ich mir, ich könnte ihr Lächeln jedes Mal so magisch machen, wenn ich ihr nahe komme, dachte er bei sich. Und wie sehr wünsche ich mir, sie auf diese vollen Lippen zu küssen.

Für Nils' Geschmack mussten sie viel zu früh nach Hause zurückkehren. Pony und Wagen mussten zurückgegeben werden, damit die Eigentümer damit am Abend zur Kirche fahren konnten, und während der Rückfahrt saßen Anna und Nils meist behaglich schweigend da, genossen die warme Brise und den Rhythmus der klappernden Pferdehufe.

»Ich werde bald nach Göteborg abreisen«, sagte Anna kurz vor dem Ende der Fahrt. »Der Sommer wird bald zu Ende sein, und ich muss mir für den Winter eine Arbeit suchen.«

Nils konnte ebenfalls nicht mehr an der See bleiben, doch er kehrte nach Stockholm zurück in der Hoffnung, an der Universität unterrichten zu können. »Nun, ich werde Ihnen schreiben und Ihnen die Fotos schicken«, sagte er. »Und vielleicht können wir uns wiedersehen?«

Anna war einverstanden, und sie tauschten ihre Adressen aus, aber Nils' Hoffnungen, Anna wiederzusehen, erfüllten sich nicht. Man bot ihm eine Stellung als Landvermesser in Norrland an, einer Region mit Bergen, Wäldern und Sägewerken in Nordschweden, und er brach sofort nach seiner Ankunft in Stockholm auf, um seinen neuen Posten anzutreten.

Mehr als ein Jahr später, im Winter 1895, kurz nachdem man ihn an der Universität in Stockholm zum Wissenschaftlichen Assistenten für Physik gemacht hatte, beteiligte sich Nils an einer Ausstellung von Amateurfotos im Stockholmer Industriepalast. Seine Bilder von Anna gehörten zu seinem Beitrag. Sie brachten ihm den ersten Preis ein, aber er bemühte sich, seine Erinnerungen an Anna zu verdrängen. Er hatte an dringendere Angelegenheiten als an eine Liebelei zu denken, denn er war vor kurzem zum dritten Mitglied von Andrées geplanter Expedition zum Nordpol ausgewählt worden. Während er sich im Frühjahr 1896 in Paris aufhielt, um dort das Ballonfahren zu erlernen, dachte Nils oft an Anna und den Nachmittag, den sie vor zwei Jahren gemeinsam verbracht hatten, doch er gab jede Hoffnung auf, sie wiederzusehen. Eine Frau mit einem so gewinnenden Lächeln dürfte schließlich schon längst verheiratet sein, sagte er sich.

Sven hatte nichts von Anna gehört. »Was sollte ich wohl über irgendein Mädchen in Stockholm oder Göteborg wissen, wenn ich meine ganze Zeit in Helsinki verbringe?«, fragte er abweisend. Aber einige Wochen später entdeckte Nils zu seiner Freude, dass Anna Charlier die Kinder der befreundeten Familie Peterson unterrichtete. Für Nils bedeutete dies vor allem eins: dass sie wahrscheinlich immer noch ledig war. Sofort begann er, ein neues Treffen zu planen. Er schrieb auch an Sven, der nach Helsinki zurückgekehrt war.

Warum hast Du mir nicht erzählt, dass Anna Charlier Dorotea Petersons Kinder unterrichtet? Ich muss gestehen, das war die aufregendste Nachricht, die ich seit langem erhalten habe. Nur Du weißt, wie ich wirklich fühle und wie sehr ich mir wünsche, dass Anna erfährt, dass Erinnerungen an sie mein Leben zu einer Zeit lebenswert machten, als es sehr wenig zu geben schien, worauf ich mich freuen konnte.

Du hast sie nicht kennen gelernt, aber Du hast das Porträt gesehen, das ich von ihr machte, als wir beide in Schonen Hauslehrer waren. Selbst von einem meiner Fotos solltest Du fähig sein zu erkennen, warum ich sie so bezaubernd finde, aber für den Fall, dass du dafür blind bist, werde ich Dir sagen, warum sie so süß und hübsch ist. Von dem Moment an, in dem ich ihr begegnete, wusste ich, dass da etwas Besonderes zwischen uns ist. Sie hat eine warmherzige, sanfte Art, und ich kann mich mühelos mit ihr unterhalten. Muss ich Dich noch einmal mit Details darüber langweilen, welche Wirkung ihr Lächeln auf mich hat? Vielleicht war der Augenblick, in dem wir uns zum ersten Mal begegneten, der richtige Zeitpunkt in meinem Leben, damit sich etwas Wunderschönes ereignete, aber ich ziehe es vor zu glauben, dass es einfach so war, dass sie schon immer für mich bestimmt gewesen ist.

Nach dem Essen am nächsten Abend brachte Occa Strindberg das Thema zur Sprache, wer am Sonntag zu einem Essen zu Ehren ihrer Freunde eingeladen werden sollte, den Dahlanders, die soeben aus Amerika zurückgekehrt waren. Natürlich wollte Nils Anna Charlier einladen, aber er wagte nicht, dies sofort zu sagen, sondern ging zunächst auf die Unterhaltung seiner Eltern und seines Bruders ein und wartete auf eine Gelegenheit. Als das Gespräch sich eine Zeit lang legte, nippte er an seinem Portwein.

»Vielleicht sollten wir Lindström einladen, Vater. Er ist mir ein so guter Freund gewesen, als ich in Paris die Ballonfahrerei erlernte. Außerdem wird Lindström musizieren; es ist schon lange her, seit ich Geige gespielt habe. Und vielleicht sollten wir auch die Hauslehrerin der Peterson-Kinder einladen, damit wir ebenso viele Damen wie Herren haben. Ihr Name ist Anna Charlier, glaube ich, und wie ich höre, ist sie eine sehr gute Pianistin.«

»Das nenne ich eine gute Idee! Ein bisschen frisches Blut in diesem abgestandenen Salon – der Gedanke gefällt mir. Und wann haben wir zum letzten Mal in diesem Haus musiziert, Rosalie? Nils spielt neuerdings selten Geige, und du weißt, wie gern ich mir ein Lied anhöre.«

Nils' Mutter lächelte Occa wohlwollend an. Er war in so guter Verfassung gewesen, seit Nils aus der Arktis zurückgekehrt war, und sie liebte es, mit anzuhören, wie ihr Mann und Nils von dessen Leistungen auf der Dänen-Insel sprachen.

»Und warum nicht auch Andrée einladen, Nils?«, fügte sie hinzu. »Ich habe ihn seit deiner Rückkehr von der Dänen-Insel nicht gesehen. Er arbeitet zu hart in diesem Patentamt, und ich habe schon immer gedacht, dass er nicht auf sich achtet. Gute Hausmannskost könnte ihm gut tun.«

»Du musst sie bremsen, Nils, sonst lädt sie noch diesen Verräter Ekholm ein«, warf Occa ein. »Andrée, in Ordnung. Aber Dr. Ekholm kommt mir nicht ins Haus.«

Wieder einmal machte sich Nils daran, ausführlich zu erklären, weshalb Ekholms allgemein bekannte Kritik an *Örnen* nicht unbegründet sei. Dennoch fühlte er sich durch jüngst in den Zeitungen geäußerte Vorschläge erzürnt, die ihm nahe legten, Ekholms Beispiel zu folgen und ebenfalls zurückzutreten. Jetzt war er entschlossen, sich nicht zurückzuziehen. »Ich werde mich nicht dazu überreden lassen, Andrée im Stich zu lassen«, erklärte er. »Ich habe ihm letztes Jahr mein Wort gegeben und werde es jetzt auch halten, selbst wenn die Qualität von *Örnen* nicht ganz zufrieden stellend ist.«

Nils' Tante, die schweigend ein Kissen bestickte, sprach jetzt zum ersten Mal. »Hältst du es wirklich für eine gute Idee, so viele jüngere Leute einzuladen? Die essen immer so viel. Vielleicht sollten wir nur die Dahlanders, Brita und vielleicht Bertil einladen? Es wird ein zivilisierterer Abend werden, ohne den Lärm des Klaviers und der Geige.«

Wie typisch für meine Tante, dachte Nils. Immer die gleichen Leute, immer die gleichen Gesichter. Er machte den Mund auf, um zu widersprechen, doch sein Vater kam ihm zuvor.

»Nein, nein! Lass Nils seine Freundin einladen. Immerhin hat er, als er so lange Zeit in der Arktis festsaß, ein sehr einsames Leben geführt. Außerdem bin ich sicher, dass Fräulein Charlier die Gesellschaft von Gleichaltrigen begrüßen würde, nachdem sie mit den

Peterson-Kindern eingesperrt gewesen ist.« Dann hob er die Hand und gab seinem Sohn ein Zeichen. »Nils, geh jetzt und veranlass alles Notwendige, bevor ein anderer versucht, mich umzustimmen. Lindström, Andrée und Fräulein Charlier sollen es sein.«

Es war an jenem Abend kurz vor sieben, und Nils wurde in der Physikalischen Gesellschaft zu einem Vortrag erwartet. Besorgt, Anna könnte seine Einladung ablehnen oder, schlimmer, sich nicht an ihn erinnern, zog er sich einen Mantel an und lief sofort zum Haus der Petersons. Einige Minuten später war er wieder zu Hause und steckte den Kopf in die Tür zum Salon.

»Es ist alles arrangiert. Die Kinder sind krank, und Petersons haben Fräulein Charlier erlaubt, am Sonntag zu kommen. Sie wird nicht zum Essen kommen, sich aber danach zu uns setzen.«

Er erklärte, er werde zu spät kommen, wenn er nicht sofort gehe, und eilte aufgeregt aus dem Haus. Er summte ein beliebtes schwedisches Lied – »Es ist ein Traum, nur eine Ahnung« –, als er der Stadtmitte Stockholms zustrebte. Es war ein kalter Abend; der Winter rückte näher und rief ihm Erinnerungen an den kalten Sommer auf der Dänen-Insel ins Gedächtnis zurück. Als er über die Brücken lief, welche die Inseln der Altstadt Stockholms miteinander verbinden, konnte er das bezeichnende Flirren in der Luft spüren, das den ersten Schnee ankündigte. Schon bald würden das Königliche Schloss, das Parlament und die Kirchen der Altstadt Stockholms mit Schnee bedeckt sein, und wenn eine Kältewelle kam, würden die Gewässer zufrieren, und dort, wo die Fähren jetzt ihre Fahrgäste zwischen den vielen Inseln in den Schären beförderten, würden dann Kinder Schlittschuh laufen. Irgendwie, sagte sich Nils sinnend, ist der Gedanke an ein kältestarrendes Stockholm einladender als die Vorstellung von der Dänen-Insel – Postkartenschönheit gegenüber der rauen Wirklichkeit der menschenleeren arktischen Wildnis.

Salomon August Andrée 1897 kurz vor Beginn seines zweiten Versuchs, mit einem Ballon den Nordpol zu erreichen.

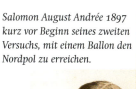

Das Expeditionsteam von 1897. Von links: Nils Strindberg, Vilhelm Svedenborg, Knut Frænkel und (sitzend) Salomon Andrée.

Die zwei Frauen in Andrées Leben: seine Mutter Wilhelmina und Gurli Linder, deren Liebe zu ihm unerwidert blieb.

Die Verlobten: Anna Charlier und Nils Strindberg

Tausende haben sich in Göteborg zum Abschied am Kai eingefunden, als die Expedition im Mai 1897 aufbricht.

Ein Besatzungsmitglied der Svensksund *(links)* und Alexis Machuron machen sich vor dem Start des Ballons auf der Dänen-Insel im Juni 1897 zu einem Jagdausflug bereit.

Alles los! Andrée, Frænkel und Strindberg kurz vor dem Start am 11. Juli 1897 in der Ballonhalle.

Der obere Teil von Örnen ragt aus der Ballonhalle. Dänen-Insel, Juli 1897.

Örnen erhebt sich behäbig in die Luft und schwebt, von den Männern am Strand ängstlich beobachtet, über die Bucht hinaus. Die Seile, die im Kielwasser geschleppt werden, sind die Ballastseile.

Örnen verschwindet am Horizont und damit für immer. Das Holz im Vordergrund ist die ehemalige Wand der Ballonhalle, die für den Start abgebaut werden musste.

Andrée und Frænkel am 14. Juli 1897 auf dem Packeis vor dem notgelandeten Örnen. Strindberg steht hinter der Kamera.

Andrée und Frænkel ziehen das Segeltuchboot im Juli 1897 auf dem Weg nach Kap Flora über das Eis.

Das Lager: Nur ein Segeltuchzelt mit einem einzigen Schlafsack und ein Boot, das an einem Schlitten festgebunden ist, bieten den drei Männern Schutz gegen den bitterkalten Wind.

Großwildjäger: Frænkel und Strindberg vor einem erlegten Eisbären. 30. August 1897.

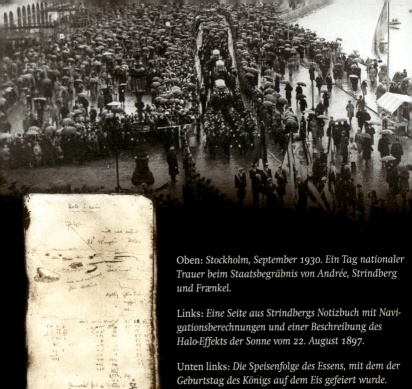

Oben: *Stockholm, September 1930. Ein Tag nationaler Trauer beim Staatsbegräbnis von Andrée, Strindberg und Frænkel.*

Links: *Eine Seite aus Strindbergs Notizbuch mit Navigationsberechnungen und einer Beschreibung des Halo-Effekts der Sonne vom 22. August 1897.*

Unten links: *Die Speisenfolge des Essens, mit dem der Geburtstag des Königs auf dem Eis gefeiert wurde. Strindbergs Kalender, 18. September 1897.*

Unten rechts: *Das silberne Medaillon, das Anna Strindberg zu seinem 25. Geburtstag durch Andrée überreichen ließ. Innen befanden sich ihr Bild und eine Locke ihres Haars.*

Während der restlichen Tage der Woche fiel es Nils schwer, sich zu konzentrieren, so sehr war er mit Anna beschäftigt. Er war von seinen normalen Pflichten als Assistent für Physik entbunden worden, um Studenten über die technischen Aspekte der aufgegebenen Nordpolexpedition Vorträge zu halten. Er erklärte, Andrée habe ihn wegen seiner fotografischen Fähigkeiten und der wissenschaftlichen Sachkenntnisse unter Hunderten von Kandidaten ausgewählt. Vor der Abreise aus Göteborg, so erzählte er den Studenten, habe er die Reibung der Schleppseile und die Durchlässigkeit der Ballonseide untersucht. Er gab zu, dass er es versäumt habe, die Nähte zu berücksichtigen, und so habe er anschließend die Fahrtauglichkeit von *Örnen* einer Neubewertung unterzogen. Doch beim Sprechen war es, als wäre sein Geist auf Automatik geschaltet worden. Die Tutorenkurse und Vorlesungen vergingen wie in einem Traum, während er die Minuten bis zu seiner Begegnung mit Anna zählte. Seine Vorfreude war sogar stärker als die Erregung, die er gespürt hatte, als er erfuhr, dass Andrée ihn für die Expedition ausgewählt hatte. Damals hatte die Aussicht auf eine mehrmonatige Vorbereitungszeit die Aufregung ein wenig gedämpft; doch diesmal, da nur noch Tage bis zu dem Wiedersehen mit Anna vor ihm lagen, konnte er fühlen, wie ihm das Herz vor Erwartung bebte.

Am Sonntagmorgen radelte er zusammen mit seinem Freund Gustav Lang auf einem klapprigen Gefährt aus Eisen und Holz aufs Land, und nach dem Essen besuchte er die Peters und die Wallings. Endlich war der Abend da, und es war Zeit, sich einen Smoking anzuziehen und ein steifes Hemd mit Eckenkragen. Nach dem Waschen fettete er sich das Haar ein, zog einen rasiermesserscharfen Scheitel und ging hinunter, um die Gäste zu begrüßen. Der einzige Mensch, den er nicht kannte, war Jöns Johansson, ein Dozent am Karolinska Institutet, doch kurze Zeit später erzählte er ihm von seinen Erlebnissen mit Andrée, der schon am Tisch saß.

Das Essen schien ein Erfolg zu sein – meist wurde von Ballonfahrerei gesprochen –, aber Nils machte sich dennoch die ganze Zeit Sorgen. Welche Zeit hatte er Anna genannt? fragte er sich. Was würde passieren, wenn sie zu früh käme? Da Annas Ankunft jetzt unmittelbar bevorstand, wollte Nils den Augenblick hinauszögern, da er befürchtete, dass sie vielleicht nicht so fabelhaft sein könnte, wie er sie in Erinnerung hatte.

Es läutete an der Tür. Er wischte sich die von Nervosität feuchten Hände ab und rannte zur Haustür. Seine Kehle schnürte sich zu, und er machte sich Sorgen, seine Stimme könnte zittern, wenn er Anna begrüßte. Doch draußen vor der Tür stand ein junger Student, der ein paar Informationen von seinem Tutor wollte. Nils bat den Studenten ins Haus, doch als er gerade dabei war zu erklären, was der Student wissen wollte, läutete es erneut. Zu seiner Beunruhigung wurde Anna an ihm vorbei ins Esszimmer geführt, wo die Gäste gerade ihren Pudding zu Ende aßen. Nils schob den Studenten mit dem Versprechen aus dem Haus, er werde ihn am nächsten Tag in seinem Büro empfangen, und kehrte ins Esszimmer zurück. Dort stellte er fest, dass Anna – oder Fräulein Charlier, wie er sie nennen musste – seinem Vater schon vorgestellt worden war.

Als Gastgeber ging Nils höflich um den Tisch herum und sprach nach und nach mit jedem der Gäste. Es war eine Qual für ihn, mit jedem Small Talk zu pflegen, nur nicht mit Anna, und er konnte es kaum ertragen, als er sie mit anderen Männern im Raum sprechen sah. Wie gerne hätte er den Abend gezwungen, möglichst schnell zu vergehen, damit er anbieten konnte, sie nach Hause zu begleiten.

Um alles noch schlimmer zu machen, unterhielt sich Andrée mit Nils' Mutter. Er sprach liebevoll von seiner Mutter Mina, aber nach und nach wandte sich die Konversation kulturellen Dingen zu. Zu Nils' Verlegenheit begann Andrée jetzt, seine Unwissenheit in allen Dingen an den Tag zu legen, die über Patente und die Ballonfahrerei hinausgingen. Seine akademische Laufbahn konnte sich durchaus sehen lassen, hatte er sich doch mit allen möglichen Themen befasst, nur nicht mit Literatur und Kunst. Das waren Felder, für die er so wenig Interesse zeigte, dass man es später für einen Charakterfehler hielt.

»Dann werden wir es nie schaffen, Sie in die Oper oder zu einer Ausstellung einzuladen, Herr Andrée«, sagte Rosalie.

»Die Künstlichkeit der Oper ist nicht nach meinem Geschmack. Sie wäre bei mir ohne Wirkung; ich gebe der verlässlichen realen Welt den Vorzug«, entgegnete er. Er erzählte Rosalie auch, dass er keinen Sinn darin sehen könne, ein Konzert oder eine Kunstgalerie zu besuchen.

»Könnten Sie nächste Woche zu dem Bankett zu Ehren von Selma Lagerlöf kommen? Sie hat für ihren Roman ›Gösta Berling‹ einen Literaturpreis gewonnen. Sie haben ihn doch sicher gelesen?«

»Nein, das könnte ich nicht behaupten, aber ich habe Münchhausen gelesen, und ich nehme an, das ist in etwa das Gleiche.«

Rosalie Strindberg lächelte kurz und flüsterte, an ihre Schwester gewandt, eine leise Bemerkung. »Wenn man so zielstrebig ist, eine Ballonfahrt zum Nordpol zu organisieren und die Geldmittel dafür aufzutreiben, nehme ich an, dass man auch ziemlich eng gesteckte Interessen hat. Dann hat man einfach weder Zeit noch Lust, von vielen Dingen außerhalb der eigenen kleinen Welt Notiz zu nehmen. Ich hatte aber nicht erwartet, dass er so egozentrisch ist.«

Endlich erbot sich Anna, Klavier zu spielen, worauf die Atmosphäre feierlicher wurde. Das war für Nils nach dem gescheiten und recht künstlichen Geplapper am Esstisch eine Erleichterung, und er strahlte vor Besitzerstolz, als die anderen Gäste Annas Klavierspiel lobten.

Eine halbe Stunde vor Mitternacht brachen die Gäste auf, und Nils erbot sich, Anna nach Hause zu begleiten. Zu seiner Freude nahm sie sofort an, doch sein Triumphgefühl erwies sich als kurzlebig. Mehrere Männer, darunter auch Andrée, gingen mit ihnen, und wieder einmal war es Nils unmöglich, einen Moment mit ihr allein zu erwischen. Nur zu bald kamen sie bei den Petersons an.

»Vielleicht könnten wir uns morgen treffen?«, schlug Nils vor, als er und Anna vor Petersons Haustür standen.

»Sie haben so schön gespielt«, unterbrach Andrée. »Ich hoffe, Sie bald wieder spielen zu hören.«

»Vielen Dank. Mir hat es auch Spaß gemacht. Ich bekomme nicht oft Gelegenheit, das Haus zu verlassen, und noch seltener, Klavier zu spielen.«

Anna steckte ihren Schlüssel ins Schloss. Es wurden Hände geschüttelt, man verabschiedete sich und wünschte sich eine gute Nacht. Dann verschwand Anna sehr zu Nils' Enttäuschung schnell im Haus.

Nils ging mit Andrée zurück und verbarg dabei seine Enttäuschung darüber, wie der Abend verlaufen war. Wie üblich war es unmöglich, mit Andrée über etwas anderes zu sprechen als die Expedition. Dieser war voller Zorn über das, was er als Ekholms Verrat ansah.

»Hätten die Winde in Virgo-Hafen mitgespielt, würden wir uns jetzt hier nicht unterhalten, sondern würden triumphierend hier stehen, nachdem wir den Nordpol erreicht haben«, sagte Andrée. »Aber das konnte Ekholm nicht erkennen; stattdessen nörgelte und meckerte er nur über die Mängel von *Örnen*. Er vergaß dabei, wie sehr ich daran gearbeitet hatte, den besten Ballon zu bauen, den die Welt je gesehen hat.« Andrée trat nach Eisstückchen am Rand des eisigen Bürgersteigs, als sie weitergingen. »Was Knut Frænkel betrifft, habe ich weit größere Hoffnungen. Er ist Diplomingenieur und ein hervorragender Turner und hat mich vor kurzem in meinem Büro besucht.«

Dann blieb er stehen und zog ein Blatt Papier aus einer Innentasche seiner Jacke. »Hier, sieh dir das mal an. Es ist Frænkels Bewerbung.« Nils nahm das Blatt und las:

An Chefingenieur Salomon August Andrée.
Ich nehme Bezug auf unsere Unterhaltung am 19. Ich bewerbe mich hiermit um die durch Dr. Ekholm aufgegebene Position als dritter Mann bei der Polarexpedition, die Sie für das nächste Jahr vorgeschlagen haben. Ich bin sechsundzwanzigeinhalb Jahre alt, bin gesund und kräftig. Ich habe inzwischen mein Examen an der Technischen Hochschule als Ingenieur für Straßen- und Wasserbau bestanden.
Ihr ergebener
Knut Hjalmar Ferdinand Frænkel, Diplomingenieur

»Ich hoffe, schon sehr bald bestätigen zu können, dass er die Stelle von Ekholm einnimmt«, sagte Andrée.

»Und wie ist er, dieser Frænkel?«, wollte Nils wissen.

»Ich halte ihn für einen zuverlässigen Kerl, aber seine besten Eigenschaften sind sein Mut und seine körperliche Kraft.« Andrée gestand sich ein, dass die Rückkehr vom Pol wahrscheinlich zu Fuß erfolgen würde, falls *Örnen* je abheben sollte. »Er hat nicht Dr. Ekholms meteorologisches Fachwissen, aber ich habe keinen Zweifel daran, dass er es bald erwerben könnte. Und mit seinen 26 ist er nur fast halb so alt wie Ekholm und doppelt so stark.«

Nils blieb stumm. Das war eine akademische Frage. Mit seinen 48 war Ekholm nur sechs Jahre älter als Andrée, aber erheblich stärker und in weit besserer Form. In körperlicher Hinsicht würde Andrée immer das schwächste Glied sein.

»Komm nächste Woche in mein Büro, dann lernst du Frænkel kennen. Dann kannst du selbst beurteilen, wie gut er als Kandidat ist«, sagte Andrée zu Nils, worauf sie schweigend weitergingen.

Als Nils wieder zu Hause ankam, war es schon nach Mitternacht, und er hatte jede Hoffnung aufgegeben, Anna wiederzusehen. Sie war offensichtlich nicht an ihm interessiert, sagte er sich, und es konnte sie nicht beeindruckt haben, dass er den ganzen Abend kaum mit ihr gesprochen hatte. Müde und niedergeschlagen beklagte er seine Feigheit, nichts aus seinen Chancen gemacht zu haben, als sie ihm so nahe war. Mit diesen trüben Gedanken begab sich Nils zu Bett, entschlossen, nicht wieder an sie zu denken.

Doch als er einige Stunden später herunterkam, um nach seinem Notizbuch zu suchen, entdeckte er ein Paar kleiner Galoschen mit den Initialen A.C., die in einer Ecke der Garderobe standen.

»Das müssen die von Fräulein Charlier sein«, erklärte sein Bruder Tore. »Ich werde sie ihr bringen.«

Wieder einmal fühlte Nils, wie seine Chancen, mit Anna zu sprechen, ihm durch die Finger glitten. Diesmal war er jedoch entschlossen, seine Gelegenheit zu nutzen, solange er es noch konnte.

»Natürlich kannst du sie zurückbringen. Allerdings bin ich gestern Abend den ganzen Weg zu Fräulein Charliers Haus mitgegangen. So wäre es zu viel von dir verlangt. Sie war mein Gast, und so werde ich sie selbst zurückbringen.« Voller Zorn über die Herablassung seines älteren Bruders versuchte Tore darauf zu bestehen, dass er gehen sollte, aber Nils blieb hart. »Ich gehe sowieso in die Stadt. Ich nehme sie auf dem Weg in die Universität mit.«

Für ein Frühstück blieb keine Zeit. Nils schnappte sich Annas Galoschen, stürmte aus dem Haus und rannte kurz darauf die Treppe zu Petersons Haus hinauf und klopfte an die Tür.

»Haben Sie mal auf die Uhr gesehen, Strindberg?« Die barsche Stimme von Herrn Peterson drang durch die schwere Tür. »Was zum Teufel wollen Sie?«

»Es tut mir sehr Leid, Sie zu stören, Herr Peterson. Ich muss mit Anna sprechen«, rief Nils zurück.

»Wozu das denn, um alles in der Welt? Es ist viel zu früh.«

»Sie hat ihre Galoschen gestern Abend im Haus meiner Eltern vergessen. Ich bringe sie zurück.«

»Hätte das nicht warten können, Strindberg?« Nils hörte ein geräuschvolles Seufzen. »Wenn Sie warten, werde ich sie holen.«

Das schwache Geräusch von Schritten verschwand im Flur. Kurz darauf war Anna an der Tür. Der Klang ihrer Stimme verursachte Nils Herzklopfen. Der Gedanke, dass sie allein und so nahe auf der anderen Seite der Tür stand, brachte Erinnerungen an den Nachmittag zurück, den sie Seite an Seite auf der kleinen Bank des Einspänners verbracht hatten. Nils fragte sich, ob Annas träges Lächeln auf ihren Lippen lag oder ob sie böse war, zu so früher Stunde aus dem Bett gescheucht zu werden.

»Herr Strindberg! Warum kommen Sie so früh her? Um diese Tageszeit kann ich die Tür nicht aufmachen. Lassen Sie meine Galoschen bitte draußen stehen, dann hole ich sie mir später.«

Nils überlegte schnell. Dies war nicht das, worauf er gehofft hatte, und wenn ihm jetzt keine gute Reaktion einfiel, würde er seine Chance verpassen, Anna wiederzusehen. »Ich werde sie hier stehen lassen«, sagte er. »Aber würden Sie mir die Freude machen, sich später am Tag mit mir zu treffen?«

Es folgte ein langes Schweigen. »Ich kann Sie um ein Uhr in der Drottninggatan sehen«, sagte Anna schließlich. »Bis dahin muss ich mich um die Kinder kümmern. Jetzt muss ich gehen.«

Zur festgesetzten Zeit fand sich Nils in der Drottninggatan ein, einer der großen Einkaufsstraßen Stockholms, die vom Reichstag, dem schwedischen Parlament auf der Insel Helgeandsholm, die auf drei Seiten von Wasser umgeben ist, nach Norden führt. Er unterhielt sich gerade mit einem Freund, der ihm zufällig über den Weg gelaufen war, als er Anna entdeckte. Sie hatte sich in einen dunklen, pelzbesetzten Mantel gehüllt und trug dazu einen passenden Hut. Sie näherte sich auf der anderen Straßenseite. Nils winkte Anna zu, überquerte die Drottninggatan und ging energisch auf sie zu. Anna war sichtlich erfreut, ihn zu sehen; schon lange bevor Nils vor ihr stehen blieb, hatte sie ihr strahlendes breites Lächeln aufgesetzt. Das Lächeln war sogar noch schöner, als Nils es in Erinnerung hatte. Er hatte am Vorabend beim Essen nicht gewürdigt, wie sehr Anna in den letzten zwei Jahren aufgeblüht war, und jetzt strahlte sie mit der ganzen Schönheit einer jungen Frau in der Blüte ihrer Jahre.

»Sie sind betörender, als ich Sie in Erinnerung hatte«, sagte Nils und wünschte sich auf der Stelle, er hätte seinen Gedanken nicht so offen Ausdruck gegeben. Annas Gesicht, das vor Kälte schon rosig war, errötete noch mehr, und Nils bemerkte, wie sie die Lippen fest zu diesem Lächeln aufeinander presste, wie er es vor zwei Jahren in Schonen zu vermeiden versucht hatte. Vielleicht ist es gar nicht Missbilligung, wenn sie so lächelt, dachte er. Vielleicht ist es Verlegenheit. Wie bezaubernd.

Anna tränten in der Kälte die Augen, und ihr warmer Atem hüllte die kühle Luft zwischen ihnen in eine Wolke. Am liebsten hätte Nils die Arme um sie geschlungen, doch er wusste, dass er das nicht durfte. Er war sich über seine Absichten klar geworden, als er am Vorabend im Bett lag, und hatte jetzt folglich wichtige Dinge zu erledigen.

»Warum gehen wir nicht hinunter zu den Geschäften?«, sagte er und bot Anna den Arm an. Sie hängte sich bereitwillig bei ihm ein, und so schlenderten sie sieben oder acht Straßenblocks in Richtung Stadtmitte, vorbei am Kaufhaus Åhléns, wo Anna stehen blieb, um sich die Abendkleider im Schaufenster anzusehen. Nils hätte ihr am liebsten eins gekauft. Schließlich kamen sie zur Fensterfront von Oscar Bergs Café.

Nils packte die Gelegenheit beim Schopf. »Ich lade Sie zu heißer Schokolade und Kuchen ein. Das Gebäck ist hier sehr gut.«

Sie nahmen einen Tisch in der Ecke, wo Nils mit Anna ungestört zu bleiben hoffte. Doch das sollte nicht sein. Es hatte den Anschein, als ob jede Frau, die an ihrem Tisch vorbeikam, Anna kannte. Die meisten blieben stehen, um sie zu begrüßen, und einige blieben zu einer längeren Unterhaltung; während der ganzen Zeit, die sie in dem Café verbrachten, machte Nils kaum den Mund auf. Dann fragte ihn Anna, wie spät es sei.

»Es ist zwei Uhr«, sagte er. »Warum fragen Sie?«

»Ich muss zu den Petersons in ihr Landhaus in Johannisdal und muss um Viertel nach drei ein Boot erwischen. Davor muss ich noch ein paar Sachen einkaufen.«

»Wenn das so ist, sollten wir gleich gehen«, erwiderte Nils.

Er zahlte schnell, half Anna in den Mantel, und dann verließen sie das Lokal. Sie gingen zu Lajas, einem Spielzeugladen, um für eins der Peterson-Mädchen ein Geburtstagsgeschenk zu kaufen, und machten sich dann auf den Weg zum Skeppsholmen, einer Insel im Herzen Stockholms. Nils ging mit Anna an dem am Wasser liegenden Grandhotel vorbei und über eine kleine Brücke, bis sie direkt dem königlichen Schloss gegenüber auf Skeppsholmen waren.

Endlich waren sie allein. Nils kniete nieder, nahm Annas linke Hand zwischen seine Hände und bat sie, ihn zu heiraten.

»Ich glaube, ich kenne die Antwort«, erwiderte Anna, »aber warum die Frage nach all dieser Zeit? Ich habe seit mehr als zwei Jahren nichts von dir gehört.«

Jetzt war es an Nils zu erröten. Er sah Anna an; von dem trägen Lächeln war nichts zu sehen. Stattdessen fixierte sie ihn mit ihren grünen Augen.

»Seitdem wir uns damals in Schonen verabschiedeten«, sagte er, »habe ich jeden Tag an dich gedacht. Seitdem habe ich keine Möglichkeit gehabt, dich wiederzusehen, aber als ich es tat, wusste ich, dass ich den Rest meines Lebens mit dir verbringen möchte.«

Annas Gesicht hellte sich auf. Diesmal wirkte ihr Lächeln nicht träge, sondern huschte ihr blitzartig übers Gesicht. »Ich habe auch in all dieser Zeit auf dich gewartet. Nach diesem Nachmittag in Schonen habe ich für keinen anderen Mann mehr einen Blick gehabt. Als ich in Göteborg war, habe ich immerzu an dich gedacht und gehofft, du würdest schreiben, aber ich habe nichts gehört. Ich wollte schon alle Hoffnung aufgeben, als du bei den Petersons auftauchtest. Ich muss gestehen, dass ich gestern Abend bestürzt war, als du vor deinen Eltern kaum mit mir gesprochen hast, aber sobald ich dich sah, wusste ich, dass du der Mann bist, den ich will. Also ja, natürlich werde ich dich heiraten.«

Nils war überwältigt. Er konnte einfach nicht glauben, dass diese schöne Frau sich so bereitwillig einverstanden erklärte, ihn zu heiraten, oder dass auch sie so lange auf ihn gewartet hatte. Sie küssten sich und küssten sich wieder, bis Anna ihn daran erinnerte, dass es fast Viertel vor drei war. In einer halben Stunde sollte ihr Boot nach Johannisdal abfahren, und Nils wollte seinem Vater von ihrer Verlobung erzählen, bevor Anna wegfuhr.

Sie eilten in die Vasagatan, die Parallelstraße der Drottninggatan, wo Anna den Proviant für die Petersons abholte, und dann liefen sie zu Occa Strindberg ins Büro. Sie kamen gerade rechtzeitig an; Nils' Vater wollte gerade gehen und stand schon mit seiner Aktentasche unterm Arm auf der Straße.

»Vater, ich möchte dir meine Verlobte vorstellen«, sagte Nils.

Occa Strindberg sah die beiden ungläubig an. Er wiegte sich auf den Absätzen, hob die Augenbrauen und machte den Mund ein paar Mal auf und zu. »Ich muss ein paar Worte mit dir sprechen, Nils«, sagte er. »Unter vier Augen.«

Nils und Occa entschuldigten sich bei Anna und gingen beiseite.

»Wie kommst du dazu, diese junge Dame um ihre Hand zu bitten, wenn du die Absicht hast, zur Dänen-Insel zurückzukehren?«, verlangte Occa zu wissen. »Das ist nicht sehr verantwortungsbewusst gehandelt.«

»Vater, ich habe alles durchdacht. Ich würde hier nicht stehen und dir meine Verlobte vorstellen, wenn ich nicht glaubte, dass ich ein langes und glückliches Leben mit ihr verbringen werde.« Nils machte eine Pause. »Ich habe gestern Abend ausführlich mit Andrée gesprochen. Er unternimmt gerade etwas, um sicherzustellen, dass *Örnen* luftdicht ist, wenn wir zur Dänen-Insel zurückkehren. Außerdem lässt er den Ballon vergrößern, um sicherzustellen, dass er so lange fliegen wird, wie er es ursprünglich geplant hat. Ich bin davon überzeugt, dass wir beim nächsten Mal Erfolg haben werden und dass wir alle wohlbehalten zurückkehren werden. Wenn ich nicht davon überzeugt wäre, hätte ich nicht um Fräulein Charliers Hand angehalten.«

Occa schürzte die Lippen, packte seine Aktentasche fester, und seine Augen wurden schmal. »Wenn deine Verlobung ein Zeichen des Vertrauens ist, das du in Andrée setzt, in deine Fähigkeiten und in den Zustand von *Örnen*, kann ich das kaum missbilligen. Ich freue mich sehr für dich.« Er wandte sich an Anna. Sein Gesichtsausdruck zeigte keine Überraschung mehr, sondern wurde weich und verriet erst Zufriedenheit und dann Entzücken. »Das ist eine großartige Nachricht. Ich gratuliere euch beiden! Und Anna – ich darf dich jetzt doch Anna nennen? –, ich möchte dich küssen.« Er beugte sich vor und küsste Anna behutsam auf die Wange. »Ich muss schon sagen! Weiß deine Mutter schon davon, Nils? Ich möchte gern wissen, was sie dazu sagen wird.«

»Wir haben nicht die Zeit gehabt, es ihr zu sagen, Papa. Wir nehmen das Boot um Viertel nach drei nach Johannisdal. Anna muss dort zu den Petersons.«

»Viertel nach drei?«, sagte Occa und warf einen Blick auf seine Taschenuhr. »Dann müsst ihr sofort aufbrechen. Ich werde mitkommen, dann können wir uns unterwegs noch unterhalten.«

Die drei kamen atemlos am Kai an, hatten aber noch fünf Minuten Zeit. Occa wünschte ihnen eine gute Fahrt und winkte zum Abschied, als Nils und Anna die Gangway betraten und an Bord der *Sjöfröken* gingen, einer Passagierfähre mit nur einem Deck. Der Rumpf war weiß, Dach und Schanzdeck waren schwarz. Nils half Anna durch die eiserne Balustrade an Bord und trat dann auf das Vorderdeck zurück. Er winkte seinem Vater unter der rotgoldenen Flagge der Fährgesellschaft zu.

Zum ersten Mal an diesem Tag hatten Nils und Anna Zeit, sich zu entspannen, zu genießen, dass sie miteinander allein waren. Jetzt erst konnten sie sich auf die ruhige Fahrt und die frische Seeluft freuen. Sie unterhielten sich und blickten auf die Bucht, hinter der die Herbstsonne sich allmählich dem Horizont zuneigte. Sie saßen allein auf dem offenen Achterdeck. Die untergehende Sonne färbte das Weiß des hübschen Fährdampfers orange und ließ die Gesichter der beiden weich glühen. Über ihnen flatterte eine Reihe von Flaggen in der Brise.

»Ich bin unermesslich glücklich«, sagte Nils zu Anna. »Ich dachte, ich würde dich nie wiedersehen.«

»Mir geht es genauso«, erwiderte Anna. »Ich bin noch nie so zufrieden und gleichzeitig so aufgeregt gewesen.«

Eine Stunde später kamen sie in Johannisdal an, einem beliebten Standort für Sommerhäuser im Südteil der Stockholmer Schären. Niemand war gekommen, um sie abzuholen, und so gingen sie ungestört zum Haus der Petersons und genossen unterwegs, jeden Schritt allein zu sein.

Als sie das Haus erreichten, war es schon dunkel. Der warme Schein der Petroleumlampen im Wohnzimmer ergoss sich in den

Garten. Sie konnten die Mädchen im erleuchteten Wohnzimmer Kaffee trinken sehen. Nils drückte Anna die Hand, als sie den Pfad hinaufgingen, aber bevor sie anklopfen konnten, entdeckten die Mädchen sie und rannten an die Fenster. Sekunden später stürmten sämtliche Petersons durch die Haustür und redeten vor Freude und Lachen durcheinander, als sie von Nils' und Annas Verlobung hörten.

Nach dem Essen ließen die Petersons Anna und Nils allein. Die beiden lauschten den Mädchen, die im Nebenzimmer musizierten, bevor sie langsam durch den Ort schlenderten. Anna hörte aufmerksam zu, als Nils von Andrées Zielstrebigkeit bei der Verfolgung seines Ziels erzählte, als Erster mit einem Ballon zum Pol zu gelangen.

»Hast du gewusst, dass dein Name, Charlier, fast der Gleiche ist wie der französische Name für einen Wasserstoffballon?«, warf Nils einmal ein. »Man nannte sie ›Charlière‹ nach Jacques-Alexandre-César Charles, dem französischen Arzt, der den Wasserstoff erfunden hat und als Erster mit einem solchen Ballon gefahren ist.«

Anna lächelte ihren Verlobten an und ließ sich von seiner Begeisterung anstecken. »Dann hoffe ich, dass es ein gutes Omen ist.« Sie wagte nicht, von den dunklen Gedanken zu sprechen, die ihr durch den Kopf gegangen waren: Es ist schon schlimm genug, Witwe zu sein, aber wenn man seine Liebe verliert, bevor man überhaupt geheiratet hat, ist das womöglich noch schlimmer. Stattdessen begann Anna von ihren Träumen zu sprechen. Sie wollte Kinder haben und mit einem verlässlichen Mann ein Zuhause schaffen.

Es war ein bezaubernder Abend, und als sich sein Ende näherte, konnte Nils den Gedanken nicht ertragen, dass das wirkliche Leben ungebeten in eine so magische Zeit eindringen konnte.

Nils' und Annas Liebe vertiefte sich im Lauf des Winters und blühte zu Frühlingsanfang auf, als sie in Stockholm einen Ball besuchten.

Wie so viele gesellschaftliche Anlässe Anfang 1897 wurde er von der Ballonfaszination beherrscht. Nils und Anna, die Ehrengäste, wurden gebeten, den Ballontanz anzuführen.

Nicht nur für Nils, sondern für viele Männer auf dem Ball sah Anna bezaubernd aus in ihrem weißen, hochgeschlossenen Ballkleid, dessen Puffärmel ihre blassen Arme frei ließen. Eine mit einem Kamm festgesteckte weiße Rose bildete einen schönen Kontrast zu ihrem braunen Haar.

Am Ende des Tanzes musste Anna einen Zeiger drehen, der auf einer Karte in der Mitte der Tanzfläche lag. An einem Ende des Zeigers war ein Luftballon, am anderen ein Pfeil; jeder, auf den der Pfeil wies, musste mit der Frau tanzen, die den Zeiger gedreht hatte. Am Ende des Abends hatte Anna das Spiel schon so oft gespielt, dass sie es mit großem Geschick schaffte, die Pfeilspitze jedes Mal auf Nils zeigen zu lassen. Die Liebenden tanzten die ganze Nacht zusammen, gingen im ersten Lichtschein der Wintersonne nach Hause und blieben nur stehen, um sich in Hauseingängen zu küssen.

Als die Kälte nachließ, verbrachten sie müßige Frühlingstage auf dem Land. Einmal reisten sie nach Schonen hinunter, um den Schauplatz ihres Kennenlernens wiederzusehen. Erneut machte Nils Fotos von Anna und erzählte ihr von der Fotoausrüstung, die er speziell für die Expedition entwickelt hatte. Es schien fast unvermeidlich zu sein, dass sie bei ihren Gesprächen immer wieder auf Andrée kamen. Anna fragte Nils, was er von seinem Mentor halte.

»Er verkörpert in jeder Hinsicht das uralte Sprichwort: ›Es ist besser, einmal zu sprechen und dann zu seinem Wort zu stehen, als hundertmal zu sprechen‹«, sagte Nils, »und das beeindruckt mich. Aber obwohl er egozentrisch und klug ist, hat es mich immer besorgt gemacht, dass Andrée nicht spontan handelt. Es fehlt ihm der Esprit, frisch und impulsiv zu handeln.«

Trotz ihrer Vertrautheit fiel es Anna immer noch schwer, das eine Thema anzuschneiden, welches sie so stark beschäftigte: den unerbittlich näher rückenden Termin, der ihre Trennung bedeutete. Nils erwähnte ihn ebenfalls nie. Sie wussten beide, dass er in wenigen Wochen als Mitglied von Andrées Team abreisen würde, um bei dem zweiten Versuch mitzumachen, mit einem Ballon zum Nordpol zu gelangen. Wie konnte er das mit Anna besprechen, ohne sie besorgt zu machen, ohne das Risiko einzugehen, dass sie in ihm vielleicht einen Sinneswandel bewirkte? Es gab Zeiten, in denen er sich nichts mehr wünschte, als mit Anna und ihren beiden Kindern in einem Haus auf dem Land sesshaft zu werden, aber er war auch ein junger Mann, der genau wusste, dass ihm eine einzigartige Gelegenheit geboten worden war. Sosehr er auch fürchtete, dass sein häuslicher Traum sich nie erfüllen könnte, so wusste er auch, dass er die Entscheidung für den Rest seines Lebens bereuen würde, wenn er jetzt von der Expedition zurücktrat. Immerhin, sagte er sich, hatte er Annas Herz dadurch gewonnen, dass er den Mut aufgebracht hatte, die Gelegenheit beim Schopf zu ergreifen, und potenziell größere Dinge, die vor ihm lagen, sollten ihn jetzt nicht schrecken.

Als er allein zu Hause war und sich auf den Aufbruch zur Dänen-Insel vorbereitete, sah sich Nils die Fotos von Anna an, die er in sein Tagebuch geklebt hatte. Es gab ein Bild von ihr, als sie mit sieben Mitgliedern seiner Familie an einem gedeckten Tisch saßen. Daneben hatte er geschrieben: *Meine alte Liebe zu Anna ist wieder aufgelebt. Verlobungsfeier, Austausch von Ringen. Seltsamerweise mag ich sie umso mehr, je mehr ich mit ihr spreche.*

Einige Seiten weiter war ein Foto von Anna an einem ihrer gemeinsamen Tage auf dem Land. Sie trug eine weite Bluse mit einem Blumenmuster, einem Rüschenkragen und einer Schleife auf dem Rücken. Ihr Rock war mit zwei Streifen gesäumt, und sie trug einen eleganten Hut mit einer großen Schleife und einer steifen Krempe, der ihr schief auf dem Kopf saß. Hinter Anna war eine Art Jägerzaun, und in den Händen hielt sie einen Blumenstrauß. Die auffälligsten Details aber waren wie immer Annas warmherziges Lächeln und ihre klaren Augen, die offen in die Kamera blickten. Daneben hatte Nils gekritzelt: *Es war schwer, ihr damals zu widerstehen.*

Auf der nächsten Seite ein weiteres Foto. Diesmal lag Anna auf einem Feld, hatte die Hände unter dem Kopf verschränkt, und ihre Blusenärmel waren gebauscht. Auch hier lächelte sie wieder verführerisch. Darunter hatte Nils seine persönlichsten Gedanken geschrieben: *Ein wundervoller Augenblick. Wir saßen da, sprachen und küssten uns. Ich sagte ihr, dass ich sie liebe, und wir sehnten uns danach, einander zu umarmen. Bei jedem Wiedersehen ist es herzzerreißender. Was ist das richtige Verhalten? Soll ich mich zurückhalten oder den Dingen ihren Lauf lassen? Ich muss mich zurückhalten. Das ist gewiss das korrekte Verhalten.*

Am Abend vor seiner Abreise besuchten Nils und Anna eine große Kunstausstellung in Stockholm. *An unserem letzten gemeinsamen Tag sind Anna und ich ausgegangen. Wir haben es sehr genossen, obwohl wir wünschten, wir hätten mehr Zeit füreinander,* schrieb Nils in sein Tagebuch. Die Eintrittskarten der Ausstellung legte er in die Schachtel mit Erinnerungsstücken, die er auf die Dänen-Insel mitnehmen wollte.

Am nächsten Morgen traf Nils seine letzten Vorkehrungen, prüfte mehrmals, ob er alles hatte, was er zur Dänen-Insel mitnehmen musste. Er gab seinem Vater die Hand und küsste seine Mutter und seinen Bruder zum Abschied. Dann kam der Moment, vor dem er sich fürchtete. Als er sich Anna zuwandte, traten ihm Tränen in die Augen. Er küsste und umarmte sie. Außer Hörweite der Familie Strindberg flüsterte er ihr ein paar Worte ins Ohr, die nur sie hören konnte: »Du *wirst* meine Frau sein.« Annas Lippen zitterten, und sie presste Nils die Hand, als er neben ihr stand und die letzten Abschiedsworte an seine Eltern richtete. Dann entschuldigten sich Anna und Nils, damit sie sich unter vier Augen voneinander verabschieden konnten. Draußen auf der Veranda nahm Nils seine geliebte Verlobte wieder in den Arm und sah ihr tief in die grünen Augen.

»Sei nicht traurig, mein Liebes. Ich werde bald wieder zu Hause sein. So, und jetzt schenk mir dein magisches Lächeln, das so aussieht, als könntest du die ganze Welt verschlingen, damit ich mit einem angenehmen Bild weggehen kann, das mich an dich erinnert.«

Anna lächelte schwach. Sie war unfähig, ihr gewohntes gewinnendes Lachen aufzusetzen. »Pass auf dich auf, Nisse. Und schreib mir jeden Tag.«

Nils bückte sich, um seine Reisetaschen aufzuheben. Er küsste Anna ein letztes Mal und ging dann, ohne sich noch einmal umzudrehen, die Treppenstufen hinunter, wo eine Kutsche auf ihn wartete, die ihn zu seinem Zug nach Göteborg bringen sollte.

SECHSTES KAPITEL

Der Countdown

SPITZBERGEN, NORWEGEN
MAI 2000

Der Anruf kommt um die Mittagszeit. Ich arbeite weiter an meinem Schreibtisch und will gerade eine Mittagspause machen, als mich eine E-Mail von Luc Trullemans erreicht, meinem belgischen Wetterfrosch. Nachdem ich wochenlang auf die richtigen Wetterverhältnisse gewartet habe, bin ich drauf und dran, jede Hoffnung aufzugeben. Ich hatte geplant, im April loszufliegen. Jetzt ist es Anfang Mai, und mir bleiben nur noch drei Wochen, bis ich den Versuch aufgeben muss. Ich werde allmählich sehr niedergeschlagen; ich befürchte, dass ich bei dem Versuch, in Andrées Fußstapfen zu treten, ebenfalls vergeblich darauf warten werde, dass mich der Wind gen Norden trägt.

Jetzt bereue ich, nicht schon am 25. März nach Spitzbergen zurückgekehrt zu sein, als nämlich Luc zum ersten Mal anrief, um mir zu sagen, dass er aufgrund der Vorhersagen einen Windstrom direkt von Spitzbergen zum Pol ausmachen könne. Es war eine perfekte Windbahn, doch es war zu früh. Meine Ausrüstung war noch nicht ganz einsatzbereit, und ich war es ebenfalls nicht. Es war jedoch eine nützliche Frühwarnung, ein Indikator, der uns darauf aufmerksam machte, dass wir in der Lage sein sollten, auf Wetterveränderungen schnell zu reagieren. Seitdem bin ich bereit, mit nur 24 Stunden Vorwarnung von zu Hause aufzubrechen, aber bislang habe ich noch nicht mal eine Andeutung von einem Südwind vernommen. Das Team steht ebenfalls bereit. Am Flughafen wartet ein Bündel mit zehn ständig gültigen Tickets mit Buchungen für jeden Spitzbergen-Flug von jetzt bis zum Ende des Monats. Für den Fall, dass wir den entscheidenden Anruf erhalten, hat jetzt die gesamte Mannschaft die strikte Anweisung, keinen Tropfen Alkohol zu trinken.

Ich glaube, ich weiß jetzt, wie sich Andrée gefühlt haben muss. Die Anspannung des Countdowns, der fortlaufend tickenden Uhr, die mit einem zunehmenden Gefühl von Verzweiflung einhergeht, als sich der versprochene Wind nicht einstellt. Zu Hause bin ich meiner Frau im Wege – normalerweise bin ich zu dieser Jahreszeit bei irgendeiner Expedition unterwegs – und habe sogar mein Büro aufgeräumt: ein sehr seltsames Verhalten.

Jeden Tag, kurz vor dem Lunch, lese ich eine E-Mail von Luc. Seit dem 25. März ist der Inhalt immer der Gleiche gewesen. So wie Andrée die in der Brise flatternden Flaggen anstarrte und dafür betete, dass sie nach Norden zeigten, flehe ich, dass die E-Mail das Aufkommen von Wetterverhältnissen ankündigt, die einen günstigen Wind versprechen. Es ist lange her, seit der Wind zum letzten Mal gen Norden geweht hat, als ich am 8. Mai die neueste E-Mail von Luc anklicke.

From: Luc Trullemans
To: David Hempleman-Adams, Clive Bailey, Brian Jones
Sent: 8. Mai 2000, 12:11 Uhr
Subject: Wettervorhersage für Spitzbergen

Ihr Lieben,
ich glaube, dass wir eine für morgen, Dienstag, gegen sechs Uhr MEZ[4] vorhergesagte Möglichkeit verpassen werden. Der Wind wird am Boden nicht so stark sein, und ich habe eine Windströmung, die in etwa 4000 Meter Höhe in 72 Stunden zum Pol führen wird (zu dieser Zeit weiter als 88° nördlicher Breite), die aber später nicht

mehr genau zu bestimmen ist. Für die nächsten vier Tage (Mittwoch bis Sonnabend) wird die Vorhersage schlimmer: zu viel Wind am Boden und in der Höhe falsche Windrichtungen.

Luc

Lucs Mitteilungen sind immer etwas interpretationsbedürftig, aber die Botschaft ist klar. Eine Windbahn nach Norden wird morgen früh in Spitzbergen eintreffen, aber so schnell schaffen wir es nicht, dorthin zu kommen. Ich rufe ihn an, um zu fragen, ob irgendeine Chance besteht, dass sich dieser Wind hält. Er erklärt mir, dass er mich am nächsten Morgen anrufen werde, um mir zu sagen, ob ich meine Siebensachen packen solle.

Es gibt eine geringe Chance, doch mir genügt das. Ich spüre, wie der Adrenalinstoß mein Herz in der Brust pochen lässt. Jeder Gedanke an einen Lunch wird sofort aufgegeben. Stattdessen rufe ich alle Mitglieder des Teams an, um ihnen Lucs Neuigkeit mitzuteilen. Dann versuche ich, den Rest des Tages hinter mich zu bringen, ohne an Lucs nächste E-Mail zu denken.

Als ich zu Hause ankomme, bin ich ein Nervenbündel, unruhig und unfähig, etwas zu essen. In jener Nacht schlafe ich sehr wenig. Ich stehe sechsmal auf, um ins Bad zu gehen. Ich verbringe den größten Teil der Nacht damit, aus dem Fenster zu starren und mir den deutlich sichtbaren Mond am Himmel anzusehen. Ich frage mich, wie das Wetter auf Spitzbergen wohl ist, und hoffe, dass wir nicht die letzte Windströmung verpasst haben, bevor das Polareis zu stark schmilzt, um das Gewicht eines Rettungsflugzeuges zu tragen.

Beim Frühstück am nächsten Morgen bin ich ausgesprochen leicht reizbar; trotz des Geplappers meiner drei Töchter denke ich nur an die Hoffnung , dass Luc heute gute Neuigkeiten für mich bereithält. Um die Mittagszeit bin ich vor Aufregung schon ganz fiebrig. Ich klicke mit meiner Maus immer wieder die E-Mail an, weil ich Lucs nächste Wettervorhersage herbeizwingen will. Dann erscheint sie.

From: Luc Trullemans
To: David-Hempleman-Adams, Clive Bailey, Brian Jones
Sent: 9. Mai 2000, 12:01 Uhr
Subject: Es war der Gute!

Ich bin enttäuscht, weil die Windbahn an diesem Morgen in einer Höhe zwischen 3600 und 4800 Metern gut gewesen wäre. Dies erklärt, wie schwer es für mich ist, in dieser Region für eine längere Zeit als 72 Stunden eine Vorhersage zu machen. Diesmal habe ich nur das erste Anzeichen für einen guten Luftstrom am Sonntagnachmittag gefunden (-40 Stunden) mit einer Bestätigung am gestrigen Morgen (-24 Stunden). Wir müssen alles nochmals durchdenken.

Wetteraussichten für Donnerstag bis Sonnabend, den 13.5.2000. Für die nächsten Tage habe ich zu viel Wind am Boden und immer noch schlechte Luftströmungen in höheren Schichten. Der Wind wird erst am nächsten Sonntag abnehmen ...

Nächste Meldung morgen um 14.00 Uhr MEZ.

Luc

Luc hat die Besorgnis geäußert, die sich bei mir im Hinterkopf allmählich aufgebaut hat. Das Wetter über dem Nordpol ist so unberechenbar, dass er es nicht mehr als drei Tage im Voraus vorhersagen kann, und ich bin zu weit von Spitzbergen entfernt, um auf einen so schnellen Wechsel der Windrichtung umgehend reagieren zu können. Da sich die Spannung zu Hause immer mehr verstärkt und die Leute immerzu anrufen, um sich zu erkundigen, ob ich schon aufgebrochen bin, komme ich zu dem Schluss, dass ich abreisen und auf Spitzbergen warten muss. Es erfordert einige Überredungskunst, Cameron Balloons dazu zu bewegen, Gavin Hailes ziehen zu lassen, den für den Ballonflug zuständigen Direktor, aber nach einiger Zeit ist es so weit. Am 15. Mai hat sich das gesamte Team in einem Gästehaus in Longyearbyen einquartiert.

Der Umzug nach Spitzbergen erweist sich als eine meiner besten Entscheidungen. Die Windrichtung ist immer noch nutzlos – die gegenwärtige Bahn würde den Ballon direkt nach Warschau treiben –, aber endlich tue ich etwas Positives, statt hinter einem Schreibtisch in England herumzusitzen. Draußen ist es bitterkalt, -15 °C, aber nichts im Vergleich zu dem, was ich in anderen Teilen der Arktis erlebt habe. Spitzbergen liegt in der Nähe des Norwegenstroms, eines Zweigs der Nordatlantikdrift, die wiederum ein Ausläufer des Golfstroms ist, der warmes Wasser vom Golf von Mexiko in den Nordatlantik bringt. Der Strom hält die Inseln viel wärmer, als sie in diesen Breiten sein dürften, aber Boden und Gebäude sind immer noch mit Schnee bedeckt. Der Fjord ist vereist, es ist stürmisch, und das wichtigste Transportmittel ist das Schneemobil, aber ich bin trotzdem froh, hier zu sein. Da wir jetzt auf Spitzbergen sind, haben wir die Chance, alles kurzfristig für den Start fertig zu machen, und ich kann auf Vorrat schlafen.

Da ich vor kurzem von einem Schlafentzugstraining im Centre for Human Sciences zurückgekehrt bin, einem Teil der Defence Evaluation and Research Agency in Farnborough, kenne ich jetzt den Wert ausreichenden Nachtschlafs. Bei der DERA wurde mir gesagt, dass ich alle 24 Stunden mindestens sechseinhalb Stunden Schlaf brauche, doch ich weiß, dass mir das durch die eintönige Umgebung des Ballons sehr schwer gemacht werden wird, ebenso durch den 24-stündigen Sonnenschein und die Kälte. Beständiger Schlafentzug wird meine Fähigkeit, selbst einfache Aufgaben zu bewältigen, total verkümmern lassen, und ich werde bei Notfällen auch nicht mehr schnell und korrekt reagieren können. Eine Nacht ohne Schlaf, so haben mir die Wissenschaftler erklärt, sei gleichbedeutend mit einem Alkoholkonsum, der die für das Autofahren zulässige Grenze überschreite, und zeige die gleiche Art von Symptomen: schleppende Sprechweise, Gedächtnisverlust und Unfähigkeit, auf Anregungen zu reagieren. Die Aussicht, im Ballon nicht schlafen zu können, verursacht mir mehr Kopfschmerzen als die Kälte oder der Verlust von Sauerstoff. Das ist die größte Herausforderung, vor die ich mich gestellt sehe, falls die Fahrt je zustande kommt.

Kurz nach unserer Ankunft bietet uns Atle Brakken, der Hafenmeister, die Feuerwache als Hauptquartier an. Er lässt die Feuerwehrwagen entfernen, so dass wir in einem geheizten Raum arbeiten können, obwohl »warm« ein relativer Begriff ist; die Toilette ist zugefroren, und die Fensterscheiben sind auf der Innenseite vereist.

Und so beginnt der erste Arbeitstag: aufstehen, die Checkliste durchgehen, duschen, Frühstück, nach E-Mails sehen. Dann bleibt noch der Rest des Vormittags totzuschlagen: Die Ballonausrüstung muss modifiziert werden; es werden Filmaufnahmen gemacht und weitere Checklisten durchgesehen. Mittags gibt es eine Schüssel Suppe im Café, gefolgt von weiteren Vorbereitungen und weiteren Kontrollen am Nachmittag: Ausrüstungsgegenstände müssen verstaut und das Schlauchboot muss eingepackt werden; dann wird die Zündung der Gasbrenner kontrolliert; das Hochfrequenzfunkgerät wird getestet, ebenso die Batterien, das Argos, der Taucheranzug und die Bolzenschneider; dann müssen die Bohrgeräte für Wasser, Gestein und Eis mehrmals ausprobiert werden. Am Ende des Tages Abendessen und dann ab ins Bett im Korb, damit ich mich daran gewöhne, beengt zwischen den Ausrüstungsgegenständen zu schlafen.

Ähnlich monoton geht es die ganze Woche weiter, und erst jetzt kann ich voll und ganz einschätzen, wie quälend das Warten gewesen sein muss, das Andrée auf der Dänen-Insel aushalten musste. Das Einzige, was sich verändert, ist die Landschaft, wenn nämlich der arktische Winter der Mitternachtssonne weicht und der Startplatz, der einmal aus festem Eis bestand, zu einem von braunem, zähem Schlamm umgebenen See schmilzt. Wir verlegen den Startplatz von diesem Standort neben dem Fjord, von dem aus wir direkt aus dem Tal hätten aufsteigen können, zu einer höher gelegenen Stelle auf dem Fußballfeld der Schule. Von dort wird der Start komplizierter sein, doch uns bleibt keine andere Wahl.

Mindestens zweimal am Tag stecke ich den Kopf aus dem Fenster der Feuerwache, um einen Blick auf das nahe gelegene Kraftwerk zu werfen. Wie Andrée suche ich nach einem Anzeichen dafür, dass der Wind nach Norden weht. Aber jeden Tag weht der Rauch aus dem Schornstein des Kraftwerks hartnäckig nach Süden. Jetzt wird mir klar, wie schwierig es für Andrée gewesen sein muss, denn ihm standen keine weiteren Informationen zur Verfügung als die, die ihm ein paar im Wind flatternde Flaggen boten. Für uns arbeitet immerhin einer der besten Meteorologen der Welt.

Anfang der zweiten Woche sind die meisten unserer Besucher nach England zurückgeflogen, es bleibt nur noch ein harter Kern von fünf Mann auf Spitzbergen zurück. Ich möchte ebenfalls nach Hause fliegen. Wie immer werde ich zwischen meiner Abenteuerlust und dem Drang nach Einsamkeit und der Verlockung durch meine Familie hin und her gerissen. Seit der Geburt meiner ältesten Tochter Alicia bin ich in jedem Frühjahr Berghänge hinaufgeklettert oder habe mich durch polare Eiswüsten gequält. Ich liebe die Herausforderung, vermisse aber verzweifelt meine Frau und meine Kinder, ironischerweise stärker an den einfacheren Tagen als an denen, die mir das Gehen besonders schwer machen. Wenn eine Temperatur von -50 °C herrscht und mir der Wind ins Gesicht bläst, bin ich meist zu erschöpft, um oft an zu Hause zu denken. Dann ist meine gesamte Aufmerksamkeit aufs Überleben konzentriert. Aber wenn die Sonne hoch an einem wolkenlosen Himmel steht und ich in einer atemberaubenden Landschaft ganz allein bin, wünschte ich, Claire, Alicia, Camilla und Amelia könnten bei mir sein, um diesen Anblick mit mir zu genießen. Und wenn ich mir vorstelle, wie meine Töchter zu Hause alles auf den Kopf stellen, wünschte ich, ich wäre da und könnte das tun, was ein Vater normalerweise tut.

Vor seinem Abflug möchte David Newman, ein Marketingmanager von Britannic, einen Spaziergang mit mir machen. Britannic hat mich bisher in jeder Hinsicht unterstützt, aber ich befürchte, sie könnten sich allmählich fragen, wann sie einen Gegenwert für ihr Geld erhalten werden. Wir verlassen das Gästehaus und machen uns auf den Weg zur Feuerwache, eine halbe Stunde Fußweg durch das kahle, felsige Tal. Wir haben schon Ende Mai, und ich hatte immer erklärt, dass ich nach dem 1. Juni nicht fahren würde. Um diese Zeit ist das Eis am Pol schon äußerst matschig, und kein Rettungsflugzeug wäre dazu zu bewegen, uns abzuholen. Die Arktispiloten sind im Augenblick besonders nervös, weil ein polnischer Doppeldecker des Typs AN 2 vor zehn Tagen am Pol durch das Eis gesunken ist und so vier Amerikaner und einen Norweger oben auf dem höchsten Punkt der Welt gestrandet zurückgelassen hat.

David kommt gleich zur Sache. »Ich weiß, dass Sie liebend gern loslegen würden, aber Sie sollen nicht das Gefühl haben, dass wir Sie unter Druck setzen. Gehen Sie keine unnötigen Risiken ein, nur weil Sie sich Sorgen machen, wir würden nicht mehr zu Ihnen halten. Wenn Sie sagen, das Wetter sei nicht das richtige, und die Windverhältnisse seien in diesem Jahr nicht richtig, dann werden wir das verstehen, Sie aber trotzdem weiterhin unterstützen.«

Das ist genau das, was ich gerne hören möchte. Dennoch möchte ich noch nicht aufgeben. Ich spüre, dass wir bald einen guten Wind erwischen werden.

»Die komplette Mannschaft ist hier, und unsere gesamte Ausrüstung ist einsatzbereit«, sage ich. »Warten wir bis zum 10. Juni. Eine sichere Zeit zum Abholen ist dann lange vorbei, aber was mich betrifft, haben wir den Zeitpunkt überschritten, zu dem eine Umkehr noch möglich war, und deshalb sollten wir weitermachen.«

Wenn alles schief geht, werde ich bis 85° nördlicher Breite zurückwandern müssen – gut 300 Seemeilen vom Nordpol entfernt. Erst dann werde ich in Reichweite eines Hubschraubers sein, wenn es ihm gelingt, mich vom Eis nach oben zu hieven. Selbst dann wird es verdammt knapp werden. Der Hubschrauber wird mehrere Flüge machen müssen, nur um mich von Spitzbergen zu holen – er würde losfliegen und zwei Treibstoffvorräte anlegen müssen, bevor er einen Rettungsflug überhaupt versuchen könnte –, und ich werde meine gesamte Ausrüstung auf dem Eis zurücklassen müssen. Sollte der Hubschrauber es nicht schaffen, sage ich David Newman, würde ich auf einen vorbeikommenden Eisbrecher warten.

Am Nachmittag fliegt David nach England zurück und lässt Gavin und mich, den harten Kern des Teams, auf Spitzbergen zurück. Auch dieser Bereitschaftstag ist eine monotone Tretmühle, aber zumindest erlaubt mir jetzt die Zeit, mich ausführlich mit der Ausrüstung vertraut zu machen und mehr Schlaf zu bekommen.

Am nächsten Tag begeben wir uns zum Kontrollpunkt des Flugplatzes von Longyearbyen, um mit Anton zu sprechen, dem hiesigen Meteorologen. Er zeigt uns eine Satellitenkarte des Wetters über dem Pol. Gavin entdeckt als Erster ein wirbelndes Wolkenband auf der Karte. »Wenn dieses Hochdruckgebiet ein bisschen weiter nach unten rutscht und sich dann ein wenig nach Osten bewegt, könnten wir in der Luft sein«, sagt er. Es ist eine vage Vermutung, könnte sich aber als richtig erweisen. Luc schenkt dem in seinem nächsten meteorologischen Bericht jedoch keine Beachtung.

Am folgenden Tag fahren wir wieder zum Kontrollturm, um uns noch einmal die Satellitenkarte anzusehen. Das Hochdruckgebiet hat sich nach Südosten verlagert, wie wir gehofft hatten. Und wieder ist Gavin optimistisch. »Jetzt muss es nur noch ein kleines Stück weiterrutschen. Drück die Daumen, dann könnte es klappen.« Aber Lucs Wetter-E-Mail an jenem Abend erwähnt dieses Hochdruckgebiet wieder mit keinem Wort.

Am Donnerstag verfolgen wir die Bewegungen des Hochdruckgebiets schon seit drei Tagen, und ich bin nur noch ein Nervenbündel. Die Satellitenkarte im Kontrollturm zeigt erneut, dass sich das Hochdruckgebiet nach Südosten in Richtung auf Spitzbergen bewegt. Ich kann die Spannung nicht mehr ertragen, und so rufe ich Luc an und frage ihn, ob eine Chance besteht. Er erwidert: »Vielleicht am Sonnabend.«

Am Freitag beginnt das Hoch, näher zu kommen. Luc schickt eine E-Mail, in der es heißt, es sehe gut aus. Mein Puls beginnt zu rasen.

From: Luc Trullemans
To: David Hempleman-Adams, Hempleman/Spitzbergen, Clive Bailey, Brian Jones
Sent: 26. Mai 2000, 15:10 Uhr
Subject: Beste Kombination von Windbahnen

Dies ist eine der besten Windbahn-Kombinationen.
Ich habe sie zunächst mit AVN06Z erarbeitet und dann später mit MRF00Z fortgeführt. Alles geschieht in etwa 2000 bis 3000 Meter Höhe, Beginn morgen gegen 17.00 Uhr MEZ.

Ich werde heute Abend das Gleiche mit AVN 24 Uhr MEZ versuchen und dir die Ergebnisse um 8 Uhr MEZ schicken.

Sei bereit! Wir wissen nie, ob sich das bestätigen wird!
Luc

Wie es scheint, geht es los. Luc hat eine Kombination aus zwei Windbahnen erkannt, die mich nach Norden tragen sollten. Er hat dabei meteorologische Computermodelle mit den Bezeichnungen AVN06Z und MRF00Z verwendet. Ich kann jedoch nicht umhin zu denken, dass wir schon mal in diesem Stadium gewesen sind, um dann zu erleben, dass die Hochdruckzone in sich zusammenfällt. Ich schaffe es nicht, wieder zu hoffen.

An jenem Abend treffen Lucs nächste Berechnungen per E-Mail ein.

From: Luc Trullemans
To: David Hempleman-Adams, Hempleman/Spitzbergen, Clive Bailey, Brian Jones
Sent: 26. Mai 2000, 20:52 Uhr
Subject: Es sieht gut aus

Ich habe viel für euch gearbeitet, meine Freunde, und dies sind die Ergebnisse:

Das Wetter am Boden wird sich Sonntag Nacht und Montag früh mit zunehmenden Winden und Schneefall verschlechtern.

Vorher wird die Windgeschwindigkeit zwischen drei und zehn Knoten bleiben!

Die besten Bahnen, die ich errechnet habe, liegen morgen Nachmittag zwischen 12.00 Uhr MEZ und 18.00 MEZ.

Die nächsten Strömungen sind nur Beispiele, und diese Höhen können sich während der nächsten Berechnungen verändern.

Einige Szenarien sind denkbar, zum Beispiel:

12 Uhr MEZ NR17111 (zwischen 1700 und 1900 Metern), gefolgt von NR17126 für 1700 Meter und einer Höhe zwischen 2300 und 2500 Metern, gefolgt von NR17123 für 1900 Meter sowie zwischen 1300 und 1700 Metern.

15 Uhr MEZ NR17141 (zwischen 2200 und 2400 Metern), gefolgt von NR17145 für 2200 Meter sowie zwischen 2200 und 2400 Metern, gefolgt von R1743 für 2300 Meter sowie zwischen 1600 und 1700 Metern, gefolgt von NR17147 für 2400 Meter sowie zwischen 1600 und 1800 Metern.

18 Uhr MEZ NR17115 (zwischen 2500 und 2800 Metern), gefolgt von NR17131 für 2700 Meter sowie zwischen 1900 und 2100 Metern, gefolgt von NR17134 für 2500 Meter sowie zwischen 2700 und 3000 Metern, gefolgt von NR17137 für 2800 Meter sowie zwischen 1500 und 1700 Metern.

Das ist ordentlich, aber nicht ganz einfach zu bewerkstelligen ... Ich glaube, es könnte funktionieren. Morgen früh bringe ich euch um 9 Uhr MEZ mit AVN00Z und morgen Mittag gegen 12 Uhr MEZ mit dem neuen MRF00Z auf den neuesten Stand.

Setz deine Gebete fort, David!

Luc

Dieses Gewirr von Zahlen und Buchstaben bringt mir gute Neuigkeiten. Die erste Zahl in jeder Gruppe ist wie vorher die Zeit: 12 Uhr MEZ, 15 Uhr MEZ usw. Jeder Code, etwa NR17111, ist ein Windstrom, der nach Lucs Berechnungen *Britannic Challenger* nach Norden tragen sollte; dies sind die so genannten Windbahnen (NR steht einfach nur für »Nummer«). Die anschließend genannten Höhenangaben bezeichnen die Höhenschicht, in der ich diese bestimmte Windbahn finden kann; manchmal wird eine genaue Höhenangabe gemacht, öfter aber ist es eine ungefähre oder eine alternative Höhe, in der ich die Windbahn finden kann. Und die Windbahnen sind die Folge von Windströmen, die ich erwischen muss, um in nördlicher Richtung weitergetragen zu werden. Luc hat mir geschrieben, dass er eine vorbereitete Vorhersage schicken wird, bei deren Erstellung er das Luftfahrtcomputermodell für Mitternacht MEZ verwendet hat

– das ist AVN00Z –, die mich morgen früh um neun Uhr erreichen wird. Um die Mittagszeit morgen folgt die Vorhersage von Mitternacht, MRF00Z, die mir die mittlere Bandbreite nennt.

Kurz, Lucs Nachricht bedeutet, dass ich morgen zwischen Mittag und 18.00 Uhr starten könnte, obwohl die Bodenwinde tückisch sein werden. Je später ich starte, umso höher werde ich fahren müssen, um eine nördliche Windbahn zu erreichen. Ich rufe Luc an.

»Es wird schwierig werden, David«, lautet die Antwort in seinem verbindlichen französischen Akzent. »Glaubst du, so genau fahren zu können, dass du die Windbahnen erreichen wirst?«

Ich bin mir da nicht sicher, aber das verschweige ich Luc; ich habe mich schon entschlossen, die Fahrt zum Pol zu wagen, komme, was da wolle. Die Chancen, dass sich alles zum Guten wendet – keine Bodenwinde, die richtige Windbahn bis hundert Kilometer vor dem Nordpol und dann eine passende Luftströmung, die mich nach Kanada bringt –, sind zwar gering, aber wer nichts wagt, wird nichts gewinnen.

»Das werde ich erst wissen, wenn ich es versuche«, entgegne ich. »Du hast es in der Hand. Wenn du die Luftströmung für gut hältst, fahre ich los.«

Luc arbeitet die ganze Nacht durch und füttert Satellitendaten in verschiedene Vorhersagemodelle. Eine saubere Windbahn zu entdecken, die sich inmitten aller Bewegungen eines Hochdruckgebiets entwickelt, das um den Globus schießt, ist eine unerhört komplexe Operation. Die beste Windbahn, erklärt er mir, könne den Ballon bis zu etwa 24 Seemeilen an den Pol heranführen. So nahe an einem Start bin ich schon einmal gewesen, jedoch musste ich erleben, dass der Start nicht möglich war, und so schöpfe ich auch jetzt keine große Hoffnung.

Am Sonnabendmorgen schickt Luc seine nächste E-Mail.

From: Luc Trullemans
To: David Hempleman-Adams, Hempleman/Spitzbergen, Clive Bailey, Brian Jones
Sent: 27. Mai 2000, 11:28 Uhr
Subject: Sieht immer noch gut aus!

Jetzt oder nie!

Die Strato-Kumuluswolken, die über der Region beobachtet worden sind, beginnen in einer Höhe von etwa 300 Metern und enden bei 500 Metern.

Die Windgeschwindigkeit von sechs bis acht Knoten heute Mittag wird sich gegen Abend langsam steigern und in der Nacht über zehn Knoten hinausgehen.

Die Sicht wird höher als 10.000 Meter sein.

Die Temperatur wird weiterhin um den Nullpunkt liegen.

Anschließend findest du die wahrscheinliche vertikale Vorhersage für 12 Uhr MEZ und 18 Uhr MEZ über Longyearbyen.

Nach dieser allgemeinen Vorhersage werde ich dir auf der Grundlage von AVN00Z deinen potenziellen Flug nach Norden beschreiben!

Bei einem Start um 12 Uhr MEZ wird die erforderliche Höhe zwischen 1600 und 1700 Metern liegen (nimm dich vor den Bergen im Norden in Acht!).

Um 14 Uhr MEZ steigt die Höhe etwas an und liegt bei 1900 Metern.

Um 16 Uhr MEZ läge die nötige Höhe zwischen 2100 und 2200 Metern.

Um 18 Uhr MEZ liegen die entsprechenden Werte zwischen 2300 und 2400 Metern.

Danach, so glaube ich, wird die Windgeschwindigkeit zu hoch sein, um den Ballon noch aufblasen zu können.

Diese Windbahnen sind zwar gut, aber sehr scharf abgegrenzt. Wenn du diese Zeit nutzt, musst du mit äußerster Konzentration fahren und dabei GPS und Höhenmesser ständig im Auge behalten, aber dafür werde ich dich in drei bis vier Tagen nach oben bringen. Für die weiteren Aussichten bei den Windbahnen brauche ich die Angaben von MRFooZ von heute Mittag (etwa um 10:30 Uhr MEZ).
Luc

Wie Luc glaube ich wirklich, dass es endlich so weit ist. Jetzt oder nie, wirklich, aber bevor ich Zeit habe, darüber nachzudenken, was vor mir liegt, wird das Team zum ersten Mal seit Beginn unseres Aufenthalts auf Spitzbergen zum Dinner eingeladen. Keiner von uns will die Einladung ablehnen, mit Anna Ekeblad und Jill Dalviken zu essen, die beide für das Fremdenverkehrsbüro von Spitzbergen arbeiten. Wir müssen aber die ganze Nacht durcharbeiten, wenn wir morgen die richtigen Winde erwischen wollen. Es gibt noch so viel zu tun. Luc, der im Lauf des Abends eine weitere E-Mail schickt, trifft schließlich für uns die Entscheidung.

> From: Luc Trullemans
> To: David Hempleman-Adams, Hempleman/Spitzbergen, Clive Bailey, Brian Jones
> Sent: 27. Mai 2000, 18:12 Uhr
> Subject: Nichts wie los!

Noch immer scheint alles in Ordnung zu sein. Das sieht gut aus.
Fangt mit den Vorbereitungen an.
Luc

Die Nerven in meinem Magen verkrampfen sich noch mehr. Ich möchte nur den Ballon in die Luft bekommen und an das denken, was als Nächstes zu tun ist, sobald er schwebt. Aber vorher muss ich noch zu einem Dinner gehen.

Während die anderen Mitglieder des Teams losgehen, um Pralinen und Blumen zu kaufen, begebe ich mich zur Kirche. Ich bin schon ein paar Mal dort gewesen, und obwohl ich ganz und gar nicht religiös bin, ist mir jetzt danach, sie aufzusuchen. Etwas sagt mir, dass wir Hilfe brauchen. In der Kapelle ziehe ich mir die Schuhe aus und setze mich hinten hin, während in der Nähe des Altars ein Mädchen auf dem Klavier übt. Es ist ein Musikstück, das mich an zu Hause erinnert. Als die Melodie erklingt, erfüllt mich die Gewissheit, dass ich starten werde und dass die Fahrt gut gehen wird. In diesem Moment kommt alles zusammen, und ich weiß einfach, dass wir den Ballon morgen starten lassen werden. Ich weiß nicht, warum oder wie ich es weiß. Es ist wahrscheinlich nur Intuition, irgendwie ein unheimliches Gefühl von Unvermeidlichkeit.

Das Mädchen beendet das Stück und dreht sich um. Sie macht ein erschrockenes Gesicht und scheint schockiert, dass ich da hinten in der Kapelle sitze, und zögert, als ich sie bitte, das Stück noch einmal zu spielen. Erst weigert sie sich und erklärt, sie sei zu schüchtern, aber dann gibt sie nach. Wieder hört es sich schön an. Und wieder weiß ich einfach, dass morgen der Tag sein wird. Alles ist an seinem Platz, alles ist geregelt. Darauf würde ich Geld wetten.

Die Dinnerparty mit Anna und Jill ist sehr gedämpft. Die Atmosphäre ist nervös und gespannt. Es sind sieben Menschen im Raum, und uns allen geht der morgige Tag im Kopf herum. Kaum jemand trinkt Wein, da wir wissen, dass wir für die nächsten 24 Stunden einen klaren Kopf brauchen. Ich trinke Orangensaft. Während Anna und Jill uns eine köstliche Mahlzeit servieren, Wildgulasch mit Gemüse, gehen mir die Checklisten durch den Kopf, und ich versuche abzuschätzen, zu welchem frühestmöglichen Zeitpunkt ich aufbrechen kann, ohne unhöflich zu erscheinen. Ich möchte nur gehen und mit meiner Arbeit weitermachen und versuche, mir eine Entschuldigung auszudenken. Irgendwann gebe ich den Versuch auf, höflich zu erscheinen. »Ich fürchte, ich muss gehen. Ich muss mich auf morgen vorbereiten. Man bekommt nicht jeden Tag die Chance, zum Nordpol zu fahren, und Luc sagt, wir könnten jetzt günstige Wetterbedingungen haben.« Mit leichten Schuldgefühlen mache ich mich aus dem Staub. Um neun Uhr liege ich im Bett und habe Gavins Versprechen, dass er mich um sechs wecken wird.

Während ich schlafe, trommelt Gavin alle Leute zusammen, die er auftreiben kann. Sie sollen ihm dabei helfen, die Ballonhülle zu bewegen, die wie eine riesige Wurst vor der Feuerwehrwache zusammengepackt liegt. Mit Hilfe eines runden Dutzends Dorfbewohner trägt er sie durch das Tal zum Startplatz hinauf, wo er schon zwei Container abgestellt hat, in denen die gesamte Startausrüstung untergebracht ist.

Um sechs Uhr morgens am Sonntag, dem 28. Mai, weckt mich Gavin. Wie gewohnt ist er sehr direkt. »Beweg den Arsch, David. Ich bereite jetzt die Sauerstoffausrüstung vor.«

Der Morgen der Entscheidung ist gekommen; nachdem ich so lange gewartet habe, erfüllt mich plötzlich Besorgnis. Dies ist die gefährlichste Herausforderung, der ich mich je gestellt habe, und es ist nicht zu spät, das Ganze aufzugeben. Aber bevor ich mich weiter in einer Nabelschau versenke, wird wieder an meine Tür geklopft.

»David! Hoch mit dir!« Es ist wieder Gavin. Ich zwänge mich aus meinem Schlafsack. Gavin sieht erschöpft aus, und mir geht auf, dass es für eine Umkehr zu spät ist. Ihm verdanke ich mehr als jedem anderen, dass wir heute starten können.

Ich ziehe mich schnell an und vergewissere mich, dass ich mir unter meiner arktischen Schutzkleidung meinen Glücksstein umgehängt habe. Ich trage ihn bei jeder Expedition seit der Mount-Everest-Besteigung 1993. Damals traf ich im Basar von Nanche, der

Hauptstadt der Khumbu-Region in Nepal, einen ehemaligen Sherpa, der auf dem Markt der Stadt eine Teestube und einen Verkaufsstand betrieb. Er verkaufte Glückssteine, von denen es hieß, sie brächten den Bergsteigern Glück. Sie kosteten 200 Dollar pro Stück, aber bei dem Preis erbleichte ich, nicht zuletzt deshalb, weil dies die Hälfte des nepalesischen Durchschnittslohns war. Ich wollte einen der Steine kaufen und vereinbarte mit dem Sherpa deshalb einen Handel. Ich bot an, ihm sofort 50 Dollar zu zahlen und den Rest, wenn ich es schaffte, auf den Everest zu kommen und der Stein seine vermeintliche Garantie erfüllte, mir eine sichere Rückkehr zu gewährleisten. Sollte ich es nicht bis zum Gipfel schaffen, würde der Preis bei 50 Dollar bleiben. Keiner von uns erwähnte die dritte Möglichkeit – nämlich dass ich es überhaupt nicht schaffte, zum Basar von Nanche zurückzukehren. Er nahm das Angebot an, ich schaffte den Gipfel und zahlte ihm hoch zufrieden den Rest des Geldes. In der Tasche trage ich auch eine Kette von Glücksperlen, die mir Rajiv Wahi geschenkt hat, der Geschäftsführer von Typhoo. Diese Perlen hatte ich bei meiner Nordpolexpedition von 1998 schon bei mir, vielleicht helfen sie mir wieder, dorthin zu kommen.

Ich stolpere aus der Feuerwache und entdecke eine Gruppe von Norwegern, die Gavin dabei helfen, den Korb von *Britannic Challenger* zum Startplatz zu transportieren. Es hat den Anschein, als wollte uns jeder in Longyearbyen helfen. Einer der Ortsbewohner besteht sogar darauf, uns seinen Hebekran kostenlos zur Verfügung zu stellen. Während ich allein frühstücke, ist mein Magen so nervös, dass ich mir größte Mühe geben muss, mein Toastbrot herunterzubekommen. Die Gefahr macht mich ängstlich, und ich fühle mich eingeschüchtert. Mehr als alles andere erschreckt mich jedoch die Größe des Vorhabens. Ich halte beim Essen mehrmals inne und frage mich, ob ich mir nicht mehr auf die Schultern geladen habe, als ich bewältigen kann.

Dann beginnt das Warten auf die entscheidende Wettervorhersage. Es ist mir schon zweimal passiert, dass meine Hoffnungen in letzter Minute zunichte gemacht wurden; zwei gute Vorhersagen, und die dritte brachte dann das Ende. Endlich erreicht mich Lucs E-Mail.

From: Luc Trullemans
To: David Hempleman-Adams, Hempleman/Spitzbergen, Clive Bailey, Brian Jones
Sent: 28. Mai 2000, 9:26 Uhr MEZ
Subject: Legt los!

Dies ist definitiv der richtige Wind. Die Windbahnen sind gut, aber der Wind wird nachlassen, und wenn ihr um sechs Uhr nicht startet, werdet ihr die Gelegenheit verpasst haben.
Luc

Ich möchte sofort losfahren. Ich möchte um jeden Preis starten und hoffe, dass uns jetzt nicht noch etwas in die Quere kommt. Das ganze Dorf ist jetzt in Bewegung gekommen, und die gesamte Aufmerksamkeit konzentriert sich auf uns. Oben beim Startplatz hat Gavin vier kleine Heliumballons aufgeblasen und in den vier Ecken des Fußballfeldes postiert. »Damit wir mit diesem Ballon starten können, müssen sie alle gerade stehen«, sagt er mir.

Als ich die Ballons ansehe, sind da nur zwei. Der Wind hat zwei von ihnen schon aus der Erde gerissen. Das verheißt nichts Gutes. Ich erinnere mich noch an die Worte von Yngvar Gjessing am Polarforschungsinstitut. Vielleicht hatte er Recht, als er sagte: »Nein, Sie werden es einfach nicht schaffen. Es ist unmöglich.« Seinen Unterlagen zufolge haben die Bodenwinde in der Zeit von März bis Juni eine Durchschnittsgeschwindigkeit von etwa 25 Knoten.

Im Hinterkopf meldet sich die Sorge, dass ich nur einen Versuch habe. Sobald wir damit beginnen, Helium in den Ballon zu pumpen, wird es kein Zurück mehr geben. Keine zweite Chance. Ich hoffe nur, dass es nicht so negativ endet wie einer der Versuche Richard Bransons, um die Welt zu fliegen. Das wäre eine Katastrophe.

Der Startplatz ist ein Tollhaus. Gavin verschafft sich jetzt Geltung, erteilt Befehle und schafft es, sämtliche Ausrüstungsgegenstände zur richtigen Zeit an die richtige Stelle zu bekommen. Er ist der einzige Mensch, der den genauen Ablauf kennt. Nur er weiß, in welcher Reihenfolge alles zu erfolgen hat. Die Polizei sperrt das Fußballfeld mit Bändern ab und hält Wache. Wie es scheint, hat sich die gesamte Bevölkerung – 1000 Menschen – eingefunden, um zuzusehen. Leider muss ich ohne Auto auskommen, laufe ins Tal hinunter und wieder hinauf und bin ziemlich erschöpft. Es ist ungünstig, dass wir zu wenige Mietwagen haben.

Um die Mittagszeit begeben Gavin und ich uns zum Flugplatz, um uns nach den Bodenwinden zu erkundigen. Der Meteorologe im Tower sagt uns, dass wir nur bis gegen sechs Uhr Zeit haben. Danach würden die Bodenwinde zu stark werden und ein Abheben unmöglich machen. Ich bin höchst besorgt, wir könnten die letzte Chance dieses Jahres verpassen, eine gute Luftströmung zum Pol zu erwischen, vor allem da Gavin bei der Rückfahrt zum Startplatz ein besorgtes Gesicht macht.

»Ich weiß nicht, ob ich es schaffe, den Ballon bis sechs Uhr zu füllen«, sagt er. »Die Zeit reicht dafür nicht aus.«

Das ist nicht gerade das, was ich hören will. Ich sehe ihm in die Augen. »Du kannst mich jetzt nicht im Stich lassen. Du musst es schaffen.«

Gavin ist wie immer sehr direkt. »Dann musst du jetzt eine Entscheidung treffen. Ich kann jetzt sofort damit anfangen, das Helium hineinzupumpen, aber sobald ich angefangen habe, den

Ballon aufzublasen, bleibt es dabei. Es gibt keine Umkehr. Dann musst du starten, wie immer die allerletzte Wettervorhersage aussehen mag. Soll ich nun anfangen oder nicht?«

Ich denke an Andrée und daran, wie er in den letzten Momenten Ausflüchte machte und sich dabei fragte, ob er es darauf anlegte, in ein Selbstmordkommando einzusteigen. Ich weiß aber, dass Andrée losfahren würde, wenn er in meiner Lage wäre, und ich empfinde genauso. Ich habe zwei Jahre auf diesen Augenblick gewartet und werde jetzt nicht aufgeben.

»Wir *müssen* losfahren«, sage ich, »unter welchen Wetterbedingungen auch immer. Mir bleibt keine Wahl.«

Gavin grinst mich an und zwinkert mir zu. Ich sehe ihm an, dass er genauso aufgeregt ist wie ich. »Richtig«, sagt er. »Lass uns loslegen.«

Innerhalb von Minuten erfüllt ein kreischendes Geräusch wie unheimliches Geschrei das Tal. Es ist das Helium, das mit hohem Druck in das Ventil des Ballons gepumpt wird. Die Hülle erhebt sich langsam, nimmt allmählich auf der Seite liegend Gestalt an, bis sie vom Boden abhebt, und die halbe Bevölkerung Spitzbergens hält Seile fest, damit sich der Ballon nicht vorzeitig und ungeplant löst.

Ich bin zufrieden, dass es um mich herum wie in einem Bienenhaus zugeht. Ich kann den Gedanken an das, was vor mir liegt, nicht ertragen und habe zum Glück auch nicht die Zeit, mich auf etwas anderes zu konzentrieren als auf den schnell näher rückenden Moment des Starts. Doch bis dahin muss noch eine Menge erledigt werden.

Mein Freund Colin Hill, der hierher geflogen ist, um mich starten zu sehen, wünscht, dass ich seiner lokalen Radiostation ein Interview gebe, Manx Radio. Ich schaffe es, ein paar Worte in ein Handy zu bellen, und hoffe, dass der Interviewer am anderen Ende Verständnis dafür aufbringt, dass ich unter starker Anspannung stehe. Anschließend überreicht mir Colin eine Blume, da er es für angemessen hält, dass ein Engländer bei so einer Fahrt eine Rose trägt. Ich erinnere mich, dass Andrée, Frænkel und Strindberg sich Rosen angesteckt hatten, und nehme sie in der Hoffnung an, dass sie sich als guter Talisman erweist.

Der Gouverneur kreuzt genau im Moment der größten Panik vor dem Flug auf, um mit mir zu plaudern. Vor dem Start sind noch mehrere Checklisten zu bewältigen. Deshalb spreche ich nur kurz mit ihm; ich weiß, dass es in seiner Macht liegt, mir die Starterlaubnis zu verweigern. Zum Glück erteilt er *Britannic Challenger* eine uneingeschränkte Starterlaubnis. Dann befestige ich eine Replik von Andrées Flagge, ein Geschenk des Andrée-Museums, an dem Ballon. Es ist eine Kombination der schwedischen Unionsflagge und der norwegischen Flagge. Darunter bringe ich eine kanadische und eine russische Flagge an, die Stars and Stripes und einen britischen Union Jack. Es sind die Flaggen all der Länder, in denen ich vielleicht werde landen müssen, sowie meine Nationalflagge. Ich werde so viel ›Goodwill‹ wie möglich brauchen.

Je näher der Uhrzeiger an sechs Uhr heranrückt, umso tiefer wird das Unbehagen im Magen. Mehrmals habe ich das Gefühl, mich übergeben zu müssen; meine Nerven lassen mich im Stich. Gavin kommt zu mir und versichert mir, dass sich die Übelkeit legen werde, sobald ich in der Luft sei. Es ist eher eine Nervosität aus Vorfreude als sonst etwas, aber plötzlich packt mich die Furcht, ich könnte mich wie Andrée nur deshalb auf diese gefährliche Reise begeben, weil ich jetzt im Scheinwerferlicht der Welt stehe. Muss ich fahren? Habe ich den Punkt erreicht, an dem es kein Zurück mehr gibt? Ist das ganze Unternehmen tollkühn? Diese Fragen schießen mir durch den Kopf. Immerhin hat es noch niemand geschafft, mit einem Ballon zum Nordpol zu fahren. Dafür muss es doch einen Grund geben.

Ich bin als Ballonfahrer ein Neuling und weiß, dass geringes Wissen manchmal gefährlich sein kann. Bedeutet es, dass ich diese Fahrt zu vereinfacht sehe? Ist es unrealistisch zu hoffen, dass man die Fahrt in einer Gondel überstehen kann? Was vor mir liegt, schüchtert mich ein, und mich quälen starke Zweifel an meinen Fähigkeiten. Weiß ich genug über das, was ich tun muss? frage ich mich. Immerhin habe ich noch nie zuvor einen Roziere-Ballon gefahren. Ich habe zwar die Lizenz dazu, aber die Prüfung war rein theoretisch. Diese Fahrt könnte sich als das dümmste Unternehmen erweisen, das ich je in Angriff genommen habe, sage ich mir, und haste auf der Stelle in den leeren Container, in dem die Heliumtanks untergebracht waren, um noch einmal allein Don Camerons Notizen darüber durchzulesen, wie man den Ballon fahren muss.

Die Notizen erinnern mich daran, dass ein Roziere-Ballon, der innerhalb einer Heißlufthülle eine Heliumzelle hat, nicht so reaktionsschnell ist wie ein Heißluftballon. Die Gaszelle kann brechen, wenn man zu schnell aufsteigt, und die Hauptschwierigkeit besteht darin, den Ballon in der richtigen Höhe abzufangen und diese dann zu halten. Gavin hat alles darauf abgestimmt, mich in eine Höhe von höchstens 2500 Metern zu bringen, wo ich nach Lucs Prognose die Windbahn nach Norden finden sollte – vorausgesetzt, ich stürze nicht gegen einen der steilen Berge, die den Startplatz umgeben.

Um sechs Uhr ist *Britannic Challenger* voll aufgeblasen, und rund 100 Menschen halten Seile, um zu verhindern, dass Fallwinde von den Berghängen den Ballon ins Tal hinunterwehen. Ich ziehe mich um und lege meine Expeditionsausrüstung an: drei Schichten Thermokleidung unter meinem Taucheranzug, einem orangefarbenen einteiligen Anzug aus Neopren mit einem unhandlichen Reißverschluss, integrierten Handschuhen und Schuhen und wasserdichten Nähten, damit kein Wasser eindringen kann. Darüber ziehe ich eine Jacke an, auf der das Logo meines Sponsors prangt.

Nach einem schnellen Gespräch mit dem Gouverneur gebe ich ein paar Fernseh- und Rundfunkinterviews. Allmählich kommt mir der Gedanke, dass diese massive Menschenansammlung – die Dorfbewohner, die Beamten, die Fernseh- und Rundfunkteams und die Journalisten – sich nur deshalb gebildet hat, weil alle wissen, dass die Aussicht, dass alles entsetzlich schief geht, genauso groß ist wie meine Erfolgsaussichten. Das ist ein erschreckender Gedanke, den ich schnell in den Hinterkopf verbanne. Dann verabschiede ich mich von meinem Team sowie von Atle, Anna und Jill, die ebenfalls erschienen sind, um sich den Start anzusehen.

Der schwierigste Augenblick kommt, als Gavin hervortritt, um mir einen guten Flug zu wünschen. Wir haben lange und hart an diesem Projekt gearbeitet, und er hat ihm seine gesamte Zeit und all seine Loyalität gewidmet. Ich weiß, dass er sich nichts lieber wünscht, als mit mir im Korb loszufliegen, weil er meint, zwei Menschen wären besser, damit der eine schlafen könne, während der andere navigiert. Doch er beißt sich auf die Lippen und sagt mir nur, ich solle mein Bestes geben.

»Wie fühlst du dich, David?«, fragt mich Gavin.

»Krank. Ich fühle mich, als müsste ich mich jeden Moment übergeben. Manchmal glaube ich, wir versuchen das Unmögliche.«

»Wenn es leicht wäre, David, hätte es schon längst jemand getan«, sagt er und wendet sich ab.

Das ist genau das, was ich hören möchte. Es bringt mich wieder zur Vernunft und macht mir Appetit auf die Herausforderung. »Er hat Recht!«, murmele ich im Korb vor mich hin. »Viele haben es versucht, aber niemand hat es geschafft. Dies ist meine Chance, diese Herausforderung als Erster zu bewältigen. Ich werde es schaffen.«

Der Countdown beginnt und zerrinnt wie in Nebelschwaden. Bevor ich die Zeit finde, über das nachzudenken, was mich erwartet, durchschneidet Gavin das Tau, und *Britannic Challenger* hebt um 18.05 Uhr Ortszeit (16.05 Uhr MEZ) ab und erhebt sich sehr langsam in den Himmel. Als die Zuschauer unter mir kleiner werden, versuche ich an Andrée sowie an Claire und die Kinder zu Hause zu denken, werde aber von großer Angst befallen. Ich stehe im Korb und beobachte, wie sich der Erdboden immer mehr entfernt. Ich stehe wie erstarrt da, unfähig, etwas anderes zu tun, als den großartigen Anblick wahrzunehmen und über die schneebedeckten Berge und den Fjord unter mir zu staunen. Bald habe ich die Wolken erreicht – jetzt ist der Boden nicht mehr zu sehen. Der kalte, feuchte Nebel, der mich einhüllt, bringt mich wieder zur Besinnung.

Ich hole das Satellitentelefon heraus, um mit Brian Jones und Clive Bailey im Kontrollzentrum Verbindung aufzunehmen, aber bevor ich dazu komme, tauche ich aus einer Wolke auf und entdecke in weniger als eineinhalb Kilometer Entfernung einen mehr als 1800 Meter hohen Berg. Ich muss schnell an Höhe gewinnen, so dass ich hinuntergreife, um Ballast abzuwerfen. Doch als ich über die Seite blicke, strömt mir plötzlich alles entgegen. Zum ersten Mal in meinem Leben erleide ich einen Anfall von Höhenangst. Ich habe Berge von mehr als 6000 Meter Höhe bestiegen und nie Probleme gehabt. Jetzt, wo ich eine Woche oder länger allein sein werde und das in Höhen bis über 9000 Meter, wird mir schwindlig, sobald ich auf den Erdboden hinunterblicke. Ich streue etwas Ballastsand über die Seite, knirsche mit den Zähnen und schließe die Augen. Mit den Ursachen der Höhenangst werde ich mich später beschäftigen. Mein unmittelbares Ziel ist, über die Berge hinwegzukommen. Als *Britannic Challenger* immer höher in den blauen Himmel hinaufsteigt und sich jetzt viele Gipfel zeigen, merke ich, dass ich die Übelkeit beherrschen kann, solange ich geradeaus starre. Aber wenn ich nach unten blicke, wird mir übel, als würde ein Windstoß aus der Leere unterhalb des Korbs zu mir heraufschießen.

Nach etwa einer halben Stunde erfasst der Wind den Ballon, und ich beginne zu treiben, obwohl ich nicht weiß, in welche Richtung es geht. Ich teste die Brenner – sie funktionieren – und stelle die Mikrowellenverbindung zum Fernsehteam her, das in einem Hubschrauber hinter mir herfliegen sollte. Ich entrolle rund 30 Meter Antennenkabel für das Hochfrequenz-Funkgerät und versuche, per UKW mit Stuart Nunn und Gavin unten auf dem Boden Verbindung aufzunehmen. Keine Reaktion, und so schalte ich auf Hochfrequenz um und versuche, mit dem Kontrollzentrum Kontakt aufzunehmen. Schweigen. Dann versuche ich, mit dem Tower des Flugplatzes von Longyearbyen zu sprechen, aber wieder bleiben die Funkwellen stumm. Ich schalte auf Satellitentelefon um. Das funktioniert ebenfalls nicht. Das ist merkwürdig. Ich errechne, dass ich nach Westen treibe und mich dem Flugplatz nähere, und so versuche ich es erneut mit dem Tower. Sie können mich nicht einmal dann hören, als ich direkt über sie hinwegfahre. Das ist eine fürchterliche Entwicklung. Ich schalte mein Satellitenortungsgerät GPS ein, aber das funktioniert ebenfalls nicht. Auch das Magellan-Gerät nicht, das für die Versendung von E-Mails gedacht ist, und auch das Orbicom nicht, das meinen Breiten- und Längengrad sowie meine Höhe ans Kontrollzentrum übermitteln sollte. Ich bin seit weniger als einer Stunde in der Luft, und die Fahrt ist schon jetzt in Gefahr. Ich weiß nur, dass ich in einer vagen westlichen Richtung treibe, aber weder ich noch sonst jemand weiß, wohin die Reise geht. Ich habe keine Navigationsgeräte und keine Kommunikationsmöglichkeiten. Ich bin schlimmer dran als Andrée – der hatte wenigstens ein paar Brieftauben.

Da ich mir vom Kontrollzentrum keine Anweisungen geben lassen kann, auf welchem Kurs ich eine Bruchlandung in den Bergen vermeiden kann, verlasse ich mich auf meinen Instinkt. Das ist allerdings leichter gesagt als getan, wenn man zum ersten Mal auf einen Fjord hinausfährt, der auf allen Seiten von mehr als 1800 Meter hohen Gipfeln umgeben ist. Ich weiß nicht, in welche Richtung ich fahre, und so beschließe ich, kein Risiko einzugehen. Ich steige auf eine Höhe von 3100 Metern und steige weiter bis 3300 Meter, um sicher zu sein, dass ich irgendwelche vor mir liegenden Berge nicht berühre. In der nächsten halben Stunde versuche ich, die Kommunikationsausrüstung in Gang zu bekommen, und schwöre mir, den Ballon irgendwo aufzusetzen, falls die Anlagen auch dann noch nicht funktionieren sollten, wenn die Küste von Spitzbergen in Sicht kommt. Es ist sehr schön, all diese Technologie zu haben, aber wenn sie versagt, hat man leider nichts davon, und ich möchte mich nicht von den Küsten Spitzbergens entfernen, wenn ich nicht mehr mit der Bodenstation Kontakt halten kann. Wie sinnlos es ist, ohne Kommunikations- oder Navigationsausrüstung zu fahren, wird mir klar, als der Hubschrauber auftaucht, um Filmaufnahmen zu machen. Ich bekomme mein UKW-Funkgerät nicht in Gang und kann folglich nicht mit dem Piloten sprechen, über die Mikrowellenverbindung auch keine Fernsehbilder übermitteln.

Nach etwa 90 Minuten komme ich zu dem Schluss, dass ich an meinen fehlenden Kommunikationsmöglichkeiten nichts ändern kann und dass es besser wäre, wenn ich mich einfach entspanne. Ich setze mich auf meine Kühlbox, um ein paar Fotos zu machen, während der Ballon anmutig durch die Berge schwebt. Es ist überwältigend schön. Der Himmel klart auf, und ich kann den Boden sehen. Ich hole wieder mein Satellitenortungsgerät hervor, in der Hoffnung, dass es jetzt vielleicht funktioniert, und zu meiner Erleichterung zeigt das Display, dass ich etwa 16 Kilometer zurückgelegt habe. Es gibt noch weitere gute Neuigkeiten. Der Windstrom geht nach Norden, und ich schaffe es, meine Position auf einer Karte festzustellen – das kann ich sogar durch die Berge um mich herum bestätigen.

Doch ich habe immer noch keine Kommunikation, und ohne die Vorhersagen von Luc Trullemans fahre ich blind. Ich prüfe Nähte, Kapuze und Pfeife meines Taucheranzugs. Vielleicht brauche ich ihn noch als Lebensretter. Ohne ihn würde ich höchstens drei Minuten am Leben bleiben, wenn ich im Wasser notlanden müsste. Mit der Thermokleidung unter dem Neoprenanzug sollte ich in dem eisigen Wasser etwa eine Stunde überleben können. Ich vergewissere mich auch, dass mein Rettungsfloß einsatzbereit und mit der Isoliermatte aus Schaumstoff und der Thermomatratze ausgerüstet ist. Ich stopfe ein paar Leuchtkugeln in das Floß und überzeuge mich davon, dass das Ortungsgerät für Notfälle funktioniert. Ich gehe kein Risiko ein.

Um 20 Uhr schaffe ich es endlich, das Hochfrequenz-Funkgerät in Gang zu bringen. Es ist eine ungeheure Erleichterung, als ich die Stimme von Stockholm Radio im Lautsprecher höre. Ich gebe ihnen meine Position durch.

»78° und 30 Minuten Nord, 15° und 15 Minuten Ost. Ich fahre in einer Höhe von 3100 Metern mit zwölfeinhalb Knoten Geschwindigkeit auf einem Kurs von drei-fünf-ein Grad. Bitte informieren Sie das Kontrollzentrum von *Britannic Challenger*.«

90 Minuten später höre ich die muntere Stimme von Clive Bailey, die aus Birmingham von Stockholm Radio übermittelt wird. Ich nenne ihm meine neue Position – 19 Seemeilen weiter nördlich als die Position, die ich Stockholm Radio zuvor gemeldet habe – und erzähle ihm, dass der größte Teil meiner Kommunikationsausrüstung ausgefallen sei.

»Und was wirst du jetzt tun, Alter?«, will er wissen.

»Die Frage wollte ich dir gerade stellen, Kleiner«, entgegne ich.

»Die Entscheidung liegt bei dir, solange du noch über Spitzbergen bist und sehen kannst, wo du vielleicht landen könntest. Ich bin nicht ganz sicher, in welche Richtung du fährst.«

Ich sage Clive, er solle sich auf den Argos-Sender verlassen, was meine Position angehe, doch er sagt mir, dass das Kontrollzentrum Mühe habe, dessen Daten zu empfangen. Das Argos-Gerät soll meine Position auf 90 Meter genau bestimmen und das Ergebnis über Satellit nach Washington, D.C., schicken und von dort per E-Mail nach Birmingham. Wir beschließen, das Argos-Gerät auf Notruf zu schalten, um zu sehen, ob wir damit das System in Gang bringen können. Nach mehr als drei Stunden in der Luft bin ich doch besorgt, dass meine Kommunikationsmöglichkeiten jederzeit versagen können, aber im Augenblick ebbt die Panik ab.

Meine nächste Aufgabe ist dann, den Autopiloten funktionsbereit zu machen, doch ich habe Ärger mit den Brennern. Bei der leichtesten Berührung der Schalter schießt *Britannic Challenger* 150 Meter oder mehr in die Höhe. Diese Empfindlichkeit macht es unmöglich, den Autopiloten auf eine bestimmte Höhe einzustellen, weil schon ein einziger Feuerstoß der Brenner den Ballon von dem Kurs abbringt, dem er folgen soll.

Ich unternehme mehrere Versuche, den Autopiloten einzustellen. Ich nähere mich von unten der Höhe, die ich erreichen will, in der Hoffnung, dass sich *Britannic Challenger* wirklich auf der korrekten Windbahn befindet, wenn der Ballon nicht mehr steigt – und dann auch dabei bleibt. Keiner meiner verschiedenen Versuche ist von Erfolg gekrönt. Um 23 Uhr spreche ich mit dem Kontrollzentrum und sage den Leuten, dass ich kein Vertrauen zu dem Autopiloten hätte. Clive gibt mir die Anweisung, weiterhin damit zu spielen, da ich nicht würde schlafen können, bis ich das Gerät beherrsche.

»Du weißt, was zu tun ist, Alter. Das habe ich dir schon vor Monaten gesagt. LDGH – du weißt, was das bedeutet, nicht wahr?«, sagt er.

»Ja, Kleiner. Lies doch das fürchterliche Handbuch.« Und während mir Clives Vorwurf in den Ohren dröhnt, ziehe ich die laminierte Betriebsanleitung hervor, aber die Broschüre ist wenig hilfreich. Clive verspricht, den Hersteller des Autopiloten in den USA anzurufen, um dessen Rat einzuholen.

Kurz nach Mitternacht meldet sich Clive über Funk mit Anweisungen, wie ich den Autopiloten einstellen soll und dass ich etwas schlafen soll. Ich halte mich immer noch mit Hilfe des Adrenalinstoßes beim Start aufrecht und fühle mich überhaupt nicht müde, doch Clive mahnt, dass die Müdigkeit mich bald einholen werde.

Der Hersteller des Autopiloten schlägt vor, ich solle einen Brenner vollständig abschalten und die Treibstoffleitung zum zweiten schließen. Das werde den Autopiloten in die Lage versetzen, sich selbst einzustellen. Wenn er versuche, die Brenner in Gang zu setzen, würde nichts passieren, erfahre ich. Es funktioniert. Fabelhaft. Der Ballon hält sich auf der von mir gewählten Höhe von 2940 Metern. Ich schalte einen der Brenner ein, was aber nur mit Hilfe eines dritten funktioniert, so dass jede von dem Autopiloten vorgenommene Korrektur minimal sein wird. Endlich kann ich entspannen und die Aussicht genießen.

Meine Träumerei hält nicht lange an. Um ein Uhr morgens meldet sich Clive über Funk und sagt, Luc habe eine dringende Nachricht geschickt und weise mich an, in einer Stunde auf 1800 Meter hinunterzugehen, um weiter nördlichen Kurs halten zu können. Um drei Uhr morgens meldet sich Clive mit neuen Windbahnen. Luc hat Windströmungen bei 12° Nordost in einer Höhe von knapp 2500 Metern errechnet, bei 7° Nordost in einer Höhe von 2300 Metern, bei 19° Nordost bei 1800 Metern und bei 355° in einer Höhe von 1200 Metern. Clive gibt mir den Rat, möglichst in einer Höhe von 1200 Metern zu bleiben. Ich bin müde, die eintönige Landschaft bietet keine Orientierungsmöglichkeiten und verwirrt mich, und überdies befinde ich mich über offenem Wasser, so dass eine geringe Höhe wahrscheinlich am sichersten ist, da ich dann keinen zusätzlichen Sauerstoff verbrauchen muss.

Ich bleibe die ganze Nacht wach. Ich bin zwar müde, kann aber unter der arktischen Sonne nicht schlafen und fühle mich unbehaglich, weil der Autopilot noch immer nicht sehr gut funktioniert. Ich habe kaum Appetit und bringe es nicht über mich, meine Arktis-Rationen anzurühren. Stattdessen esse ich die Sandwiches und die Pilzsuppe, die ich mir auf Spitzbergen eingepackt habe, und drücke bis kurz nach sieben Uhr am Morgen des 29. Mai, einem Montag, die Daumen. Dies ist der Moment, in dem ich den britischen Solofahrt-Rekord von 13 Stunden breche.

Es ist ein wunderbarer Augenblick, aber ich habe kaum Zeit, ihn zu genießen. Es liegt noch so vieles vor mir.

SIEBTES KAPITEL

Der Start

VIRGO-HAFEN, NORWEGISCHE ARKTIS
21. JUNI 1897

Ein nordöstlicher Wind pfiff um die wackelige Ballonhalle, als Nils Strindberg allein im Halbdunkel dasaß, an Anna dachte und an seinen Bruder schrieb. Es war neun Uhr abends, und das einzige Licht kam von der Mitternachtssonne draußen, die in schmalen Lichtstrahlen durch die Spalten zwischen den Holzplanken der Halle schien. Aber Strindberg wagte es nicht, während seiner Wache eine Kerze oder eine Petroleumlampe anzuzünden; ein paar Schritte entfernt pumpte der Wasserstoffapparat sein hochentzündliches Gas in die massive Hülle, die halb aufgeblasen wie ein schwammiger Teig in der Nähe lag.

Ich muss unwillkürlich daran denken, wie schön es sein wird, nach Hause zu kommen. Ich weiß, dass meine kleine Anna jetzt traurig ist, aber wie glücklich werden wir sein, wenn wir wieder zusammen sind, schrieb er, bevor er Tore davon erzählte, wie mühsam es für die Expedition gewesen sei, nach Virgo-Hafen zu kommen, und von ihren vielen Schwierigkeiten bei der Vorbereitung des Starts berichtete.

Am 18. Mai hatten er, Andrée und ihr neuer dritter Mann, Knut Frænkel, Göteborg an Bord der *Svensksund* verlassen, einem schwedischen Kanonenboot. Anstelle ihres früheren naiven Optimismus waren Strindberg und seine zwei Gefährten jetzt von einer grimmigen Entschlossenheit erfüllt, diesmal Erfolg zu haben. Alle an Bord der *Svensksund* – darunter auch Leutnant Wilhelm Svedenborg, der

Ersatzmann der Mission, falls einer der drei Abenteurer ausfallen sollte, und Alexis Machuron, der Ballonspezialist, der den Platz seines Onkels Henri Lachambre einnahm– wussten, dass die Stunde der Wahrheit für sie gekommen war: Sie mussten als Eroberer des Pols zurückkehren oder überhaupt nicht wiederkommen.

Als Strindberg Göteborg im Dunst des Horizonts verschwinden sah, dachte er an seine letzten Augenblicke mit Anna in Stockholm zurück. Als die *Svensksund* an der langen schwedischen und norwegischen Küste nach Norden in Richtung Tromsø dampfte, betastete er immer wieder die Eintrittskarten der Kunstausstellung, die er sich in seine Jackentasche gesteckt hatte. Sie waren eine Erinnerung an ihren letzten Abend, an dem sie beide sich aufgeregt miteinander unterhalten hatten, da ihnen beiden bewusst gewesen war, wie wenig Zeit ihnen zusammen noch blieb. Damals war es für Strindberg eine undenkbare Vorstellung gewesen, nicht jeden Tag mit Anna zusammenzusein oder sie nicht jeden Tag zu sehen; jetzt empfand er diese Monate, die sie seit der Verlobung fast ständig zusammen verbracht hatten, als ein ganzes weiteres Leben. Schon jetzt schien Anna eine Million Kilometer entfernt zu sein, vor allem da sie nur brieflich miteinander Verbindung halten konnten. Strindberg bereute es jetzt, von seiner Kutsche nicht zu Anna zurückgeblickt zu haben, als sie an dem Morgen, an dem er zum Bahnhof fuhr, auf den Treppenstufen seines Elternhauses stand. Er würde sie vielleicht nie wiedersehen und wünschte, er könnte die Uhr zurückdrehen, um zu sehen, ob ihr letzter Blick auf ihn durch einen Tränenschleier verhüllt war oder von einem verführerischen Lächeln auf den Lippen geprägt.

Sobald er in Göteborg angekommen war, hatte Strindberg zugesehen, wie der Ballon, sein Netz, die Gondel, die Schleppseile und der Wasserstoffapparat im Laderaum der *Svensksund* verstaut wurden. Eine Dampfmaschine und der gesamte Proviant der Expedition befanden sich an Bord der *Virgo*, die am 27. Mai in Tromsø mit der *Svensksund* zusammentreffen sollte. Ihre gesamte Ausrüstung war neu bewertet worden, und obwohl Andrée es öffentlich nicht gern zugab, wusste Strindberg, dass er unter Ekholms Kritik an ihrem früheren Versuch gelitten und Veränderungen vorgenommen hatte, welche die Erfolgsaussichten von *Örnen* erhöhen sollten. Der Ballon wies jetzt zwei zusätzliche Kammern an seinem Äquator auf; dieser Gürtel, der die Tragkraft erhöhte, steigerte das Volumen von 4500 auf etwa 4800 Kubikmeter. Das sei genug, beharrte Andrée, um einen dreißigtägigen Flug sicherzustellen, obwohl Ekholm auch weiterhin das Gegenteil behauptete.

Es gab noch eine weitere Veränderung: Knut Frænkel. Der dritte Mann der Expedition war eine unbekannte Größe, aber Strindberg war ihm einige Male begegnet, seit Andrée ihm seinen Platz angeboten hatte, und hatte Gefallen an ihm gefunden. Zumindest war Strindberg erleichtert, dass Frænkel mit seinen 26 Jahren ihm altersmäßig näher stand als Ekholm und Andrée. Frænkel, ein äußerst athletisch gebauter Ingenieur, hatte einen großen Teil der letzten sechs Monate in Paris verbracht; wenn er nicht gerade dabei war, die erforderlichen neuen Ballonfahrten zu absolvieren, um als Pilot die entsprechenden Fähigkeiten zu erwerben, hatte Frænkel viel Zeit für die Beschäftigung mit der Presse aufgewandt, die sich immer noch stark für alles interessierte, was mit ihrer geplanten Polfahrt zu tun hatte. Vor allem Strindberg und Frænkel waren verblüfft, dass in Madame Tussauds Wachsfigurenkabinett in London auf Hochglanz polierte Kopien von ihnen allen ausgestellt waren.

Am 30. Mai, drei Tage nachdem sie in Tromsø die Anker gelichtet hatten, trafen die *Svensksund* und die *Virgo* bei der Dänen-Insel ein. Die Fahrt war gnädigerweise eisfrei gewesen, doch als sie sich Virgo-Hafen näherten, begegneten sie dichtestem Packeis, das durch die Meeresströmungen und den Nordwind in den natürlichen

Hafen gepresst worden war. Strindberg hatte während der Fahrt viel Zeit damit zugebracht, die beiden Schiffe zu fotografieren, und sein erster Blick auf die vertrauten schwarzen Granitberge der Dänen-Insel erfolgte durch seine große Kamera. Er hob den Kopf von dem Sucher und wandte sich an Frænkel.

»Jetzt siehst du alles zum ersten Mal, Knut. Wie findest du es?«

Frænkel blickte zu den schwarzen Granitbergen hoch und dann hinunter auf den mit groben Kieselsteinen bedeckten Strand. »Wenn ich für den Beginn einer Ballonfahrt die freie Wahl hätte, wäre dieser Ort der letzte, den ich wählen würde. Aber das ist ja wohl gerade das Aufregende an dieser Herausforderung, nicht wahr?«

Strindberg blickte auf die vertraute geschwungene Küstenlinie der Bucht. Es war ein unwirtlicher Ort, nur harter, schwarzer Fels und weiße Eisränder an dieser Bergschüssel. »Die Rückkehr zur Dänen-Insel bringt die unangenehme Erinnerung an den Fehlschlag des letzten Jahres zurück, aber diesmal wird es anders, das fühle ich«, entgegnete er. »Wir wissen, was wir zu tun haben, um bereit zu sein, und außerdem sind wir früher hier. Wir sollten genügend Zeit haben, einen Nordwind zu erwischen.«

Andrée jedoch erfüllte der Anblick der Dänen-Insel mit Grauen. »Das ist unpassierbar!«, rief er Graf Ehrensvärd zu, dem Skipper der *Svensksund*. Ehrensvärd lächelte Andrée einfach strahlend an und gab Befehl, die Hecktanks mit Wasser zu füllen. Mit hoch erhobenem Bug sank der Propeller der *Svensksund* unter das Eis. Strindberg sah erstaunt zu, wie das Kanonenboot vorwärtsdrängte. Das Packeis knirschte, ächzte und kreischte, als es durch den Metallrumpf auseinander gerissen wurde. Dennoch brauchte die *Svensksund*, in deren Kielwasser die *Virgo* folgte, fast einen ganzen Tag, um sich in Sichtweite des Strands vorzukämpfen.

Andrée schritt an Deck auf und ab, Frænkel wippte unruhig mit den Füßen, und Strindberg drehte sich der Magen um, als sie darauf warteten, die Ballonhalle zu entdecken. Ob sie wohl die Verwüstungen eines arktischen Winters überstanden hatte? fragte sich Strindberg. Er wusste, dass seit Monaten Winde mit einer Stärke von 40 bis 50 Knoten geweht und Eisstücke aufgewirbelt hatten, die zu Geschossen wurden, die Holz durchschlagen konnten. »Wir müssen damit rechnen, dass die Ballonhalle von Grund auf neu erbaut werden muss«, sagte er Frænkel.

Schließlich entdeckten sie zwei Fahnenstangen. Wenn die Pfosten noch stünden, sagte Andrée zu Strindberg und Frænkel, sollte ihre Ballonhalle den Winter überstanden haben. Um 19 Uhr gingen die *Svensksund* und die *Virgo* in der Nähe von Arnold Pikes Hütte vor Anker, worauf die drei Männer sich aufmachten, die Schäden der Ballonhalle zu untersuchen. Strindberg schloss sich den Besatzungsmitgliedern an, als diese von den Schiffen auf die in der Bucht treibenden Eisschollen hinunterkletterten und von Scholle zu Scholle sprangen, bis sie die feste Eisschicht erreichten, die den Strand bedeckte. Sie jubelten triumphierend, als sie schließlich den felsigen oberen Strand erreicht hatten.

Andrée hielt es jedoch für unter seiner Würde, auf den schwankenden Eisschollen herumzuspringen, und bestand darauf, in einem der Boote der *Svensksund* an Land gebracht zu werden. Strindberg, der die Prozession fotografierte, betrachtete nachdenklich die Zurückhaltung seines Gefährten; er wusste, dass Andrée das Überklettern von Eis für unnötig riskant hielt, wusste aber auch, dass viele der anderen Zuschauer Andrées Beharren darauf, mit einem Boot an Land gebracht zu werden, für lächerlich hielten. Die sechs Matrosen, die den Auftrag hatten, das Boot zu rudern, bemühten sich nach Kräften, die Blätter ihrer Riemen ins Wasser zu tauchen. Schließlich gaben sie auf und benutzten die Riemen stattdessen zum Staken, wobei sie das Boot langsam dem in Schnee und Eis erstarrten Strand näher brachten. In dem Boot saßen Andrée, Frænkel, Svedenborg, Machuron und zwei weitere Passagiere. Die kurze Überfahrt wurde zu einer glatten Farce, als die *Svensksund* eine Salve von sechs Kanonenschüssen abfeuerte, als Andrée an Land ging.

Andrée ignorierte den Pomp und schlenderte zur Ballonhalle hinauf, wo er einen großen Teil unter zwei Meter Schnee und Eis begraben fand. Sehr zur Erleichterung aller schienen die Teile des Baus, die zu sehen waren, den Winter relativ unbeschädigt überstanden zu haben.

Doch es gab immer noch eine Menge zu tun. Im Lauf der nächsten 14 Tage arbeiteten die Zimmerleute an der Ballonhalle, während die anderen Mitglieder der Expedition Ausrüstung und Vorräte an Land schleppten. Es war mörderisch harte Arbeit, aber Strindberg begrüßte sie als Ablenkung vom Denken an Anna. Frænkel konnten die Vorbereitungen nicht schnell genug gehen. Er schrieb seinem Bruder über seine Frustration: *Bruder Håkan, das Leben ist eintönig. Wir stehen um 8.30 Uhr auf, mit Ausnahme von Andrée und der Besatzung, die um 6.30 Uhr anfangen. Das Frühstück ist scheußlich. Faule Eier für diejenigen, die sie wollen, Tee ohne Sahne, es sei denn, man nimmt Kondensmilch – ekelhaft. Dann arbeiten wir an der Ballonhalle oder dem Wasserstoffapparat und nehmen Beobachtungen und so weiter vor, bis wir um zwölf Uhr den Lunch einnehmen. Danach gehe ich wieder an die Arbeit oder vielleicht mit einem der Offiziere bis 18.00 Uhr auf die Jagd. Manchmal finden wir bei diesen Ausflügen die Überreste alter holländischer Fischer, die in der nördlichen Einöde ihr Glück versucht haben; ein grausiger Anblick.*

Auf Andrées Befehl wurde das Eis in der Bucht mit Dynamit gesprengt, um die Fahrt zwischen den Schiffen und dem Strand zu erleichtern, aber der Transport der 80 Tonnen Schwefelsäure und 23 Tonnen Eisenspäne, die nötig waren, um den Wasserstoff zu produzieren, erschienen Strindberg als mörderische Knochenarbeit, als er fotografierte, wie die Männer ihre Last mühsam emportrugen.

Zwei Tage später, als das offene Wasser zwischen den Booten und dem Strand wieder zugefroren und zu einem noch chaotischeren Gewirr von Eisblöcken geworden war als zuvor, fotografierte Strindberg die zehn stärksten Männer der Expedition bei dem Versuch, die Hülle von *Örnen* an Land zu schleppen. Unter Anleitung Machurons hackten die Männer einen Kanal durch das Eis und versuchten dann, die Hülle, die wie eine zwei Tonnen schwere Wurst in Sackleinen gehüllt war, hindurchzuziehen. Sie brauchten dazu mehr als einen Tag. Es war eine Tortur, die durch zwei durch Eisdruck entstandene Eisriegel noch verschlimmert wurde. Sie sprengten das Ganze in die Luft, indem sie Dynamitstäbe tief in die Spalten stießen. Schließlich schafften sie es mit Hilfe Frænkels und weiterer zehn Männer, die an Seilen zogen, den Ballon auf Planken weiterzuziehen, die mit Tierfett eingeschmiert waren, bis sie die Ballonhalle erreichten. Am 15. Juni schließlich wurde die Hülle auf dem hölzernen Boden der Halle ausgebreitet, und das Aufblasen konnte beginnen.

»Bevor sie mit Wasserstoff gefüllt wird, muss die Hülle daraufhin untersucht werden, dass sie keine Lecks hat«, beharrte Andrée.

Er hatte die Hülle in Paris nicht nur vergrößern lassen, sondern auch auf Ekholms Besorgnis reagiert, dass Gas durch die Millionen Nadelstiche an den Nähten des Ballons entweichen könne. An den Nähten waren daraufhin zusätzliche Streifen von Seide befestigt worden, die als eine Art klebriger Verband wirkten. Unter Anleitung Machurons wurde die ungeheure Hülle mit Luft vollgepumpt, und neun Männer von der *Svensksund* krochen in den Globus hinein, um die Streifen mit Gummifirnis abzudichten. Strindberg prüfte die Arbeit mehrmals und staunte über das Durchhaltevermögen der Männer, die zehn oder zwölf Stunden lang ohne Pause arbeiteten und dann ins Freie taumelten, wo sie nach frischer Luft schnappten, vergiftet durch die Dämpfe des Firnis.

Als die Nähte versiegelt waren, wurde der Wasserstoffapparat in Betrieb genommen. Am 21. Juni war Strindberg an der Reihe zu beobachten, wie der Wasserstoff in die Hülle gepumpt wurde. Allmählich verdrängte der leichtere Wasserstoff die schwerere Luft aus der Hülle von *Örnen*, als Strindberg seinen Brief an seinen Bruder Tore fortsetzte: *Es ist merkwürdig, auch in diesem Jahr wieder hier zu sitzen und sich vorzustellen, dass ich mit dem besten Mädchen der Welt verlobt bin, meiner geliebten Anna. Wenn ich auch um das Glück weine, das ich vielleicht nie wiedersehe, bedeuten meine Tränen nichts, solange Anna glücklich ist. Sie liebt mich, und ich bin stolz darauf, dass mein Tod sie vielleicht rühren wird. Aber lass mich optimistisch sein. Der Ballon ist gefirnisst und luftdichter als im vergangenen Jahr. Vor uns liegt der Sommer mit guten Winden und Sonnenschein. Warum sollten wir keinen Erfolg haben? Ich glaube von ganzem Herzen daran, dass es so sein wird.*

Einige Tage später stand der Ballon voll aufgeblasen aufrecht da und zerrte in der Halle an seiner Vertäuung. Strindberg machte weitere Fotos, als die Matrosen hinaufkletterten und darauf herumspazierten, um Baumwollstreifen, die mit Bleiazetat gefüllt waren, gegen die Nähte zu halten, um irgendwelche Spuren von Lecks zu entdecken. Als Wissenschaftler wusste er, dass Schwefelunreinheiten im Gas das Bleiazetat schwärzen und somit einen Hinweis darauf liefern würden, wo *Örnen* ein Leck hatte. Zu seiner Erleichterung gab es nur wenige undichte Stellen, und gegen Ende des Tages versammelten sich Mannschaft und Matrosen, um mit Champagner zu feiern. Die Arbeit am Boden war relativ gut abgelaufen, und zum ersten Mal seit der Ankunft auf der Dänen-Insel fasste Strindberg neuen Mut bei dem Gedanken, dass es endlich losgehen sollte. Zusammen mit Andrée und Frænkel hatte er die letzten paar Tage damit verbracht, Vaseline in die Leitseile einzumassieren, eine Aufgabe, von der sie alle geschwollene Hände mit einer Unzahl von Blasen, Schnitten und wunden Stellen davongetragen hatten.

Schließlich wurde die Gondel am Ballon befestigt, mit Ausrüstung und Proviant gefüllt, und dann begann das letzte Stadium der Vorbereitungen. Alle arbeiteten weiter und unterbrachen ihre Tätigkeit nur am Mittsommerabend. Die beiden Schiffsbesatzungen, die Techniker, Zimmerleute und Arbeiter, die Ballonexperten und Gastechniker und natürlich auch Strindberg, Andrée und Frænkel feierten den Anlass, indem sie 530 halbe Liter Bier tranken, die eine Göteborger Brauerei gestiftet hatte. Auf dem steinigen Strand wurden einfache Tische aufgestellt. Einige der Männer sangen oder spielten Gitarre, Akkordeon oder Geige, und unter der Mitternachtssonne brachten sie Toasts auf die drei Ballonfahrer aus und wünschten ihnen viel Glück für die bevorstehende Fahrt. Strindberg machte Fotos von allem.

Am 25. und 27. Juni liefen die *Expres* und die *Lofoten* in Virgo-Hafen ein, zwei Touristendampfer. Die *Virgo* war schon mit vielen der Matrosen abgereist, und vor allem Andrée fühlte sich durch die Touristen belästigt, aber Strindberg lief schnell zu ihnen hinüber.

»Haben Sie irgendwelche Post für Nils Strindberg?«, wollte er von dem Kapitän der *Lofoten* wissen. »Ich erwarte Briefe aus Stockholm.«

Der Kapitän zog eine Hülle mit Briefen hervor, und in dem Bündel fand Strindberg mehrere von Anna.

»Darf ich Sie bitten, einige Briefe nach Schweden mitzunehmen?«, fragte Strindberg. »Ich habe zwei oder drei sehr dringende Briefe, die nicht warten können, bis die Expedition nach Tromsø zurückkehrt.«

»Ich werde eine Vereinbarung mit Ihnen treffen. Die *Lofoten* wird Ihre Post nach Schweden mitnehmen, vorausgesetzt, einige ihrer Passagiere können an Bord der *Expres* in der Bucht warten, bis Ihr

Ballon losgefahren ist. Sie haben deswegen diese lange Reise auf sich genommen und würden ungern abfahren, bevor das große Ereignis stattgefunden hat.«

»Ich werde mit Oberingenieur Andrée sprechen. Es ist seine Entscheidung, wer den Start mit ansehen darf. Wenn er ja sagt, wird er eine Gegenleistung erwarten«, sagte Strindberg, bevor er sich aufmachte, Andrée zu suchen.

Kurze Zeit später kehrte Strindberg auf die *Lofoten* zurück. »Chefingenieur Andrée ist einverstanden, vorausgesetzt, die *Expres* bringt Svedenborg, unseren vierten Mann, nach dem Start von *Örnen* zu den Sieben Inseln, damit er dort möglichst weit nördlich für den Notfall ein Proviantdepot anlegen kann.«

Die beiden Kapitäne waren einverstanden. Die *Lofoten* lief einige Tage später aus, aber die *Expres* blieb weiterhin in der Bucht vor Anker, um die Vorbereitungen zu beobachten, bis *Örnen* am 1. Juli endlich startbereit war. Das war erheblich später, als Andrée, Strindberg und Frænkel gehofft hatten, aber Strindberg tröstete sich mit der Tatsache, dass sie zumindest früher bereit waren als im Jahr zuvor. Alle Nähte waren gründlich geprüft worden, ihre gesamte Ausrüstung war verstaut, und Andrée erklärte alles für abflugbereit, sobald ein Südwind kam, um sie nach Norden zu tragen. Wieder einmal warteten sie darauf, dass der Wind sich drehte.

Am 6. Juli kam die erlösende Nachricht.

»Ein Südwind! Der Wind weht aus Süden!«, rief der Ausguck. Der Wind, der wochenlang aus Nordwest oder Nordost geweht hatte, hatte sich gedreht, so dass er jetzt direkt nach Norden wehte. Die Startcrew wurde sofort in Bereitschaft versetzt, der Ballon mit Wasserstoff aufgefüllt, und die Techniker erhielten Anweisung, sich bereitzuhalten, um die Nordwand der Ballonhalle jederzeit entfernen zu können.

Andrée verbrachte den Tag damit, zwischen der Ballonhalle, seinen meteorologischen Instrumenten und Arnold Pikes Hütte hin und her zu laufen. Pikes Hütte hatte er erneut als Hauptquartier der Expedition requiriert. Alles schien für einen Start ideal zu sein: Der Wind kam aus der richtigen Richtung, und das Barometer fiel.

»Dies sind doch perfekte Bedingungen, oder? Wir sollten losfahren«, sagte Strindberg, als Andrée wieder einmal mit seinem Bleistift gegen das Barometer tippte. Es überraschte ihn, dass Andrée sie noch nicht zur Ballonhalle gescheucht hatte. »Sind dies nicht genau die Bedingungen, von denen du gesagt hast, wir brauchten sie für den Start von *Örnen*?«, beharrte er. »Du sagtest, wir brauchten einen südlichen Wind und einen fallenden atmosphärischen Druck. Wir haben beides.«

»Ruf die Besatzung zusammen«, erwiderte Andrée. »Ich habe etwas bekannt zu geben.«

Sämtliche Expeditionsmitglieder und Zuschauer versammelten sich vor dem provisorischen Hauptquartier in Pikes Hütte und warteten darauf, dass Andrée heraustrat und zu ihnen sprach. Nach kurzem Warten erschien er.

»Der Wind ist zu schnell gekommen, und das Barometer fällt zu schnell. Ich glaube, es ist das Beste, wenn wir unseren Start verschieben«, erklärte er.

Ein enttäuschtes Raunen ging durch die Reihen, doch es zeigte sich bald, dass Andrée die richtige Entscheidung getroffen hatte. Innerhalb von Stunden nahm der Wind zu und erreichte Sturmstärke. Er heulte durch die Stahlkabel, welche die hölzerne Ballonhalle sicherten, und erreichte den schmalen Streifen Land vor dem schwarzen Granitfelsen. Als die Ballonhalle hinter ihnen in der Nacht laut erbebte, mussten die Techniker, die draußen Wache hielten, sich Mühe geben, um aufrecht auf ihren Posten stehen zu bleiben.

In den frühen Morgenstunden des folgenden Tages, als der Wind seine größte Stärke erreicht hatte, ging Strindberg zu einer Gruppe von Männern, die *Örnen* davor zu bewahren versuchten, sich von seiner Vertäuung in der Halle zu lösen. Es war ein Furcht erregender Anblick!

»Da entweicht doch Wasserstoff!«, rief Strindberg den Männern zu. »Der kleinste Funke, und das Ganze fliegt in einer Riesenexplosion in die Luft!«

»Spannt die Kabel! Spannt die Kabel, oder wir werden den Ballon verlieren!«, rief Andrée, aber seine Worte gingen in dem heulenden Sturm unter.

Selbst mit fünf Tonnen Sandballast stieg *Örnen* auch weiterhin in der Ballonhalle bis zu zwei Meter hoch, um sich dann wieder auf den Boden zu senken. Mehrmals drohte der Ballon sich von seiner Vertäuung loszureißen. Unter dem dunklen Schatten von *Örnen* kämpften Strindberg, Andrée und eine Mannschaft von mehr als zwölf Männern, um den Tragring der Ballonhülle am Fußboden der Halle zu befestigen. Sie kämpften stundenlang, um die riesige schwankende Kugel unter Kontrolle zu bringen. Irgendwann schafften sie es, erschöpft und von stürmischem Regen durchnässt, *Örnen* mit Seilen und Netzen so zu verankern, dass der Ballon sich weder nach oben oder unten noch seitlich bewegen konnte. Um vier Uhr morgens war ihre Schlacht vorbei. Der Sturm hatte sich gelegt, nur um mit deprimierender Vorhersehbarkeit durch eine nördliche Brise ersetzt zu werden.

Im Lauf der nächsten Tage kehrte die Routine zur Dänen-Insel zurück. Nur der Ingenieur Stake arbeitete noch und füllte den Ballon wieder mit Wasserstoff nach, den der Sturm herausgepresst hatte. Strindberg machte Fotos und schrieb an Anna, und Frænkel erkundete die Berge. Andrée grübelte, sammelte Moose und schrieb in seinem Tagebuch. *Ich habe meinen Gefährten vorgeschlagen, dass wir bis zum 15. Juli nur die günstigsten Winde für unseren Start wählen, aber danach müssen wir mit allem vorlieb nehmen, was ausreichend ist, unsere Abfahrt zu ermöglichen. Nach einer solchen Verzögerung sind wir berechtigt, nein verpflichtet, einen Aufstieg zu versuchen. In dieser Frage sind meine Gefährten mit mir vorbehaltlos einer Meinung. Und in Übereinstimmung mit diesem Grundsatz werden wir handeln.*

Wenn Strindberg nicht gerade an Anna schrieb, überprüfte er immer wieder die Ausrüstung der Expedition, die in mehreren Haufen auf dem Boden lag. Die Leitseile waren zu einem Haufen zusammengerollt – er nahm an, dass sie für die Fahrt bereit waren, aber niemand schien sie untersucht oder daraufhin geprüft zu haben, dass sie in einem funktionsfähigen Zustand waren. Das Faltboot und die Überlebensausrüstung waren in der Gondel von *Örnen* verstaut worden, wiederum ohne dass das Ganze kontrolliert worden wäre. Strindberg zuckte die Achseln. Er hatte das Gefühl, davon ausgehen zu können, dass alles in bester Ordnung war, besonders nach den Vorbereitungen im Jahr zuvor.

Langsam vergingen die Tage. Wieder einmal wurde Strindberg bewusst, dass die Aufmerksamkeit der Welt auf diesen kältestarrenden Strandabschnitt an der nördlichsten Spitze des Spitzbergen-Archipels gerichtet war, wo die Winde die tief hängenden, dahinfliegenden Wolken in alle Himmelsrichtungen wehten, nur nicht nach Norden. Der Regen und das leise Heulen des Windes, der von der Bai hereinwehte und auf die Berge prallte, steigerten die Anspannung und Erwartung nur noch mehr. Wie üblich zog sich Andrée in die Gewissheit zu seiner methodischen wissenschaftlichen Arbeit zurück, prüfte seine Berechnungen und gewöhnte sich immer mehr an, das Bodenpersonal mit barschen Befehlen zu traktieren. Strindberg konnte der Start nicht schnell genug kommen. Er freundete sich mit Machuron an. Er entdeckte in dem Franzosen einen verwandten Geist, der gut verstand, wie sehr er Annas liebevolles Lächeln und ihre warmherzigen Worte vermisste.

»Ich hege für Anna so zärtliche Gefühle«, erzählte Strindberg Machuron. Er erklärte, dass er sich zwischen der Erregung des Abenteuers, das vor ihm lag, und der Möglichkeit, dass eine sehr lange Zeit vergehen könne, bis er Anna wiedersehe, sobald *Örnen* in der Luft sei, hin- und hergerissen fühle. »Ob der Wind je drehen wird?«, fragte er verzweifelt. »Je eher *Örnen* abhebt, umso eher werde ich wieder bei meiner Liebsten sein.«

Strindberg kam es vor, als würden aller Augen auf ihm und seinen beiden Gefährten ruhen und den Augenblick herbeisehnen, in dem sie abhoben, und sei es auch nur, um zu sehen, was geschehen würde, wenn Andrées großartiger Plan mit einer Katastrophe endete.

Früh am Morgen des 11. Juli wurden Frænkel und Svedenborg in ihren Kojen an Bord der *Svensksund* wieder durch die Rufe und schweren Schritte eines Besatzungsmitglieds geweckt, das die Gangway zu ihrer Kabine herunterlief.

»Der Wind weht von Süd nach Nord und wird stärker!«, rief der Matrose.

Durch das Bullauge neben seiner Koje konnte Frænkel zwischen den Eisschollen hier und da offenes Wasser sehen, das durch Windstöße aus Südsüdwest gekräuselt wurde. Zwei norwegische Walfänger waren im Hafen vor Anker gegangen, um dort für den Fall, dass der Wind zu einem Sturm wurde, Schutz zu suchen. Von Andrée oder Strindberg war nichts zu sehen.

Um acht Uhr erschien Andrée auf dem Deck der *Svensksund* und begab sich an Land. Nach etwa einer Stunde kehrte er zurück. »Es ist vielleicht so weit, aber lasst mir noch eine Stunde für die Entscheidung«, sagte er. Strindberg schien er nervös. »Unterdessen,

Frænkel und Strindberg, solltet ihr eure letzten Briefe schreiben, eure Taschen packen und euch bereitmachen, kurzfristig den Ballon zu besteigen. Es kann sein, dass dies unsere einzige Chance ist.«

Frænkel ging wieder in seine Kabine, um einen letzten Brief an seine Familie zu Papier zu bringen. *Liebe Mutter, jetzt bleibt nur die Zeit für ein paar Zeilen, da wir heute vielleicht losfahren werden. Der Wind ist nicht der beste, weder in Richtung noch an Stärke, aber wir haben jetzt so lange gewartet, dass wir diese Chance nutzen müssen. Wenn du in diesem Jahr nichts mehr hörst, kann es sein, dass wir in der Arktis überwintern. Ein Winterlager auf Franz-Joseph-Land bietet keine Schwierigkeiten. Ich muss jetzt aufhören! Meine Liebe an Vater, Schwestern, Brüder, an Håkan und die Freunde von Knut.*

Für Andrée war die Wahl klar. Er konnte entweder sein Leben und das seiner Gefährten aufs Spiel setzen oder nach Schweden zurückkehren, wo man ihn wahrscheinlich verunglimpfen und mit Sicherheit lächerlich machen würde. Er würde den Rest seines Arbeitslebens unweigerlich damit zubringen müssen, die Versuche anderer zu beurteilen, die Natur mit Hilfe der Technik zu erobern. Vor ihm lag entweder eine sichere Zukunft am Patentamt oder ein Wagnis mit ungewissem Ausgang, bei dem er alles auf eine Karte setzte, um Ruhm, Ehre und den Respekt seiner Nation zu ernten.

Im Lauf der nächsten Stunde zogen die Wolken immer schneller am Himmel entlang, was ein Hinweis darauf war, dass die Windgeschwindigkeit am Boden zwar relativ konstant war, in der Höhe jedoch immer größer wurde. Dann erschien Andrée wieder an Deck, um seine Startmannschaft an Land zu bringen, Frænkel, Strindberg, Svedenborg und Machuron. Sie kletterten in der Ballonhalle bis nach oben und inspizierten den Ballon.

»Was meinen Sie?«, fragte Andrée Machuron.

»Der Wind ist böig, und das könnte beim Abheben ein Problem sein«, erwiderte Machuron. »Vorausgesetzt, Sie verlassen die Ballonhalle ohne Missgeschick, sollte der Wind keine Gefahr mehr darstellen, sobald *Örnen* in der Luft ist.«

»Und Sie, Svedenborg? Was meinen Sie?«, fragte Andrée.

»Nun ja, der böige Wind könnte dafür sorgen, dass der Ballon auf der Halle aufgespießt wird, aber mit dem Wind sollte man es darauf ankommen lassen. Ich denke, Sie sollten es versuchen.«

Danach wandte sich Andrée an Frænkel, der seinem Blick auswich. »Was meinst du, Frænkel? Sollen wir es versuchen oder nicht?«

»Die Entscheidung darüber steht mir einfach nicht zu. Wir sollten nicht losfahren, solange wir nicht alle dafür sind. Was mich betrifft, so kann ich nur sagen, dass ich mitmache, wenn ihr es auch tut.«

Schließlich sah Andrée Strindberg an, das einzige Mitglied der Expedition, das die Enttäuschung und die Demütigung einer Rückkehr nach Schweden mit einem zunichte gewordenen Traum erlebt hatte. Strindberg verstand Andrée besser als die anderen Männer. Er wusste, dass die Fahrt von *Örnen* für Andrée seit dem Tod seiner Mutter Mina einen Teil seines Reizes verloren hatte. Strindberg wusste auch, dass unter den vielen Gründen, die Andrée dazu trieben, jetzt loszufahren, die Entschlossenheit, Ekholm zu widerlegen, einen sehr hohen Rang einnahm. Mehr als sonst etwas wollte Andrée der Welt zeigen, dass seine Idee machbar war, doch Strindberg erkannte, dass er der Verlockung von Andrées Ambitionen widerstehen musste und nur an sich denken durfte. Er verbannte jeden Gedanken an zu Hause und die Sehnsucht nach Anna und sah Andrée offen in die Augen. »Ich denke, wir sollten es versuchen«, sagte er.

Andrée schürzte die Lippen, sah noch einmal jeden seiner Gefährten an und begab sich mit seinen verwirrten Partnern im Gefolge wieder auf das Boot zurück.

An Bord der *Svensksund* ging er direkt zu Ehrensvärd, dem Kapitän. Im vergangenen Jahr hatte Kapitän Hugo Zachau von der *Virgo* die Bedingungen diktiert und die Expedition mit der Begründung beendet, er müsse nach Göteborg zurückkehren. In diesem Jahr war Andrée entschlossen, in allen Dingen die letzte Entscheidung zu behalten.

»Wir haben recht ausführlich besprochen, ob wir losfahren sollten oder nicht«, erklärte er. »Meine Gefährten bestehen darauf, dass wir losfahren, und da ich keine stichhaltigen Gründe habe, dem zu widersprechen, muss ich mich damit einverstanden erklären.« Er hob die Stimme, so dass auch die Männer, die sich inzwischen um sie versammelt hatten, es hören konnten, und rief: »Wir haben beschlossen loszufahren.«

Andrée sah auf seine Uhr – es war 11.22 Uhr – und wandte sich an Ehrensvärd. »Könnten Sie sämtliche Männer an Land schicken, um mit dem Abbau der Ballonhalle zu beginnen?«

Unter einem klaren Himmel, an dem in großer Höhe ein paar Wolken vorüberzogen, herrschte im Hafen rege Tätigkeit. Die Schutzwand aus Segeltuch erhob sich auf der Südseite der Ballonhalle, während die hölzerne Nordseite zum Teil abgebaut war. Die Schleppseile, die für den Erfolg der Fahrt von entscheidender Bedeutung waren, wurden am Strand ausgelegt, damit der Ballon unmittelbar nach dem Start nach Osten dirigiert werden konnte. So wollte Andrée in der Lage sein, den höchsten Punkt der Amsterdam-Insel zu umfliegen, der gleich jenseits der Bucht der Dänen-Insel gegenüberlag.

Strindberg ließ einige kleine Wasserstoffballons losfliegen, um Windgeschwindigkeit und Windrichtung zu schätzen, machte Fotos von den Vorbereitungen und packte seine Ausrüstung in den Korb des Ballons. In der Nähe sicherte ein Reporter von *Aftonbladet* die Befestigungen der 36 Brieftauben an der zweistöckigen Gondel. Jede hatte einen eigenen Korb. Der Reporter gewann den Eindruck, dass Strindberg zwischen Aufregung und Bestürzung schwankte, als der Start von *Örnen* jetzt unmittelbar bevorstand. Er zögerte mehrmals und blickte aufs Meer hinaus, bevor er damit fortfuhr, seine Ausrüstung im Korb des Ballons zu verstauen. Zum ersten Mal gestand sich Strindberg die Möglichkeit ein, dass der Flug vielleicht ein Misserfolg wurde. Bis dahin hatte er glühend daran geglaubt, dass *Örnen* den Nordpol erreichen und er sicher nach Schweden zurückkehren würde, aber Andrées Zögern vor Frænkel, Svedenborg, Ehrensvärd und ihm selbst hatte in Strindberg erste Zweifel gesät. Was ist, wenn ich nicht zurückkehre? dachte er. Das würde bedeuten, dass meine geliebte Anna schweren Kummer erleidet und ich sie nie wiedersehe. Er überlegte, ob er Andrée fragen sollte, ob dieser irgendwelche Zweifel habe. Falls ja, wollte er ihm den Rat geben, sich alles noch einmal zu überlegen, doch damit würde er Andrée zeigen, dass er an den Traum von der Fahrt zum Nordpol nicht mehr glaubte. Beschämt verscheuchte Strindberg diese Gedanken.

Als Svedenborg Strindbergs Zweifel bemerkte, schlug er vor, sie sollten an Bord der *Svensksund* zurückkehren, um Strindbergs Habseligkeiten zu holen und vor dem Start einen Uhrenvergleich vorzunehmen. Als sie die Kombüse betraten, wurde gerade das Frühstück serviert; Ehrensvärd und der Arzt der Expedition überredeten Strindberg und Svedenborg, sich zu ihnen an den Tisch zu setzen.

»Lassen Sie uns eine Flasche Champagner aufmachen«, sagte Ehrensvärd und entfernte den Draht um den Champagnerkorken. Es gab einen lauten Knall, als der Korken gegen die Decke schlug und der Champagner über den Rand des Flaschenhalses strömte. »Hier, nehmen Sie ein Glas«, sagte Ehrensvärd und drückte Strindberg eine Champagnerflöte in die Hand. »Jetzt lassen Sie uns alle auf den Erfolg von *Örnens* Fahrt trinken. Wenn wir uns das nächste Mal begegnen, werden Sie als einer der ersten drei Männer berühmt sein, die den Nordpol erreicht haben!«

Strindberg nahm einen Schluck. Die Perlen prickelten ihm im Mund, schafften es aber nicht, seine Stimmung zu bessern. Stattdessen machte der Alkohol ihn deprimiert. Er fand das aufgeregte Geplapper der anderen am Tisch so irritierend, dass es ihn bald wieder zurück an den Strand trieb.

Unterdessen begnügten sich Frænkel und Andrée mit Bier und Butterbroten, die sie in der Ballonhalle zu sich nahmen, während sie die letzten Vorbereitungen für den Abflug vervollständigten. Ballastsäcke wurden über das Weidengeflecht des Ballons gereiht, und die massive Hülle erhob sich in der Halle. Zum ersten Mal war der Tragring nicht mehr mit dem Boden verbunden, und jetzt war deutlich zu sehen, wie die Spitze von *Örnen* aus dem Dach der Halle herausragte. Draußen wehte ein böiger Wind, der die Spitze der prall gefüllten Hülle erfasste und sie gegen die Seiten des Bauwerks schleuderte.

»*Örnen* verliert jedes Mal Gas, wenn der Ballon gegen die Seiten der Halle prallt«, rief Ingenieur Stake Andrée zu. »Er hat wahrscheinlich schon jetzt 1415 Kubikmeter verloren.«

»Keine Sorge. Die werden wir nicht brauchen«, rief Andrée zurück, als hinter ihm Strindberg hart daran arbeitete, die letzten Minuten vor *Örnens* Start zu fotografieren.

»Strindberg und Frænkel! Seid ihr bereit?«, rief Andrée.

Das war die Aufforderung, auf die Strindberg mit einer Mischung aus Furcht und starker Erregung gewartet hatte. Plötzlich von neuer Furcht erfüllt, Anna vielleicht niemals wiederzusehen, ging Strindberg zu seinem Freund Machuron hinüber, überreichte ihm die Filme, die er zuvor belichtet hatte, und umarmte ihn.

»Versprich mir, dass du Anna diese Briefe gibst«, sagte er und drückte seinem Freund ein Bündel Briefe in die Hand. Tränen liefen ihm übers Gesicht. »Sag Anna, dass ich sie liebe«, bat er mit versagender Stimme. »Und dass ich ihr jeden Tag schreiben werde.«

Mit diesen Worten kletterte Strindberg zu Frænkel in den Korb, der in eine Grube in der Mitte des Hallenbodens gesenkt worden war. Darüber schwankte der Ballon von *Örnen* hin und her und schlug gelegentlich gegen die Überreste der Holzwände der Halle.

Andrée ging als Letzter an Bord, nachdem er Ehrensvärd ein an den König von Schweden gerichtetes Telegramm übergeben hatte. Er holte einmal tief Luft, bevor er in den Weidenkorb kroch, um sich zu Frænkel und Strindberg auf die Beobachtungsplattform zu begeben.

»Was steht in dem Telegramm?«, fragte Frænkel Andrée.

»Im Moment ihres Abflugs bitten die Mitglieder der Nordpolexpedition Eure Majestät, ihre demütigen Grüße und den Ausdruck ihrer tiefsten Dankbarkeit entgegenzunehmen«, erwiderte Andrée.

Die Atmosphäre in der Ballonhalle wurde gespannter, als die drei Männer in der Gondel letzte Korrekturen vornahmen.

»Machen Sie sich keine Sorgen, wenn Sie ein Jahr lang keine Nachrichten von mir erhalten, vielleicht erst im nächsten Jahr«, rief Andrée hinaus. Um ihn herum hielten sich die Besatzung und die engsten Kameraden der drei Ballonfahrer an den Seilen fest, die *Örnen* sicherten. Sie wussten, dass sie die drei Männer vielleicht nie wiedersehen würden.

Auf Befehl Andrées schnitten Frænkel und Strindberg die Seile durch, die eineinhalb Tonnen Sand in Ballastsäcken am Tragring hielten. Der Korb machte einen Satz von einem Meter in die Höhe, und in der Halle wurde es still. Die Augen der Welt waren auf diesen wackeligen Schuppen am nördlichsten Ende der Zivilisation gerichtet, als die drei Luftschiffer auf ein kurzes Abflauen des böigen Winds lauschten.

Stille. Einige kostbare Sekunden lang erstarb der Wind. Ihre Chance, der Augenblick von *Örnens* Start, war endlich gekommen.

»*Attendez un moment. Calme!*«, rief Machuron.

Einige Sekunden verstrichen, dann Andrées Stimme: »*Kapa allt!*« Alles los!

Licht blitzte auf den Schwertklingen von drei Matrosen der *Svensksund* auf. Die drei Klingen sausten auf einmal hinunter, um die letzten drei Seile zu durchschneiden, die den Tragring noch hielten. *Örnen* machte einen Satz aus der Ballonhalle, als das Bodenpersonal Hochrufe anstimmte. Die drei Luftschiffer antworteten mit dem Ruf: »Lang lebe das alte Schweden!«

Es war 13.45 Uhr. Der erste Flug zum Nordpol hatte endlich begonnen.

Dann passierte es. Eine Windbö erfasste *Örnen* und schleuderte den Ballon gegen die Seite der Halle. Eine Sekunde lang glaubte Strindberg, die Hülle würde reißen, aber *Örnen* prallte zurück und begann wieder zu steigen. Einen Augenblick später verließ auch der Boden des Korbs die Ballonhalle, und *Örnen* war frei.

Frænkel begann, *Örnens* Segel zu setzen, und wieder taumelte der Ballon. Eine heftige Windbö, ein Fallwind, raste von den Bergen hinter der Bucht heran, jagte den Felsen hinunter und erreichte *Örnen* im kritischsten Augenblick. Der Ballon senkte und drehte sich. Unterdessen machte Strindberg Fotos von der Beobachtungsplattform auf dem Dach der Gondel, ohne zu ahnen, dass unter ihm das Bodenpersonal hektisch auf eine Dampfbarkasse zulief. Die Männer erwarteten, die Luftschiffer aus dem gefrierenden Meerwasser retten zu müssen.

Örnen stieg ein wenig weiter auf, doch als der Ballon die Mitte des Hafens erreichte, stürzte er wieder abwärts auf das Wasser zu. An Bord zogen Andrée und Frænkel Strindberg von seiner Kamera weg.

»Schnell! Ballast abwerfen! Wir stürzen ab!«, rief Andrée Strindberg zu. »Wir müssen unbedingt wieder steigen!«

Örnen berührte kurz das Wasser, hob ab, landete wieder klatschend auf dem Wasser und wurde mit hoher Geschwindigkeit weitergeschleift. In der Gondel wurden Ausrüstung und Proviant von Wasser überspült. Auf der Beobachtungsplattform ergriffen die drei Männer die Seile und hielten sie mit allen Kräften fest, als *Örnen* einen Ruck machte und die drei Männer fast umwarf.

»Mein Gott. Was war das?«, rief Strindberg einmal aus. Er hatte das Gefühl, als hätten sich die Seile an einem Hindernis unter der Wasseroberfläche verfangen. Wie seine beiden Gefährten war er überzeugt, dass die Fahrt des Ballons zu Ende ging, bevor sie überhaupt begonnen hatte.

Bevor jemand antworten konnte, tauchte die Gondel ins Wasser ein, so dass nur das obere Drittel über Wasser blieb. In Panik schrie Andrée weitere Befehle: »Mehr Ballast abwerfen! Noch mehr Ballast abwerfen!«

Einige weitere beängstigende Sekunden lang hatte es den Anschein, als wäre die Expedition damit beendet, doch dann erhob sich *Örnen* zur Erleichterung des Rettungstrupps und der Männer an Bord aus dem Wasser und begann, langsam auf die vorgesehene Flughöhe zu steigen und in nördlicher Richtung über die Bucht zu schweben. Acht Sandsäcke mit insgesamt 200 Kilogramm wertvollem Ballast waren geleert worden, die Gondel war fast völlig durchnässt, und die Zuversicht der drei Ballonfahrer war erschüttert worden, aber endlich war *Örnen* unterwegs.

ACHTES KAPITEL

Die Fahrt

DAS EISMEER
11. JULI 1897

Elf Minuten nach dem Start fuhr *Örnen* über die Holländer-Landspitze hinweg, ein winziges Kap gut eineinhalb Kilometer nördlich von Virgo-Hafen auf der Amsterdam-Insel. Nach den Jahren der Vorbereitung und dem monatelangen Warten war Andrée erleichtert, dass sie endlich in der Luft waren. Er genoss die ruhige Stille und bemerkte zu Frænkel, alles, was er hören könne, sei das Knarren des Weidenkorbs und das gelegentliche Klicken des Verschlusses an Strindbergs Kamera. Als er sich umsah, ging ihm auf, dass die Landschaft fast einfarbig war. Nur der blaue Himmel über ihm hatte Farbe; das Wasser unter ihm war schwarz und der mit Eis bedeckte Boden weiß. In der Ferne ragten die granitenen Berge dunkel und schneebedeckt auf. Es kam ihm vor, als beträten sie eine andere Welt, eine Welt, in der das Fehlen von Farbe alles wirklicher erscheinen ließ, lebendiger und schärfer als die Fotos, die Strindberg von der Beobachtungsplattform aus machte.

Aber da fehlt etwas, dachte Andrée. Er hörte nicht das leise Schwappen der Schleppseile, die durchs Wasser gezogen wurden. Außerdem zog *Örnen* kein Kielwasser hinter sich her.

»Wir haben die Schleppseile verloren!«, rief Andrée. Frænkel und Strindberg unterbrachen ihre Besichtigung und warfen einen Blick, auf die Unterseite von *Örnen*. Andrée hatte Recht; nur drei kurze Seile hingen dort, wo die Schleppseile hätten sein sollen.

In all der Panik des Starts und bei dem anschließenden Eintauchen in die Bucht von Virgo-Hafen hatte niemand an Bord bemerkt, dass zwei Drittel von jedem Schleppseil am Strand liegen gelassen worden waren. Nach dem Auslegen der Seile hatte niemand die Schraubverschlüsse kontrolliert, so dass die unteren Teile des Schleppseils beim kleinsten Widerstand, beim kleinsten Zerren abreißen konnten.

»Die Schrauben waren angezogen, als die Seile auf der Erde zusammengerollt waren, aber als wir sie am Strand auslegten, müssen die Taurollen aufgegangen sein, und das genügte, um die Verschlüsse aufzuschrauben«, meinte Strindberg.

Andrée erkannte, dass sein Kollege Recht hatte, fuhr ihn aber dennoch an. »Das nützt uns jetzt wenig. *Örnen* ist kein lenkbares Luftschiff mehr; stattdessen ist es ein Ballon wie jeder andere. Das ist natürlich das, was ich vermeiden wollte. Jetzt lässt er sich nur noch durch die Launen des Windes steuern.«

Plötzlich schossen Andrée wieder Erinnerungen an General Greelys und Admiral Markhams spöttische Bemerkungen beim Internationalen Geographischen Kongress in London durch den Kopf. Es war ein katastrophaler Fehler gewesen, die Schleppseile nicht zu kontrollieren. Sie hatten die Bucht vermessen und begutachtet, die Wassertiefe ausgelotet und die Höhe der umgebenden Berge gemessen – Andrées Trumpfkarte aber hatten sie nicht kontrolliert. Die Schleppseile, von denen Andrée der Welt erzählt hatte, dass sie dort, wo andere Ballonflüge gescheitert seien, den Sieg garantieren würden, lagen nutzlos am Strand der Dänen-Insel. Der einzige Trost lag darin, dass der zusätzliche Ballast der Schleppseile die Gondel unter Wasser gezogen hätte, als sie kurz nach dem Start in das Wasser der Bucht eintauchte.

Vielleicht waren die drei Männer zu selbstzufrieden gewesen; vielleicht hatte Andrée die Aussichtslosigkeit ihrer Mission erkannt und es dann versäumt, bei jedem Aspekt der Vorbereitung seine gewohnte Sorgfalt an den Tag zu legen. Als sich die drei Männer jetzt auf der Beobachtungsplattform drängten, blieb ihnen keine andere Wahl, als aus einer verfahrenen Situation das Beste zu machen. Obwohl es in dem Tragring für Frænkel und Strindberg zu eng war, um ihren Unwillen über Andrée auch nur leise zu äußern, hatten beide die gleichen Gedanken: Hatte es noch einen Sinn, die Mission fortzusetzen, wenn sie *Örnen* nicht steuern konnten? Nur ihre Loyalität gegenüber Andrée, ihre Erleichterung über den Start und die Aufregung über das, was vielleicht vor ihnen lag – und der Ruhm, der auf sie wartete, falls sie sicher heimkehrten –, hielten sie davon ab, ihre Besorgnisse zu äußern.

»Was ist mit den Segeln?«, wollte Frænkel wissen. »Hat es einen Zweck, sie da oben zu lassen?« Er blickte zu den Segeln hoch, die kurz nach dem Start gehisst worden waren, als *Örnen* die Ballonhalle verlassen hatte. Sie hingen schlaff und flatterten lose im Wind.

»Nein«, erwiderte Andrée in einem dringlichen Ton. »Sie sind jetzt nicht mehr zu gebrauchen, und wenn der Wind sie erfasst, könnten wir auf die hohen Gipfel auf der Amsterdam-Insel zugetrieben werden. Holt sie sofort ein, bis wir eine Möglichkeit finden, die Schleppseile instand zu setzen. Ohne sie werden wir dem Wind wahrlich auf Gnade und Ungnade ausgeliefert sein.«

Örnen führte eine fast vollständige Drehung aus, als die Ballastseile, die an der Leeseite des Tragrings befestigt waren, leicht die Wasseroberfläche berührten.

»Schnell!«, rief Andrée. »Wenn wir die Segel nicht einholen, werden wir nach links abdriften und auf der Amsterdam-Insel landen!« Während Strindberg und Andrée die Segel einholten, kletterte Frænkel an den Seilen über dem Tragring hoch und schob das Segeltuch beiseite.

Die Panik war überflüssig. Da schon 200 Kilo Ballast über Bord gegangen waren und die 500 Kilo der unteren zwei Drittel der Schleppseile fehlten, stieg *Örnen* schon bald auf eine Höhe von 540

Metern, so dass die Wasseroberfläche selbst dann weit außerhalb der Reichweite der Ballastseile und der Schleppseile gelegen hätte, wenn deren untere zwei Drittel nicht zurückgeblieben wären. *Örnen* war schon jetzt außer Kontrolle.

Andrée blickte Frænkel und Strindberg an. Frænkel bestimmte gerade ihre Position anhand von Orientierungspunkten an Land, während Strindberg in seinen Taschen wühlte und offenbar nach irgendeinem persönlichen Gegenstand suchte, statt seine Aufmerksamkeit dem Ballon zu widmen.

»Es scheint euch entgangen zu sein, dass der Wasserstoff in dieser großen Höhe von selbst aus dem unteren Sicherheitsventil von *Örnen* entweicht«, sagte Andrée. »Je höher wir steigen, umso mehr werden wir verlieren. Wir können es nicht verhindern, und das bedeutet, dass *Örnen* nicht so lange wie geplant fahren wird.«

Strindberg schnaubte. »Sich vorzustellen, dass wir uns nur darum sorgten, wie viel Gas durch die Nähte entweichen würde. Wie viel es auch gewesen wäre, es wäre weniger gewesen, als wir schon jetzt durch das Fliegen in so großer Höhe verloren haben.«

Andrée reckte herausfordernd das Kinn vor, und frostiges Schweigen hüllte die Beobachtungsplattform ein. Strindberg brütete vor sich hin. Wieder einmal, dachte er, ist Andrée nicht bereit, die Verantwortung für ein Versagen zu übernehmen. 1896 war es genauso gewesen: Damals wollte Andrée Ekholms Kritik an *Örnen* nicht akzeptieren. Jetzt hatte es den Anschein, als hätte Ekholm mit seinem Rücktritt klug gehandelt.

Frænkel versetzte Strindberg einen leichten Rippenstoß. »Was ist mit deinem Brief für Anna? Hast du mit Machuron nicht vereinbart, dass du auf dem Ballon ein paar letzte Worte kritzeln und sie über der Holländer-Landspitze abwerfen würdest?«

Strindberg kam wieder zur Besinnung. Das Briefchen! Er hatte mit Machuron gescherzt, dass es die erste polare Luftpost sein werde, die nicht von Brieftauben übermittelt, sondern von ihm mit eigener Hand an Bord von *Örnen* abgeworfen werden würde, um dann von Machuron abgeholt und Anna geschickt zu werden. Strindberg hatte in seinen Taschen nach dem Blatt Papier gesucht, das er für diesen Anlass aufbewahrt hatte, als Andrée ihm vorgeworfen hatte, dem Entweichen von Wasserstoff aus dem Ballon keine Aufmerksamkeit geschenkt zu haben. Jetzt hatte er seine Chance verpasst, den Brief über der Holländer-Landspitze abzuwerfen, wie er mit Machuron vereinbart hatte.

»Du hast Recht – wo ist er?«, erwiderte Strindberg und durchwühlte seine Taschen erneut. Er fand das Papier in einer zugeknöpften Innentasche sorgfältig verstaut, zog es heraus und fügte noch einige kurze zärtliche Worte hinzu. Er legte das Briefchen in eine Dose und ließ diese dann über Bord fallen. Soweit er sehen konnte, befand sich *Örnen* jetzt über der Insel Vogelsang, sieben Minuten und einige Kilometer von der Holländer-Landspitze entfernt. Doch seine Sicht war behindert, da der Ballon jetzt nach Osten trieb und auf eine Höhe von 550 Metern gestiegen war, wo er gleich in dem grauen arktischen Nebel verschwinden würde.

Strindberg war untröstlich, weil er vergessen hatte, seinen Brief an der richtigen Stelle abzuwerfen. Er hatte das Gefühl, als würde der Nebel nicht nur *Örnen* einhüllen, sondern auch seine Erinnerungen an Anna trüben. Mit jedem Kilometer, den sie tiefer in die Wolke hineinflogen, schien Annas Lächeln mehr zu verblassen. Er wünschte nur, er hätte ein Bild seiner Liebsten mitgenommen und könnte Andrée und Frænkel ebenso mühelos von seinem Liebeskummer erzählen wie Machuron.

In der Hoffnung, dass sein Freund nicht vergessen hatte, die Dose mit dem Brief an seine Verlobte abzuwerfen, stand Alexis Machuron am Strand der Dänen-Insel und sah zu, wie *Örnen* für immer außer Sichtweite verschwand.[5] Er blickte in die Ferne und hielt in seinem Taschenkalender fest, wann er den Ballon zum letzten Mal gesehen hatte: *Dann können wir noch für einen Augenblick einen grauen Fleck über dem Meer zwischen zwei Hügeln sehen, in sehr, sehr weiter Ferne. Und dann ist er schließlich verschwunden. Unsere Freunde sind jetzt in rätselhaftes Dunkel gehüllt.*

In der Wolke war es still und bitterkalt. Der nasskalte Nebel hatte eine Temperatur von nur einem Grad über null, aber der Ballon hielt eine gute Geschwindigkeit von mehr als 36 Stundenkilometern – Machurons Berechnungen vor dem Start zufolge schnell genug, den Pol in zwei Tagen und die Beringstraße zwischen Alaska und Russland in sechs Tagen zu erreichen. Doch solche Vorhersagen waren Wunschdenken. Vier Minuten später hatte der Wasserstoff sich so stark abgekühlt, dass *Örnen* auf eine Höhe von weniger als 21 Meter über der Wasseroberfläche sank, was so tief war, dass die verbliebenen kurzen Stummel der Schleppseile auf dem Wasser entlanggeschleift wurden.

»Seht, es funktioniert!«, rief Andrée. Seine Gefährten schienen unbeeindruckt zu sein; ihnen war es wichtiger, ihre Jacken gegen die kalte, feuchte Luft zuzuziehen. »*Örnen* ist langsamer geworden, und der Wind strömt an uns vorbei. Die Schleppseile hätten funktioniert! Seht doch, wie der Wind die Flaggen kräuselt.«

Andrée hatte Recht, aber Frænkel war nicht der Ansicht, dass es angezeigt war zu feiern. »Ja, aber wir können nicht die gesamte Fahrt in Wolken gehüllt und in dieser Höhe verbringen. Wir müssen neue Schleppseile konstruieren.«

Die Ballonfahrer machten sich auf der Stelle daran, die unteren Teile eines der acht 60 Meter langen Ballastseile auf das zu spleißen, was von einem der Schleppseile übrig geblieben war. Sie kauerten über den Seilen und arbeiteten schweigend. Die schweren Fasern zerrten an ihren wunden, blutenden Händen.

»Diese Arbeit macht Durst«, sagte Strindberg. »Wir müssen was trinken.«

»Die Höhe wird uns auch durstig gemacht haben«, erwiderte Andrée. »Frænkel, geh mal runter und such etwas zu trinken.«

Aufgebracht darüber, herumkommandiert zu werden, kletterte Frænkel die Strickleiter hinunter und kehrte eine Minute später mit einer großen Flasche Bier in der Hand zurück.

»Ich hoffe, wir werden nicht in eine große Höhe zurückkehren«, sagte er. »Das würde uns austrocknen, und darauf sind wir mit Sicherheit nicht vorbereitet. Wir haben Rotwein und Bier, aber das bisschen Trinkwasser, das wir an Bord haben, hat Nils wohl für Kaffee reserviert.«

Die drei Männer hielten kurz in ihrer Arbeit inne, um die Flasche Bier mit drei dankbaren Schlucken zu leeren, bevor sie sich wieder den Seilen zuwandten. *Örnen* fuhr stetig nach Nordnordost, und die Wolke hüllte sie von allen Seiten ein, als sie sich abmühten und vergeblich hofften, sie könnten ein Seil konstruieren, das ihren Ballon in großer Höhe über den Wolken steuerbar machen würde.

Nur zu bald forderte das Bier seinen Tribut. »Aufpassen da unten!«, rief Strindberg von der Beobachtungsplattform zu Frænkel hinunter, der in der Gondel arbeitete. »Du kriegst gleich eine Dusche ab!«

Frænkel ging in Deckung, als Andrée und Strindberg sich über die Seite der Plattform erleichterten.

Am späten Nachmittag schwebte *Örnen* aus der Wolke in die wärmenden Strahlen der Sonne und begann wieder zu steigen. Um 16.54 Uhr passierte der Ballon in einer Höhe von 480 Metern den Rand der polaren Eiskappe, weit außerhalb der Reichweite des in aller Hast konstruierten 120 Meter langen Schleppseils. Frænkel beobachtete eine in der Nähe fliegende Seemöwe, als hinter ihnen die Gipfel und Fjorde Spitzbergens in einem leichten Dunst verschwanden. Wieder einmal war *Örnen* ein Freiballon, der sich nicht steuern ließ. Doch das Gas in der Hülle kühlte sich langsam ab, als der Nebel die wärmende Sonne verdunkelte und der Ballon sich wieder in Richtung Eis hinabsenkte. 40 Minuten später flog er in nordnordöstlicher Richtung in einer Höhe von 230 Metern.

Die drei Ballonfahrer waren von dem Blick durch den Nebel auf das intensiv blaue Meer und das Eis fasziniert, doch sie hätten ihre Aufmerksamkeit etwas anderem zuwenden sollen: *Örnen* hatte eine erhebliche Menge Gas verloren. Während des letzten Ausflugs in eine große Höhe waren mehr als 40 Kubikmeter Wasserstoff entwichen. Da die Wolken jetzt die Sonne verdunkelten und sich das Gas abkühlte, verringerte sich die Fähigkeit des Ballons, seine Höhe zu halten, aber das schien den drei Piloten keine Sorge zu machen. Sie ließen vier Brieftauben frei – der Verlust dieses Ballasts wirkte sich auf die Höhe kaum aus – und verdrückten jetzt ihre erste Mahlzeit – Nudelsuppe aus einer Feldflasche und Butterbrote, die ihnen die Köche auf der *Svensksund* eingepackt hatten. Sie aßen in fast totaler Stille, die nur durch das Knarren von Eis, das Pfeifen des Ventils, aus dem Wasserstoff leckte, und gelegentliches Vogelgezwitscher unterbrochen wurde.

Gegen 19.00 Uhr verdichtete sich der leichte Dunst unterhalb von *Örnen* zu Nebel. Wäre alles nach Plan verlaufen und wären die Schleppseile immer noch in voller Länge am Ballon befestigt gewesen, wäre *Örnen* jetzt niedriger gefahren und von Nebel eingehüllt gewesen, doch Andrée schien sich immer noch nicht zu sorgen. Seine Erleichterung darüber, endlich unterwegs zu sein, war der Euphorie gewichen, dass der Ballon nicht gleich nach dem Start eine Bruchlandung gemacht hatte. Da er jetzt seit mehreren Tagen nicht mehr richtig geschlafen hatte, war Andrée erschöpft.

Die schwedische Flagge hing schlaff herunter, da *Örnen* sich mit der gleichen Geschwindigkeit bewegte wie der Wind. Andrée kletterte die Strickleiter zu der winzigen Koje in der Gondel hinunter. »Ich habe seit Tagen nicht geschlafen«, sagte er zu Frænkel. »Ich werde es jetzt nachholen und später die erste Nachtwache übernehmen.«

Während *Örnen* frei über ein endloses Meer aus weißen Wolken dahintrieb, bemühte sich Andrée, ein optimistisches Kommuniqué zu schreiben. Darin wurde jede Erwähnung der Tatsache vermieden, dass *Örnens* Fahrtrichtung nicht mehr seiner Kontrolle unterworfen war. *Unsere Reise ist bisher gut verlaufen*, schrieb er. *Wir bewegen uns immer noch in einer Höhe von 250 Metern in einer Richtung, die zunächst zehn Grad östlich von Nord lag, aber später direkt nordöstlich war. Um 17.40 MEZ wurden vier Brieftauben losgeschickt. Sie flogen nach Westen. Wir befinden uns jetzt über dem Eis, das sich in alle Richtungen ausbreitet. Wetter herrlich. In allerbester Stimmung, Andrée, Strindberg, Frænkel.*

Strindberg und Frænkel hielten in dem strahlenden Sonnenschein Wache, hielten in regelmäßigen Abständen ihre Position fest, während Andrée unter ihnen in einen tiefen Schlaf fiel. *Örnen* wechselte erneut die Richtung, fuhr nach Ostnordost und stieg auf 660 Meter, was Frænkel und Strindberg schon bald für ihre Selbstzufriedenheit bestrafte, da sie dem Ballon erlaubt hatten, zu hoch zu fliegen. Je höher sie flogen, umso mehr Wasserstoff entwich aus der Hülle und umso weniger Gewicht würde *Örnen* tragen können, sobald der Ballon wieder eine angemessene Höhe erreichte. Um 21.43 Uhr war *Örnen* auf 480 Meter gesunken und streifte die Oberseite der Wolken.

»Sieh mal, wie wir auf den Wolken fahren, als wären sie ein Federbett«, rief Strindberg. »Ist das nicht herrlich?«

»Ja, aber wir laufen Gefahr, in einen Teufelskreis des Sinkflugs zu verfallen«, entgegnete Frænkel. »Je tiefer wir in den Wolken versinken, umso weiter entfernen wir uns von der Wärme der Sonne. Und je näher wir dem kalten Eis kommen, umso schwerer wird es für *Örnen* sein, wieder an Höhe zu gewinnen.«

Die beiden Männer wussten, dass der Ballon mit dem Absinken der Temperatur um je ein Grad jeweils 360 Meter sinken würde. Nach kurzer Beratung einigten sie sich darauf, 18 Pfund Sand und Schwimmboje Nummer 4 mit Andrées Depesche über Bord zu werfen, aber nicht bevor Strindberg noch ein paar Worte hinzugefügt hatte, die ebenso weit von der Wahrheit entfernt waren, wie Andrées es gewesen waren: *Seit 19.45 Uhr MEZ über den Wolken.*

Der Anblick einer weiten Fläche zerbrochenen Eises, die sie durch eine Wolkenlücke entdeckten, brachte sie wieder in die Wirklichkeit zurück. Als die beiden Männer erkannten, dass das Überbordkippen des Sandes und der Boje keine Wirkung hatte, schnitten sie den unteren Teil der Strickleiter ab und warfen diesen auch über die Seite. Der Ballon stieg daraufhin nur wenig in die Höhe, so dass sie weitere sechs Reihen der Strickleiter entfernten und sie zusammen mit Boje Nummer 7 über Bord warfen. In dieser befand sich eine kurze Notiz, die Strindberg in panischer Hast hingeschrieben hatte: *Diese Boje ist am 11. Juli 1897 um 10.55 Uhr MEZ aus Andrées Ballon in etwa 82° nördlicher Breite und 25° östlicher Länge von Greenwich abgeworfen worden. Wir schweben in einer Höhe von 600 Metern. Alles wohlauf, Andrée, Strindberg, Frænkel.*

Das Abwerfen des Ballasts hatte wiederum keine Wirkung. 16 Minuten später war der Ballon auf eine Höhe von 450 Metern gesunken, zwölf Meter unterhalb der Wolken. Die Temperatur fiel auf 0,6 °C – knapp über dem Gefrierpunkt. Durch gelegentliche Wolkenlücken konnten sie in großer Höhe Wolken nach Norden treiben sehen, doch als der 12. Juli anbrach, war *Örnen* in einem östlichen Luftstrom gefangen, und ein rekonstruiertes Schleppseil berührte das Eis.

»Das wird Andrée gefallen. Sein Schleppseil ist wieder auf dem Eis«, sagte Frænkel abschätzig.

»Ja, aber was haben wir davon? Der Wind ist für den Einsatz des Segels zu langsam«, erwiderte Strindberg. »Jedenfalls ist mir der Konstruktionsfehler von *Örnen* jetzt klar geworden: Die Schleppseile und Ballastseile sind zu dicht am Segel – sie sollten am Heck des Ballons angebracht sein. Das Ergebnis ist, dass die Schleppseile *Örnen* in eine Drehung versetzen und dem Segel den Wind nehmen, so dass sich der Ballon damit nicht steuern lässt.«

»Wir hätten *Örnen* prüfen sollen, bevor wir zur Dänen-Insel abfuhren«, sagte Frænkel. »Unfassbar, dass wir bei einer Fahrt dieser Art eine neue, unerprobte Konstruktion einsetzen.«

Mit Hilfe eines Senkbleis und einer Positionsbestimmung von Eisblöcken aus berechneten Strindberg und Frænkel Geschwindigkeit und Höhe des Ballons. Sie fuhren in Höhen zwischen 20 und 100 Metern – viel zu tief. Um ein Uhr morgens warfen sie weitere zwölf Kilo Ballast über Bord, aber *Örnen* sank dennoch weiter, bis die Ballastseile auf dem Eis schleiften, was das Tempo weiter verlangsamte.

Als in der Ferne ein schwarzer Vogel vorbeiflog, bedachten sie ihr Dilemma. Wenn sie auf der gegenwärtigen Höhe blieben, würde der Ballon vereisen, langsamer werden und weiter sinken. Wenn sie jedoch Ballast über Bord warfen, um sich über die Wolken zu erheben, würde sich das Gas im Ballon erwärmen, mit der Folge, dass sie in eine Höhe aufsteigen würden, in der der Ballon nicht mehr beherrschbar war und Wasserstoff verlieren würde. Mit weniger Gas in der Hülle würden sie irgendwann wieder unter die Wolkendecke sinken und erneut dort landen, wo sie jetzt waren, aber dann mit Hunderten von Pfund weniger Ballast und vielen Kubikmetern weniger Wasserstoff. Bisher hatte sie dieses ständige Auf und Ab mehr als eine Tonne Tragfähigkeit gekostet.

Der Nebel wurde dichter, als sie ihre Möglichkeiten bedachten. Unfähig, zu einer Entscheidung zu kommen, starrten sie einfach ihre eintönige Umgebung an. Die Sicht betrug bald nur noch eineinhalb Kilometer, und um 1.26 Uhr blieb der Ballon stehen, völlig durchnässt von der feuchten Luft. Die Männer warfen eine weitere Boje über Bord – die ohne jede Wirkung blieb – und weckten Andrée wie vereinbart um zwei Uhr.

»Wir stehen still«, sagte Strindberg mit einem Achselzucken. »Jetzt bist du an der Reihe.«

Während Andrée die Wache übernahm, kletterten Strindberg und Frænkel die Strickleiter in die Gondel hinunter. Der Weidenkorb war beengt und bot nur wenig Schutz vor den Elementen. Überall tropfte Kondenswasser, und die Decken auf dem Bett waren schwer von Tau. Schon jetzt hing ein Geruch von verrottenden Fasern in der Luft, der Strindberg unwillkürlich an einen Fehlschlag denken ließ. Die beiden Männer krochen nebeneinander aufs Bett und fragten sich, wie sie es schaffen sollten, in dieser engen und feuchten Zelle zu schlafen. Trotz der Unbequemlichkeit waren sie jedoch bald eingeschlafen, erschöpft durch die Widrigkeiten der letzten Tage.

Fünf Stunden bewegte sich der Ballon langsam in nordnordwestlicher Richtung weiter und ging dann auf einen westlichen Kurs. Das Schleppseil bewirkte nichts; die ungünstig angebrachten Ballastseile drehten den Ballon so, dass der Wind das Segel nicht erfassen konnte. Einmal bewegte sich *Örnen* sogar rückwärts, und das Segel zwang den Ballon in Richtung Eis hinunter. In dieser Zeit entdeckte Andrée mehrere Vögel, darunter einen Eissturmvogel, der den Ballon umkreiste. Das war ein schlechtes Vorzeichen. Der Ballon hätte inzwischen schon weiter vom Land entfernt sein müssen. Doch obwohl die Mission sich in einer Notlage befand, konzentrierte sich Andrée auf etwas anderes. Der Ballon trieb richtungslos und mit einer Geschwindigkeit, die nur einen Bruchteil der geplanten betrug, aber Andrée faszinierten Härte und Glattheit des sich unter ihm erstreckenden Eises. *Der Schnee auf dem Eis ist über weite*

Strecken von einem hellen, schmutzigen Gelb und hat die gleiche Farbe wie das Fell des Eisbären, schrieb er in sein Tagebuch. *Das Eis ist nur an wenigen Stellen zusammengepresst. Wenn die Oberfläche hart ist, könnte man mit Pferd und Schlitten darauf fahren. Kein Land in Sicht, obwohl der Horizont unklar ist. Es ist wirklich eine wunderschöne Fahrt durch die Nacht. Mir ist kalt, aber ich will die beiden Schläfer nicht wecken. Sie brauchen Ruhe.* Ein wenig später entdeckte er direkt unter der Gondel zwei Walrosse. *Eins davon zeigte sich erschreckt, das andere nicht*, notierte er.

Die Temperatur lag weiterhin kaum über dem Gefrierpunkt, und der Ballon trieb unverändert in etwa 18 Meter Höhe über dem Eis nach Westen, doch Andrée wirkte immer noch gleichgültig, als hätte er die Hoffnung aufgegeben, seine Mission zu Ende zu führen. Vielleicht hatte er gar nicht den Wunsch gehabt, überhaupt loszufahren. Das hatte er jedenfalls vor einigen Monaten Gurli Linder gegenüber angedeutet.

Zwei Wochen bevor Andrée Göteborg verließ, um zur Dänen-Insel zu fahren, war seine geliebte Mutter Mina gestorben. Ihr Tod kam nicht unerwartet; Mina hatte ein hohes Alter erreicht, aber ihr Tod machte Andrée dennoch untröstlich. Seit dem Tod seines Vater 1870 war kaum ein Tag vergangen, an dem Andrée nicht mit seiner Mutter gesprochen oder ihr geschrieben hatte. Der plötzliche Verlust seines Vaters, als Andrée gerade 16 war, hatte ihn direkt in die Arme seiner Mutter getrieben. Er wurde zum vollkommenen Sohn, dem das Glück seiner Mutter mehr am Herzen lag als alles andere, und im Lauf der Zeit wurde Mina immer abhängiger von seiner Unterstützung und seiner Liebe.

Einige Tage nach der Beisetzung seiner Mutter traf sich Andrée auf der Insel Djurgården östlich der Stockholmer Altstadt mit Gurli Linder. Er schlug einen Besuch Skansens vor, eines Freiluftmuseums mit einem Zoo nordischer Tiere. Als sie in dem Park herumschlenderten und gelegentlich stehen blieben, um sich Bauernhäuser aus früherer Zeit anzusehen, erzählte Andrée Gurli von seinem Kummer und seiner Traurigkeit.

»Seit Mutters Tod ist mein ganzes persönliches Interesse an der Expedition dahin«, gestand er und ließ den Finger an dem Zaun einer Holzhütte aus dem 18. Jahrhundert mit einem Grasdach dahingleiten.

Gurli hatte Andrée noch nie so deprimiert gesehen. Es hatte den Anschein, als wäre sein ganzer positiver Ehrgeiz in der vergangenen Woche mit seiner Mutter gestorben.

»Ich reise in wenigen Tagen nach Göteborg ab«, sagte Andrée. »Natürlich habe ich ein Interesse daran, meine Idee zu realisieren, und mein Gefühl der Verantwortung gegenüber meinen Gefährten ist unverändert, aber ich empfinde keine Freude. Das einzige Bindeglied, das mich mit dem Leben verband, ist durchtrennt.«

Gurli sah sich Andrées Hände an. Die Knöchel waren weiß, als er den Zaun umfasste. Er hatte von Gefühlen gesprochen, von denen sie sich verzweifelt wünschte, er würde sie ihr entgegenbringen. In der Nähe der beiden wuchs ein einzelnes Usambaraveilchen auf einem Stück Erde, das an einer steinernen Mauer klebte. Gurli streckte die Hand aus und trennte die Blüte mit den Fingernägeln ab.

»Sieh mal«, sagte sie und hielt Andrée die zarten, samtigen Blütenblätter hin. »Die Blume ist schon gestorben, aber wenn ich sie in einer Vase auf meine Frisierkommode stelle, wird sie mich ein paar Tage lang daran erinnern, wie sie noch vor ein paar Augenblicken aussah, als sie noch lebendig war. Wir müssen alles benutzen, was wir erreichen können, um uns an die besten Augenblicke der Vergangenheit zu erinnern.«

Andrée betrachtete die Blume. Sentimentalitäten dieser Art ließen ihn unbeeindruckt; er betrachtete die Blume als Wissenschaftler, untersuchte prüfend ihre Blütenblätter, die Kelchblätter, die Staubbeutel und den Fruchtknoten. Er zuckte die Achseln.

»Du musst etwas zum Pol mitnehmen, was dich an deine Mutter erinnert«, sagte Gurli. »Von jetzt an werde ich zum Gedenken an dich immer ein Veilchen neben dein Porträt bei mir zu Hause stellen.«

Örnen kam zum Stillstand, als Strindberg aufwachte und dann kurz vor sechs Uhr morgens zur Beobachtungsplattform hinaufkletterte. Mit Hilfe des kunstvollen Apparats von Ernst Göransson, dem Ingenieur und Freund Andrées, bereitete Strindberg das Frühstück zu. Er senkte das Kochgerät sorgfältig vom Ballon hinab, bis es acht Meter unterhalb der Gondel baumelte, was weit genug entfernt war, um den Wasserstoff in dem Ballon nicht in Brand geraten zu lassen. Dann entzündete er mit Hilfe einer sinnreichen Vorrichtung die Spiritusflamme des Kochers und ließ den Kaffee 18 Minuten lang kochen, wonach er die Flamme ausblies, und zwar durch eine lange Gummiröhre, die bis zu dem Kochgerät hinunterreichte. Dann zog er Kaffeekanne und Kochgerät wieder zur Gondel herauf.

»Dieser Kaffee sollte dir gut tun. Du siehst erschöpft aus«, sagte Strindberg zu Andrée, dessen Augen wie rote Flecken in seinem wachsbleichen Gesicht leuchteten.

»Ich habe schon Tage vor der Fahrt nicht mehr richtig geschlafen«, erwiderte Andrée und sah dabei seinen Gefährten an.

Strindberg sah ebenfalls nicht mehr wie der stolze Mann aus, der vor weniger als 24 Stunden an Bord von *Örnen* gegangen war. Die Kälte, die trockene Höhenluft und der absolute Stress der Fahrt forderten schon jetzt ihren Tribut. Strindberg war unrasiert und zerzaust, weil er so eng an Frænkel gepresst geschlafen hatte, doch die größte Sorge bereitete Andrée die Tatsache, dass sein Gefährte bei dem Gedanken, wie lange es bis zu einem Wiedersehen mit Anna dauern würde, sichtlich deprimiert wirkte.

»Ah, der Kaffee ist gut. Ich spüre richtig, wie er mir die Augen öffnet«, sagte Andrée und leckte die Zange ab, die Strindberg zum Öffnen einer Dose mit Kondensmilch benutzt hatte. Während Strindberg sich in der Ecke zu schaffen machte und die so genannte Universaltonne von einem Nachtstuhl in einen Tagesstuhl verwandelte, ließ sich Andrée sein Frühstück aus Butterbroten mit Käse und Sardinen schmecken und starrte erneut auf die eintönige Weite aus weißem Eis und grauen Wolken.

Ein Eissturmvogel flog vorüber. Andrée zeigte auf den Vogel und rief Strindberg zu: »Wir sind noch immer nicht außerhalb der Reichweite des Nests dieser Möwe in den Felsen Spitzbergens.« Der Eissturmvogel umkreiste den Ballon erneut und landete dann auf dem Tauwerk von *Örnen*, bevor er seine Losung auf die beiden Männer fallen ließ.

Der restliche Morgen verging relativ ereignislos. Die Temperatur fiel unter den Gefrierpunkt, als der Ballon sich wieder zu bewegen begann, diesmal in westlicher Richtung. Strindberg und Andrée ließen kurz nach elf Uhr einen weiteren Schwung Brieftauben losfliegen, und um zwölf Uhr mittags entdeckten sie einen leuchtend roten Fleck auf dem Eis, wahrscheinlich das Blut eines von einem Eisbären getöteten Seehunds. Die Perspektiven verschlechterten sich jedoch am Nachmittag, als Nieselregen und ein feiner Nebel die Ballonfahrer einhüllten. Da die Temperatur noch immer nur mit Mühe über den Gefrierpunkt gelangte, wussten die Männer, dass dies das Schlimmste war, was ihnen passieren konnte; bei einer solchen Nässe konnte nämlich der Regen nicht verdunsten. Er fror in der Ballonhülle fest, im Netz, in der Gondel, auf jedem freiliegenden Stück Gewebe, und steigerte so schnell das Gewicht des Ballons, bis er um 15.06 Uhr zweimal gegen das Eis knallte.

»Werft alles über Bord, was wir nicht unbedingt brauchen«, rief Andrée Frænkel und Strindberg zu.

Als Erstes gingen die schweren Messer über Bord, die sie dazu benutzt hätten, die Schleppseile durchzuschneiden, wenn diese nicht zusammengerollt am Strand der Dänen-Insel zurückgelassen worden wären. Dann trennten sie sich von 25 kg Sand und einigem Tauwerk. Es war nicht genug. Zehn Minuten später warfen sie einen eisernen Anker und eine kleine Rolle über Bord. Das war jedoch noch immer nicht genug, um *Örnen* vom Eis abheben zu lassen. Eine halbe Stunde später ließen sie ein Ballastseil herab und warfen eine Schaufel über die Seite. Auch das zeigte kaum Wirkung.

Um 16.51 Uhr gaben sie die Polboje preis – ein stillschweigendes Einverständnis der Niederlage –, aber noch immer stieg *Örnen* nicht auf. Der Ballon wurde von Feuchtigkeit festgehalten, die jedes Stück Gewebe und Seil durchtränkt hatte. Die Imprägnierung der Leit-, Ballast- und Netzseile mit Talg und Vaseline, um sie wasserdicht zu machen, hatte nicht die gewünschte Wirkung gehabt. Die Seile hatten Feuchtigkeit aufgenommen und waren dann gefroren, was den Ballon dazu gebracht hatte, wiederholt auf dem Eis aufzuschlagen, als er in leicht südsüdwestlicher Richtung dahintrieb. Um 17.14 Uhr knallte der Ballon in schneller Folge achtmal gegen das Eis und wurde dann weitergeschleift, und damit wussten die drei Schweden, dass ihre ehrgeizige Expedition beendet war.

Lass uns wenigstens in Ruhe essen, schrieb Andrée in sein Tagebuch. Seine Bitte wurde jedoch nicht erhört. Um 18.35 Uhr, als *Örnen* erneut gegen das Eis prallte, schrieb Andrée in sein Tagebuch: *Unablässiger Nebel und Zusammenstöße alle fünf Minuten.* Dann fügte er nicht ganz aufrichtig hinzu: *Stimmung gut.* Vielleicht hatte sie das kalte Brathähnchen, das sie als Abendessen teilten, in eine gute Stimmung versetzt; im Übrigen gab es für sie kaum einen Grund, gehobener Gemütsverfassung zu sein. Um 21.30 Uhr knallte *Örnen* alle zwei Minuten mit großer Wucht gegen das Eis, als der Ballon nach Südwesten fuhr, parallel zu der Route, der er von Spitzbergen aus gefolgt war. *Haben das Eis unter uns besucht und alle 50 Meter mit unserem Stempel versehen*, schrieb Andrée. Er fragte sich, wie viel seine erschöpften Gefährten wohl noch ertragen konnten und wann das unaufhörliche Aufprallen auf dem Eis ihre Entschlossenheit zertrümmern würde. Zum Glück ergab sich um 21.53 Uhr eine Atempause, als Örnen zum Stillstand kam und sich für den Rest der Nacht nicht mehr bewegte.

Alles trieft, und der Ballon wird stark niedergedrückt, schrieb Andrée und gestand damit zum ersten Mal die Niederlage ein. *Obwohl wir Ballast hätten abwerfen können und der Wind uns vielleicht nach Grönland führen könnte, beschlossen wir, uns mit einem Stillstand zufrieden zu geben. Wir haben heute viel Ballast abwerfen müssen und haben infolge des wiederholten Aufprallens auf dem Eis weder geschlafen noch eine Ruhepause einlegen können. Viel länger hätten wir das wahrscheinlich nicht aushalten können. Wir brauchen alle drei Ruhe. Ich habe Strindberg und Frænkel um 23.20 Uhr schlafen geschickt und habe vor, sie bis sechs oder sieben Uhr schlafen zu lassen, vorausgesetzt, ich habe selbst die Kraft, so lange Wache zu halten. Dann werde auch ich versuchen, etwas auszuruhen.*

Als sich der Ballon an seinen knarrenden, eisverkrusteten Seilen drehte, sorgte sich Andrée, er würde Frænkel und Strindberg vielleicht in den Tod treiben, weil er sie zu hart arbeiten ließ, doch seine Sorge um seine Kameraden war im Vergleich mit seinen Überlegungen über seinen Platz in der Geschichte nur kurzlebig.

Es ist schon recht eigenartig, hier als Erster in einem Ballon über dem Polarmeer zu schweben. Wie bald werden wir wohl Nachfolger bekommen? Wird man uns für verrückt halten oder unserem Beispiel folgen? Da die Stille nur durch das Scharren der Schleppseile auf dem Schnee und das Flattern der Segel bei einem gelegentlichen Windstoß unterbrochen wurde, schrieb Andrée weiter. *Ich kann nicht leugnen, dass wir alle drei von tiefem Stolz erfüllt sind. Wir sind der*

Meinung, dass wir jetzt durchaus dem Tod ins Auge blicken können, seitdem wir geleistet haben, was hinter uns liegt. Vielleicht beruht das Ganze auf einem äußerst starken Gefühl von Individualität, das sich nicht damit abfinden kann, dass man wie ein Mann in Reih und Glied leben und sterben soll, vergessen von kommenden Generationen. Ist das Ehrgeiz?

Als der 12. Juli in den 13. Juli überging, schwankte Örnen, drehte sich, stieg auf und sank wieder während der ganzen Nacht, fuhr aber nicht näher an Andrées ehrgeiziges Ziel heran, den Nordpol. *Er will fliehen, kann aber nicht,* schrieb Andrée, als er beobachtete, wie Örnen wie ein Tier in Todesängsten kämpfte. Andrée gab der Windgeschwindigkeit die Schuld, die auf weniger als acht Stundenkilometer gesunken war, doch ihm war nicht bewusst, dass der Ballon im Eis festsaß. Als er sich nach Süden gedreht hatte, war ein Seil fest unter einem Eisblock eingeklemmt worden.[6] Selbst als der Wind um 3.15 Uhr auffrischte, bewegte sich der Ballon nicht von der Stelle.

Die ganze Nacht ist kein einziges Lebewesen zu sehen gewesen, weder Vogel, Seehund, Walross noch Bär, hielt Andrée in seinem Tagebuch fest. Die Uhr tickte langsam bis sechs Uhr morgens weiter, als Strindberg aufwachte. Während der Nacht hatte sich die feuchte Kälte in der gesamten Gondel festgesetzt, auch in Kleidung und Bettwäsche der Männer. Wie seine beiden Gefährten trug Strindberg leichte Straßenkleidung, nämlich für den Fall, dass sie am Nordpol Land entdeckten und von ausländischen Würdenträgern empfangen wurden. Doch jetzt hatte er die Kälte zu spüren begonnen und über die dünnen Wollsocken ein paar dickere Wollstrümpfe angezogen. Darüber trug er ein paar pelzbesetzte Stiefel, die er in seinem Kalender als *warmes und angenehmes Schuhwerk* bezeichnete.

Als Strindberg aus der Gondel aufgetaucht und auf die Beobachtungsplattform geklettert war, hatte sich der Nebel gelichtet.

Mehr als drei Stunden lang unterhielten sich Andrée und Strindberg freundschaftlich miteinander, während sie Temperatur und Windgeschwindigkeit maßen, bis sich beide darin einig waren, dass Frænkel mehr als genug geschlafen hatte. Strindberg kletterte in die Gondel hinunter, um ihn zu wecken. Gegen elf Uhr schaffte es *Örnen* irgendwie, sich von dem Eisblock zu lösen. Der Ballon riss sich mit einem heftigen Ruck los, der Andrée und Frænkel fast von der Beobachtungsplattform geschleudert hätte. Dann setzte er seine langsame, planlose Fahrt fort.

»Unsere einzige Hoffnung ist, alles über Bord zu werfen, was nötig ist, um eine größere Fahrhöhe zu erreichen«, sagte Strindberg zu Andrée und Frænkel, doch sie überstimmten seinen Vorschlag, worauf *Örnen* weiterhin in geringer Höhe mit einer Geschwindigkeit von etwa elf Stundenkilometern weiterfuhr.

Frænkel bereitete das Mittagessen zu, eine mühselige Angelegenheit, da er kein Frischwasser hatte, um Geschirr und Geräte abzuwaschen. Die gesamte Mahlzeit, die aus »Potage Hotch Potch« – einer Suppe – sowie Chateaubriand bestand, wurde unterhalb des Ballons auf Göranssons Kochapparat zubereitet. Die Speisen hatten offensichtlich gut gemundet: *Eine gute und stärkende Mahlzeit!*, nennt Strindberg sie in seinem Kalender. Heruntergespült wurde das Ganze mit dem Bier »Kronans Extra Öl«; es folgten Schokoladenkekse sowie Biskuits, die in Himbeersaft getaucht wurden. Als die Männer dieses schwere Essen verdauten und sich damit vergnügten, Eisbärenspuren zu suchen, fiel die Temperatur noch weiter. Überall um sie herum hingen Eiszapfen vom Tauwerk und den Seilen, und die Segeltuchbespannung war vom Raureif weiß.

Nach dem Essen um 13.08 Uhr ließen die Männer vier weitere Brieftauben fliegen, was zunächst misslang. Die Vögel setzten sich auf dem Tragring und den Schleppseilen nieder und zeigten keinerlei Lust, sich in den Nebel hinauszuwagen. Später halfen Andrée und Frænkel ein wenig nach, worauf die Tauben über eine weite Fläche glatten, flachen Eises und offenen Wassers in Richtung Heimat flogen. Andrées lange Wache endete um 14.00 Uhr. Da seine Kraft verbraucht war und er sich niedergeschlagen fühlte, kletterte er in die Gondel hinunter, um zu schlafen, doch seine Ruhe war nur von kurzer Dauer. Kaum hatte er ein paar Minuten gelegen, wurde Andrée wach gerüttelt, als *Örnen* wiederholt mit der bislang stärksten Wucht gegen das Eis prallte. Er kletterte wieder auf die Beobachtungsplattform, wo er entdeckte, dass Strindberg sich zwischen Tragring und Hülle des Ballons gequetscht hatte. Dort saß er mit seinem Kalender in der Hand, um an seine geliebte kleine Anna zu schreiben.

Oben im Tragring ist es so verflixt angenehm, schrieb Strindberg. *Ich fühle mich dort so sicher und zu Hause. Da oben empfindet man die Stöße weniger stark, was mir erlaubt, ruhig dazusitzen und zu schreiben, ohne mich festhalten zu müssen. Im Tragring machen sich die Vibrationen der Schleppseile ein wenig bemerkbar – in der Gondel spürt man sie überhaupt nicht –, aber die Stöße gegen das Eis fühlt man weit weniger.*

Alle drei Männer waren durch Schlafmangel und Kälte erschöpft. Um ihr Elend noch zu vergrößern, fing es an zu regnen, und der Nieselregen gefror an den Aufbauten. Andrée fand sich mit dem Fehlschlag ab. Eine halbe Stunde zuvor hatte er seine Uhr abgelegt und sich auf einen langen Schlaf gefreut. Bedingt durch sein schnell zunehmendes Gewicht, verbrachte der Ballon mehr Zeit damit, auf dem Eis entlangzuschleifen und mit Eispressungen zusammenzustoßen, als mit dem Fahren. Es war unmöglich, den Zusammenstößen ein Ende zu machen. Strindberg ergriff weitere Maßnahmen gegen die bittere Kälte, die *Örnen* jetzt einhüllte. Über einem Hemd, einem Pullover und Hosen aus dicker Wolle trug er jetzt noch einen blauen Armeeanzug und eine mit Wolle gefütterte Lederweste. Eine

Wollmütze auf dem Kopf und ein paar wollene Fäustlinge vervollständigten die Kleidung.

Örnen war jetzt so schwer von Eis, dass es den Anschein hatte, als könnte nichts mehr den Ballon in die Lüfte erheben. Die Männer warfen Boje Nummer 9 und eine Kiste mit Medikamenten über Bord; zwei Stunden später rumpelte der Ballon noch immer am Eis entlang, und das Abwerfen von Ballast bedeutete lediglich, dass der Ballon zwischen den einzelnen Stößen höher stieg und weniger häufig gegen das Eis prallte, dann jedoch mit so extremer Wucht, dass die Petroleumbehälter aufplatzten. Einmal wurde damit sogar ein Feuer ausgelöst, das jedoch schnell gelöscht wurde.

Allmählich schlug *Örnen* eine nördliche Richtung ein, fuhr aber mit sehr geringer Geschwindigkeit weiter, und das Rumpeln auf dem Eis ging bis 19.00 Uhr weiter, als Andrée bei einem heftigen Aufprall auf dem Eis mit dem Kopf aufschlug und Strindberg übel wurde.

»Ich werde in den Tragring hinaufklettern, dort scheinen die Zusammenstöße weniger heftig zu sein«, sagte Strindberg, doch es war zwecklos. Kaum hatte er es sich neben Frænkel bequem gemacht, wurde ihm erneut übel.

Eine Stunde später entschlossen sich die drei Männer, alles auf einen allerletzten Versuch zu setzen, um den Ballon wieder über die Wolken zu bekommen, wo die wärmenden Sonnenstrahlen das Eis an den Aufbauten schmelzen lassen würde. Dort, so hofften sie, konnten sie eher damit rechnen, ihre Fahrt zum Pol fortzusetzen oder irgendwo Land zu entdecken. Sie warfen sechs kleine Bojen über Bord, eine Winde, 75 Kilo Sand, die »Universaltonne« und verschiedene Vorräte, insgesamt mehr als 200 Kilo. Der Ballon stieg höher, die Schleppseile funktionierten fehlerfrei, die Segel blähten sich, und der Ballon fuhr so gut, dass die Männer weitere 50 Kilo Ballast über Bord warfen.

Das Ganze ist wirklich fabelhaft!, schrieb Andrée, doch die Worte in seinem Tagebuch verbargen von neuem die Enttäuschung, die er angesichts des Wissens empfunden haben muss, dass *Örnen* mit hoher Wahrscheinlichkeit nicht den Pol erreichen würde. Überdies zeugten die Worte von einem realitätsfernen Optimismus, denn der Ballon sah sich einem weiteren Dilemma gegenüber. Wenn der Himmel aufklarte oder der Ballon sich über die Wolken erhob, wonach Hülle und Seile trocknen würden, würde der Verlust von mehr als einer Tonne Feuchtigkeit sowie des gesamten Ballasts, den die Männer über Bord geworfen hatten, *Örnen* mit einem Schlag viele hundert Meter in den Himmel steigen lassen. Der Ballon hatte nicht mehr genug Ballast, um in einer steuerbaren Höhe zu fahren.

Andrée und Strindberg standen mürrisch auf der Beobachtungsplattform. Sie wussten, dass ihre bequeme Fahrt wohl kaum mehr lange dauern würde. Frænkel dachte praktischer. Da er jetzt nicht mehr von der unablässigen Achterbahnfahrt der ständigen Zusammenstöße mit dem Eis durchgeschüttelt wurde, nutzte er die Ruhe und begab sich um 21.00 Uhr zu Bett. Andrée ließ den Kopf hängen, da er sich vor dem Spott fürchtete, den der Fehlschlag seiner Fahrt bei Rivalen wie Fridtjof Nansen wahrscheinlich auslösen würde. Strindberg kletterte zum Tragring hinauf, wo er ein paar Messungen vornahm und ein weiteres Paar Hosen aus Ballonstoff überzog sowie einen Islandpullover, um sich warm zu halten, während er Annas letzten Brief las. Dann, immer noch im Ring sitzend, versuchte er zu schlafen.

Um 22.30 Uhr befanden sie sich 48 Kilometer nördlich und mehr als 100 Kilometer östlich der Dänen-Insel, die sie vor fast 57 Stunden verlassen hatten. Vielleicht war es Wunschdenken, vielleicht lag es auch am Nebel, aber Andrée meldete mehrmals, er habe Land entdeckt. In Wahrheit waren es nur Spiegelungen der Wolken auf dem Eis oder Lichtbrechungen, wie sie in der Wüste als Fata Morgana bekannt sind. *Kein Vogel ist zu sehen oder zu hören, und somit dürfte wohl kein Land in der Nähe sein*, schrieb er. Er entdeckte jedoch einen großen Eisbären, der etwa 30 Meter unter dem Ballon in einer Wune offenen Wassers schwamm, bevor er in einer dichten Nebelwolke verschwand und wieder aufs Eis kletterte.

Örnen hüpfte von harten Eisflächen in offenes Wasser und erhob sich nur selten in die Luft. Um 23.30 Uhr brach das Schleppseil, das die Männer aus den Ballastseilen zusammengesetzt hatten, und damit verschwand auch der letzte Hoffnungsschimmer, den Ballon steuern zu können. Zum Glück war das Eis eben, aber auch von Dutzenden offener Wunen durchzogen. Andrée verbrachte die erste Stunde des 14. Juli damit, die Oberfläche sorgfältig zu untersuchen. Er hielt nach irgendeiner sicheren Stelle Ausschau, an der sie diese Farce von der Ballonfahrt sicher beenden konnten. Irgendwann nach ein Uhr kehrte eine der Brieftauben zurück. Das spielte nun auch keine Rolle mehr, denn alle drei Männer wussten, dass ihre Fahrt zum Untergang verdammt war.

Während der letzten Stunden der Fahrt war der Ballon fast direkt nach Osten gefahren, nun kämpften Andrée und Frænkel mit den Segeln und versuchten sie dazu einzusetzen, den Ballon zu einem sicheren Landeplatz zu steuern. Die Segel erwiesen sich jedoch als nutzlos, und um 5.28 Uhr, als der Ballon gerade im Aufstieg begriffen war, gaben sie schließlich auf und ließen das Gas aus beiden Ventilen entweichen. Neun Minuten später hatten sie aufgesetzt, doch sie konnten *Örnen* nicht sofort aufgeben; stattdessen mussten sie noch eineinhalb Stunden warten, bis genügend Gas aus der Hülle entwichen war, um sicher zu sein, dass sich der Ballon nicht wieder in die Lüfte erhob, sobald sie ihn verlassen hatten.

Um 7.19 Uhr sprangen die drei Männer aus der Gondel, von der Kälte erschöpft, zerschlagen von dem Rumpeln auf dem Eis und vom Wind zerzaust. Sie waren jedoch erleichtert, endlich wieder so etwas wie festen Boden unter den Füßen zu haben. Andrées Traum von einer Ballonfahrt zum Nordpol war ausgeträumt. Die Technik hatte nicht über die Natur triumphiert. Die Arktis hatte sich erneut als furchtbarer Gegner erwiesen, und der Nordpol blieb unerobert, sein Geheimnis bewahrt. Seit dem Start auf der Dänen-Insel waren sie in 65 Stunden gut 480 Kilometer geflogen – oder auf dem Eis entlanggeschleift. Von dem nächsten Land waren sie im Süden jetzt durch 350 Kilometer offenes Wasser und gebrochenes Eis getrennt, das durch die Macht der Meeresströmungen in Tausende von Schollen zerbrochen war.

Für Andrée wurde der Fehlschlag durch die Tatsache, dass sie nicht so weit nach Norden vorgedrungen waren wie Nansen, nur noch verschlimmert. Dieser hatte im Jahr zuvor 86°14' nördlicher Breite zu Fuß erreicht. »Wir haben nicht einmal Albert Markham geschlagen, der sich über mich so lustig machte, als ich auf dem Kongress meine Pläne enthüllte«, erzählte er Frænkel und Strindberg verzweifelt. Tatsächlich waren Markhams Rekord von 83°20' nördlicher Breite, aufgestellt 1876, sowie der Treck von Lieutenant James Booth Lockwood, der während General Greelys Expedition des ersten Internationalen Polarjahres 1882 83°24' nördlicher Breite erreicht hatte, weiterhin ungeschlagen.

»Aber unser Platz in der Geschichte ist gesichert«, betonte Strindberg. »Es ist die längste je von Menschen unternommene Ballonfahrt gewesen, und niemand wird vergessen, dass wir den ersten Versuch unternommen haben, den Nordpol mit einem Ballon zu erreichen.«

Nichtsdestoweniger lag Andrées Traum in Trümmern auf dem Eis. Es war typisch für ihn, dass er kaum Gefühlsregungen zeigte und seine Gedanken mit der Distanziertheit eines Wissenschaftlers festhielt: *Erschöpft und ausgehungert, aber uns stehen sieben Stunden harter Arbeit bevor, bevor wir uns erholen können. Das Polareis nutzt die Seile stärker ab, als unsere Experimente gezeigt haben.*

Neuntes Kapitel
Die Fahrt

Das Eismeer
29. Mai 2000

Am zweiten Tag der Fahrt von *Britannic Challenger* wache ich um acht Uhr morgens erschrocken auf. Ich habe eine Stunde sehr notwendigen Schlafs hinter mir, fühle mich aber geneigt, dieses Erlebnis zu wiederholen. In der kurzen Zeit, in der ich die Augen geschlossen hielt, hatte die Sonne das Gas in der Hülle aufgeheizt – wir nennen das solaren Zugewinn –, und der Ballon stieg bis zu einer Höhe von 2900 Metern. Sehr beängstigend. Zum Glück hatte ich mir meine Sauerstoffmaske vors Gesicht gebunden. Wenn ich nicht aufgewacht wäre, wäre der Ballon in noch größere Höhen aufgestiegen, womit ich in einen anderen Windstrom hätte abdrehen können. Damit wäre ich von der nördlichen Strömung abgekommen. Meine Fahrt durch die verschiedenen Wetterbedingungen ist so gefährlich, dass schon die kleinste Abweichung von Luc Trullemans' Anweisungen die Mission beenden könnte.

Ich lasse sofort eine Menge Helium ab, um meine Höhe zu verringern. Zunächst habe ich Angst, ich könnte am falschen Seil ziehen, und bin nicht sicher, welch einen Effekt jedes Seil haben wird. Ich ziehe eine Sekunde lang das Seil mit den weißen Flecken, um zu sehen, was passiert. Dann ziehe ich zwei Sekunden lang daran. Ich spüre jedes Mal, wie der Ballon zu schlingern beginnt, wenn das Helium aus einem Ventil an der Spitze der Hülle entweicht, und der Korb sinkt. Während Andrées Achterbahnfahrt vom Eis auf eine Höhe über den Wolken und wieder zurück unkontrolliert war, ist der Verlust von Helium so lange kein Problem, als ich genügend

Ballast habe, um einen Ausgleich zu schaffen, um später wieder Höhe zu gewinnen.

Da ich unabsichtlich in eine Höhe von 2900 Metern emporgeschossen bin, bin ich jetzt entschlossen, dafür zu sorgen, dass es nicht noch einmal zu einer ungeplanten Änderung der Fahrthöhe kommt. Ich krame meinen zweiten Wecker hervor und binde ihn mir unter den Kopfschützern und der Kapuze am Ohr fest. Der andere liegt neben mir im Korb. Es ist zwar unangenehm, einen Wecker seitlich an den Kopf gebunden zu haben, aber ich brauche ihn, um sicherzustellen, dass ich einmal pro Stunde aufwache, um Kurs, Höhe und Geschwindigkeit zu prüfen.

Wie jeder gewissenhafte Handwerker mag ich nicht meinen Geräten die Schuld geben, doch in diesem Fall lässt mich der Autopilot wirklich im Stich. Seine wichtigste Aufgabe erfüllt er zufrieden stellend: Er sorgt dafür, dass ich keine Bruchlandung mache. Er ist aber dazu konstruiert, von Piloten benutzt zu werden, die immer geistesgegenwärtig sind, und somit ist er unfähig zu reagieren, wenn der Ballon durch meine Unachtsamkeit in eine zu große Höhe steigt. Er reagiert nur, wenn er zu niedrig fliegt. Wenn der Ballon unter eine vorher eingestellte Höhe sinkt, schaltet der Autopilot die Brenner ein und lässt einen Alarm ertönen. Primitiv, aber wirksam – der Ballon steigt, und der Pilot weiß genau Bescheid. Der Autopilot ist jedoch total unwirksam, wenn der Ballon über die Höhe hinaus aufsteigt, in der ich fahren möchte. Es gibt nur eine Möglichkeit, die Fahrthöhe zu verringern: nämlich durch Ziehen an einem der Seile von *Britannic Challenger*, um damit Heißluft oder Helium freizusetzen, und das ist etwas, wofür der Autopilot nicht konstruiert ist.

Ebenso wichtig ist, dass diese Höhe den Ballon tatsächlich in den falschen Luftstrom gelenkt hat. Ich bin in Richtung neun Grad östlich von Nord unterwegs. Ich rufe über das Iridium-Satellitentelefon das Kontrollzentrum an, und Clive Bailey lässt keinen Zweifel daran, dass ich schnell hinuntergehen muss, um eine nördlichere Windbahn zu finden. *Britannic Challenger* geht in den Sinkflug, und ich kontrolliere alle 60 Meter die Windrichtung. Dann rufe ich mit den Ergebnissen das Kontrollzentrum an. Inzwischen hat Brian Smith Clive Bailey abgelöst, der nach einer Nachtschicht erschöpft ist. Brian Jones ist nur wenige Stunden nach Beginn der Mission zu einem dringenderen Auftrag in Amerika abgereist und hat es Clive Bailey überlassen, die Rolle des Fahrtleiters zu übernehmen.

»Ich habe drei-fünf-sieben Grad in einer Höhe von 1585 Metern. Dann drei-fünf-null Grad in einer Höhe von 1554 Metern sowie drei-vier-null Grad in einer Höhe von 1463 Metern«, sage ich ihm.

Auf den ersten Blick scheint der Unterschied der Windbahnen nicht groß zu sein. Doch in einem Rahmen von 122 Metern bedeutet es eine Abweichung von 17 Grad. Ein solcher Richtungsunterschied bei der gegenwärtigen Position – 600 Seemeilen vom Nordpol entfernt – würde mich mehr als 295 Kilometer in die falsche Richtung steuern, so dass es unabdingbar ist, dass ich die richtige Windbahn erwische und dabei bleibe.

»Ich schlage vor, du nimmst eine Windbahn von drei-fünf-null Grad, bis wir von Luc den neuesten Bericht bekommen«, sagt Brian.

Ich weiß, dass ich zwar nicht total ihrem Befehl unterstehe, aber vom Kontrollzentrum und Luc Trullemans doch sehr abhängig bin. Sie analysieren meine Position und haben vollen Zugang zu den Wetterberichten. Sie beraten mich und sagen mir, welcher Kurs der beste ist. Ich treffe die endgültige Entscheidung, weiß aber, dass das Kontrollzentrum die Führung übernehmen wird, wenn die Fahrt weiter fortgeschritten ist und ich zunehmend erschöpft und desorientiert sein werde.

Heute am frühen Morgen fuhr ich über die Nordspitze Spitzbergens hinweg, etwa 80 Kilometer östlich der Stelle, an der Andrée von der

Dänen-Insel losflog. Ich bin froh, es bis zu Andrées Startplatz geschafft zu haben. Jetzt muss ich die offene Wasserfläche unter mir überwinden. Ich kann sie nur durch eine gelegentliche Wolkenlücke sehen, aber eine Notlandung auf See ist meine größte Angst.

Das Wasser unten sieht schwarz und tödlich aus. Ich höre, wie der Wind heult und mehr als 1 500 Meter unter mir Gischt von den Schaumkronen der gefrierenden See aufsprühen lässt. Ich bin nie ein überragender Schwimmer gewesen, und der Gedanke, in einem so kalten, mit Eisbergen durchsetzten Wasser überleben zu wollen, jagt mir Angst und Schrecken ein. Die Hersteller des Taucheranzugs behaupten, dass er mich bis zu drei Stunden lang vor der Kälte schützen wird, aber ich bin nicht endgültig überzeugt, dass dies unter so extremen Bedingungen genügen wird. Der Schock einer Landung in eisigem Wasser könnte so groß sein, dass ich ihn nicht überstehe. Und falls ich die Landung doch überleben sollte, würde ich innerhalb von Sekunden jedes Gefühl in den Händen verlieren, was es mir unmöglich machen würde, das Rettungsfloß zu öffnen. Bestenfalls würde ich mich eine Stunde im Wasser halten, wahrscheinlich weniger, und das wäre für einen Hubschrauber, der von Longyearbyen heranfliegen müsste, um mich zu retten, nicht lange genug.

Um 14 Uhr ruft mich Brian über das Iridium-Telefon an. »David, isst und trinkst du genug?«, will er wissen.

»Ich habe keinen Appetit auf meine Trockennahrung. Bei der muss ich würgen. Ich bin immer noch bei der Wegzehrung – Sandwiches und Suppe. Außerdem trinke ich reichlich Wasser.«

»Was ist mit dem Autopiloten? Kannst du dich auf ihn verlassen?«

»Er ist wie eine Frau, Brian. Launisch, teuer und tut nicht, was man ihm sagt.«

Brian lacht. Ich weiß, dass das, was ich gerade gesagt habe, sexistisch ist, aber dies ist nicht der Ort für politische Korrektheit. Ich bin schon immer davon überzeugt gewesen, dass ein guter Witz in widrigen Lebenslagen mehr zur Aufrechterhaltung der Moral tut, als wenn man große Töne spuckt. Brian weiß sofort, was ich meine, und erkennt, dass ich in allerbester Stimmung bin. Und wenn die unvermeidlichen Momente der Krise kommen, wird Humor die Stimmung mehr heben als noch so viel gespielte Tapferkeit.

»Sonst noch was zu berichten?«, fragt Brian.

»Ja.«

»Was denn?«

»Muss ich dir das wirklich sagen?«

»Es ist am besten, wenn ich alles weiß, David.«

»Wirklich alles?«

Selbst durch das Knacken des Telefons höre ich in Brians Stimme ein ärgerliches Seufzen heraus. »Ja. Wirklich alles.«

»Nun, ich habe mich nass gemacht.«

»Wie bitte? Kannst du das wiederholen?«

»Lieber nicht.«

»Du hast dich nass gemacht, nicht wahr?«

»Ja.«

Brian lacht erneut auf, und ich höre, wie er anderen im Kontrollzentrum zuruft: »Er hat sich nass gemacht. Ja, David. Er hat sich vollgepisst.«

Dann ist er wieder am Telefon. »David, warum?«

»Was soll ich denn in meinem Taucheranzug sonst tun? Wenn ich mal muss, kann ich ihn nicht rechtzeitig ausziehen.«

Weiteres Gelächter auf meine Kosten, aber die Mannschaft im Kontrollzentrum kennt noch nicht mal die Hälfte. Mein Körper, der in dem Taucheranzug aus Neopren festklebt, tropft vor Schweiß und ist geschwollen wie eine Wurst, die prall in ihrer Haut sitzt. Tatsächlich bin ich durch den eigenen Schweiß so durchnässt, dass ich es kaum bemerkte, als ich auf das Bein urinierte.

Brian meldet sich wieder. »Nun, es wird dich sicher freuen zu hören, dass du jetzt den Registrierthermometern zufolge über der Eiskappe fährst. Du kannst deinen Taucheranzug ausziehen.«

Bei dieser Nachricht stoße ich vor Erleichterung einen Jubelschrei aus.

Es hat sich als leichter erwiesen, den *Britannic Challenger* zu fahren, als ich erwartet hatte, selbst mit dem problematischen Autopiloten. Am schwersten fällt es mir, mich daran zu gewöhnen, dass ein Roziere-Ballon viel unbeweglicher ist und weniger Aufmerksamkeit braucht als ein Heißluftballon. Die Heliumzelle in der Mitte der Hülle liefert den größten Teil des Auftriebs; die heiße Luft, die das Helium erwärmt, wird nur für die Feinabstimmung gebraucht. Und da die Fahrt unter dem ewigen Sonnenschein des arktischen Sommers stattfindet, muss ich die Brenner nur gelegentlich einschalten, um die nächtliche Abkühlung zu kompensieren.

Mein einziges Ziel besteht darin, Kurs zu halten, doch dazu gehören gelegentlich kunstvolle Fahrmanöver, um die Höhe zu orten, in der der Windstrom in die von mir gewünschte Richtung weht. Das Fehlen von Kontrollinstrumenten macht mir das nicht gerade leichter. Um zu sinken, lasse ich Heißluft oder Helium entweichen; um in die Höhe zu steigen, werfe ich Ballast über Bord oder schalte die Brenner ein. Das hört sich einfach an, aber die Kunst besteht darin zu wissen, wann man welche Methode einsetzt. Helium entweicht aus einem Ventil am oberen Ende des Ballons, indem man an einem weißen Seil mit Flecken zieht. Wenn man an einem schwarzen Seil zieht, wird das Ventil geschlossen. Das ganze Ventil besteht aus zwei Stahlplatten und einer Feder – ich habe mich noch immer nicht von der Tatsache erholt, dass dieses kleine Gerät 10.000 Pfund kostet. Außerdem ist da noch der Heliumkamin, der mit einem Zug an dem roten Seil das gesamte Helium in der inneren Zelle des

Roziere-Ballons freisetzt. Hoch oben in der Hülle befindet sich ein Heißluftfenster, das man mit einer rot-weiß gestreiften Schnur öffnet. Wenn man an einem weiteren schwarzen Seil zieht, wird das Heißluftfenster geschlossen. Dann gibt es noch zwei weitere Seile, die man nur zum Landen braucht.

Die Mittagshitze, die Wärme der Sonne und die kleinste Stufe des Brenners genügen, um das Heliumvolumen zu erhöhen, was *Britannic Challenger* veranlasst, sich ein wenig über seine Windbahn zu erheben. Statt die Brenner auszuschalten, wie es manche tun, lasse ich etwas Helium oder Heißluft entweichen. Das Abschalten der Brenner ist in dieser Umgebung zu riskant. Während der kältesten Zeit des Tages schalte ich alles ab und lasse nur die Brenner laufen, statt Ballast abzuwerfen – wenn ich an Höhe gewinnen will. Dabei funktioniert der Autopilot am besten.

Falls ich die gleiche Reise in einem Heißluftballon unternehme, würde ich ihn ständig steuern müssen, aber so verbringe ich viel Zeit auf meiner Kühlbox sitzend, die mit einer Styroporplatte bedeckt ist, damit mein Allerwertester warm gehalten wird, trinke Suppe und genieße die Aussicht. Der Blick aus der Gondel von *Britannic Challenger* ist von umwerfender Schönheit, und weil die Luft viel wärmer ist, als ich erwartet hatte, verbringe ich viel Zeit damit, voller Ehrfurcht meine Umgebung zu betrachten. Wenn ich mit dem Ballon unter einer Höhe von etwa 1520 Metern bleibe, herrscht unter dem Baldachin, den ich wie ein Zeltdach über den Korb gespannt habe, eine Temperatur von etwa -10 °C. Außerhalb des Baldachins beträgt die Temperatur etwa -15 °C; das ist zwar kalt, aber erträglich und ist weit von den Temperaturen entfernt, die ich befürchtet hatte.

Luc hat mir geraten, eine Höhe von gut 2100 Metern anzustreben, um eine Windbahn von 350° zu erwischen, aber ich ignoriere seinen Rat. Ich bin mit meinem Kurs von 355° zufrieden, vor allem, da ich mich in einer Höhe von 1675 Metern befinde, wo die Luft beträchtlich wärmer ist. Zum Glück weiß ich, dass Brian einverstanden ist. »Warum bleibst du nicht bei drei-fünf-fünf und schläfst noch eine Stunde, jetzt wo der Autopilot halbwegs funktioniert?«, hatte er bei unserem letzten Gespräch vorgeschlagen. Wir nehmen einmal in der Stunde Verbindung miteinander auf.

Das Einschlafen erweist sich als schwierig. Als der Korb sich noch am Boden befand, habe ich mehrere Wochen lang gut darin geschlafen, aber in der Luft kann ich es mir darin nicht bequem machen. Der Korb ist zu eng, ich kann mich nicht entspannen, weil ich mich nicht wirklich auf den Autopiloten verlassen kann, und das periodische Fauchen der Brenner hält mich wach. Seit dem Start vor fast 24 Stunden habe ich nicht mehr als eine Stunde geschlafen. Bis jetzt habe ich es geschafft, mit meiner Nervenkraft einfach weiterzumachen, aber ich weiß nicht, wie lange ich noch durchhalten kann, ohne richtig geschlafen zu haben. Ich möchte nicht einnicken, wenn ich mich dem Pol nähere.

Trotz des Schlafmangels, der Kälte und der Unbequemlichkeit ist mir klar, wie glücklich ich mich wegen der Möglichkeit schätzen kann, in einem Ballon zum Nordpol zu fahren. Nur wenige Menschen bekommen die Chance, ihre Träume zu verwirklichen, und ich habe das große Glück, einer von ihnen zu sein. Die Aussicht ist wahrhaft großartig. Meist befinde ich mich weit über den Wolken, aber gelegentlich gehe ich so weit hinunter, dass ich sozusagen auf ihnen surfen kann – ein aufregendes Erlebnis, wie ja auch Nils Strindberg herausfand, als der unglückselige Ballon *Örnen* langsam zum Eis hinuntersank. Unter mir ist alles weiß; über mir sehe ich einen tiefblauen Himmel, der in großer Höhe von zarten Zirruswolken durchzogen ist. Es ist überwältigend, aber am großartigsten ist die Aussicht, wenn die Wolken eine Zeit lang aufreißen und ich das Eis unter mir zu sehen bekomme, was mich an meine drei Versuche erinnert, den Nordpol zu Fuß zu erreichen.

Den ersten Versuch unternahm ich 1983. Damals war ich ein eifriger und unerfahrener 26-Jähriger und lernte die härteste Lektion meiner Abenteurerlaufbahn. Mit einem Gefühl verzweifelten Alleinseins – ich war der Einzige, der in jenem Jahr den Nordpol zu erreichen versuchte – winkte ich zum Abschied der Twin-Otter-Maschine zu, die mich zum Cape Columbia an der Spitze von Ellesmere-Land in der kanadischen Arktis gebracht hatte, und machte mich bereit, meine erste Nacht auf dem Eis zu verbringen. Ich war entschlossen, die 413 Seemeilen in 40 Tagen zu bewältigen. Dazu würde ich elf Seemeilen am Tag zurücklegen müssen. Die Torheit dieses Vorhabens wurde mir bald klar, als ich am Ende des ersten Tages feststellen musste, dass ich nur eine Seemeile zurückgelegt hatte. Jedes Vorrücken um zehn Meter war eine bedeutende Leistung. Ich musste meinen Schlitten quer über Eisblocks und Riffe ziehen, die einander kreuzten und das Packeis durchzogen, so weit das Auge blicken konnte. Es war, als müsste ich mehrere hundert Pfund Gewicht bei einem Hindernislauf auf einem Kurs hinter mir herschleifen, der sich ständig veränderte und bröckelnde Barrikaden aufwies, die in dem Moment einstürzten, in dem ich den Versuch machte, über sie hinwegzuklettern. In drei Tagen schaffte ich nur fünf Seemeilen. Als ich sechs Wochen später von einer viereinhalb Meter hohen Eispressung hinunterfiel und mir zwei Rippen brach, war meine Mission beendet.

14 Jahre lang wagte ich es nicht, zum Nordpol zurückzukehren. Zu der Zeit war ich zu Fuß zum Südpol und dem magnetischen Nordpol gewandert, hatte den magnetischen Südpol erreicht und auf jedem Kontinent den jeweils höchsten Berg bestiegen. Erst dann wagte ich darüber nachzudenken, was für mich die härteste Herausforderung von allen war. Denn wieder hatte die Arktis mich und meinen Gefährten Rune Gjeldnes besiegt, mit dem ich diese Reise ohne jede Unterstützung zu bewältigen versuchte.

Im nächsten Jahr, am 28. April 1998, schafften Rune und ich es schließlich, zur Spitze der Welt zu gelangen. Nach 55 gemeinsamen Tagen auf dem Eis war Rune für mich so etwas wie ein Bruder geworden. Er hatte mich gerettet, als ich durch das Eis gerutscht war, hatte meine Erfrierungen behandelt und jeden Abend die Mahlzeiten gekocht. Wenn er niedergeschlagen und unmotiviert war, trieb ich ihn an. Zusammen waren wir ein hervorragendes Team.

Jetzt hätte ich gern jemanden wie Rune bei mir. Einen Menschen, mit dem ich sprechen kann und der mir manchmal die Navigation abnimmt, während wir uns beim Schlafen abwechseln. In diesem Augenblick ist Rune weit unter mir und durchquert gerade ohne fremde Hilfe die Arktis, indem er zu Fuß von Sibirien zum Pol geht und dann weiter nach Kanada. Es ist ein gewaltiges Vorhaben, das er mit seinem Freund Tore Larsen unternimmt. Wenn ich mir die beiden vorstelle, wie sie ihre Schlitten über das Eis ziehen, bedauere ich, Clive Bailey oder Gavin Hailes nicht mitgenommen zu haben. Beide hatten mich gefragt, aber ich lehnte ab, weil zwei Menschen nicht in den Korb passen würden. Jetzt habe ich das Gefühl, ein Egoist zu sein, wenn ich alles allein mache, vor allem, da sie mit so viel Zeit und Mühe zu meinem Unternehmen beigetragen haben. Mein einziger Vorbehalt ist, dass weder Clive noch Gavin Erfahrungen mit kaltem Wetter haben. Ich bin vielleicht als Ballonfahrer ein Novize, und sie mögen weit bessere Piloten sein als ich, aber die Probleme, die ich kommen sehe, werden eher etwas mit kaltem Wetter als mit dem Fahren zu tun haben.

Mein Entschluss stand fest, als Ranulph Fiennes kurz vor meinem Abflug nach Spitzbergen mit schweren Erfrierungen an mehreren Fingern vom Nordpol zurückkehrte. Er hatte diese Verletzungen bei Temperaturen davongetragen, die höher lagen, als ich sie bei dieser Fahrt wohl erleben werde, aber wenn man sich in einem Zelt aufhält, kann man die Heizung anstellen und das Ganze aussitzen. Oder man kann zu den Hütten auf dem Landestreifen von Ward Hunt Island zurückkehren, wie Fiennes es tat. In einem Ballon gibt es keine Umkehr. Man ist dem Wind auf Gnade und Ungnade ausgeliefert. Man muss die Kälte ertragen können und wissen, wie man Erfrierungen vermeidet. Es war die Kälte, die Andrée, Strindberg und Frænkel außer Gefecht setzte. Trotz all ihrer Ballonerfahrung waren sie nicht in der Lage, mit den extremen Bedingungen fertig zu werden, denen man in der Arktis ausgesetzt ist. Nansen oder Johansen wären in der Lage gewesen, zu Fuß die Distanz zurückzulegen, die Andrée nach seiner Bruchlandung mit *Örnen* vor sich sah, aber Andrée war dazu unfähig, weil er weder körperlich noch geistig auf die Schinderei eines Fußmarschs übers Eis in die Sicherheit festen Landes vorbereitet war.

Das Kontrollzentrum reißt mich aus meiner Träumerei. Ich habe mehrere Bücher mitgebracht, um mir die Zeit zu vertreiben, aber bisher noch keine Chance gehabt, mich zu langweilen; Clive und Brian rufen mich einmal pro Stunde mit Anweisungen an und gehen mir mit der Aufforderung auf die Nerven, viele Kalorien zu mir zu nehmen.

»Was isst du?« Es ist die höfliche, sehr autoritär klingende Stimme von Brian Smith, einem früheren Piloten der British Airways.

»Verdammt noch mal. Lass mich doch um Himmels willen in Ruhe, Brian.«

»Nein. Ich muss wissen, was du isst, David.«

»Nichts. Ich kriege das Zeug nicht runter.«

»Was soll das heißen, nichts? Du musst den Kalorien- und Flüssigkeitspegel hoch halten. In großer Höhe verlierst du schneller Flüssigkeit als in Meereshöhe.«

»Ich bin benommen und kann diese Trockennahrung nicht ausstehen. Vielleicht liegt es an der Höhe. Ich ernähre mich von Ingwerkeksen, Schokolade, Süßigkeiten und Massen von Schweinefleisch in Dosen. Ich bin einfach nicht hungrig und bringe es nicht über mich, dieses Zeug für die Arktis zu kochen, geschweige denn zu essen.«

Ich fühle mich etwas schwach, aber da ich mich nicht viel bewege, sollte ich keine große Kalorienzufuhr brauchen. Meine größte Sorge gilt dem Flugzeug, das hinter mir herfliegen soll, um ein paar Bilder für eine Fernsehdokumentation zu schießen.

»Was ist mit dieser Maschine, Brian?«

»Dafür ist es zu spät. Du bist außer Reichweite des Flugzeugs und des Hubschraubers.«

Diese Neuigkeit enttäuscht mich sehr, allerdings in erster Linie wegen Patrick O'Hagan, eines Reporters der Fernsehgesellschaft HTV, der auf Spitzbergen mehrere Wochen auf diesen Flug gewartet hat. Jetzt bekommt er den Film nicht, den er haben will.

»Wie sind deine Position, die Windbahn, Höhe und Geschwindigkeit, David?«

»Bleib eine Sekunde dran. Du setzt mir so sehr zu, dass ich keine Chance gehabt habe, alles zu prüfen. Lass mich doch mal verschnaufen.«

»Wir tun nur unsere Arbeit, David. Ich kontrolliere nur«, erwidert Brian.

Jetzt habe ich genug. Ich weiß, dass diese bohrenden Fragen notwendig sind, aber allmählich geht mir das auf die Nerven. Ich komme zu dem Schluss, dass es für mich an der Zeit ist, mich zu rächen. Nachdem ich meine Neuigkeiten übermittelt habe, ändere ich den Kode des Argos, des elektronischen Funkfeuers, das ein Signal aussendet, mit dessen Hilfe ein Satellitenempfänger meine Position mit einer Genauigkeit von etwa hundert Metern berechnen kann. Das Gerät hat auch eine Skala, auf der man zwölf vorgewählte Kodes einstellen kann, mit denen ich Nachrichten zum Kontrollzentrum übermitteln kann, falls alle anderen Kommunikationsmöglichkeiten versagen sollten. So bedeutet beispielsweise Kode 5 »verletzt, kann aber weitermachen«, und Kode 4 signalisiert »technische Probleme – werde landen müssen«. Wenn alles nach Plan verläuft, wechselt der Kode von 11 in ungeraden Stunden auf 12 in geraden Stunden. Ich stelle 0 ein – »Probleme mit kaltem Wetter«.

»Was ist los, David? Du hast den Argos-Kode verändert«, verlangt Brian bei der nächsten stündlichen Verbindung zu wissen.

»Ich tue nur meine Arbeit, Brian. Kontrolliere nur«, entgegne ich.

Am Ende des Tages funktioniert der Autopilot besser; ich habe fast einen ganzen Propangastank geleert, und eine der Batterien des Iridium-Satellitentelefons ist leer. Ich verbringe den Abend damit, die Rohre auf Defekte zu untersuchen, und lege chemische Wärmer auf die Rohrleitungen und Brenner, damit sie nicht einfrieren.

Clive weist mich an, etwas zu schlafen, doch es erweist sich als unmöglich. Das Fauchen des Brenners und die Bewegung des Korbs halten mich wach, aber am schlimmsten ist, dass es im Korb sehr eng ist. Ich versuche, den Ballast und meine Sachen wegzuräumen, um mehr Platz zu schaffen, doch so viel Raum ist nicht da, und so neigt sich der Korb zur Seite. Wie ich meine Sachen auch umräume, der Korb bleibt geneigt, was mir ein Gefühl gibt, sehr ungeschützt zu sein, obwohl der Korb mir bis zur Taille reicht. Mir geht jetzt auf, dass er für die Fahrt zu klein und zu schwach ist, doch es war der einzige gebrauchte Korb auf dem Markt, und ich sah keinen Sinn darin, 15.000 Pfund für einen neuen Korb auszugeben, wenn ein gebrauchter nur 1000 Pfund kostete.

Um die Batterien des Iridium-Telefons zu schonen, benutze ich das Funkgerät und melde mich Kontrollzentrum.

»Meinen Glückwunsch«, sagt Brian. »Du hast die Linie von 82 Grad und 55 Minuten Nord überflogen.«

Wir erkennen beide die Bedeutung – das war die nördlichste Breite, die Andrée erreicht hatte. Zum Glück schwebe ich in gut 1500 Meter Höhe, eingeklemmt zwischen einer dicken Schicht aus Kumuluswolken unter mir und hauchdünnen Zirruswolken über mir. An diesem Punkt befand sich Andrée weit unterhalb der Wolkendecke und schlug immer wieder auf dem Eis auf. Wahrscheinlich war ihm da schon bewusst, dass es mit seinem Traum bald vorbei sein würde.

Die Überquerung von 82°55' nördlicher Breite ist für mich ein wichtiger Meilenstein. Obwohl 425 Seemeilen vor mir liegen, habe ich zum ersten Mal das Gefühl, dass dieses verrückte Unternehmen ein Erfolg sein wird.

»Es ist ein schönes Gefühl, Brian. Ich kann gar nicht glauben, wie gut alles läuft«, sage ich. »Ich möchte den Dingen zwar nicht vorgreifen, aber könntest du schon damit anfangen, die Möglichkeiten für das Abholen zu erkunden?«

Ich bitte Brian, Dave Maloney am Polar Shelf Institute anzurufen. Sollten wir in Kanada abgeholt werden, brauchen wir einen Hubschrauber mit Eiskufen. Sollte ich in Sibirien landen, werden sich Genardi Oparin, der fließend Englisch spricht, aber Wodka in sich hineinkippt wie Wasser, und Alex Eyturchin um die Logistik kümmern. Doch dann entweicht beißender Rauch aus einem der Navigationsgeräte, als wollte es mich wegen meines Übermuts bestrafen.

»Verdammt, Brian. Die Batterie des Funkortungssystems qualmt.« Ich schnappe mir das Gerät, nehme die Rückseite ab und hole die Batterie heraus. Es qualmt weiter, und ich spüre einen Übelkeit erregenden Geruch von brennendem Kunststoff. »Jetzt ist es überstanden, Brian. Wie ist es deiner Meinung nach dazu gekommen?«

Brian sagt mir, er wisse es nicht, werde es aber untersuchen. Unterdessen muss ich mich auf das Satellitenortungssystem GPS verlassen, wenn ich meine Flugrichtung feststellen will.

Das nächste große Ereignis: Ich schaffe es zum ersten Mal, in der Luft richtig auf die Toilette zu gehen. Ich habe mich vor diesem Moment gefürchtet und erledige meinen ersten Stuhlgang, erst nachdem ich mehr als 36 Stunden geflogen bin. Es mag zwar einfach erscheinen, aber es ist nicht zum Lachen, wenn man in mehr als 1500 Meter Höhe über dem Boden bei Temperaturen von -10 °C in einem beengten offenen Korb scheißen soll. Eigenartigerweise ist dies das eine Thema, das die vielen Fernseh-, Rundfunk- und Zeitungsjournalisten, mit denen ich vom Ballon aus spreche, mehr fasziniert als jedes andere. Dabei ist es durchaus keine Geheimwissenschaft. Ich tue nichts weiter, als einen Plastikbeutel über einen Eimer zu streifen und meinen maßgeschneiderten Toilettensitz darauf zu legen. Der Sitz ist mit Fell bezogen, aber nicht wegen der Bequemlichkeit oder um als seltsamer Fetisch zu dienen, sondern um zu verhindern, dass mein Hinterteil in der extremen Kälte am Kunststoff festfriert. Wenn ich fertig bin, werfe ich den Plastikbeutel über Bord und hoffe, dass sich keine Eisbären direkt unter mir befinden. Mit Ausnahme des Sands aus den Ballastsäcken sind diese Plastikbeutel das Einzige, was ich bei diesem Flug über Bord zu werfen gedenke. Ich bin der Meinung, dass man die Arktis so verlassen sollte, wie man sie vorgefunden hat, und habe die Absicht, alles andere wieder mit nach Hause zu nehmen.

Nach 90 Minuten unruhigen Schlafs wache ich desorientiert und verwirrt auf. Bedingt durch den 24-stündigen Sonnenschein verliere ich allmählich das Zeitgefühl. Ich muss mich an mein Logbuch halten, um festzustellen, dass es der dritte Tag der Fahrt ist, Dienstag, der 30. Mai. Selbst dann noch bin ich verwirrt und kann nicht feststellen, ob es Morgen oder Nachmittag ist.

Ich nehme an, dass es Morgen ist, und esse zum Frühstück die Orangen, die ich kurz vor dem Start in Longyearbyen gekauft habe.

Zusammen mit den Ingwerkeksen sind sie zu meiner Grundnahrung geworden. Sie hängen an der Außenseite des Korbs, wo sie halb gefroren sind und besonders erfrischend schmecken.

Nach dem Frühstück wechsle ich Propangastanks aus. Zwei sind fast leer. Ich befürchte, dass der mit den Brennern verbundene Tank irgendwann leer sein wird, wenn ich diesen Treibstoffverbrauch nicht sorgfältig überwache, und dann würde ich die Flamme nicht wieder anzünden können. Um das zu vermeiden, tausche ich die Tanks aus, wenn sie noch etwa zu zehn Prozent gefüllt sind.

Im Schlaf habe ich sogar die Sauerstoffmaske getragen. Nach meinem ungeplanten Ausflug in die Höhe von fast 2900 Metern kann ich es mir nicht erlauben, ein Risiko einzugehen. Ich habe die Maske vor dem Einschlafen umgeschnallt, aber erst jetzt erkenne ich, dass kein Sauerstoff hindurchströmt; der Strömungsmesser zeigt null an. Zum Glück habe ich noch einige Flaschen mit komprimiertem Sauerstoff, die mir in einem Notfall etwas Zeit verschaffen werden, aber die Tatsache, dass es mit dem Flüssigsauerstoff nicht klappt, ist problematisch. Es hat ein Vermögen gekostet, den Sauerstoff in einem röhrenförmigen Dewargefäß nach Longyearbyen zu transportieren, und es hätte zehn bis 14 Tage reichen sollen. Ohne diesen Flüssigsauerstoff verringert sich die Zeit, die ich in großer Höhe fahren kann, auf ein Minimum. Ich bete, dass sich die Wetterbedingungen nicht ändern, und hoffe, einen Luftstrom in geringer Höhe bis zum Nordpol zu finden, denn sonst könnte es sein, dass die Mission bald beendet ist.

Die Tatsache, dass der Autopilot noch immer nicht funktioniert, verschlimmert alles noch mehr. Ich erzähle es Clive bei unserem nächsten Gespräch.

»Ich denke, wir haben die Sache schon geklärt, Alter«, sagt er.

»Wirklich, Kleiner? Und zu welchem Ergebnis seid ihr gekommen?«

»Wenn du an die letzten paar Tage zurückdenkst, hat er nachts, wenn sich die Sonne nicht so stark bemerkbar macht, einwandfrei funktioniert. Während des Tages funktioniert er nicht, so dass die Antwort lautet, dass du ihn nur nachts benutzen darfst. Du wirst den Ballon am Tage von Hand steuern und nachts schlafen müssen.«

Das ist nicht unbedingt das, was ich hören wollte. Ich bin schon erschöpft. Seit dem Start in Longyearbyen vor mehr als 40 Stunden habe ich höchstens drei Stunden geschlafen. Ich glaube nicht, dass ich den ganzen Tag über von Hand fahren kann. Ich werde allmählich frustriert und sage dies Clive auch.

»Mach, was du willst, mein Alter. Du bist derjenige, der ihn fahren muss. Was willst du tun? Zurückkommen?«, entgegnet er.

Da hat er nicht Unrecht. Mir bleibt nichts weiter übrig, als weiterzumachen. Ich verfluche den Autopiloten und hoffe, dass er sich irgendwann auf eine vorgewählte Höhe einstellt. Ich prüfe Luftstrom und Geschwindigkeit, als *Britannic Challenger* auf 3000 Meter Höhe steigt. Alle 30 Meter prüfe ich die Richtung, in die der Ballon fährt. Dann gehe ich wieder auf gut 1200 Meter hinunter und lausche dem Funkverkehr der Verkehrsflugzeuge über Hochfrequenzfunk, während ich darauf warte, über Island Radio sprechen zu können.

»Hallo, hier ist Speedbird null-fünf-vier.«

Es ist ein Flugzeug von British Airways. Ich höre, wie der Pilot mit Island Radio spricht, und als sich eine Gelegenheit ergibt, schalte ich mich ein. »Hier Golf Bravo Yankee Zulu X-ray.« Für den British-Airways-Piloten höre ich mich an wie irgendein anderer Passagierjet, der gerade den Nordatlantik überfliegt. Ich bitte ihn, meine Position an Island Radio weiterzugeben.

»Schießen Sie los«, lautet die knappe Antwort.

»Höhe 1280 Meter. Geschwindigkeit sechs Knoten. Ende.«

»Könnten Sie das bitte wiederholen?«

»Höhe 1280 Meter. Ende.«

»Könnten Sie das bitte noch einmal wiederholen? Sagten Sie 12000 Meter?«

»Nein, 1200 Meter.«

»Und wie hoch ist Ihre Geschwindigkeit?«

»Sechs Knoten.«

»Könnten Sie das bitte wiederholen? Sechs null null Knoten?«

»Nein, sechs Knoten.«

Der British-Airways-Pilot ist ein bisschen schwer von Begriff, aber dann geht ihm auf, dass ich der Ballonfahrer bin, auf den man ihn in seiner Fluganweisung hingewiesen hat. Jetzt möchte er das Funkgerät nicht abschalten.

»Wie geht's, *Britannic Challenger*?«

»Sehr gut. Aber ich habe keine Zeit zu plaudern. Das gibt die Batterie nicht mehr her.«

Der Pilot sagt mir ein paar aufmunternde Worte, gibt mir einige Informationen über das Wetter und wünscht mir Glück. Dann herrscht wieder Stille.

Gegen 17.30 Uhr verrät das Display meines Satellitenortungsgeräts, dass ich eine kritische Grenze überschritten habe: Ich befinde mich jetzt nördlich des 85. Breitengrads. Dies ist die entscheidende Grenze, die ich auf meiner Karte dick mit Rotstift markiert habe. Wenn ich jetzt notlanden muss, können mich Rettungsflugzeuge nicht mehr erreichen. Wie Andrée werde ich meinen Schlitten quer über das Eis ziehen müssen, bis ich in Reichweite eines Flugzeugs oder Hubschraubers gelange. Selbst dann besteht noch die Möglichkeit, dass man mich bei einer Rettungsaktion nicht abholen kann, da sich das Eis jetzt dem Punkt nähert, an dem es zu dünn ist, um das Gewicht eines Flugzeugs zu tragen. In dem Fall werde ich auf dem Eis kampieren, bis einer der Sommer-Eisbrecher vorbeikommt, die routinemäßig zum Nordpol unterwegs sind.

Clive ruft an und sagt mir, ich solle die Lithium-Batterie wegwerfen, die vorhin geraucht hat. Er erklärt mir, wie ich das Autocom und das Iridium-Telefon mit Hilfe der Fassung eines Zigarettenanzünders, wie man sie in Autos hat, an eine Batterie anschließen kann. Ich füge die Teile zusammen, und zu meiner Verblüffung funktioniert es. Dann döse ich und falle in eine Art Halbschlaf.

»Bitte kommen, Golf Bravo Yankee Zulu X-ray. Hier Island.«

Ich höre es leise im Schlaf, nehme aber an, dass es ein Traum ist.

»Golf Bravo Yankee Zulu X-ray. Kommen. Hier Island.«

Wieder ignoriere ich die Aufforderung. Ich wünschte, der Mann könnte den Mund halten. Dann geht mir ein Licht auf – ich bin gemeint. Ich schnappe mir das Hochfrequenzfunkgerät und beantworte den Anruf von Island Radio.

»Dringend. Anweisung, Windbahn sofort auf null-eins-null zu ändern«, weist mich Island Radio an. Dann stellen sie mich zur Einsatzzentrale durch. Ich höre Clives Stimme. Er hört sich angespannt an.

»Hör mal, Alter. Ich werde dir die E-Mail von Luc vorlesen«, sagt er. »AVN12Z zeigt einige dramatische Veränderungen der Situation. Bitte richten Sie David aus, dass er höher hinaufmuss und dass es unerlässlich ist, von jetzt an einen Kurs von null-eins-null zu halten. Diese Nachricht ist sehr dringend. Luc.«

Ich schalte die Brenner auf volle Kraft ein, werfe die rauchende Batterie über Bord sowie drei Zehn-Kilo-Beutel mit Sand. *Britannic Challenger* steigt mit solcher Wucht in den Himmel, dass mir für einen Moment sogar die Knie nachgeben.

Clive ist immer noch am Funkgerät. »Du hast 30 Minuten, um die Windbahn zu finden, sonst musst du umkehren. Eine neue Wetterfront nähert sich, die dich direkt nach Spitzbergen zurücktreiben wird, wenn du nicht den Kurs null-eins-null Grad nimmst, um ihr auszuweichen.«

Als *Britannic Challenger* aufsteigt, messe ich in jeder Höhe die Windrichtung. Im Verlauf von 280 Metern finde ich acht Grad Unterschied, aber das genügt nicht. Ich begann bei einem Kurs von 350°; ich muss noch 20 Grad weiter nach Osten.

Britannic Challenger steigt weiter. Bei 1500 Metern finde ich eine Windbahn von 8 Grad. Immer noch nicht genug. In einer Höhe von 1590 Metern hat die Windrichtung wieder auf West gedreht. Jetzt sind es 4 Grad, so dass ich wieder die Brenner einschalte. In einer Höhe von 1670 Metern sind es 15 Grad.

»Der Wind weht überall anders, Clive«, melde ich über Island Radio dem Kontrollzentrum.

Der Himmel kommt mir vor wie ein hochkomplizierter Verkehrsknotenpunkt, bei dem Windströme in verschiedenen Höhen in verschiedene Richtungen wehen, als würde man eine Vielzahl von Überführungen über einer Straße stapeln. Ich muss den Luftstrom finden, der in 10° östlich von Nord oder in 010 Grad weht. Das ist etwa so, als versuchte man auf die Überführung zu springen, von der man weiß, dass sie den Verkehr in die Richtung lenkt, die man selbst einschlagen will.

»Ich werde wieder auf 1520 Meter hinuntergehen. Vielleicht werden es dort null-eins-null Grad sein. Ich rufe dich in einer halben Stunde wieder an, wenn sich alles stabilisiert hat.«

45 Minuten später befinde ich mich auf einer Windbahn von 10 Grad und fliege in einer Höhe von 1540 Metern mit einer Geschwindigkeit von 7,4 Knoten. Damit ist der Tag gerettet, und vielleicht besteht die Chance, etwas mehr Schlaf zu bekommen. Doch gerade als ich eine halbe Stunde später einnicke, meldet sich Clive wieder über Funk.

»Wir haben eine neue Meldung von Luc. Sie ist dringender als die letzte. Er sagt, dass es westlich des Ballons eine dramatische Veränderung der Luftströmungen gegeben hat. Seine Meldung ist zu lang, um sie ausführlich wiederzugeben. Er sagt, dass du eine Geschwindigkeit von mindestens acht Knoten halten musst, wenn möglich, lieber zehn Knoten, und das während der nächsten zehn Stunden. Wenn du weiter als zwölf Grad Ost nach Westen fährst, wird dich der Wind nach Spitzbergen zurücktreiben. Luc schlägt vor, dass du auf eine Höhe von 3000 Metern gehst.«

Ich werfe einen Blick auf das Satellitenortungsgerät. Ich bin bei 85°48' Nord und 12°20' Ost. Es ist an der Grenze – nur ein Drittel Grad zwischen Erfolg und Misserfolg. In 3000 Meter Höhe möchte ich nicht fahren, da ich dann Sauerstoff brauche und ich nicht allzu viel davon habe. Wieder beginne ich, peinlich genau Windrichtung und Geschwindigkeit von *Britannic Challenger* nach jeweils 16 Meter Höhenunterschied festzuhalten.

Eine Stunde später, um 23.00 Uhr, melde ich mich über Funk beim Kontrollzentrum. »Ich fahre jetzt auf null-zwei-null Grad und mit acht Knoten. In noch größerer Höhe kann ich neun Knoten schaffen, aber die Windbahn ist null-drei-null Grad.«

Clive erwidert: »Null-zwei-null Grad mit acht Knoten ist besser – ich hoffe, ich habe damit Recht. In Lucs Meldung heißt es, du sollst bis Mitternacht null-eins-null bis null-eins-fünf Grad aufrechterhalten.« Er liest aus der E-Mail vor: »Dann müssen die Windbahnen von Mitternacht bis sechs Uhr morgens MEZ zwischen null-eins-fünf und null-zwei-fünf Grad schwanken. Von sechs Uhr morgens bis zwölf Uhr mittags werden die Windbahnen zwischen null-zwei-fünf und null-drei-fünf Grad in Ordnung sein, aber das wird er morgen früh bestätigen.«

»Es besteht also keine große Chance auf eine ruhige Nacht«, entgegne ich.

»Ich fürchte nein, mein Alter«, lautet Clives Antwort. »Wie fühlst du dich?«

»Müde und voller Wind«, sage ich.

»Nun, dann streck deinen Hintern aus dem Korb, lass krachen, und dann wollen wir mal sehen, ob du neun Knoten schaffen kannst.«

Ich bin zu erschöpft, um zu lachen. Je länger diese Fahrt dauert, umso weniger Schlaf bekomme ich. Jetzt bin ich schon seit 54 Stunden in der Luft und habe nicht mehr als vier Stunden schlafen können.

»Sonst noch was, was ich für dich tun kann, bevor ich abschalte?«, fragt Clive.

»Ja. Ein weiches Bett, bitte, und eine Pizza mit Anchovis und einer Extraportion Käse dazu.«

Zehntes Kapitel

Der Marsch

Im Eismeer
14. Juli 1897

Andrée, Frænkel und Strindberg standen auf dem arktischen Eis und starrten den Ballon *Örnen* an, der wie ein gestrandeter Wal dalag, geschlagen, erschöpft und schlaff. Rundherum erstreckte sich eine erbarmungslose unendliche Weite aus Schnee, Eis und offenem Wasser. An manchen Stellen hatte die warme Sommersonne die Mitte einer Eisscholle zum Teil schmelzen lassen und eine eisfreie Stelle oder einen Tümpel entstehen lassen, der überquert werden musste. An anderen Stellen hatten sich die Schollen geteilt und Rinnen offenen Wassers zurückgelassen, von denen manche nur rund einen Meter breit waren, andere Kanäle bis zu anderthalb Kilometer Breite. Diese Wunen durchzogen die Weite in allen Himmelsrichtungen. Durch dieses Gewirr aus losem Packeis, gepresstem Eis und Wasser mussten die drei Männer ihren Weg finden. Sie wussten, dass er entweder zurück in die Zivilisation oder zum Tod führte.

Sie waren hungrig, erschöpft und niedergeschlagen, doch es gab viel zu tun für sie, bevor sie sich ausruhen konnten. Zunächst musste der Ballon gesichert werden, dann mussten sie ihr erstes Lager vorbereiten. Andrée erteilte augenblicklich Befehle und wies Frænkel die Aufgaben zu, ein meteorologisches Journal zu führen, das Zelt aufzubauen und allgemein für das Lager zuständig zu sein. Strindberg sollte alle Mahlzeiten zubereiten, über Proviant und Vorräte Buch führen und ein Logbuch mit astronomischen Beobachtungen zusammenstellen. Andrée übernahm die Verantwortung für

Navigation und Erkundung und erklärte, er werde auf die Jagd gehen – seinen ersten Eisbären schoss er fünf Tage nach der Landung des Ballons – und ihre Notlage in seinen Tagebüchern schildern. *Der Tag beginnt gewöhnlich mit Stiefelputzen*, schrieb er später. *Nachdem das Zelt aufgeräumt und der Tisch gedeckt ist, mache ich mich auf, die Umgebung zu erkunden. Frænkel macht meteorologische Beobachtungen und putzt die Waffen, macht Butterbrote und deckt den Tisch. Nils übernimmt das Kochen und Braten – wir essen zweimal täglich Bärensteak. Frænkel ist Hausmädchen und Nils Köchin.*

Es dauerte eine Woche, die Vorräte und den Proviant aus der Gondel auszupacken, Boot und Schlitten zusammenzusetzen, die Ausrüstung an den Schlitten festzubinden und Überlegungen darüber anzustellen, für welche ihrer wenigen Möglichkeiten sie sich entscheiden sollten. Die Kälte war jedoch ein Schock, der sie vollkommen unvorbereitet traf. Sie hatten sehr wenig schützende Kleidung bei sich; ein paar dicke Pullover und kräftige Stiefel, aber nichts, was den eisigen Wind daran hindern konnte, sie durch Mark und Bein zu schneiden. Eis und Schnee erschwerten und behinderten das Festbinden von Boot und Ausrüstung an den drei Schlitten. Um sich vor Erfrierungen zu schützen, mussten sie etwa alle halbe Stunde die Arbeit unterbrechen und die Hände im Schutz des Zelts wärmen oder auf der Leeseite des Boots, das sie auf die Seite gekippt hatten, um sich vor dem Wind zu schützen.

Alle drei hatten zu kämpfen, um mit den Gegebenheiten zurechtzukommen, obwohl Strindberg erleichtert war, dass die gefahrvolle Fahrt von *Örnen* endlich vorbei war. »Während eines unserer Zusammenstöße mit dem Eis hätte ein Funke genügt, um uns alle in Flammen aufgehen zu lassen«, erzählte er seinen beiden Gefährten eines Abends beim Essen im Zelt. »Wir konnten von Glück sagen, dass das kleine Feuer kurz vor dem Ende der Fahrt nicht in einer Katastrophe endete.« Seine Erleichterung über die sichere Landung wurde jedoch durch Zweifel getrübt, ob es ihnen gelingen würde, jenseits des Eises jemals festes Land zu erreichen. Vielleicht hätten wir härter darum kämpfen sollen, den Ballon über die Wolken zu bekommen, dachte er. Dann hätten wir innerhalb von Tagen Land erreicht. Dann hätte es nicht Wochen oder Monate gedauert, die wir zu Fuß brauchen werden.

Unter der Mitternachtssonne verloren die Männer bald jedes Zeitgefühl. Was Temperatur oder Helligkeit des Himmels anging, unterschied sich ein Teil des Tages kaum von einem anderen, so dass die Männer zumindest während der ersten Woche sich angewöhnten, während der Morgenstunden zu schlafen, am frühen Nachmittag aufzuwachen und am späten Nachmittag und Abend zu arbeiten. Beim warmen Essen, der Hauptmahlzeit ihres Tages um die Frühstückszeit, stritten sie sich stundenlang über die beste Möglichkeit vorwärtszukommen.

Andrée verbrachte einen großen Teil des Tages damit, auf die Gondel von *Örnen* zu klettern, um dort wiederholt und vergeblich am fernen Horizont nach Land Ausschau zu halten. Alles, was er je zu sehen bekam, war ein Durcheinander von Eispressungen, die sich bildeten, wenn die Eisschollen gegeneinander prallten, wenn das weichere Eis zu mächtigen Blocks losen Packeises zerbrach, die hochgeschoben wurden und Eisbarrieren bildeten, die wie riesige weiße Hecken aussahen.

Am 21. Juli fällte Andrée eine Entscheidung. »Am aussichtsreichsten ist es für uns, nach Südosten in Richtung Kap Flora zu gehen«, sagte er zu Strindberg und Frænkel.« Auf Kap Flora, einer Insel des Archipels von Franz-Joseph-Land, war für die Expedition ein Lebensmitteldepot angelegt worden. »Ich weiß von Nansen, dass es möglich ist, den Winter auf den Inseln zu überleben«, fügte er hinzu, als sie eine herzhafte Mahlzeit aßen, das Fleisch eines Eisbären, den Andrée zwei Tage zuvor erlegt hatte.

Andrée sah sich Strindbergs Hand an, die eine Bratpfanne hielt, die auf dem Primuskocher weiteres Fleisch briet. Er war schockiert, wie schmutzig sein Freund geworden war.

»Ich hoffe, du hast dir die Hände gewaschen, bevor du unser Essen zubereitest?«, fragte er.

»Gewaschen?«, entgegnete Strindberg. »Ich habe mich vorgestern gewaschen. Der Rest ist so eine Sorte von Schmutz, der von allein festsitzt.«

Andrée sah sich die Gesichter von Frænkel und Strindberg an. Wenn mein Gesicht auch so aussieht wie ihre, dachte er, hat sich bei mir auch so viel Schmutz in den Falten abgesetzt, die fettigen Überreste des Schwitzens einer Woche. Da die Männer sich nicht richtig waschen konnten, stanken sie nach Schweiß, Urin und den natürlichen Ölen, die die Haare an den Schädeln kleben ließen, ihre Schnurrbärte verfilzte und wie dicke Waschlappen auf die Lippen herabhängen ließ. Die Öle zogen den Schmutz an, der sich bei ihnen auf der Haut absetzte wie Eisenspäne auf einem Magneten.

Nach dem Essen machte es sich Strindberg in ihrem beengten Zelt gemütlich. Zwischen Andrée und Frænkel in einen großen Schlafsack gequetscht, schrieb er tief in der Nacht an Anna. *Teuerste Geliebte, ich schreibe dir mit einer Woche Verspätung. Ich bitte dich um Vergebung für die Angst, die ich dir damit bereitet habe, aber ich bin sicher, die Fundamente für unser künftiges Glück zu legen. Wenn wir die Süße unserer Verbindung genießen, werden wir an diese harten Zeiten zurückdenken, in denen wir getrennt waren, und unsere Freude wird noch größer werden.* Er schilderte ausführlich die erschreckenden Augenblicke, bevor der Ballon sich aus der hölzernen Halle in Virgo-Hafen in die Lüfte erhob. *Meine Gedanken wandten sich für einen Augenblick dir und meinen teuren Verwandten zu Hause zu. Wie wird die Fahrt verlaufen?, fragte ich mich. Wie schnell meine Gefühle kamen! Doch ich musste sie zurückhalten. Ich bat Machuron, der mir am nächsten stand und den ich sehr umgänglich fand, dir meine Liebe zu übermitteln. Ich weiß, dass mir die Tränen über die Wangen liefen, aber ich verbarg sie, indem ich prüfte, ob die Kamera in Ordnung sei, und so tat, als wäre ich bereit, Ballast abzuwerfen. Gute Nacht, mein Liebling.*

Die drei Männer verschliefen den größten Teil des Tages und wachten am späten Nachmittag auf. Nach einem Frühstück am frühen Abend setzte Strindberg seinen Brief an Anna fort. *Es ist jetzt fast sieben Uhr abends, und wir haben soeben unsere Schlitten bepackt. Wir sind bereit und werden von dort losfahren, wo wir gelandet sind. Wir werden sehen, wie schwierig es ist, Kap Flora zu erreichen. Die Schlitten lassen sich so schwer ziehen. Ja, jetzt sind wir unterwegs!*

Es war neblig, als die drei Schweden ihren langen Marsch nach Kap Flora begannen. Die Schlitten wogen 150 bis 200 Kilo, ein Gewicht, das sie nicht allein ziehen konnten, wie sie schon bald entdeckten. Allein auf Andrées Schlitten lagen vier Planken für das Überqueren von Lücken im Eis, drei Bambusstäbe, ein Tragring, ein Bootshaken, eine Bodenpersenning, ein Sack mit privaten Habseligkeiten, ein großer Korb, eine Schaufel mit einem Ersatzgriff, ein Schlauch, eine Dose mit Schuhfett, ein Dregganker sowie drei große Körbe mit Medikamenten, Lebensmitteln und Ausrüstung. Insgesamt war der Schlitten mit gut 210 Kilo beladen. Frænkels und Strindbergs Schlitten waren fast ebenso schwer mit Ausrüstungsgegenständen, Lebensmitteln, Getränken und in Frænkels Fall noch mit dem Segeltuchboot beladen.[7]

»Es ist zwecklos«, sagte Frænkel nach einiger Zeit. »Ich bin der Stärkste und kann meinen Schlitten nicht mehr lange ziehen. Wir müssen uns eine Art von Ablösung ausdenken.«

Die beiden anderen wussten, dass Frænkel Recht hatte. Sie beschlossen, sich an einen Schlitten anzuschirren, ihn ein paar hundert Meter zu ziehen, sich wieder frei zu machen, zum zweiten Schlitten zurückzukehren, sich vor diesen zu spannen, ihn zum ersten zu ziehen und den Vorgang mit dem dritten Schlitten zu wiederholen.

»Das wird eine sehr langsame Wanderung nach Kap Flora bedeuten«, sagte Strindberg. »Die Entfernung, die wir zurücklegen müssen, haben wir mit einem Schlag um den Faktor fünf erhöht.«

»Uns bleibt keine Wahl«, erwiderte Andrée und beugte sich vor, um das Geschirr am ersten Schlitten zu nehmen. »Lasst uns losgehen.« Wie ein Mann machten sie den ersten Schritt.

»Achtung!«, schrie Strindberg, als er in einen knietiefen Tümpel aus geschmolzenem Eiswasser sprang. Der Schlitten war in eine eisfreie Stelle gerutscht. Er packte den Schlitten und hielt ihn so lange fest, bis Andrée und Frænkel ihn auf die nächste Eisscholle hochziehen konnten.

»Der Tag ist gerettet«, rief Andrée.

»Aber nicht meine Briefe an Anna oder mein einziges Porträt von ihr. Sie sind durchnässt.«

Strindberg war untröstlich. Kaum war er auf dem Eis ein paar Schritte gegangen, war schon der Sack beschädigt, der seine kostbarsten Besitztümer enthielt, die einzigen Verbindungen zu seiner geliebten Anna. Es gab keine Möglichkeit, den Inhalt des Sacks an Ort und Stelle zu trocknen, und so stopfte er ihn unter die Persenning, die den Schlitten bedeckte, und zog mit seinen beiden Gefährten weiter übers Eis.

Später in der Nacht schrieb Strindberg wieder an Anna.

Jetzt weiß Dein Nils, was es heißt, auf dem Polareis zu gehen. Zu Beginn unserer Wanderung hatten wir einen kleinen Unfall. Der erste Schlitten rutschte zur Seite, als wir von der ersten Eisscholle auf die nächste wollten, und fiel ins Wasser, und es gelang uns nur mit größter Mühe, ihn herauszuziehen. Ich watete bis zu den Knien ins Wasser und hielt den Schlitten fest, damit er nicht versank. Andrée und Frænkel setzten dann auf die nächste Eisscholle über, und mit vereinten Kräften schafften wir es, den Schlitten heraufzuziehen. Das Schreckliche daran war, dass der Inhalt meines Sacks, der sich auf dem Schlitten befand, nass geworden ist. Und darin habe ich alle Deine Briefe und Dein Porträt! Ja, sie werden während des Winters meine teuersten Schätze sein.

Nachdem wir den Schlitten wieder hochgezogen hatten, bahnten wir uns den Weg über einige Eisschollen, die durch Wasserrinnen getrennt waren. Wir überquerten diese, indem wir die Eisschollen zusammenschoben. Es ging natürlich sehr langsam, die größeren Schollen zu schieben. Irgendwann kamen wir zu einem großen Eisfeld, auf dem wir zwei oder drei Kilometer lang mit unseren Schlitten wanderten ... Nun, meine Liebe, woran wirst Du in diesem Winter denken? Dies ist meine einzige Sorge ...

Strindberg dachte weiter an Anna, die so weit weg war, und daran, wie sehr er sie vermisste. Er fragte sich, was sie tat, mit wem sie zusammen war und wer vielleicht ihr träges Lächeln zu sehen bekam. Doch lange konnte er nicht in Erinnerungen schwelgen. Nach einem kurzen Essen mahnte Andrée Strindberg und Frænkel zur Eile. Sie hätten einen langen nächtlichen Marsch vor sich.

Am Ende des Marsches schlugen die Forschungsreisenden ihr Lager auf einer Eisscholle auf, die durch Eispressungen geschützt war, und Strindberg bereitete das Abendessen zu. *Wir haben unser Lager auf einem pittoresken Stück Eis aufgeschlagen und unser Zelt aufgebaut,* schrieb er an Anna, bevor er in jener Nacht einschlief. *Im Zelt haben wir unseren Schlafsack, in dem wir jetzt alle drei nebeneinander liegen. Es ist ziemlich beengt, aber die Kameradschaft ist gut. Es gibt so viel, worüber ich schreiben sollte, aber ich muss jetzt schlafen. Gute Nacht, mein Liebling.*

Nach dem Aufwachen brauchten Andrée, Strindberg und Frænkel mehrere Stunden, um zu frühstücken, das Lager abzubrechen und ihre Habseligkeiten auf ihre Schlitten zu binden. Es war so kalt, dass die Ränder der eisfreien Stellen zufroren, und wieder trafen sie auf Rinnen offenen Wassers, die sie überquerten, indem sie die Schlitten quer auf das Boot legten. Neun Stunden später hielten sie an, nachdem sie nicht mehr als drei Kilometer zurückgelegt hatten. Strindberg bereitete eine wenig schmackhafte Suppe aus Erbsen, Zwieback, Bouillonwürfeln und Fleischpulver, die er als ein »unzulängliches Essen« bezeichnete, das mit etwas Butter angereichert wurde, um den Nährwert zu erhöhen.

Der nächste Tag war noch schlimmer. Das Eis war kreuz und quer von kleinen Rissen, Spalten und Rinnen durchzogen, und es schneite leicht. Die Männer kämpften und mühten sich ab, um die schweren Schlitten über die höchsten Eiswälle, denen sie bislang begegnet waren, zu ziehen und zu schieben. Den ganzen Tag kämpften sie mit einer Folge kräftezehrender Eismauern, von denen einige viele Male höher waren als sie selbst. Dazwischen immer wieder Felder mit Blöcken losen Packeises, welche die Schlitten stark in Anspruch nahmen und sie auseinander zu reißen drohten. Die Tatsache, dass sie dreimal hin und her mussten, um ihre Schlitten über das tückische Gelände zu ziehen, machte die Aufgabe noch anstrengender. Zum ersten Mal dachten sie daran, sich von einem Teil ihrer Ausrüstung und der Lebensmittel zu trennen, um die Ladung auf ihren Schlitten leichter zu machen.

Am Ende des dritten Tages der Wanderung, als der 25. Juli anbrach, ließen die Männer zu Ehren von Annas Geburtstag ein vierfaches lautes Hurra hören. Eine halbe Stunde später setzte sich Strindberg nach zehnstündigem Marsch hin und schrieb einen zärtlichen Brief an seine Verlobte. *Wir haben soeben den heutigen Marsch beendet, nachdem wir uns zehn Stunden lang mit unseren Schlitten abgemüht und sie gezogen haben. Ich bin wirklich recht müde, aber bevor ich schlafen gehe, wollte ich Dir ein paar Worte sagen. Zuallererst muss ich Dir gratulieren, denn an diesem Tag ist Dein Geburtstag. Oh, wie sehr wünschte ich, ich könnte Dir persönlich sagen, dass mein Befinden ausgezeichnet ist und dass Du meinetwegen nichts zu befürchten hast. Irgendwann kommen wir bestimmt nach Hause ...*

In Stockholm hatten Johan Oscar Strindberg und seine Familie Anna zu sich eingeladen. Sie hatte Nils zuletzt am 17. Mai gesehen. Sie und der Rest von Nils' Familie hatten alle Zeitungsberichte über den Aufbruch der Expedition von der Dänen-Insel verschlungen. Aus den Briefen, welche die *Lofoten* und Alexis Machuron mitgebracht hatten, wusste Anna, wie sehr Nils sie vermisste. Jeden Morgen wachte sie mit der Hoffnung auf, dass der Brief, den Nils aus dem Ballon hatte abwerfen wollen, ankommen würde. Beim Frühstück war ihre erste an Occa gerichtete Frage stets, ob Machuron den Brief schon weiterbefördert habe. Jeden Tag hatte Occa nur schlechte Nachrichten, und nach ein paar Wochen hörte Anna auf zu fragen und gab die Hoffnung auf. Inzwischen wusste sie, dass der Brief nie kommen würde, und obwohl sie das größte Vertrauen in Nils hatte, begann sie das Schlimmste zu befürchten.

Am 15. Juli, vier Tage nach dem Start des Ballons auf der Dänen-Insel und einen Tag nachdem er auf dem Eis endgültig liegen blieb, fuhr ein norwegischer Robbenfänger, die *Alken*, in wenigen Kilometern Entfernung an der Nordspitze Spitzbergens vorbei, als ein merkwürdig aussehender Vogel, der von zwei Eismöwen verfolgt wurde, auf dem Mast des Boots landete. Der Kapitän Ole Hansen wurde gegen 1.30 Uhr aus seiner Koje geholt, um sich dieses besondere Tier anzusehen.

»Ihr holt mich aus dem Bett, damit ich mir diesen Vogel ansehe? Das ist nichts weiter als ein Schneehuhn«, sagte er. Es schien ihn nicht zu beeindrucken, dass man ihn mitten in der Nacht geweckt hatte. »Gebt mir mein Gewehr.« Kapitän Hansen begab sich in die Takelage der *Alken* und schoss den Vogel ab, der über Bord fiel.

»Zurück ins Wasser, wohin er gehört«, sagte er mit einem Grunzen, als er in seine Kabine zurückging. »Und lasst mich keinen der Matrosen dabei erwischen, dass er ihn aus dem Wasser fischt, weil er das Fleisch will. Es lohnt sich nicht.«

Die *Alken* setzte ihre Fahrt bis zum nächsten Tag fort, als sie neben einem anderen Robbenfänger längsseits ging und Hansen mit dem Skipper des anderen Bootes ein paar Jagdinformationen austauschte. Allmählich dämmerte ihm eine Besorgnis erregende Erkenntnis.

»Sie meinen also, dass dieser Vogel überhaupt kein Schneehuhn war, sondern eine der Brieftauben von Andrées Expedition?«, sagte er ungläubig. »Ich habe nicht mal gewusst, dass dieser verrückte Schwede losgefahren ist.«

Die beiden Seeleute setzten ihre Unterhaltung kurze Zeit fort. Als die *Alken* sich entfernte, rief Hansen seinen Ersten Offizier. »Bringen Sie mir das Logbuch. Ich möchte wissen, wo ich diesen Vogel geschossen habe.« Als sein Erster Offizier ihm die Position nannte – 80°44' Nord, 20°20' Ost –, erteilte er noch einen Befehl. »Volle Kraft voraus zu dieser Position.«

Einen halben Tag später setzte die *Alken* zwei Boote aus, die nach der toten Brieftaube suchen sollten. Erstaunlicherweise fand eins der Boote den Vogel. Hansen untersuchte die Taube und entdeckte die Briefhülse aus paraffingetränktem Pergament. Auf der Außenseite des Zylinders standen einige Anweisungen auf Norwegisch: *Von Andrées Polarexpedition an Aftonbladet Stockholm. Öffnen Sie den Zylinder am Ende, und entnehmen Sie ihm zwei Briefe. Die handgeschriebene Notiz soll an Aftonbladet telegrafiert werden, die andere, die Kurzschrift, soll mit der ersten Post an die Zeitung geschickt werden.*

Hansen fand nur die handgeschriebene Notiz. Sie lautete: *Von Andrées Polarexpedition an Aftonbladet, Stockholm. 13. Juli. 12.30 Uhr mittags. Breite 82°2' Länge 15°5' Ost. Gute Geschwindigkeit nach Osten*

10° Süd. An Bord alles wohlauf. Dies ist die dritte Taubenpost. Andrée. Der stenographierte Bericht, der Material für einen vollständigen Bericht über den bisherigen Verlauf der Expedition liefern sollte und außerdem, wie Anna hoffte, persönliche Nachrichten von Nils, fehlten jedoch.

Wie Anna verzehrte sich Strindberg in jedem Augenblick vor Sehnsucht nach einem Wiedersehen mit seiner Verlobten. *Wie sehr beschäftigt mich all das während des Tages*, schrieb er am Abend ihres Geburtstags. *Ich habe viel Zeit zum Nachdenken, und es ist so herrlich, so angenehme Erinnerungen zu haben und so glückliche Erwartungen für die Zukunft!*

Doch das Zurückdenken an diese kostbaren Zeiten, die sie zusammen verbracht hatten, wurde für Strindberg immer schmerzlicher. Jede Erinnerung an sein vergangenes Glück – der Anblick Annas, als sie den Zeiger für den Ballontanz herumwirbeln ließ, eine Erinnerung an ihre weichen Lippen beim Küssen – ließ ihn das Elend seines jetzigen Daseins und die Ungewissheit wegen seiner Zukunft umso schmerzlicher empfinden. Wie Andrée und Frænkel klammerte er sich an alles, was er an Erinnerungen an bessere Zeiten aus den hintersten Winkeln seines Gedächtnisses hervorkramen konnte, doch Strindberg spürte, dass es für ihn anders war. Er hatte eine gewissere Zukunft, auf die er sich freuen konnte, aber auch mehr zu verlieren, wenn sich seine Träume von einem Leben in Annas Armen nicht erfüllten.

Nachdem er seinen Gefährten ein Essen aus Käsebroten, Keksen, Kaffee und Himbeersirup gemacht hatte – Andrée und Frænkel verwendeten noch den letzten Tropfen aus der Flasche, indem sie sie zweimal auswuschen –, schrieb Strindberg weiter an seinem Brief an seine Verlobte, wobei er einen Bonbon lutschte, *ein wirklicher Luxus*, wie er ihr schrieb.

Wir machen hier für die Nacht Rast an einer offenen Stelle. Überall um uns herum ist nur Eis, Eis in jeder Himmelsrichtung. Eishügel, Eismauern und offene Wasserrinnen wechseln mit geschmolzenem Eis ab – es ist alles ewig das Gleiche. Jetzt schneit es, aber es ist wenigstens ruhig und nicht besonders kalt. Ich nehme an, dass Du zu Hause wärmeres Sommerwetter hast.

Es ist ein eigenartiger Gedanke, dass es uns nicht einmal an Deinem nächsten Geburtstag möglich sein wird, zusammenzusein, da wir hier vielleicht noch ein Jahr überwintern müssen. Wie bewegen uns so langsam von der Stelle, dass wir Kap Flora in diesem Winter unter Umständen nicht erreichen, sondern wie Nansen gezwungen sind, den Winter in einem Erdkeller zu verbringen.

Arme kleine Anna, wie verzweifelt wirst du sein, wenn wir im nächsten Herbst nicht zurückkehren. Der Gedanke daran quält mich auch, wenn auch nicht um meiner selbst willen. Es macht mir nichts aus, wenn ich Not leiden muss, wenn ich nur irgendwann zu dir nach Hause komme.

In der Nacht erlebten sie Stunden des Schreckens. Andrée, Strindberg und Frænkel lagen in ihrem einfachen Segeltuchzelt in ihrem einzigen Schlafsack zusammengekauert, lauschten und zitterten, als riesige Eisschollen, von denen manche 100 Meter lang und breit waren, gegeneinander schlugen und sich aneinander rieben, als die gewaltigen Meeresströmungen des Eismeers sich unter ihnen drehten und auf und ab wogten. Sie befanden sich inmitten eines Eisbebens. Um sie herum krachte und polterte die Welt; ein scharrendes Geräusch wie von einem stürmischen Wind kam auf sie zu, wenn riesige Eisblöcke aus frisch aufgetürmten Eiswällen herunterstürzten; von Zeit zu Zeit knallte es scharf wie ein Gewehrschuss, wenn wieder eine Eisfläche zersplitterte. An Schlaf war nicht zu denken. Würde die Eisfläche, auf der sie lagen, plötzlich umkippen und unter losem Packeis begraben werden, wenn Eispressung eine zehn Meter hohe Eiswand auftürmte? Am meisten fürchtete sich Strindberg davor, dass das Eis aufreißen und sie in ihrem Zelt und Schlafsack in den gefrierenden Ozean fallen lassen könnte.

In solchen Augenblicken schloss Strindberg die Augen und versuchte die Gegenwart zu vergessen, indem er an sein Leben in Stockholm zurückdachte. Er sah den Tag, an dem er mit Gustav Lang eine Radtour machte und nach dem Essen die Peters und Wallings besuchte. Er dachte an die Tage an der Universität, wo er über seinen Büchern saß oder Studenten unterrichtete. Aber am meisten träumte er von Anna. Wie sehr er sich auch bemühte, an andere Dinge und andere Menschen zu denken, Annas freundliches Gesicht mit dem warmherzigen, trägen Lächeln schob sich immer in den Vordergrund.

Erschöpfung und Wunden begannen sich unangenehm bemerkbar zu machen, doch am schlimmsten war die Frustration, jeweils zehn bis 16 Stunden hintereinander gegen das lose Packeis und die hohen Eiswälle ankämpfen zu müssen, nur um pro Tag anderthalb Kilometer oder zwei zurückzulegen. Die drei Männer sprachen nur selten über ihre Notlage, sondern zogen es vor, die Zähne zusammenzubeißen und sich durch das schreckliche Gelände weiterzuschleppen. Wenn sie einen der schweren Schlitten über einen Eiswall hinwegheben mussten, der höher war als sie selbst, blickte Andrée verstohlen seine Gefährten an, um in ihren Gesichtern nach Anzeichen von Resignation zu suchen. Bis jetzt hatte er nichts davon entdeckt, fragte sich aber unwillkürlich, wie lange ihr Lebenswille noch über ihre zunehmende Erschöpfung triumphieren würde. Dann würde ihre Moral zerbrechen, wie er wusste, und dann würden die kleinlichen Streitereien anfangen, die zu ihrem Tod führen konnten. Er hoffte nur, dass sie die Zivilisation vor diesem Tag erreichten.

Am nächsten Tag versuchten es die Forschungsreisenden mit einer neuen Methode, ihre Schlitten übers Eis zu ziehen. Sie suchten sich glatte Eisflächen an den Rändern der Rinnen mit offenem Wasser aus. Das, so hofften sie, würde ihnen dabei helfen, eine größere Distanz zurückzulegen, aber ihr Experiment war nicht von langer Dauer.

»Schnell! Hilfe!«

Frænkel drehte sich um und sah, wie Strindberg, der am Rand einer Wasserrinne entlangging, den Halt unter den Füßen verlor und um Hilfe rief. »Halt dich fest!«, rief Frænkel und schüttelte sich die Schlittenriemen von den Schultern. Andrée neben ihm tat das Gleiche. Strindberg war bis zu den Schultern in dem eisigen Wasser versunken und immer noch an dem Schlitten festgebunden, den die drei Männer gemeinsam an den glatten Rand vor einer Rinne gezogen hatten. Strindberg befand sich nahe am Rand der Eisscholle, konnte sich aber nicht selbst aus dem Wasser ziehen. Jedes vorspringende Stück Eis, nach dem er griff, rutschte ihm aus den Händen. Andrée und Frænkel prüften behutsam, ob das Eis dick genug war, und krochen zum Rand der Scholle und schleiften den durchgefrorenen und vor Angst zitternden Strindberg aus dem Wasser und aufs Eis.

»Zieh deine Kleider aus. Wir werden sie auswringen«, schlug Andrée vor, als Strindberg neben dem Schlitten zitternd nach trockener Kleidung suchte. Er zog sich Knickerbocker an und machte sich wieder auf den Weg. Er bemühte sich, seinen Schock zu überwinden, indem er seinen Gefährten laut von den Seehunden und Möwen erzählte, die sie entdeckt hatten.

Jeden Tag suchte Andrée Eis und Himmel nach Tieren ab und entnahm dem Eis oft Kernproben. Entschlossen, für seine Expedition wenigstens etwas an wissenschaftlicher Glaubwürdigkeit zu retten, machte er sich ausgiebig Notizen über die spärliche Flora und

Fauna, die er entdeckte. *Dorschkopf. Schädel. In einer Rinne entdeckten wir einen kleinen Fisch. Er war furchtlos, aber überrascht, uns zu sehen. Ich tötete ihn mit einer Schaufel. Probe Nummer neun,* schrieb er bei einer Gelegenheit. Für den rationalen Wissenschaftler in Andrée war dies eine Möglichkeit, mit der Ungewissheit seiner Zukunft fertig zu werden. Es war auch eine Möglichkeit, wie er hoffte, Kritiker wie Konteradmiral Markham und General Greely zum Schweigen zu bringen, die mit ihrer Vorhersage Recht gehabt hatten, dass sein Plan, den Pol zu erreichen, sich als idealistischer Traum erweisen würde. Sie hatten auch gesagt, dass es keinen wissenschaftlichen Nutzen bringe, zum Pol fahren zu wollen; die Proben, die ich jetzt sammle, dachte Andrée, werden vielleicht das Gegenteil beweisen.

Strindberg bemühte sich ebenfalls in zunehmendem Maße, seine Reise in einem günstigen Licht erscheinen zu lassen, obwohl ihm allmählich aufging, dass Anna und seine Familie seine Briefe vielleicht nie lesen würden. Später am Tage, als sie eine sehr breite Wasserrinne erreichten und Andrée und Frænkel sich auf den Weg machten, um nach einer Übergangsmöglichkeit zu suchen, ergriff Strindberg die Gelegenheit, sich neben die Schlitten zu setzen und wieder an Anna zu schreiben.

Das Wetter ist ziemlich schlecht – nasser Schnee und Nebel –, aber wir sind guten Mutes. Wir haben uns den ganzen Tag unterhalten, und Andrée hat darüber gesprochen, wie er ans Patentamt gekommen ist und so weiter. Er und Frænkel haben sich auf eine Erkundungstour begeben, ich bin bei den Schlitten geblieben und sitze jetzt hier und schreibe Dir. Zu Hause muss es Abend sein, und wie ich hast Du einen angenehmen Tag gehabt.

Hier vergeht ein Tag wie der andere: Ziehen und Schleppen der Schlitten, Essen und Schlafen. Die herrlichste Stunde des Tages ist der Mo-

ment, wenn ich im Bett liege und meinen Gedanken erlauben kann, zu besseren und glücklicheren Zeiten zurückzufliegen, als wir zusammen waren. Im Augenblick ist unsere drängendste Sorge, wo wir überwintern sollen. Ich sehe gerade, dass die anderen zurückkommen. Ich werde also mit dem Schreiben aufhören. Jetzt werden wir uns wieder mit den Schlitten abmühen. Au revoir, Liebste.

Am nächsten Morgen fand Strindberg Spuren vor ihrem Zelt, die erkennen ließen, dass während der Nacht ein großer Eisbär mit einem Jungen an ihrem Lager vorbeigekommen war. Andrée und Frænkel waren über die Tatzenabdrücke erregt, denn sie konnten sie als willkommene Anzeichen dafür werten, dass sich in der Nähe eine lebenswichtige Nahrungsquelle befand; für Strindberg waren sie aber eine Furcht erregende Mahnung daran, wie gefährdet ihr Leben war.

Mit wundgelaufenen Füßen, erschöpft durch das Gewicht der Schlitten und frustriert durch ihr langsames Vorwärtskommen, beschlossen die drei Forschungsreisenden nach dem Frühstück, sich von fast der Hälfte ihrer Ausrüstung und Lebensmittel zu trennen. Sie drängten einander, rücksichtslos möglichst viel Gewicht zu reduzieren. Als sie fertig waren, waren ihre Schlitten fast 100 Kilo leichter und hatten frisch reparierte Kufen. Nachdem sie gute Arbeit geleistet hatten, nahmen sie von den geopferten Lebensmitteln so viel zu sich, wie sie essen konnten. *Ausschweifendes Essen nach der Gewichtserleichterung*, hielt Andrée in seinem Tagebuch fest.

Nach dem Essen schoss Strindberg seinen ersten Eisbären; sie fanden heraus, dass das Fleisch weit besser schmeckte, wenn man es eine Stunde vor dem Essen in Meerwasser legte. Am folgenden Tag fügte Frænkel der Strecke ein weiteres Exemplar hinzu, indem er einen besonders kühnen Bären erlegte, der sich weder von einer Pfeife noch von einem Jagdhorn hatte verjagen lassen. Das Fell wurde sorgfältig abgezogen, um damit den Schlafsack zu reparieren, dessen Rehhaare überall herumlagen. *Wenn man eins verliert, findet man tausend neue*, hatte Andrée über die Haare gewitzelt, die in ihren Speisen auftauchten, an ihrer Kleidung klebten sowie an ihrer fettigen, schmutzigen Haut.

Da sie jetzt so viel zusätzliches Bärenfleisch mitnehmen mussten, trennten sich die Forschungsreisenden am 28. Juli von noch mehr Fleischpulver und Brot und spülten ein paar Kekse und Honig mit einer Flasche Champagner herunter, bevor sie kurz vor Mitternacht ihre Wanderung wieder aufnahmen.

Zum ersten Mal seit ihrer Landung auf dem Eis fiel die Temperatur jetzt deutlich unter den Gefrierpunkt, so dass sie sich ein von Lappländern für die Isolierung verwendetes Gras um die Füße wickelten, bevor sie ihre dicken Socken und die frisch gefetteten Stiefel anzogen. Andrée rieb sich die Hände mit Waltran ein, um sie vor der Kälte zu schützen. Da der Wind von hinten wehte, war er optimistisch, an jenem Tag eine große Strecke zurücklegen zu können.

»Der Nordwestwind sollte dazu beitragen, die Eisschollen nach Südost zu treiben, in Richtung Kap Flora«, rief Andrée, als sie sich auf den Weg machten.

Seine Hoffnungen wurden jedoch bald gedämpft, als sie insgesamt 14 offene Wasserrinnen überqueren mussten. Um die breiteste zu bewältigen, mussten sie ihre Schlitten nacheinander am Boot festbinden und dann übersetzen. Es war ein Zeit raubendes und gefahrvolles Unternehmen; sie paddelten vorsichtig und achteten darauf, dass das Gewicht des Schlittens das Boot nicht aus dem Gleichgewicht brachte. Sie mussten die Fahrt zwischen den Eisschollen dreimal machen, um jeden der Schlitten hinüberzutransportieren. Sobald sie wieder festes Eis unter den Füßen hatten, wendete sich dennoch nichts zum Guten: Aufgetürmtes Packeis versperrte ihnen an jenem Tag die gesamte Route.

Die durch Eispressung entstandenen Eiswälle und das lose Packeis wichen erst gegen Ende der Wanderung am nächsten Tag ebeneren Flächen. Die Männer trugen zum ersten Mal Schneeschuhe und kamen an eine große Eisfläche, die glatter war als alle vorherigen. Sie nannten es Parade-Eis, was man im Schwedischen wie »Paradies« aussprechen kann. So kamen sie mehrere Stunden lang gut voran und genossen die relative Erleichterung, die das ebene Eis ihren überanstrengten und erschöpften Gliedmaßen verschaffte. Was für eine Seligkeit, dachte Strindberg, mal nicht versuchen zu müssen, auf zusammenstürzenden Blöcken von losem Packeis festen Halt zu gewinnen und dabei den Schlitten durch diese gezackte Landschaft zu ziehen. Mehrmals verstauchten sie sich die Knöchel, verrenkten sich die Knie und erlitten Muskelzerrungen, als sie über Eiswälle hinwegkletterten; demgegenüber war das Gehen auf einer glatten, flachen Eisscholle paradiesisch leicht. Dieses leichte Gehen währte jedoch nicht lange. Am Ende einer 16-stündigen Wanderung gelangten sie an die breiteste Rinne, auf die sie bis jetzt gestoßen waren. Und der nächste Tag war fast genauso: mühsames Dahinschleppen über loses Treibeis, das sich mit tückischen offenen Wasserrinnen abwechselte. Die mörderische Quälerei wurde durch die Meeresströmungen unter dem Eis noch verschlimmert.

»Wir müssen nach Südosten gehen, um Kap Flora zu erreichen, aber das Meer trägt das Eis nach Südwesten«, bemerkte Andrée und blickte von seinen Berechnungen auf. Frænkel hielt jeden Tag ihre Position fest und nahm die meteorologischen Beobachtungen vor, doch als Leiter der Expedition hatte sich Andrée das Recht vorbehalten, ihren Kurs zu bestimmen. »Um der Drift entgegenzuwirken und trotzdem eine südöstliche Richtung auf Kap Flora einzuhalten, müssen wir direkt nach Osten gehen«, entschied er. Somit machten sie sich voller Hoffnung, sie könnten schneller gehen, als der Meeresstrom ihnen das Eis entgegenschob, in eine neue Richtung auf.

Es war ein Tag, an dem jeder der drei Männer seine eigene persönliche Not litt. Andrée rutschte in einen Tümpel aus schmelzendem Schneewasser, Frænkel zeigte erste Anzeichen von Schneeblindheit, und Strindberg ging auf, dass er inzwischen so schmutzig geworden war, dass er den Dreck nicht mehr loswurde. Der einzige Lichtblick dieses elenden Daseins kam am Ende des Tages, als Strindberg meldete, einige der Lebensmittel auf Andrées Schlitten könnten verderben, nachdem sie ins Wasser gefallen waren.

»Was ist denn beschädigt?«, wollte Frænkel wissen.

»Mellins Food«, erwiderte Strindberg. Das war ein Brei, der aus einem Milchersatz für Babys gemacht wurde. »Unser Nachtisch.«

»Sehr gut! Dann sollten wir ihn lieber essen«, bemerkte Frænkel. Er hörte sich entschieden fröhlicher an als zuvor.

Während er das Essen zubereitete, bemühte sich Strindberg, eine seiner Hände sauber zu bekommen, aber vier Wochen Schweiß und Schmutz wollten nicht weichen, und nachdem er lange und hart mit einer nassen Socke gerieben hatte, gab er die Versuche auf. Andrée bemerkte mit der für ihn bezeichnenden Distanz, der Unterschied zwischen Strindbergs halb gesäuberter und der schmutzigen Hand sei wie der zwischen *Mulatte und Neger*.

Am letzten Julitag machten sie sich in dichtem Nebel auf den Weg, der Andrée daran hinderte, die beste Route zu finden. Es war ein Whiteout, eine verwirrende Wetterkonstellation, wie sie jeder Reisende in den Polarregionen fürchtet, wenn Wolken und das Eis unter den Füßen zu einer einzigen Weite von Weiß verschmelzen, in der es weder Tiefe, Umrisse noch Schatten gibt. Sie tasteten sich vorsichtig weiter vor, da sie befürchteten, in jedem Moment unwissentlich auf ein Stück Eis zu treten, das zu schwach war, ihr Gewicht zu tragen. Sie brauchten sechs Stunden, um zehn offene Wasserrinnen zu überqueren; dann gelangten sie an eine Reihe von hohen Eiswällen, die sich gut anderthalb Kilometer fortsetzten. Als die Eishügel und das lose Packeis allmählich in ebeneres Gelände übergingen, war der Schnee tiefer als je zuvor. Manchmal war es für Strindberg zu viel, und dann gaben die Knie unter ihm nach. Er fiel erschöpft in den Schnee und genoss sogar seinen Zusammenbruch für ein paar Momente, da er ihm eine kurze Erholungspause vor der mörderischen Quälerei gewährte, bevor er mühsam wieder auf die Beine kam, um den endlosen Marsch fortzusetzen. *Aufbruch um fünf Uhr morgens. Wir trampeln auf den Knien durch tiefen Schnee,* schrieb Andrée in sein Tagebuch. *Nichts als Getrampel auf den Knien. Der Entdecker der Attraktivität des Zusammenbrechens: Nils. Seit dem Aufbruch bewegen wir uns in sehr schwierigem Gelände.*

Um 18.40 Uhr fielen sie erleichtert in ihr Zelt und rollten sich in dem Schlafsack zusammen, doch die Freude über die Ruhe währte nicht lange, denn Strindberg enthüllte ihnen, was seine astronomischen Messungen ergeben hatten. Trotz ihrer langwierigen Mühen, erzählte Strindberg seinen Gefährten, hätten die Meeresströmungen sie an jenem Tag weiter nach Westen getragen, als sie auf dem Eis nach Osten hatten gehen können. *Das ist nicht ermutigend,* schrieb Andrée mit erheblichem Understatement, *aber wir werden unseren östlichen Kurs noch eine Zeit lang fortsetzen oder zumindest so lange, wie es noch einigen Sinn hat, es zu tun.*

Nachdem er mit Andrée und Frænkel in den Schlafsack gekrochen war, schrieb Strindberg wieder ein paar Worte an seine Verlobte. *Es ist ein paar Tage her, seit ich zum letzten Mal mit Dir geplaudert habe. Seitdem hat sich die Situation erheblich verschlimmert,* begann er, bevor er schilderte, wie sie fast die Hälfte ihres Proviants und ihrer Ausrüstung aufgegeben hätten, um ihre Schlitten leichter zu machen, und erklärte, wie schwierig es sei, die offenen Wasserrinnen zu überqueren.

Nils hatte sogar aufgegeben, davon zu schreiben, wie sehr er Anna vermisste. Die Träume von ihrer gemeinsamen Zukunft waren durch Beschreibungen der kalten Realität des Überlebens ersetzt worden. Die Zeit für liebevolle Worte war vorbei. Er war zu müde und zu niedergeschlagen, um weiter auf die bessere und glücklichere Zukunft zu hoffen, von der er noch Tage zuvor geschrieben hatte. Als er an jenem Abend seine letzten Worte zu Papier brachte – *und dann packten wir aus, um einiges von dem Proviant und der Ausrüstung hier zu lassen* –, brachte er nicht mehr die Energie auf, an zu Hause zu denken. Er legte seinen Bleistift zum letzten Mal aus der Hand und seufzte vor Erleichterung, weil er Anna gegenüber nicht mehr so tun musste, als wäre ihr Marsch ein mutiges Abenteuer, als wäre es nur eine Frage der Zeit, bevor er in ihre Arme zurückkehrte. Er legte den Kalender, in den er die Briefe an Anna geschrieben hatte, unter den Kopf, drehte sich zur Seite und fiel in die Art von tiefem Schlaf, den nur der wirklich Erschöpfte schläft.

Während der ersten Augusttage hatten es Andrée, Strindberg und Frænkel mit weit besseren Bedingungen zu tun, was wahrscheinlich daran lag, wie Andrée glaubte, dass sie sich vom gefährlichsten Abschnitt der polaren Meeresströmung entfernten. Sie mussten sich immer noch durch Felder mit losem Packeis hindurchkämpfen, aber meist marschierten sie über weite Flächen ebenen, harten Eises und legten größere Entfernungen zurück als je zuvor. Und am 2. August hatten sie noch mehr Glück. Etwa eine Stunde nachdem sie den Rest ihres Vorrats an Eisbärenfleisch zum Frühstück verzehrt hatten, begegnete ihnen ein Eisbär. Frænkel und Strindberg schossen beide daneben, aber Andrée erlegte das Tier mit einem einzigen Schuss in die Brust. Obwohl es ein altes Tier war – Andrée schrieb später, das gekochte Fleisch sei *Örnens* –, entnahmen sie ihm Nieren, Zunge, die Rippen und ein Stück Filetfleisch. Den Kadaver überließen sie den Möwen in der Hoffnung, er werde einen anderen Bären dazu verlocken, ihrer Fährte zu folgen.

Inzwischen begann auch das Wetter sich beträchtlich zu bessern, und am 4. August war Strindberg zum ersten Mal, seit sie vor 14 Tagen Örnen auf dem Eis zurückgelassen hatten, in der Lage, eine genaue astronomische Berechnung ihrer Position anzustellen. Diesmal hatte er schlechte Nachrichten. »Seit wir den Ballon verlassen haben«, sagte er Andrée und Frænkel, »haben wir 52 Kilometer in südsüdwestlicher Richtung zurückgelegt. Und in den letzten vier Tagen ist die Drift so stark gewesen, dass wir fast 13 Kilometer nach Nordnordwest abgetrieben worden sind.« Ihre Bemühungen waren umsonst gewesen. Strindbergs Messungen zeigten, dass sie sich jetzt weiter nördlich befanden als zu dem Zeitpunkt ihres Aufbruchs, und das, nachdem sie mehrere Tage lang ihre Schlitten täglich mehr als sechs Kilometer hinter sich hergezogen hatten.

Die nächsten paar Stunden verbrachte Andrée damit, den Horizont mit seinem Fernglas abzusuchen. Er hoffte, Land zu sichten, sah aber nichts als Eis. An diesem Morgen gab er die Hoffnung auf, Kap Flora zu erreichen. *Wir können weder die Strömung noch das Eis überwinden und absolut nichts davon erhoffen, dass wir unseren Marsch nach Osten fortsetzen*, schrieb er in sein Tagebuch. *Wir beabsichtigen deshalb, unsere nächste Wanderung in Richtung Sieben-Inseln zu beginnen, die wir in sechs bis sieben Wochen zu erreichen hoffen.*

Es war zutiefst entmutigend. Sie hatten ihre ganze Energie darauf verwandt, nach Südosten zu gehen; jetzt befanden sie sich leicht südsüdwestlich von ihrem Ausgangspunkt und waren dabei, ihren Kurs umzukehren. Das Wissen, dass das kleinere Lebensmitteldepot auf den Sieben-Inseln vielleicht nicht genügen würde, um sie über den Winter zu bringen, trug ebenfalls nicht dazu bei, ihre Enttäuschung zu lindern. Doch Andrée hatte das Gefühl, dass sie keine andere Wahl hatten, als diese Richtung einzuschlagen.

Elftes Kapitel

Der Anfang vom Ende

Das Eismeer
4. August 1897

»Der Proviant geht uns aus«, sagte Strindberg und blickte von dem Inventarverzeichnis in seinem Logbuch auf. Neben ihm kauerten Andrée und Frænkel im Schutz des umgekippten Boots und waren gerade dabei, ihr Frühstück aus Kakao und Eisbärenfleisch zu beenden. Das hatten sie schon befürchtet; die wenigen Fleischstücke, die Strindberg ihnen vorgesetzt hatte, genügten nicht als Ernährung für eine mühsame, stundenlange Wanderung auf ebenem Gelände, für das Gewirr von Eiswällen, losem Packeis und offenen Wasserrinnen, das zwischen ihnen und den Sieben-Inseln lag. »Vor allem Brot ist knapp, und von den 90 Kilo an Proviant, die wir auf unseren Schlitten hinter uns herziehen, haben viele nur einen geringen Nährwert«, fügte Strindberg hinzu, als er die Liste überflog. Kaffee, Salz und Brühwürfel enthielten wenige, wenn überhaupt irgendwelche Kalorien, und die Luxusgüter wie Schokolade, Portwein und eingemachte Preiselbeeren waren zwar gut für die Moral, trugen aber wenig zur Kräftigung der Männer bei.

Der Winter rückte schnell näher, und mit ihm kamen die Kälte und die permanente Dunkelheit, welche die Männer mehr fürchteten als alles andere. Schon jetzt war die Temperatur auf -2 °C gefallen, und überall auf ihrem Weg wimmelte es von Tümpeln und offenen Wasserrinnen, von denen Andrée schrieb, *sie könnten sie nur überwinden, wenn sie auf allen Vieren zwischen diesen Eisinseln herumkröchen, als befänden wir uns noch in der Blüte unserer Jugend.* Eine der Rinnen, auf die sie stießen, war anderthalb Kilometer breit;

sie brauchten vier Stunden, um sie auf einer Eisscholle zu überwinden.

Als sie ihre Wanderung acht Stunden später beendeten, erhielt ihre Stimmung einen weiteren Dämpfer, als Strindberg ihnen ein mageres Mittagessen aus ein paar Brotkrümeln, Butter und Keksen vorsetzte, was nicht genug war, um die Energie für einen weiteren siebenstündigen Marsch zu liefern, bei dem sie ihre schweren Schlitten übers Eis ziehen sollten. In zwölf Stunden schafften sie bestenfalls fünf Kilometer, und das auch nur auf relativ ebenem Eis; meist war die Distanz weit geringer. Ihr schleppendes Fortkommen ließ ihre Hoffnungen, je wieder Land zu erreichen, langsam, aber stetig dahinschwinden, da sie noch etwa 220 Kilometer Luftlinie zu den Sieben-Inseln – und möglicherweise die zwei- oder dreifache Strecke gegen die Drift – zurückzulegen hatten.

Und so ging es noch eine Woche weiter. Das Eis bröckelte, die Temperatur fiel auf -8 °C, der Wind wehte ihnen ins Gesicht und erhöhte die Distanz, die sie zurückzulegen hatten, da er ihnen das Eis entgegentrieb, und sie sahen sich genötigt, sich auf Hungerrationen einzustellen. Regen, Schnee und Schweiß durchnässten ihre Kleider, und ihre Stiefel begannen auseinander zu fallen. Alle drei Männer wurden immer erschöpfter. Frænkel suchte zunehmend Zuflucht bei Opium, um seinen häufigen Durchfall zu bekämpfen, und ihr Schlafsack verlor weiterhin Rehhaare. *Ein kleines Rehhaar im Essen ist sehr zu empfehlen*, schrieb Andrée, der wie gewohnt versuchte, aus ihrer Notlage das Beste zu machen. *Während man sie entfernt, ist man daran gehindert, zu schnell und gierig zu essen.*

Am 11. August zeigte sich Andrée jedoch weniger optimistisch. *Morgens fiel ich als Erstes ins Wasser, ebenso mein Schlitten. Fast alles war völlig durchnässt. Strindberg fuhr auf Frænkels Schlitten auf und schlitzte mit dem Dregganker das Segeltuch des Boots auf. Im Verlauf des Tages kippten alle Schlitten mehrmals um. Meiner stand zweimal im Verlauf des Tages auf dem Kopf. Das Gelände war entsetzlich. Alle vorstellbaren Widrigkeiten ereigneten sich, und als der Abend kam, waren wir alles andere als glücklich.* Trotz des Elends bot ihr Zelt oft ein Bild gemütlicher Häuslichkeit. Strindberg besserte Kleidungsstücke aus, und Frænkel ölte die Gewehre, bevor alle drei gemeinsam in den Schlafsack krochen.

Ihr Fleischvorrat schmolz jedoch schnell dahin, wie Strindberg betonte, obwohl sie nur jeden zweiten Tag Eisbärenfleisch aßen. An dieser schrecklichen Lage änderte sich auch nichts, als Frænkel und Strindberg einen großen Eisbären, der ihren Weg kreuzte, nicht zu erlegen vermochten, ebenso wenig einen Seehund, der sich auf dem Eis sonnte. Wann immer möglich, aßen sie Eissturmvögel, und als sie den 82. Breitengrad in südlicher Richtung überschritten, feierten sie dieses Ereignis, indem sie eine kleine Dose mit Ölsardinen sowie eine Mandeltorte teilten.

Am Freitag, dem 13. August, verzehrten sie ihr letztes Stück Eisbärenfleisch zum Frühstück und machten sich in dem Wissen auf den Weg, dass sie bald eine neue Proteinquelle finden mussten. Ein Versuch, einen Seehund zu schießen, blieb erfolglos, und ein kleiner Fisch, den Andrée gefangen hatte, konnte ihren bodenlosen Hunger nicht stillen. Doch dann, kurz nachdem sie eine Rinne überquert hatten, winkte ihnen mal wieder das Glück.

»Drei Bären!«, rief Andrée Frænkel und Strindberg zu.

Sie machten sich eilig an die Verfolgung, da sie von früheren Erfahrungen wussten, dass sie die Tiere nur mit Schlauheit aufspüren konnten.

Wir versteckten uns hinter einem Eiswall und warteten, aber es kamen keine Bären. Dann ernannte ich mich selbst zum Köder und kroch, leise vor mich hin pfeifend, über das ebene Eis. Die Bärin bemerkte mich und bewegte sich schnuppernd auf mich zu, drehte sich dann aber um und legte sich hin. Schließlich wurde es mir zu kalt, reglos im Schnee zu liegen, und ich rief den anderen zu, wir sollten die Bären überraschen. Fast sofort kam die Bärin mir wieder entgegen, blieb aber stehen, als ein Schuss knallte, der sie verfehlte. Ich sprang auf und schoss erneut. Die flüchtenden Bären blieben wie angewurzelt stehen.

Ein weiterer Schuss ertönte, der von Strindberg oder Frænkel abgefeuert wurde. Er verwundete die Bärin auf eine Entfernung von etwa 80 Metern. Sie brüllte und drehte sich, um zu flüchten. Andrée zielte sorgfältig und erlegte sie mit einem einzigen Schuss. Seine vierte Kugel erlegte eines ihrer Jungen. Frænkel traf den dritten Bären, verwundete ihn und löste damit ein Brüllen aus, das den drei Männern das Blut in den Adern gefrieren ließ. Der letzte Schuss, diesmal von Strindberg, traf das Tier tödlich.

Es entstand große Freude in unserer kleinen Karawane, und wir zerlegten zufrieden unsere Bären, schrieb Andrée an jenem Abend. Die Männer brauchten den ganzen Tag, um die Tiere zu häuten und ihnen Herzen, Hirn, Rippen, Nieren und Zungen zu entnehmen und 42 Kilo frisches Fleisch auf ihre Schlitten zu laden, was genügte, um sie 23 Tage satt zu machen. *Wir haben den ganzen Tag geschlachtet,* fuhr Andrée in seinem Tagebuch fort. *Ich habe versucht, das Fell zu gerben, damit wir den Schlafsack reparieren können. Das Fell der Vorderbeine scheint am besten geeignet zu sein, da es am dünnsten ist.*

In jener Nacht gab es ein Festmahl. Strindberg machte eine Suppe aus Eisbärenfleisch und briet Herz, Hirn und Rippen der Tiere. Dazu aßen sie Brot und Weizenkekse. *Um 6.30 Uhr morgens gingen wir schlafen, nachdem wir uns die Hände gewaschen und uns satt gegessen hatten!,* schrieb ein endlich gesättigter Andrée.

Als sie um 16.00 Uhr aufwachten, setzten sie ihr Festessen mit einem kräftigen Frühstück aus Bärenfleisch und -nieren fort, einer Eismöwe, die Andrée am Vortag geschossen hatte, sowie einigen Keksen, Brot und Kaffee. Den Rest des Tages verbrachten sie mit

Schlaf, um sich von ihrer Völlerei zu erholen, und reparierten den Schlafsack, ihre Mäntel und Brillen. Andrée fertigte sich einen wasserdichten Mantel; außerdem versorgte er Strindbergs Verletzungen: einen Schnitt, eine geschwollene Hand sowie ein Geschwür an der Oberlippe.

Nachdem Andrée seine Wunden versorgt hatte, notierte Strindberg in seinem Kalender Verbesserungsvorschläge, die, wie er hoffte, sicherstellen würden, dass ihre nächste Ballonfahrt zum Pol erfolgreich verlief. *Die Schleppseile sollten mit Metall ummantelt sein. Die Gondel sollte im Tragring untergebracht werden; der Wasserstoff sollte in der Gondel mit kochendem Wasser erwärmt werden und der Dampf in einem Blechgefäß im Ballon kondensieren; der Ballon sollte aus dem gleichen Stoff hergestellt werden, jedoch ein Volumen von 6000 Kubikmetern haben.* Selbst angesichts der Aussicht, dass ihnen vielleicht ein langer, eiskalter Winter auf dem Eis bevorstand, und der sehr realen Möglichkeit, dass ihnen die Lebensmittel erneut ausgingen, blieb Strindberg überzeugt, dass sie eine Chance auf eine Rückkehr nach Schweden hätten und einen dritten Versuch unternehmen könnten, zum Nordpol zu fahren.

Am nächsten Tag litten sowohl Andrée als auch Strindberg an Durchfall, aber obwohl die Anfälle lang andauernd und schmerzhaft waren, aßen sie an jenem Abend große Portionen gebratenen Eisbärenfleisches, Bärensuppe und gekochten Bärenfleisches. Das Fest ging am 16. August zu Ende, drei Tage nachdem sie die Eisbären erlegt hatten.

Während sie ruhten, verschlimmerte sich das Wetter. Um sich gegen den beißenden Wind und das heftige Schneetreiben zu schützen, zogen die drei Männer Lederjacken und »Baschliks« an, karierte Wollmützen mit Ohrenklappen, die unter dem Kinn zusammengebunden wurden und die man über dünneren Wollmützen trug. Am nächsten Tag klarte der Himmel auf, was es Strindberg

Chile 1999. Bei den Vorbereitungen zu meiner Fahrt über die Anden und Runes vorzeitigem Fallschirmsprung.

Auf dem Weg zum Nordpol im April 1998. Nach mehr als 1000 qualvollen Kilometern erreichten Rune Gjeldnes und ich schließlich die Spitze der Welt, womit ich den »Grand Slam« der Abenteurer vollendete.

Die Aussicht aus der Gondel von Britannic Challenger *kurz nach dem Start. Der Ballon ist zu diesem Zeitpunkt von mehr als 1800 Meter hohen Gipfeln umgeben.*

Bilder auf der rechten Seite:
Oben links: *Das Birmingham-Team. Clive Baily links, Brian Smith rechts.*

Oben rechts: *Die Feuerwache von Longyearbyen – unser Hauptquartier vor dem Start.*

Unten links: *Die Bürger von Longyearbyen helfen uns beim Aufblasen von* Britannic Challenger.

Unten rechts: *Voll aufgeblasen und startbereit.*

Die Mitternachtssonne weist mir den Weg zum Nordpol, als ich die Nordspitze Spitzbergens überquere. Vor mir liegen das Eismeer und das polare Packeis.

Oben: *Meine Lieblingsaussicht von der Spitze der Welt.*

Mitte: *Ein kurzes Nickerchen auf dem Weg zum Nordpol.*

Unten: *Endlich der Pol! Der erfolgreiche Abschluss der Mission wird mit einem Stück Dörrfleisch gefeiert.*

Der Anfang vom Ende. Eine halbe Stunde nach der feuchten Landung werde ich von Britannic Challenger zu einer Achterbahnfahrt durch Wasser und über Eis mitgeschleift. Immer wieder prallt die Gondel gegen hohe Eiswälle.

Oben: *Eine Erinnerung an Andrée und Örnen, als Britannic Challenger 132 Stunden nach dem Start auf Spitzbergen schließlich zur Ruhe kommt.*

Ballonhülle und Gondel werden von der Hubschrauberbesatzung in größter Hast zusammengepackt ...

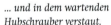

... und in dem wartenden Hubschrauber verstaut.

Gesund und wohlbehalten wieder in Longyearbyen. Bill Haynes, der Mann, der weitsichtig genug war, den Rekordversuch zu unterstützen, lässt die Champagnerkorken knallen.

ermöglichte, ihre Position zu bestimmen. Wieder hatte er schlechte Neuigkeiten. »Der Meeresstrom hat uns in den letzten sechs Tagen knapp 20 Kilometer nach Südosten getrieben.« Ironischerweise wurden sie auf Kap Flora zugetrieben, ihren ursprünglichen Bestimmungsort, den sie jetzt aufgegeben hatten. Doch sie wussten, dass er immer noch außer Reichweite war.

»Wir müssen einen westlicheren Kurs nehmen, um die Sieben-Inseln zu erreichen«, erwiderte Andrée, »und hoffen, dass wir mit jedem Schritt der Drift genügend entgegenwirken, um am Ende doch in südwestlicher Richtung voranzukommen.«

Außerhalb des Zelts jedoch war das Eis eine Masse kleiner Schollen, die sich in ständiger Bewegung befanden, was jeden Versuch vereitelte, sich in einer bestimmten Richtung zu bewegen. *Wir sind nicht einmal 1000 Meter vorangekommen*, schrieb Andrée nach einem langen und frustrierenden Tag. Sie hatten jeden Schlitten am Boot festbinden und über offenes Wasser rudern müssen, waren dann zurückgekehrt, um den nächsten Schlitten zu holen, bis schließlich alle drei Schlitten nacheinander auf festes Eis gebracht worden waren. *Das Eis ist schrecklich zusammengepresst und in kleine Schollen zersplittert. Vor dem Mittagessen mussten wir fünfmal offene Wasserrinnen überqueren, das heißt in vier Stunden und 45 Minuten, und gleich nach dem Essen mussten wir es erneut tun. Wir müssen uns in der Nähe der offenen See befinden, da das Eis so verteilt ist.* Die schnell dahinfließenden unberechenbaren Strömungen überzeugten Andrée, dass Land in der Nähe war, und er suchte oft voller Hoffnung den Horizont ab, entdeckte aber nur noch mehr Eis, das sich in alle Himmelsrichtungen erstreckte.

Am Abend flickte Andrée gerade seine langen Unterhosen, und Strindberg kochte das Abendessen, als vor dem Zelt ein Geräusch zu hören war. Andrée blickte durch einen Spalt und sah direkt vor sich einen Eisbären. Unbeeindruckt nähte er weiter.

»Seht mal! Da habt ihr wieder einen Bären«, sagte er lässig zu seinen Gefährten.

Frænkel ergriff das Gewehr, das er gerade gereinigt hatte, und kroch aus dem Zelt. Der Bär stand ein paar Schritte von ihm entfernt und machte Anstalten, Frænkel anzugreifen. Als das Tier sich auf ihn stürzen wollte, drückte Frænkel ab und erlegte den Bären mit einer einzigen Kugel. Dann begab er sich wieder ins Zelt, um seine Arbeit zu beenden, als wäre das Erlegen eines Bären etwas Alltägliches. Als sie das tote Tier später untersuchten, entdeckten sie, dass es das größte und schönste Bärenmännchen war, das sie bis jetzt getötet hatten. Sie entnahmen dem Kadaver insgesamt zehn Kilo Fleisch, Gehirn, Niere, Zunge und einige Stücke aus dem Rücken, aber selbst danach blieb für die Möwen noch genug übrig.

Am nächsten Tag erlebten sie wieder ein Whiteout, als sie das Zelt verließen. Die dichten Wolken über ihnen, das dichte Schneetreiben und das Eis unter ihnen verschmolzen zu Weiß. Da sie nicht zwischen Himmel und Boden unterscheiden konnten, war jeder Schritt, den sie machten, von Angst begleitet. Andrée schrieb:

Das Gelände ist außerordentlich ermüdend, da der frisch gefallene Schnee uns daran hindert, die Unebenheiten zu sehen, was die Schlitten immer wieder unerwartet durchschüttelt. Die Süßwassertümpel, die noch nicht zugefroren sind, zwangen uns, viele Umwege zu machen. Ich übernehme die Erkundung des Geländes, was sehr beschwerlich ist. Ich muss oft lange Strecken in losem Packeis zurücklegen, über Tümpel hinweggehen und an offenen Wasserrinnen entlangtrotten. Am schlimmsten sind die Süßwassertümpel, die sich in unzähligen Windungen erstrecken und richtige Labyrinthe sind. Meist werfe ich das Gewehr über die Schulter, wenn ich losgehe, und Strindberg und Frænkel bleiben wartend und zitternd zurück. Manchmal erkunden sie das Gelände in der einen Richtung, ich in der anderen.

Wir sind oft genötigt, schwierige Überfahrten zu wagen. Die Schlitten kippen um oder bleiben über einem Abgrund irgendwo stecken. »Still liegen bleiben!«, rufen wir demjenigen zu, der den Schlitten gezogen hat, der inzwischen umgekippt ist. Folglich bleibt unser Kamerad dort liegen und stützt den Schlitten, bis wir hinzukommen und ihm helfen können.

Oft mühten sich die Männer den ganzen Tag ab, um anderthalb Kilometer oder weniger zurückzulegen, und schafften es nur mit Mühe, ihre Schlitten durch eine höllische Landschaft zu ziehen. Es kam darauf an zu wissen, wie sie ihre Methoden an das sich ständig verändernde Terrain unter ihren Füßen anpassen mussten. Manchmal mussten die Schlitten mit großer Geschwindigkeit über eine Strecke dünnen Eises gezogen werden, das jederzeit nachgeben konnte. Mal war größere Vorsicht angezeigt, und dann mussten die Schlitten langsam gezogen und dann sorgfältig um die eigene Achse gedreht werden, wenn sie auf einem Eiswall oder einem größeren Eisblock balancierten. Häufig mussten die Männer die Axt und den Spaten einsetzen, um sich einen Weg durch die Eisblöcke zu bahnen. Gelegentlich mussten die Schlitten sogar völlig entladen werden, worauf die Ladung Stück für Stück über die unwegsamsten Strecken getragen werden musste. Manchmal wurden die Schlitten mit dem Boot über offenes Wasser gebracht. Manchmal balancierten sie mehrere Stunden lang auf dem Boot. Wenn die Männer die gegenüberliegende Seite sicher erreicht hatten, seufzten sie vor Erleichterung, nur um dann auf Eis zu treten, das zu schwach war, ihr Gewicht zu tragen. Daraufhin stürzten die Schlitten sofort ins Wasser, und die gesamte Ausrüstung und der Proviant waren durchnässt.

Mit jedem neuen Schritt, mit jedem neu überkletterten Eiswall wussten die Männer, dass ihr Kampf gegen das Eis immer verzweifelter wurde, denn Hunger und Erschöpfung nahmen ihren Muskeln jede Kraft. Sie setzten den Weg nach Westen jedoch trotz aller Widrigkeiten fort und richteten ihre Hoffnung darauf, die Sieben-Inseln vor dem Einbruch des Winters zu erreichen.

Am 21. August griffen die Männer einen Vorschlag Andrées auf, das Eisbärenfleisch nicht mehr zu kochen, sondern roh zu essen. *Rohe Niere mit Salz schmeckt wie Austern*, schrieb Andrée. *Wir wollten sie kaum braten. Rohes Hirn schmeckt ebenfalls sehr gut.* Doch darin lag ein beträchtliches Risiko: Die Männer wussten, dass Eisbärenfleisch oft Trichinenlarven enthält, Parasiten, die nur durch stundenlanges Kochen des Fleisches abgetötet werden. Falls das Fleisch infiziert war, würden sich die Larven im ganzen Körper ausbreiten, die Kraft der Männer schwächen und Übelkeit, Erbrechen, Durchfall, Fieber, Schwellungen und starke Muskelschmerzen auslösen. Wenn sich genügend Larven im Herzmuskel sammelten, konnte die Trichinose tödlich sein.

Als sie an jenem Abend ihr Zelt aufbauten, wurden sie von drei weiteren Bären angegriffen. Frænkel und Strindberg erlegten je einen, und Andrée traf den dritten, der jedoch verwundet entkam. Wieder entnahmen sie jedem Tier nur die besten Stücke. Zum Abendessen probierte Strindberg ein neues Rezept aus: Er mischte das Bärenblut mit Hafermehl und machte daraus Blutpfannkuchen. Bei der Mahlzeit zum späten Abend wurde er noch experimentierfreudiger und mischte aus Mellin's Food, Wasser und Hefe einen Kuchen und kochte aus den Algen, die am Eis geklebt hatten, eine grüne Suppe. Andrée war sehr beeindruckt. *Die Suppe kann als recht wichtige Entdeckung für Reisende in diesen Regionen angesehen werden*, schrieb er, den Blick wie stets fest auf die Nachwelt gerichtet.

Das Wissen darum, dass die Fahrt von *Örnen* von den Akademikern und Polarforschern, die sich beim Internationalen Geographischen Kongress in London über seine Ambitionen lustig gemacht hatten, als Fehlschlag angesehen werden würde, brannte immer noch in ihm. So war er entschlossener denn je, mit einigen wertvollen wissenschaftlichen Erkenntnissen von seiner Expedition zurückzukehren. Er machte sich auch weiterhin sorgfältige, ausführliche und bemerkenswert distanzierte Notizen über alle Tiere, denen er begegnete. *Junger Elfenbeinvogel; Gewicht 475 gr. (ausgewachsen), wurde von mir geschossen*, schrieb er. *An den großen Schwanz- und Flügelfedern hatte er schwarze Enden, ebenso an den kürzeren Deckfedern. Einige der Federn an der Oberseite und an der Seite des Halses waren grau gesprenkelt. Der Kopf war graublau an der Schnabelwurzel, ebenso um die Augen und am Vorderteil des Kopfs. Der Schnabel war schwarz. Die Jungvögel scheinen mit einem Laut zu rufen, der sich wie »Pyot pyot« anhört. Wenn die Mutter besorgt ist oder ihre Jungen warnen will, lässt die den Laut »Piyrr« hören, mit einem rauen, betonten R. Die junge Möwe war auf der Unterseite weiß, aber die Füße sahen genauso aus wie bei den zuvor gefangenen älteren Vögeln.*

Auf dem Eis setzte sich die Litanei des Elends fort. Am nächsten Tag wurde es sogar noch schlimmer. *Es lassen sich kaum ein paar Quadratmeter Eis finden, die keine deutlichen Spuren von Pressung aufweisen, und fast das gesamte Gelände besteht aus einem unüberschaubaren Feld aus großen und kleineren Eiswällen*, klagte Andrée. Die Temperatur war konstant unter -7 °C geblieben, was genug war, um die meisten Wasserrinnen zufrieren zu lassen, doch das schuf ein neues Problem, da das frische Eis, das die Wasserrinnen bedeckte, durch die Bewegung der Eisschollen zu Eiswällen zusammengeschoben wurde. Dennoch wurden die drei gelegentlich für ihre Mühsal entschädigt. *Großartige Venedig-Landschaft mit Kanälen zwischen hohen Eiswällen auf beiden Seiten. Wir entdeckten sogar einen Wassermarktplatz mit einem Eisbrunnen und Treppen hinunter zu den Kanälen. Göttlich!*

Aber während Andrée den Anblick genoss, litten seine Gefährten unter Schmerzen. Beim Überqueren eines hohen Eiswalls hatte Frænkel seinen Schlitten so fest gezogen, dass er sich das Knie verrenkte, und Strindberg klagte über Schmerzen in seinem Zeh, die ihm das Gehen erschwerten – das konnte, wie sie befürchteten, das erste Anzeichen einer Erfrierung sein. Ihre größte Angst erwähnten sie jedoch nicht – dass es das erste Symptom von Trichinose sein könnte.

Einen Tag später litt Frænkel an starkem Durchfall und Muskelkrämpfen, eine Situation, die nicht gerade besser wurde, als er zwei Tage später ins Wasser fiel. Strindbergs Schmerzen breiteten sich im ganzen Fuß aus, und dann wurde auch noch Andrée wie Frænkel von schweren Anfällen von Durchfall heimgesucht. Gleichwohl schafften die drei es, gut sechs Kilometer am Tag zurückzulegen, was vielleicht auch darauf zurückzuführen war, dass Strindberg ihre Rationen auf mehr als drei Pfund Eisbärenfleisch erhöht hatte, nachdem sie weitere Bärenfährten entdeckt hatten. Das veranlasste Andrée zu dem Scherz: »Wie es scheint, haben wir wandernde Fleischereien in der Nähe.«

Im Lauf der nächsten Tage, als der August in den weit kälteren September überging und die Sonne zum ersten Mal den Horizont berührte, verschlechterte sich die Gesundheit aller drei Männer zusehends. Andrée und Frænkel nahmen Morphin gegen ihre Magenschmerzen und schluckten Opium, um ihren Durchfall unter Kontrolle zu bringen. Die Temperatur fiel auf -20 °C, und da der Wind mit Geschwindigkeiten bis zu 34 Stundenkilometern wehte, wurde die frostige Luft doppelt so kalt empfunden. Nachts kauerten sich die drei im Zelt eng zusammen. *Die Temperatur fällt. Mit jedem Grad verkriechen wir uns tiefer in den Schlafsack*, schrieb Andrée. Am Tage mühten sie sich ab, ihre Schlitten auf einem geraden Kurs durch das lose Packeis zu ziehen, als die Kälte Eis und Schnee zu ungleichmäßigen Blöcken gefrieren ließ, die so hart waren wie Glas. Sogar Andrées Entschlossenheit war jetzt gebrochen.

Am Abend des 29. August schrieb er wehmütig von seiner Sehnsucht nach dem Komfort und der Sicherheit Schwedens. *Heute Nacht habe ich zum ersten Mal an all die Herrlichkeiten gedacht, die es zu Hause gibt*, schrieb er. Er bemühte sich, den Bleistift in seiner zitternden behandschuhten Hand zu halten, während seine Gedanken bei Gurli Linder waren, die in einem warmen Bett lag und wie immer ein Usambaraveilchen in einer Vase neben seinem Porträt auf ihrer Frisierkommode stehen hatte. *Strindberg und Frænkel hingegen haben schon lange davon gesprochen. Die Innenseite des Zelts ist ständig vereist, und die doppelte Bodenpersenning fühlt sich steif an, wenn sie zusammengerollt wird. Ich fege sie jeden Morgen und Abend sauber, vor und nach dem Kochen.*

Obwohl Strindberg es aufgegeben hatte, an Anna zu schreiben, waren seine Gedanken doch bei seiner Braut, wenn die drei Männer nicht durch die raue Wirklichkeit des nackten Überlebenskampfs in Anspruch genommen wurden. Nach und nach musste er sich der Angst stellen, die seit dem Tag der Verlobung unausgesprochen zwischen den beiden in der Luft gehangen hatte. Mit jedem neuen Tag drohten die dunklen Gedanken Wirklichkeit zu werden, die weder er noch Anna hatten aussprechen können – »es ist schlimm genug, Witwe zu sein, aber es ist wahrscheinlich noch schlimmer, seine Liebe zu verlieren, bevor man geheiratet hat«.

Als Andrée am nächsten Tag das Zelt ausfegte, nachdem sie kurz zuvor das Lager aufgeschlagen hatten, ließ Strindberg einen Warnruf hören: »Da, ein Bär direkt vor uns!«

Zehn Schritte vor ihnen stand ein großer, männlicher Eisbär. Frænkel ergriff das Gewehr und feuerte, ohne zu zögern. Das verwundete Tier lief los und wurde von Frænkel verfolgt. Drei weitere Schüsse fielen. Frænkel hatte den Bären zwar getötet, aber das Tier war in eine breite Wasserrinne gefallen. Andrée lief zum Rand der Eisfläche und zog den Bären mit einem Dregganker zu sich heran. Schließlich legte er ihm eine Schlinge um den Hals. Während Strindberg mit dem Bootshaken mithalf, schleiften Frænkel und Andrée das Tier aufs Eis. In seiner Freude über die erfolgreiche Jagd machte Andrée ein Foto von Strindberg und Frænkel, die neben dem erlegten Tier wie triumphierende Großwildjäger wirken. Sie entnahmen dem Bären 30 Kilo Fleisch, das sie an den Körpern festbanden, damit es nicht gefror; sie berechneten für jeden 0,9 Kilo Fleisch für den Abend sowie 300 g zum Mittagessen. Das Fleisch sollte demnach 14 Tage reichen.

Am 3. September sahen sich die drei Männer einer neuen Herausforderung gegenübergestellt. Sie standen auf einer dünnen Halbinsel aus Eis und waren auf drei Seiten von einer riesigen Fläche offenen Wassers umgeben. Andrée kam zu dem Schluss, dass ihnen nichts weiter übrig blieb, als sich im Boot aufs Meer zu begeben. *Es gelang uns, alles ins Boot zu laden, woraufhin wir drei Stunden lang mit recht hoher Geschwindigkeit in Richtung Sieben-Inseln ruderten, unserem Ziel*, schrieb er später. *Wir begannen um 13.50 Uhr mit dieser neuen Art des Reisens und glitten langsam über das spiegelglatte Wasser zwischen großen Eisschollen hindurch, auf denen sich riesige Eiswälle auftürmten. Nur das Kreischen von Elfenbeinmöwen und das Klatschen der Seehunde, wenn sie ins Wasser tauchten, sowie die abgehackten Befehle unseres Steuermanns durchbrachen die Stille.*

Endlich bewegten sie sich mit einiger Geschwindigkeit, weit schneller, als es ihnen auf dem Eis gelungen war. Sie fanden es herrlich. Als sie den zahlreichen Biegungen der Rinnen folgten, träumten sie davon, ihre Fahrt bis zu den Sieben-Inseln auf diese Art fortzusetzen. Das ewige Ziehen der Schlitten hatte sie erschöpft, und der Gedanke, größere Entfernungen mit weniger Mühe zurückzulegen, war sehr verführerisch.

Doch um 17.00 Uhr nahm die Freude ein jähes Ende. Sie sahen sich in einer von Eis umschlossenen Bucht gefangen, und eine Eisscholle hinter ihnen versperrte ihnen den Rückweg. Sie wuchteten ihr Boot auf die Eisscholle, packten ihre Habseligkeiten auf die Schlitten und nahmen den zermürbenden Marsch nach Westen wieder auf.

Der 4. September war ein Festtag. Es war Strindbergs 25. Geburtstag.

Andrée weckte seinen Freund mit Briefen von Anna und seiner Familie und gab Anweisung, zur Feier des Tages Zusatzrationen zu kochen. Dann überreichte er Strindberg das silberne Medaillon, das er bei sich hatte, seit Anna es ihm am Tag vor ihrer Abreise aus Stockholm gegeben hatte. Darin befanden sich ein Bild von ihr und eine Locke ihres schönen Haars.

Mit Tränen in den Augen betrachtete Strindberg schweigend das Medaillon. Seit fast vier Monaten hatte er Anna weder gesehen noch ihre sanfte Stimme gehört; wenn er in dieser ganzen Zeit nur gewusst hätte, dass eine Locke ihres Haars und ein Bild ihres schönen Gesichts so nahe waren, hätte er sie vielleicht nicht so schmerzlich vermisst. Er betastete die Haarlocke und roch behutsam daran. Der schwache Duft Annas und die seidige Glätte der goldenen Locke versetzten ihn augenblicklich zurück in ihre letzten kostbaren gemeinsamen Wochen, als er ihr beim Küssen behutsam übers Haar strich, während er ihren Nacken mit der Hand umschloss.

Andrée und Frænkel gegenüber musste er seine Freude nicht mit Worten auszudrücken; sie sahen selbst, wie es um ihn stand. Zum ersten Mal seit Wochen sprach Strindberg nicht davon, wie sehr er Anna und sein Zuhause vermisste. Stattdessen strahlte sein Gesicht nun voller Zufriedenheit.

Es war ein wahres Vergnügen zu sehen, wie sehr er sich freute, schrieb Andrée an jenem Abend, aber der Rest des Tages verlief für

Strindberg nicht so erfreulich. *Strindberg feierte seinen Geburtstag, indem er mit seinem Schlitten in den Bach fiel*, wie Andrée seinem Tagebuch anvertraute. Strindberg war ein trauriger Anblick, da seine Kleider schnell an seiner durchnässten Haut festfroren. Seine Kameraden mussten das Zelt aufschlagen, ihn abtrocknen und ihm beim Umziehen helfen. Das war ein Vorgang, den Andrée als *sehr beschwerlich und zeitraubend* bezeichnete. Am schlimmsten jedoch war, dass der größte Teil des Brots und der Kekse sowie der gesamte Zucker auf dem Schlitten durchnässt waren. Strindberg versuchte die beschädigten Lebensmittel zu retten, indem er den aufgelösten Zucker in den Kaffee und den Kakao gab und mit den durchnässten Keksen eine Mischung aus Schokolade und Pfannkuchen machte, aber seine Bemühungen war vergeblich.

Entschlossen, sich die Feststimmung nicht verderben zu lassen, feierten sie Strindbergs Geburtstag mit dem bislang üppigsten Essen, das sie mit ihren beschränkten Mitteln zubereiten konnten. Strindberg hielt eine kleine Rede und dankte Andrée nochmals für das Medaillon, ein Geschenk, das ebenso unerwartet wie willkommen sei. Dann zogen sie sich zu einer unangenehmen Nacht zurück, denn ihre Decken, die auf Strindbergs Schlitten gelegen hatten, waren immer noch durchnässt. Vor allem Andrée klagte über die Kälte, da er nur eine Decke statt der gewohnten zwei zum Zudecken hatte.

Trotz der Bemühungen, ihre Schlafgewohnheiten zu ändern, schliefen die drei Männer auch weiterhin am Tag und marschierten während der Nacht. Doch als der September vorrückte und die Dunkelheit in die Arktis zurückkehrte, bedeutete dies, dass sie immer häufiger in einem kalten, erbärmlichen Halbdunkel marschierten oder ruderten. Letztlich hatte dies wenig zu bedeuten, wie sie meinten, da es schon bald rund um die Uhr dunkel sein würde.

Drei Tage nach Strindbergs Geburtstag machten sie aus einem Stück Persenning, dem Griff der Schaufel und dem Tisch ein Segel.

Sie hofften, dies würde ihnen dabei helfen, die täglich zurückgelegte Strecke zu erhöhen, wenn sie sich zu Wasser fortbewegten, doch auch dies war nicht ausreichend, um die stärkste Drift zu überwinden, der sie bislang begegnet waren. Vom 6. bis zum 9. September wurden sie um fast 30 Kilometer zurückgetrieben. Es war, als befänden sie sich auf einem riesigen Fließband: Das Eis bewegte sich unter ihren Füßen und Schlitten schneller, und das Wasser strömte unter dem Boot schneller dahin, als sie sich in westlicher Richtung voranzukämpfen vermochten. Statt in südlicher Richtung auf die Sieben-Inseln zuzuhalten, bewegten sie sich in leicht südöstlicher Richtung.

Außerdem ging ihnen allmählich das Eisbärenfleisch aus. Noch besorgniserregender war, dass auch ihr Vorrat an Patronen für ihre Gewehre dahinschmolz. »Du darfst nur abdrücken, wenn eine gute Aussicht besteht, zwei Vögel mit einem Schuss zu treffen«, befahl Andrée, als Frænkel und Strindberg auf Möwen schossen.

Um alles noch unangenehmer zu machen, verschlimmerte sich der Zustand von Frænkels Fuß immer mehr. Am 9. September konnte er seinen Schlitten nicht mehr ziehen. In jener Nacht massierte Andrée Frænkel den Fuß und schrieb in sein Tagebuch:

Heute habe ich eine große Eiterbeule aufgestochen, sie gewaschen und verbunden. Ich hoffe, dass sie verheilen wird. Es fällt uns schwer, Frænkels volle Kraft zu entbehren. Unser Durchfall scheint sich gelegt zu haben. Gestern hatte ich meinen ersten Stuhlgang seit vier Tagen. Er war von mäßiger Menge und normaler Konsistenz. Frænkel hat häufigen Stuhlgang, und die Konsistenz scheint eher flüssig zu sein, aber er klagt nicht mehr über Magenschmerzen.

Strindberg und ich wechseln uns damit ab, zurückzugehen und Frænkels Schlitten zu holen. Das zehrt an unseren Kräften. Wir schafften nicht mehr als einen sechsstündigen Fußmarsch, was vor allem an dem äußerst schwierigen Gelände lag. Kaum hatten wir angehalten, fiel ich ins Wasser. Eine Eisscholle, die allem Anschein nach fest zu sein schien und auf die ich sprang, bestand nur aus Eisbrei, der sofort nachgab, als ich darauf landete.

Andrée hatte sich rücklings fallen lassen und trieb mit dem Gesicht nach oben, bis Strindberg und Frænkel ihn mit zwei Riemen des Boots aus dem Wasser fischten. Der Zwischenfall war ihm sehr peinlich. *Ich hatte keine Ahnung, dass sich Eisbrei in so vielen verschiedenen Formen zeigen kann, bekannte er später am Abend. Er besteht meist aus dünnen Platten, die übereinander geschoben werden. Diese können natürlich auf dem Wasser dahintreiben und zusammenkleben, aber nur wenig Gewicht tragen.*

An den nächsten acht Tagen schrieben die Forschungsreisenden kein einziges Wort. Am 17. September erklärte Andrée, warum.

Seit ich zum letzten Mal in meinem Tagebuch schrieb, hat sich eine Menge verändert. Als wir uns mit unseren Schlitten weiterschleppten, ging uns auf, dass der frisch gefallene Schnee unser Fortkommen verlangsamt. Frænkels Fußverletzung hinderte ihn daran, seinen Schlitten zu ziehen, und zwang Strindberg und mich, abwechselnd zurückzukehren und auch seinen Schlitten zu ziehen. Strindberg hat sich ebenfalls den Fuß verletzt.

Wir haben fast kein Fleisch mehr, und es wird immer schwieriger, auf dem Eis weiterzukommen. Unser größtes Problem ist jedoch der Umstand, dass die Meeresströmung und der Wind uns weiterhin in den Rachen des Meeres zwischen Nordostland und Franz-Joseph-Land treiben. Wir haben nicht die leiseste Aussicht, Nordostland zu erreichen. Am 12. und 13., als heftige Westwinde unserem Marsch ein vorläufiges Ende setzten, mussten wir uns in das Unvermeidliche fügen und uns einge-

stehen, dass wir auf dem Eis überwintern müssen. Unsere Lage ist nicht besonders gut.

Das war eine beachtliche Untertreibung. Erschöpft, geschwächt und mit zwei verletzten Männern sahen sie Monate permanenter Dunkelheit und beißender Kälte vor sich. Zudem war ihre Ausrüstung schadhaft und unzulänglich, ihre Kleidung war abgetragen, und überdies hatten sie nicht genügend Lebensmittel, um den Winter zu überstehen.

Zunächst hatten sie eine geeignete Eisscholle suchen müssen, auf der sie den Winter, auf dem Eismeer treibend, verbringen konnten. Am 14. September machten sie sich in ihrem Boot auf die Suche und fanden eine Scholle, die groß genug war, eine Eishütte zu tragen. Für Wände und Dach verwendeten sie Eisblöcke und Schnee und schützten ihr Haus vor dem schneidenden Wind, indem sie Wasser darüber gossen, bis dieses in den Spalten zwischen den Eisblöcken gefror.

Am nächsten Tag schoss Andrée einen Seehund. Da ihnen klar war, dass dies vielleicht für einige Zeit ihr letztes Frischfleisch sein würde, aßen die drei Männer alles auf und ließen für die Möwen nur das Fell und die Knochen zurück. Sie aßen sogar den Magen und die Eingeweide einschließlich der leeren Schalen von Krebstieren, die sie in den Gedärmen des Seehunds fanden. Das Seehundfleisch war äußerst unangenehm. Es war speckig, ließ sich schwer kauen und war überdies mit Tran gesättigt, doch Andrée hatte so großen Hunger, dass er steif und fest behauptete, es sei schmackhaft. *Alles vom Seehund schmeckt köstlich (gebraten)*, behauptete er. *Das Fleisch und den Speck mögen wir besonders. Wenn es uns gelingt, ein paar Dutzend Seehunde zu schießen, können wir uns retten. Die Bären sind wie vom Packeis verschluckt, und an übrigem Wild sind nur Eismöwen zu sehen, die zwar nicht zu verachten sind, aber zu viel an Munition kosten. Der*

Proviant muss schon bald und reichlich ergänzt werden, falls wir Hoffnung haben sollen, noch einige Zeit auszuhalten.

Andrée, der selbst jetzt nicht den stets einfallsreichen Ingenieur verleugnen konnte, ersann weitere Methoden, ihre Ernährung mit Protein zu ergänzen. Er hatte schon Angelhaken gemacht und Eisbärenfleisch als Köder verwendet. Dann schnitt er ein Loch ins Eis, um ans Wasser zu kommen, aber bis jetzt hatte er keinen einzigen Fisch gefangen. Jetzt machte er aus dem Teesieb und einem Stück Ballontuch einen Käscher, mit dem er im Wasser Plankton oder sonst etwas Essbares zu fangen hoffte. *Ein glückliches Ergebnis dieses Versuchs könnte unsere schwierige Lage ein wenig verbessern*, bemerkte er. Leider musste er schon bald feststellen, dass das Wasser unter ihrer Eisscholle nur wenig Essbares barg, eine Entdeckung, die ihre Überlebenschancen nicht gerade erhöhte.

Frænkels Fuß ist jetzt besser, wird aber wohl erst in ein bis zwei Wochen verheilt sein. Strindbergs Füße sehen ebenfalls schlimm aus, fuhr Andrée in seinem Bericht fort. *Unsere Stimmung ist recht gut, obwohl wir nur noch selten scherzen und lächeln. Meine jungen Kameraden werden besser mit allem fertig, als ich zu hoffen wagte. Gestern wurde unser Mut durch die Entdeckung hochgehalten, dass wir an den letzten drei Tagen 75 Kilometer nach Südsüdost getrieben worden sind. Vielleicht können wir weit nach Süden treiben und uns aus dem Meer ernähren. Vielleicht wird es draußen auf See auch nicht so kalt sein wie auf dem Packeis. Wer lebt, wird sehen.* Dann ging Andrée auf den Grund ein, weshalb er nach mehr als einer Woche Schreibpause wieder zum Bleistift gegriffen hatte. *Dies ist für uns ein besonderer Tag. Wir haben zum ersten Mal seit dem 11. Juli Land gesichtet. Es ist unzweifelhaft Neu-Island,*[8] *das wir vor Augen hatten. Eine Landung kommt jedoch nicht in Frage, denn die ganze Insel scheint aus einem einzigen Eisblock mit Gletscherrändern zu bestehen.*

Am 18. September feierten die Männer das silberne Thronjubiläum König Oscars mit einem Galabankett, das mit großer Sorgfalt zubereitet wurde. Strindberg hat es in seinem Kalender dokumentiert. Der Tag war noch aus zwei weiteren Gründen bemerkenswert: Vor genau vier Monaten waren die drei an Bord der *Svensksund* aus Göteborg ausgelaufen, und jetzt marschierten sie schon seit etwas mehr als zwei Monaten auf dem Eis.

Über ihrem Zelt wehte die schwedisch-norwegische Unionsflagge. Sie begannen ihre Feier mit einer Vorspeise aus gebratenem Seehundfleisch und Elfenbeinmöwen, die in Butter und Seehundspeck gebraten waren. Hauptgericht waren Seehundleber, Hirn und Nieren. Dazu gab es Brot und Butter. Das Ganze wurde mit einer Flasche Wein heruntergespült. Mellin's Food, Kekse und Butter hatte Strindberg zu einer Art Pudding verrührt. Dazu gab es Rosinenkuchen und Himbeersirup. Mit einem 1834er Portwein Antonio de Ferrara brachten sie einen Toast auf den König aus und sangen dann die Nationalhymne. Sie beendeten die Feier mit weiterem Wein, Keksen, Butter und Käse.

Am folgenden Tag verbesserten sich ihre kulinarischen Zukunftsaussichten weiter. *Heute ist es uns nämlich gelungen, unseren Lebensmittelvorrat zu vergrößern, so dass er bis Ende Februar reicht,* schrieb Andrée in sein Tagebuch. *Ich schoss zwei kleinere und einen großen Seehund. Ich kann nicht sagen, wie froh ich war oder wie erfreut meine Gefährten sind, dass wir unsere Aussichten jetzt so sehr verbessert sehen.* Die Männer verbrachten den größten Teil des Tages damit, ihre Beute zu zerlegen. Sie bewahrten das Blut das Tiere, damit Strindberg Blutpfannkuchen daraus machen konnte. Dazu verwendete er zwei Teile Seehundblut auf einen Teil Seehundfett, einen halben Esslöffel Mehl und eine Messerspitze Trockenhefe. *Der Pfannkuchen gibt uns nicht den Ekel ein, den Strindberg und ich zumindest während der ersten Tage ein paar Mal spürten, als wir viel von dem See-*

hundfleisch und dem Speck aßen, gestand Andrée, obwohl Strindberg am nächsten Tag keine Pfannkuchen zubereiten konnte, da der Primuskocher den Dienst verweigerte; Strindbergs anschließende Versuche, auf Seehundtranlampen zu kochen, verliefen erfolglos. Stattdessen löffelte er das unverbrannte Fett aus der Lampe und schnitt es in Scheiben und belegte Brot damit. »Es schmeckt prächtig«, sagte Andrée, der wieder einmal versuchte, aus einer schrecklichen Situation das Beste zu machen. »Es schmeckt wie Speck mit Brot. Ich mag es.« Strindbergs mit Seehundspeck belegte Brote hielten Andrée jedoch nicht davon ab, alles zu unternehmen, um den Primuskocher wieder in Gang zu bringen. Stundenlang saß er über ihn gebeugt, bis es ihm gelang, darauf aus Seehundfleisch, Seehundspeck, Mellin's Food und Wasser eine Suppe zu kochen, an der Andrée auffiel, *dass das Seehundfleisch beim Kochen fast zu schmelzen scheint und nach wenigen Minuten äußerst zart und delikat ist.*

Strindberg, der an der Eishütte weiterbauen wollte, ließ Andrée und Frænkel mit ihrer ungenießbaren Mahlzeit zurück. Kurz darauf rief er: »Ein Bär!« Durch das plötzliche Auftauchen des riesigen Tiers in Panik versetzt, schossen Andrée und Strindberg, verfehlten aber ihr Ziel. Doch Frænkel zielte in aller Ruhe und erlegte das Tier mit einer einzigen Kugel. *Große Freude. Ein prachtvoller Bär,* schwärmte Andrée. *Jetzt haben wir unseren Lebensmittelvorrat so erhöht, dass er bis in den April reicht, bis zum Ende des Winters, und dazu ein prachtvolles Fell bekommen. Der Bär ist der beste Freund des Polarforschers ... Wir haben jetzt so viel Fleisch und Speck, dass es uns schwer fällt, alles nachts gut zu schützen, falls ein Bär zu Besuch kommen sollte. Wir stapeln die Sachen in der Nähe der Zeltöffnung und zäunen sie mit allerlei Dingen ein. Das Problem, das Haus in Ordnung zu halten, ist hier in der Kälte zu einer brennenden Frage geworden.*

Der Bär hatte ihre Ernährungsprobleme gelöst, aber die Aussicht, den Winter in einer Hütte auf dem Eis zu verbringen, tat der Moral schweren Abbruch. Die schiere körperliche Anstrengung, die Schlitten übers Eis zu ziehen und gegen die Elemente zu kämpfen, hatte den Männern wenig Energie oder Lust zur Konversation gelassen, als sie am Ende des Arbeitstages in ihren gemeinsamen Schlafsack krochen. Seit Wochen hatten sie nur dann ein paar Worte gewechselt, wenn es unbedingt nötig war, und waren in ihrer Hoffnungslosigkeit schweigend vereint. Ein paar Tage zuvor hatte Andrée geschrieben, dass alle drei nur selten lachten oder scherzten; jetzt, wo die täglichen Märsche zu Ende waren und ihnen nur noch blieb, die Eishütte zu bauen, hatte die Aussicht auf einen kalten, dunklen und einsamen Winter, der unerbittlich näher rückte, einen Keil zwischen die Männer getrieben. Nach zehnwöchigem Kampf auf dem Eis lebten sie mit den Folgen von Andrées blinder Weigerung, angemessen auf irgendeine Form von Kritik an *Örnen* zu reagieren. Strindberg und Frænkel zankten mit Andrée und gaben ihm die Schuld an ihrer Notlage; Andrée wiederum grollte, weil der naive Optimismus der beiden Gefährten vor dem Start ihn dazu gebracht hatte, seine Besorgnisse wegen der Erfolgsaussichten der Fahrt zu unterdrücken.

Während der letzten beiden Tage ist das Wetter sehr angenehm gewesen, schrieb Andrée an jenem Abend, während es andererseits zu ersten Streitigkeiten unter uns gekommen ist. Ich hoffe jedoch, dass diese Saat nicht keimen und aufgehen wird.

An den nächsten Tagen trieb die Eisscholle an der Ostseite der Weißen Insel entlang, bis sie sich in wenigen Kilometern Entfernung von deren Südostspitze befand; die drei Männer verbrachten die Zeit damit, die Eishütte zu vollenden. Jede Nacht kamen Eisbären, um nach etwas Essbarem zu suchen. Sie schwammen durch das eisige Wasser oder sprangen von Scholle zu Scholle. Der Geruch des Fleischvorrats hatte sie angelockt. Andrée versuchte sogar ohne

Schuhe, den Bären zu jagen, schaffte es aber nicht, ihn zu erlegen. *Die Nachtbären scheinen diebische Tiere zu sein*, schrieb er. *Der eine, der uns gestern Nacht besuchte, schleppte unseren großen Seehund zweimal weg. Wir hätten ihn verloren, wenn es Strindberg nicht gelungen wäre, dem Bären so nahe zu kommen, dass dieser Angst bekam und seine Beute losließ.* Das größte Problem wie immer waren jedoch die Meeresströmungen. *Das Floß, auf dem unsere Hütte steht, wird schnell kleiner, da Eisdruck die Küste der Insel immer näher kommen lässt*, schrieb Andrée am 29. September. *Wir können der Insel nicht entkommen. Gestern Nacht zogen wir in der Hütte ein, die wir unser »Zuhause« tauften. Wir schliefen darin und fanden sie recht hübsch, aber es wird viel besser werden, wenn wir erst einmal das Fleisch im Haus haben, außer Reichweite der Bären.*

Am Morgen des 2. Oktober um 5.30 Uhr kam es zur Katastrophe, als Andrée, Frænkel und Strindberg schlafend in der Hütte lagen. Die Eisscholle, auf der sie kampierten, zersplitterte mit einem tiefen Grollen, dem ein peitschenscharfer Knall folgte, in Dutzende von Stücken. *Wir hörten lautes Krachen und Donnern, als Wasser in unsere Hütte strömte*, schrieb Andrée. *Wir rannten hinaus und entdeckten, dass unsere fabelhafte große Eisscholle in viele kleine Schollen zersplittert war und dass ein breiter Spalt direkt an unserer Außenwand verlief. Die verbleibende Scholle hatte nur einen Durchmesser von 24 Metern, und die eine Wand der Hütte hing eher am Dach, als dieses zu stützen. Unsere Zukunftsaussichten haben sich sehr stark verändert.*

Da ihr »Zuhause« in Trümmern lag und die Eisscholle, auf der sie den Winter hatten verbringen wollen, sich in ihre Bestandteile aufgelöst hatte, blieb ihnen in jener Nacht keine andere Wahl, als in dem liegen zu bleiben, was von ihrer Hütte übrig geblieben war. *Der Tag ist recht anstrengend gewesen*, wie Andrée eingestand. Das muss er wirklich gewesen sein. Ihre Habseligkeiten waren über mehrere Eisschollen verstreut und mussten eingesammelt werden. Darunter war auch das Fleisch von zwei Bären, von dem sie gehofft hatten, es würde sie vier weitere Monate ernähren.

Zum Glück hatten wir schönes Wetter, so dass wir schnell arbeiten konnten, schrieb Andrée in dem letzten Eintrag, den man in seinem Tagebuch deutlich lesen kann. *Keiner von uns hat den Mut verloren. Mit solchen Kameraden sollte man unter so gut wie allen Umständen zurechtkommen können.*

Zwölftes Kapitel

Der Pol

Das Eismeer
31. Mai 2000

Um 10.40 Uhr am vierten Tag überhole ich Andrée. *Britannic Challenger* ist jetzt schon länger in der Luft, als *Örnen* es gewesen ist. Es ist nur ein Stück Statistik – fast 65 Stunden nonstop in der Luft –, aber für mich ist es durchaus so etwas wie ein Meilenstein. Ich befinde mich schon jetzt viel weiter nördlich, als Andrée gekommen war; jetzt habe ich das Gefühl, auf eigenen Beinen zu stehen und nicht mehr in den Fußstapfen meines Helden zu gehen, sondern jungfräuliches Terrain zu betreten. Noch niemand ist nördlich des Polarkreises so lange gefahren. Es ist ein eigenartiges Gefühl; ich habe schon so viel erreicht, aber noch immer so viel vor mir. Ich gebe mir in Gedanken kurz einen Klaps auf den Rücken und sage mir dann, dass ich im Fall eines Fehlschlags umso mehr zu verlieren haben, je näher ich an den Pol herankomme.

Ich bin hundemüde. Ich habe mir hier und da ein paar Stunden Schlaf geholt, aber nie richtig ausschlafen können. Ich bin mir bewusst, dass sich meine Erschöpfung in meiner Handschrift zeigt, wenn ich meine Position im Logbuch eintrage, aber die kurzen Nickerchen, die ich gemacht habe, genügen nicht, um mein Gekritzel zu verschönern.

Der Autopilot spielt wieder verrückt. Seit gestern Abend, als Luc mich anwies, einen neuen Kurs zum Pol zu suchen, musste ich den Ballon von Hand steuern. Die Windbahn, der ich gestern noch folgte, brachte mich in die Nähe eines Hochdruckgebiets, das mich blitzartig nach Spitzbergen hätte zurückrasen lassen. Ich musste abrupt die Richtung ändern und eine Geschwindigkeit von über zehn Knoten halten. Das ist ungeheuer schwierig, etwa so, als wollte man den Ballon durch ein kompliziertes senkrechtes Gewirr einander überlappender, unvorhersehbarer Winde steuern. Ein Stück hinauf, Kurs prüfen und dann schneller werden. Noch ein Stück höher, Kurs prüfen und losfahren. Dann ein gutes Stück hinunter, Kurs prüfen und dann wieder Gas geben. Weiter nach unten, Kurs prüfen und wieder auf die Tube drücken. Dann eine schnelle Berechnung im Kopf, um die Höhe zu bestimmen, in der ich dem idealen Kurs und der idealen Geschwindigkeit am nächsten bin. Sobald ich das ausgerechnet habe, versuche ich auf diese Höhe zu kommen und drücke die Daumen, damit die Winde in dieser Höhe immer noch dorthin wehen, wohin ich den Ballon steuern will. Ich kann mir nicht den kleinsten Fehler leisten. Ein paar Grad zu weit nach Westen, und der Wind wird *Britannic Challenger* in Wetterverhältnisse hineinziehen, denen ich nicht werde entkommen können.

Ich bin etwa 240 Kilometer vom Pol entfernt, und die Temperatur ist plötzlich stark gesunken. Bis jetzt ist es relativ warm gewesen, vielleicht höchstens -10 °C, weitaus wärmer, als ich erwartet hatte. Da ich mit dem Wind fahre, gibt es keinen »Windchill«, so dass die Kälte nicht schlimmer gewesen ist als auf einem sonnenbeschienenen Skihang in den Alpen. Während der Fahrt habe ich mir meist mehr wegen eines Sonnenbrands Sorgen gemacht als wegen der Erfrierungen, aber jetzt beginnt die Kälte mir zuzusetzen. Das Thermometer ist auf -30 °C gefallen, was mir die Knochen zusammenzieht. Obwohl es nicht annähernd so bitterkalt ist wie bei meinem Marsch zum Nordpol 1998, fühlt sich die Luft weitaus kälter an, da der Korb sehr beengt ist und ich mich nicht genügend bewegen kann, um etwas Wärme in die Gliedmaßen zu bekommen. Ich habe das Gefühl, als würden mir die Muskeln zufrieren und um meine Knochen herum erstarren. In solchen Momenten habe ich die

Empfindung, dass das Leben aus meinem Körper entweicht, als würde das Blut nicht mehr durch die Adern in den Fingern gepumpt werden. Ich habe schreckliche Wadenkrämpfe. Ich kann nichts weiter tun, als mich auf dem Boden des Korbs zusammenzurollen, die Füße an mich zu ziehen, um die Krämpfe zu lindern, und mit Fingern und Zehen zu wackeln, um eine Erfrierung zu verhindern. Dann meldet sich Clive zu unserer stündlichen Verbindung. Er wird über Island Radio durchgestellt.

»Wie geht's, mein Alter?«

»Mir ist verdammt kalt, ich habe Krämpfe, die mich umbringen, Kleiner, aber sonst nicht übel«, erwidere ich. »Der Autopilot spielt immer noch verrückt, aber er hat es um die gleiche Zeit wie gestern getan, so dass ich davon ausgehe, dass das Sonnenlicht etwas damit zu tun hat. Ich bin in 3600 Meter Höhe, und der Flüssigsauerstoff funktioniert immer noch nicht. Sonst aber ist alles in Ordnung.«

»Ich habe gute und schlechte Nachrichten von Luc, mein Alter.«

»Erst die gute Neuigkeit.«

»Er sagt, du bist auf einem guten Kurs, aber er will, dass du unter 3000 Meter gehst und einen Kurs von null-vier-null hältst. Du musst langsamer werden.«

»Das ist mir sehr lieb. Es ist verdammt kalt hier oben. Was ist die schlechte Neuigkeit?«

»Er glaubt nicht, dass er dich auf direktem Weg zum Pol bringen kann. Direkt darüber sitzt ein Tiefdruckgebiet fest.«

»Oh, Hilfe! Das hört sich nicht gut an. Gibt es einen Plan B?«

»Er arbeitet daran. Vielleicht wirst du am Pol vorbeifahren müssen, östlich davon, und dann wieder umkehren, um nahe zu kommen.«

Das hört sich gut für mich an. Ich werde durch jeden Reifen springen, um zum Nordpol zu kommen. »Solange er mich bis zum letzten Breitengrad bringt«, sage ich Clive. Ballonfahrer, die an

Wettfahrten teilgenommen haben, haben mir erzählt, dass das als Erreichen des Nordpols gewertet würde, aber wenn Luc mich noch näher heranbringen kann, um so besser. »Ich habe zwei Brennstofftanks verbraucht, und im dritten sind nur noch 20 Prozent, doch es sieht gut aus. Ich habe immer noch viel Treibstoff und Ballast.«

»Gut. Gut. Jetzt hör mir genau zu, mein Alter. Ich habe hier eine Position mit Breiten- und Längengrad, auf die du zuhalten sollst, wie Luc sagt. Du musst sie in deinen GPS-Empfänger einprogrammieren und ihn dann dazu verwenden, dorthin zu kommen.«

»Kleiner, du weißt, dass ich das kann. Ich weiß, wie man mit dem GPS umgeht, und außerdem bin ich nicht zu alt, um neue Tricks zu lernen.«

»Ich dachte, es wäre für einen alten Knacker wie dich vielleicht ein bisschen zu kompliziert. So, wie du dich benimmst, könnte man glauben, du wärst jetzt schon 65 Stunden mit nur wenig Schlaf in der Luft.«

»Aber ich habe geschlafen, Kleiner. Es ist nicht einfach, so einen Ballon zu fahren, musst du wissen.« Die Erschöpfung hat meinem Sinn für Humor Abbruch getan. Dann geht mir auf, dass Clive mich auf den Arm nimmt. »Du hast gut reden, du sitzt warm und trocken in Birmingham, hast warmes Essen, Bier vom Fass und ein warmes Bett, in das du nachts krabbeln kannst«, sage ich. »Hier oben habe ich nichts davon. Das ist nicht einfach.«

»Du solltest mal versuchen, im Kontrollzentrum zu arbeiten, mein Alter«, sagt Clive. »Hier ist seit vier Tagen keiner mehr nach Hause gekommen, und kaum jemand hat sich duschen können. Es stinkt. Die meisten Leute dachten, sie würden einen Tag nach deinem Start wieder zu Hause sein. Claire Ingrams hat nur einen Lippenstift bei sich, und sie ist seit Sonnabend nicht mehr zu Hause gewesen.«

»Ich rieche auch nicht allzu gut, Kleiner«, entgegne ich.

»Jetzt hör mal zu, mein Alter. In den nächsten vierundzwanzig Stunden wird es eine Menge zu tun geben. Iss, trink, schlafe und furze jetzt, denn später wirst du nicht mehr die Gelegenheit dazu haben. Du musst dich etwas ausruhen, damit du ›auf Zack‹ bist, was der technische Begriff für jemanden ist, der weiß, was er tut. Unterdessen solltest du langsamer werden und die Windbahn finden. Du musst auf null-vier-null. Dann ruf mich über Island Radio.«

Und mit diesen Worten ist Clive weg. Er und Brian Smith sind meine Verbindung zur Außenwelt, und manchmal habe ich das Gefühl, als säßen sie im Korb neben mir, als trieben sie mich an und ermunterten mich, die Zähne zusammenzubeißen, wenn die Müdigkeit mich zu überwältigen droht. Brian ist die Ruhe selbst, was sich auch auf mich überträgt, aber es hat sich herausgestellt, dass Clive genau das ist, was ich brauche. Respektlos, unverschämt, ständig unter Strom stehend, da er Red Bull trinkt, hält er mich mit seinem unermüdlichen Enthusiasmus in Gang, und seine Scherze machen mir wieder Mut.

Am späten Nachmittag haben sich die Wolken verzogen, und mir bietet sich die fabelhafteste Aussicht, die ich mir nur wünschen kann. Sie ist atemberaubend. Ich kauere mich auf die Kühlbox in der Ecke des Korbs und blicke auf das Eis hinunter und nach vorn in Richtung Nordpol. Dabei denke ich an das, was Andrée, Frænkel und Strindberg während ihrer Fahrt gesehen haben müssen. Ich bin weit höher, als sie zu irgendeinem Zeitpunkt während der Fahrt von Örnen gewesen sind, so dass die hohen Eiswälle für mich eher wie Falten auf dem Eis aussehen als wie massive erstarrte Wände bröckelnden Eises, wie ich sie von meinen Märschen zum Pol her kenne.

Die Sonne spiegelt sich glitzernd auf dem Eis und lässt sie als eine tiefgoldene Scheibe erscheinen, die durch weite Strecken glitzernden Wassers unterbrochen ist. Ich fahre in knapp 2100 Meter Höhe mit elfeinhalb Knoten über dem Eis, als mir plötzlich der Gegensatz zwischen meinem Glück und Andrées Schicksal aufgeht. Es gibt nur geringe Unterschiede zwischen seinem Ansatz und meinem, und meine Fahrt ist bis jetzt alles gewesen, was er für seinen erhofft hatte: eine anregende Verbindung von Natur und Technik zum Nutzen des Menschen. Wir haben beide nach einer Möglichkeit gesucht, einen Ballon zum Nordpol zu steuern, dafür aber höchst verschiedene Mittel benutzt. Seine Methode hätte vielleicht funktioniert, wenn die Leitseile zum Zeitpunkt des Starts an Örnen befestigt gewesen wären. Ich verfüge nicht über kunstvolle Methoden, vom Kurs des Winds abzuweichen, wie Andrée es geplant hatte; stattdessen stehen mir hundert Jahre meteorologischen Fachwissens und neueste Kommunikationstechnologie zur Verfügung. Diese versetzt Luc Trullemans in Belgien in die Lage, die richtige Windströmung auszuwählen, um mich nach Norden über die Polkappe zu dirigieren. Doch von diesen Unterschieden abgesehen, sind unsere Methoden sehr ähnlich. Tatsächlich hat Andrée in realen Preisen erheblich mehr Geld und Zeit für seine Fahrt aufgewandt als ich.

Dies sind Gedanken, die mich demütig machen. Der Grat, der Erfolg von Misserfolg trennt, ist sehr schmal; Andrée hätte mühelos Erfolg haben können, hätte er nur über einen Bruchteil des meteorologischen Wissens verfügt, das mir zur Verfügung steht. Während dieses Fluges habe ich mehrere Male das Gefühl gehabt, nicht ganz allein im Korb zu sein. Ich bin weder religiös noch spirituell veranlagt, habe jedoch das unheimliche Gefühl, dass jemand über mich wacht und meinen Erfolg wünscht. Vielleicht ist es Luc, der in Belgien das Wetter im Auge behält und mich ferngesteuert zum Pol geleitet. Vielleicht ist Andrée bei mir im Korb, der dort, wo er versagt hat, für mich den Erfolg wünscht. Vielleicht spüre ich einfach nur den Druck der Erwartungen meiner Freunde, meiner Familie, der Sponsoren und des Kontrollzentrums in England. Vielleicht möchte ich den Pol nicht nur um meinetwillen in einem Ballon erreichen, sondern auch um zu beweisen, dass der Mann, den ich für den kühnsten Abenteurer aller Zeiten halte, kein tollkühner Träumer war, sondern ein Mann mit einer Vision, die seiner Zeit voraus war.

Clive meldet sich wieder über Funk.

»Was zum Teufel treibst du? Wir versuchen seit mehr als einer Stunde, mit dir Kontakt zu bekommen! Wir haben dich weder über das Hochfrequenz-Funkgerät noch mit dem Iridium-Telefon erreicht!«

»Immer mit der Ruhe, Kleiner. Ich habe geschlafen. Es ist der erste anständige Schlaf seit dem Start.«

Nachdem ich Clive erzählt habe, dass ich vor Erschöpfung Halluzinationen gehabt habe, schlug er vor, ich solle von 17.00 bis 18.30 Uhr ein Nickerchen machen. Jetzt ist es 19.00 Uhr. Ich vermag nicht zu erkennen, was die ganze Aufregung soll, und sage dies Clive auch.

»Natürlich brauchst du deinen Schlaf, mein Alter«, sagt er. »Aber ich muss dich in einem Notfall auch erreichen und mit dir sprechen können. Wenn ich zu einer verabredeten Zeit nicht per Funk zu dir durchkomme, nehme ich an, dass das Schlimmste passiert ist.«

»Aber du hast doch gesagt, ich könnte sie abschalten«, entgegne ich.

»Oh ... haben wir das? Dann war das unser Fehler, aber tu das nicht noch einmal, selbst wenn wir sagen, du kannst es. Von jetzt an wollen wir, dass alles eingeschaltet bleibt. Autopilot! Iridium-Telefon! Hochfrequenz-Funkgerät! Hör auf, so viel Blech zu reden!«

Clive kläfft nur, beißt aber nicht. Wir haben einander in den letzten Monaten gut genug kennen gelernt, um sehr offen miteinander zu sprechen, ohne dass sich der andere gleich beleidigt fühlt. Ich hatte das Hochfrequenz-Funkgerät abgeschaltet, weil die Mitteilungen von Island Radio mich wach hielten. Im Kontrollzentrum erkannten sie das zu spät als ihren Fehler, eben nachdem sie mir das Abschalten erlaubt hatten, aber so habe ich wenigstens zwei Stunden Schlaf bekommen.

»Hör genau zu, mein Alter«, sagt Clive. »Ich habe ein paar wichtige Anweisungen, was den Flüssigsauerstoff betrifft. Elgar Hay und Professor Dennison am DERA in Farnborough sagen, du solltest unter 4500 Meter bleiben und einen Liter pro Minute verwenden. Wenn du auf eine Höhe von maximal 5400 Metern gehst, musst du den Durchsatz auf zwei Liter in der Minute erhöhen.« In der Ecke des Korbs steht ein großes stählernes Dewargefäß mit Flüssigsauerstoff. Ich hatte gehofft, mich darauf verlassen zu können, aber es funktioniert nicht. Es ist schwierig, Flüssigsauerstoff zu benutzen, aber ich werde mich vielleicht noch darauf verlassen müssen. »Bei einem Liter pro Minute wird er bis zu 43 Stunden reichen, aber die Zufuhr muss über eine Kanüle erfolgen, die unter deinen Nasenlöchern festgeklebt ist. Es ist sehr wichtig, dass du langsam ein- und schnell ausatmest. Mit einer Kanüle lässt sich über Funk leichter sprechen als mit einer Maske, aber es gibt ein Problem mit dem Schlafen. Wenn du schlafen möchtest, mein Alter, musst du dich auf den Rücken legen und dir den Mund mit Klebeband verschließen. Dann musst du die Kanüle direkt unter deiner Nase mit Klebeband befestigen. Wenn du kein Klebeband hast, musst du die Maske benutzen und sie dir vors Gesicht binden.«

»Ich werde verrückt. Das hört sich an, als wolltest du mir das Maul stopfen, Clive.«

»Ganz im Gegenteil, mein Alter. Ich möchte, dass du still sitzt, nichts tust und drauflosquasselst. Wenn du Bewegungen machst, musst du den Sauerstoffdurchsatz steigern, und außerdem wirst du mich nicht loswerden. Ich möchte einen sehr regelmäßigen Kontakt. Wenn du irgendwelche ungewöhnlichen Bemerkungen machst, wenn deine Stimme sich seltsam anhört oder Anzeichen von Lallen zu hören sind – was also bedeutet, dass du die Hände von der Brandyflasche lassen musst, die du bei dir hast, ich weiß es –, werde ich dir zurufen, den Sauerstoffdurchsatz zu erhöhen. Hast du das mitgekriegt, mein Alter?«

»Ja, Kleiner. Laut und deutlich.«

Zum Glück muss ich die Sauerstoffkanüle noch nicht ankleben. Der Gedanke, mir den Mund zuzukleben und ständig überwacht zu werden, bestärkt mich darin, alles in meiner Macht Stehende zu tun, um unter 3000 Meter zu bleiben, der Höhe, in der ich normalerweise Sauerstoff zu nehmen beginne.

Ich habe noch immer keine richtige Mahlzeit gegessen. Ich spüre eine leichte Übelkeit. Vielleicht ist es die Höhe, vielleicht ist es Erschöpfung, aber ich bin zu müde, um zu kochen. Ich überlebe mit einer Diät aus Ingwer-Nuss-Keksen, Schokolade, Dörrfleisch und Orangen. Nicht die gesündeste Diät, aber bequem.

Drei Stunden später machen mich die ruhigen, höflichen Laute von Brian Smith sofort hellwach, als er im Kontrollzentrum den lauten Clive abgelöst hat. Brian gibt Lucs jüngste Wetteranalyse an mich weiter und schlägt vor, ich solle behutsam auf etwa 1200 Meter heruntergehen, um von der jetzigen Windbahn von 27 Grad auf 360 Grad zu kommen.

Eine Stunde später meldet sich Brian wieder. »David, du treibst zu sehr nach Osten ab. Folgst du den Windbahnen korrekt?«

»Aber sicher, Brian. Dem GPS zufolge befinde ich mich haargenau auf Kurs.« Das GPS berechnet meine Position, indem es die Peilungen von einem Netz von Atomuhrsatelliten aufnimmt. Es soll auf zehn Meter genau sein.

»Das ergibt keinen Sinn«, beharrt Brian. »Du liegst daneben. Ich melde mich wieder.«

Kurze Zeit später höre ich wieder Brians Stimme, die mir diesmal über Hochfrequenzfunk durch Island Radio übermittelt wird.

»Sag mir, David, worauf ist dein GPS-Empfänger eingestellt? Netz oder Echt?«

»Netz. Warum?«

»Es sollte auf Echt eingestellt sein. Das macht einen großen Unterschied.«

Das muss Brian mir nicht sagen. Die Netz-Einstellung wird benutzt, wenn man bei der Navigation Wetterkarten oder Landkarten benutzt. Sie funktioniert an den meisten Orten gut, aber in der Nähe der Pole wird sie weniger genau, da die Netzlinien, die über die Karte gelegt werden, parallel verlaufen, während die Linien der Längengrade am Pol zusammenlaufen. Die Echt-Einstellung verwendet richtige Positionen von Länge und Breite und ist absolut genau. Ich lasse Brian wissen, dass ich jetzt auf Echt umgeschaltet habe.

»In dem Fall musst du dich nach links wenden. Ich werde mit Luc sprechen, um eine neue Bahn zu erfragen, und werde dir so schnell wie möglich Bescheid geben«, erwidert er.

Ich habe aus bitterer Erfahrung gelernt, dass das kleinste technische Versehen den Unterschied zwischen Erfolg und Fehlschlag ausmachen kann. 1998 habe ich tagelang gekämpft, um ein Argos-Funkfeuer in Ordnung zu bringen. Es sandte ein Signal aus, das von Satelliten aufgefangen wurde, um meine Position zu bestätigen, meldete jede Stunde jedoch mit unterschiedlicher Genauigkeit Daten, selbst wenn ich mich stationär in einer Garage von Resolute Bay im Norden der kanadischen Arktis aufhielt. Nachdem ich drei Tage lang versucht hatte, die Anlage funktionsfähig zu machen, ging uns auf, dass das Gerät seine Position in metrischen Maßen angab statt in Grad, Minuten und Sekunden. Sobald wir die Veränderung vorgenommen hatten, arbeitete das Gerät perfekt. Es war ein Glück, dass wir den Fehler vor dem Start entdeckten, denn sonst hätte es der für unsere Bodenstation zuständige John Perrin nicht geschafft, uns zu orten. Bei der gleichen Expedition versagten drei der Brennstoffpumpen unseres Kochers, und wir konnten weder unser Essen kochen noch unser Zelt heizen, bis ein Flugzeug Ersatz abwarf. Die Missionen anderer Abenteurer endeten vorzeitig, weil irgendein einfaches Stück Ausrüstung versagte, etwa das Treibstoffventil bei der Weltumkreisung der Breitling-Orbiter-Mission. Dieses Ding, das vielleicht zwei Mark kostet, leckte und ließ den Ballon nur Stunden nach dem Start im Mittelmeer niedergehen. Bertrand Piccard, der Pilot von Breitling Orbiter II, witzelte später, vielleicht hätte er lieber eins für vier Mark kaufen sollen. Es ist einfach, über solche Fehler zu lachen, aber ich weiß sehr gut, dass das Versagen eines winzigen Stücks Ausrüstung einem Abenteuer ein vorzeitiges Ende bereiten kann.

»Richtig«, sagt Brian, der sich nach kurzer Zeit wieder über Funk meldet, »Luc sagt, du sollst einen Kurs von drei-drei-null nehmen. Ich möchte, dass du dich alle 15 Minuten meldest, bis wir dich wieder auf einem vernünftigen Kurs in Richtung Pol haben.«

Was für ein Glück, dass ich es mit euch Jungs zu Hause zu tun habe, denke ich. Es wäre eine gewaltige Untertreibung zu behaupten, dass ich mich ohne sie nicht zurechtfinden würde.

Wieder einmal notiere ich mir peinlich genau die Richtungen, in denen die Windbahnen in unterschiedlichen Höhen unterwegs sind, und wähle dann die Höhe aus, wo der Wind in die Richtung weht, in die *Britannic Challenger* treiben soll. Das dauert mehrere Stunden, aber dafür bin ich endlich wieder auf Kurs und fahre auf den fernen Punkt am Himmel zu, auf den ich nach Lucs Berechnungen zufahren muss. Seitdem ich an meinem GPS-Satellitenortungsgerät von Netz auf Echt umgeschaltet habe, passen meine Windbahnen und die von Luc wieder zueinander.

Die Anforderungen eines so genauen Fahrens haben mich erschöpft, und um 2.45 Uhr am Donnerstag, dem 1. Juni – Tag fünf –, sage ich Brian, dass ich versuchen werde, zwei Stunden zu schlafen. Hunderte von Metern unter *Britannic Challenger* habe ich eine klare Sicht auf die polare Eiskappe. Brian erinnert mich daran, dass ich den Autopiloten, das Iridium-Telefon und das Hochfrequenz-Funkgerät eingeschaltet lassen soll. Aus irgendeinem Grund beschließe ich auch, die Sicherheitsgurte anzulegen und am Korb festzuschnallen. Dann vergewissere ich mich, dass beide Brenner eingeschaltet sind, falls ein Treibstofftank leer werden würde, und schalte den Autopiloten und das Warnsignal ein. Es ist schon vorgekommen, dass Ballonfahrer im Schlaf auf der Erde aufgeprallt sind, was ich aus nahe liegenden Gründen vermeiden möchte. Deshalb stelle ich das Warnsignal des Autopiloten so ein, dass es sich sofort meldet, falls ich 150 Meter unter meine gewählte Höhe von 900 Metern sinken sollte.

Es ist Nacht, und obwohl die Sonne immer noch hell am Himmel scheint, ist sie nicht stark genug, *Britannic Challenger* an Höhe gewinnen zu lassen. Sie schafft es nicht mehr, das Gas im Ballon zu erwärmen. Unter diesen Bedingungen funktioniert der Autopilot bestens. Er nimmt Höhenveränderungen im Voraus wahr, indem er Veränderungen des Luftdrucks registriert. Manchmal kommt mir dies fast rätselhaft vor. Während ich mich auf den Boden des Korbs lege und zu schlafen versuche, lässt der Autopilot die Brenner zwei- oder dreimal kurz fauchen, jeweils nur eine Fünftelsekunde lang, und das aus keinem ersichtlichen Grund. Als ich ein paar Minuten später sehe, wie der Luftdruck fällt, wird mir klar, dass die Brennerstöße notwendig waren, damit der Ballon seine Höhe und die Richtung hält.

Ich sehe mir ein letztes Mal das Foto von Claire und meinen Kindern an, das in meinem Logbuch steckt, nehme mir vor, Amelia anzurufen, meine jüngste Tochter, die heute ihren fünften Geburtstag feiert, und rolle mich dann auf dem Boden des Korbs zusammen, um etwas Schlaf zu bekommen. Der Korb ist sehr beengt, der Boden uneben und neigt sich überdies zu meinem Kopf hin. Außerdem ist er zu kurz, so dass ich mich nicht ganz ausstrecken kann. Dennoch bin ich schon nach wenigen Sekunden in einen sehr tiefen Schlaf gefallen. Die langen Stunden des Wachseins, die Kälte, die Höhe und der beständige Stress, den Ballon steuern zu müssen, haben mich erschöpft.

Ich weiß nicht, wo ich bin oder warum ich hier bin. Ich weiß nur, dass mir ein Warnsignal in den Ohren dröhnt und dass es ein Signal ist, das ich schnell ausschalten muss. Ich weiß, dass ich mich jetzt in einer gefährdeten Position befinde. Der Weg in die Sicherheit wird nur durch eine hüfthohe Barriere versperrt. Folglich schwinge ich ein Bein darüber. Auf der anderen Seite sehe ich, wie dichter Nebel den Boden bedeckt, und hoffe, dass der Erdboden darunter fest ist. Doch wie sehr ich es auch versuche, ich komme nicht über die Barriere hinweg. Ich schiebe und strenge mich an, aber etwas verhindert meine Flucht.

Dann wache ich auf. Ich stehe im Korb und habe ein Bein über die Seite geschwungen. Ich weiß noch immer nicht, wo ich bin oder warum ich Wolken unter mir sehe. Eine Sekunde lang glaube ich, im Himmel zu sein. Nur die Sicherheitsgurte hindern mich daran, aus dem Korb zu springen, aber ich zerre weiter an den Gurten. Dann trifft mich die kalte Luft wie ein Vorschlaghammer, und ich springe in den Korb zurück. Ich hole erschrocken Luft, als mir klar wird, dass ich viele hundert Meter über dem polaren Packeis schwebe und mich um ein Haar aus dem Korb gestürzt hätte. Ich erstarre zur

Salzsäule. Kehle und Lungen sind vor Furcht so angespannt, dass mir mein Schrei wie ein ersticktes Stöhnen entfährt. Verdammter Mist! Flüche schießen mir durch den Kopf, aber nur wenig davon wird in verständlicher Form geäußert.

Hände und Knie zittern mir so sehr, dass ich die Seite des Korbs ergreifen und mich langsam auf die Kühlbox setzen muss. Mein Gott, das war knapp. Wäre ich nicht angeschnallt gewesen, wäre ich ohne jeden Zweifel aus dem Ballon geklettert und ins Nichts gestürzt. Ich greife nach dem Funkgerät, aber das Adrenalin, das mir durch die Adern strömt, lässt das Herz mit solcher Kraft pochen, dass ich nicht sprechen kann. Meine Stimme hält mit meinem fieberhaft arbeitenden Gehirn nicht Schritt, und die ersten Worte, die ich äußere, entfahren mir in vollständig unverständlicher Form. Ich versuche, mich zu beruhigen, atme aber schnell und flach, was mich ganz benommen macht. Komm schon, beruhige dich. Reiß dich zusammen. Atme tief und langsam durch, ermahne ich mich. Allmählich bekomme ich mich wieder in die Gewalt. Dann setzt der Schock ein.

Ich bin verängstigt, zutiefst verängstigt. So wie jetzt habe ich mich noch nie zuvor gefürchtet. Tränen treten mir in die Augen und laufen mir dann übers Gesicht. Das ist die Erleichterung. Furcht und Anspannung legen sich, so dass ich das Mikrofon des Funkgeräts in die Hand nehmen und das Kontrollzentrum anrufen kann. Brian Smith antwortet.

»Brian, Brian. Ich habe versucht, aus dem Korb zu klettern. Um ein Haar wäre es passiert.«

»Du hast was?«, entgegnet er.

»Ich bin mit einem Bein über der Seite aufgewacht. Ich schwöre, dass ich gerade dabei war, mich über die Seite zu schwingen. Nur die Sicherheitsgurte haben mich daran gehindert. Ich muss erschöpfter sein, als mir klar gewesen ist.«

»Himmel ... alles in Ordnung mit dir?«

»Ja, ich glaube schon, ein bisschen zittrig vielleicht. Ich habe dem Tod schon ein paar Mal ins Auge gesehen, aber so wie eben ist es noch nie gewesen. Ich werde bald wieder in Ordnung sein, wenn das Herz nicht mehr so wild schlägt.«

»Mach dir deswegen keine Sorgen«, sagt Brian, und seine gebieterische, unaufgeregte Stimme beruhigt mich. Er stellt mir einige Fragen. Ich weiß, dass er damit meine Reaktionen testet, so dass ich mir die größte Mühe gebe, sie richtig zu beantworten.

Zum zweiten Mal habe ich das Gefühl, dass jemand oder etwas über mich wacht. Wieder einmal hat mir reines Glück geholfen. Immer dann, wenn etwas hätte schief gehen sollen oder sogar müssen, schaffe ich es, der Katastrophe mit knapper Not zu entkommen. Es ist unheimlich. Brian hatte vorgeschlagen, dass ich die Sicherheitsgurte anlege – vorher hatte ich sie beim Schlafen nicht getragen –, und rund eine Stunde später retten sie mir das Leben. Die Chancen, es bis hierher zu schaffen, waren beim Abflug äußerst gering, aber ich habe es trotzdem geschafft, jede Herausforderung unterwegs zu bestehen. Ich kann nur annehmen, dass sich irgendjemand da oben darum kümmert, dass ich die Ballonfahrt zum Pol schaffe.

»Du hörst dich vernünftig an«, sagt Brian. »Und jetzt solltest du alle Sicherheitskontrollen vornehmen.«

Die Routine entspannt mich. Als ich die Prozedur hinter mir habe, geht es mir gut.

»Du solltest was essen, David«, rät Clive.

»Mir ist nicht danach.«

»Dann trink etwas Warmes. Nach diesem Schrecken werden deine Blutzuckerwerte am Boden sein.

Dann fällt es mir wieder ein: Amelia hat heute Geburtstag. »Brian, haben wir heute Donnerstag? Ich muss mit Amelia sprechen. Wenn Donnerstag ist, wird sie heute fünf.«

»Immer mit der Ruhe, David. In England ist es jetzt drei Uhr morgens. Du kannst sie später anrufen. Du bist jetzt nur noch 90 Kilometer vom Pol entfernt. Du hast jetzt an andere Dinge zu denken.«

Amelias Geburtstag. Fünf Jahre alt. Mir kommt es vor, als wäre sie erst gestern geboren, die dritte meiner Töchter und immer noch das Baby meiner Familie. Ich denke an das zurück, was vor fünf Jahren war.

Nachdem ich zwei Töchter bekommen hatte, glaubte ich, alles zu kennen. Ich ging sogar mit dem Daily Telegraph unter dem Arm in den Kreißsaal, da ich überzeugt war, dass die Wehen sich lange hinziehen würden. Ich hatte Recht. Amelia war kräftig und wog bei der Geburt mehr als 4500 Gramm, aber Claire war entschlossen, sich kein Schmerzmittel geben zu lassen. Vielleicht war es die Dauer der Geburt oder vielleicht der Schmerz, den Claire durchmachte; jedenfalls wurde sie Sekunden nach Amelias Geburt ohnmächtig, aus welchen Gründen auch immer. Der Arzt drückte mir sofort Amelia in die Arme, und die Hebamme drückte auf den Notknopf. Innerhalb von Minuten war das Notärzteteam da. Ich blieb wie erstarrt stehen und beobachtete, wie die Ärzte sich fieberhaft um Claire bemühten, da sie fürchteten, meine Frau liege im Sterben. In meiner Panik, da ich glaubte, drei Töchter allein großziehen zu müssen, flehte und betete ich, Claire möge überleben. Nach etwa fünf Minuten kam sie wieder zu sich. Die Ärzte verließen den Raum und ließen Claire und mich zurück. Wir starrten einander an, Amelia zwischen uns. Ich wollte etwas sagen, war aber sprachlos, überwältigt von der Erkenntnis, wie kostbar das Leben ist und an welch dünnem Faden es hängen kann.

Wenn ich jetzt an diesen Augenblick zurückdenke, habe ich tiefe Schuldgefühle. Ich weiß, wo die Prioritäten im Leben liegen, aber manchmal kann ich nicht anders, sondern muss sie ignorieren, wenn ich mich auf eine meiner gefährlichen Abenteuerreisen begebe. Das Schweben in einem Ballon über dem arktischen Packeis ist das Gefährlichste, was ich je getan habe, und ich muss mich unwillkürlich fragen, wie Claire wohl zumute wäre, wenn sie drei Töchter allein großziehen sollte.

Wieder einmal fühle ich mich hin und her gerissen zwischen meinem Leben zu Hause, wohin ich eigentlich gehöre, und der öden Wildnis, die auch weiterhin einen so starken Reiz auf mich ausübt. Ich sehe mich in der geflochtenen Gondel um und entdecke meine Skier, die ich für den Fall mitgenommen habe, dass ich eine Bruchlandung auf dem Eis mache und mich an eine Stelle begeben muss, an der man mich abholen kann. Es sind die Skier, die ich 1998 benutzt hatte, um meinen Schlitten zum Nordpol zu ziehen, und sie sind immer noch mit den Figuren geschmückt, die Amelia und meine beiden anderen Töchter, Camilla und Alicia, darauf gemalt haben. Vor zwei Jahren, als ich in einem Whiteout steckte und der »Windchill« die Temperatur auf -60 °C gebracht hatte, blickte ich auf meine Skier hinunter, um mir die bunten Bilder von Dinosauriern, der Sonne und den Blumen anzusehen, die meine Töchter gemalt hatten. An manchen Tagen waren sie die einzigen Farbkleckse in der wirbelnden Masse aus weißem Schnee und Eis, und sie erinnerten mich an zu Hause. Auf meinem mühsamen Weg nach Norden sah ich mir jeden Tag die Bilder meiner Töchter an und dachte nur daran, dass jeder Kilometer, den ich mühsam zurücklegte, und jeder Tag, an dem ich überlebte, mich dem Moment näher brachte, in dem ich meine Familie wiedersehen würde.

Es mag lächerlich erscheinen, dass ich solche Unannehmlichkeiten und häufig solche Gefahren auf mich nehme, wenn ich oft nichts weiter will, als zu Hause am Küchentisch zu sitzen, meinen Töchtern beim Spielen zuzusehen oder ihnen bei ihren Schularbeiten zu helfen. Immerhin hat mich niemand gezwungen, in diese

Gondel zu klettern, tagelang ohne Schlaf und vor Kälte zitternd über einer öden Landschaft auszukommen. Aber wie gern ich es auch täte, finde ich nicht ohne weiteres eine Antwort auf die Frage, warum ich es tue. Ein Teil der Antwort ist die Kameradschaft, die bei der Zusammenarbeit mit Gleichgesinnten bei der Erreichung eines gemeinsamen Ziels entsteht. Zum Teil liegt es daran, dass ich mir eine Herausforderung vornehme und dann nach dem schieren Abenteuer süchtig werde. Immerhin ist es weitaus besser, als hinter einem Schreibtisch zu sitzen. Und wenn ich ehrlich sein will, gibt es einen Teil von mir, der sich der Welt beweisen will, der sagen will, dass ich etwas getan habe, was nicht viele andere Leute schaffen können. Andrée hat genauso gedacht. Er wollte sein Leben nicht damit beschließen, dass er sich immer fragte, was er vielleicht hätte erreichen können, wenn er seinen Träumen gefolgt wäre. Ich bin auch so.

80 Kilometer bis zum Pol, und über und unter dem Ballon dicke Wolken. Was die Ziele der Mission betrifft, habe ich Erfolg gehabt. *Britannic Challenger* befindet sich im polaren Ring, dem letzten Breitengrad nördlich des 89. Ich könnte jetzt umkehren, aber nichts auf der Welt könnte mich dazu bewegen. Ich bin entschlossen, möglichst nah an den Nordpol heranzukommen.

Da die Sonne jetzt nicht mehr zu sehen ist, fällt die Temperatur dramatisch, was die Gasventile vereisen lässt. Der Brenner zeigt eine gelbliche Flamme – was kein gutes Zeichen ist –, die nur noch ungefähr eine Sekunde weiterbrennt, wenn sich das Ventil schließt. Ich binde einen Wärmer an das Ventil und schalte den Kode des Argos-Senders auf 3, womit ich auf ein technisches Problem hinweise.

Dies ist nicht der Moment, sich über den Aberglauben hinwegzusetzen, und so krame ich die Glücksperlen hervor, die mir Rajiv

Wahi geschenkt hat, der Geschäftsführer von Typhoo, dem Unternehmen, das 1998 meinen Marsch zum Nordpol gesponsert hat. Meinen Glücksstein trage ich schon am Hals. Zusammen, so hoffe ich, werden der Glücksstein und die Perlen mir helfen, zum Pol zu gelangen.

Als ich eine Stunde später nur noch 65 Kilometer vom Pol entfernt bin, empfängt Clive meinen Argos-Notruf, und ich höre seine Stimme, die sich knackend und rauschend über Funk meldet.

»Was ist los, mein Alter?«

»Ich kann dich kaum hören, Kleiner«, entgegne ich.

»Erzähl mir davon. Je näher du an den Pol herankommst, umso schlimmer wird es werden. Es kann sein, dass wir dich gar nicht mehr empfangen können.«

»Clive, die Flamme brennt gelb.«

»Unternimm nichts. Ich werde Pete Johnson anrufen und sehen, was er sagt.« Pete Johnson hat die Brenner entworfen. Er wird wissen, was die gelben Flammen verursacht hat.

Eine weitere Stunde später bin ich 38 Kilometer vom Pol entfernt, und Clive meldet sich wieder über Funk. »Hör zu, mein Alter, hör genau zu. Luc hat angerufen. Du musst eine Windbahn von drei-sechs-null Grad finden, und zwar in einer Höhe von gut 1500 Metern. Ich habe mit Pete Johnson gesprochen. Er sagt, du sollst den Brenner mit den gelben Flammen ausschalten. Wenn du das nicht tust, könnten die Zündkabel schmelzen.«

»Verstanden. Was ist, wenn wir die Verbindung verlieren, wenn ich mich dem Pol nähere?«

»Bleib einfach nur auf dem Kurs von drei-sechs-null Grad. Es kann bedeuten, dass du 24 Stunden in der Polregion bleibst. Wenn du auf dem GPS etwas von 90 Grad nördlicher Breite liest, kannst du dir mit der rechten Hand auf die linke Schulter langen und dir selbst auf den Rücken klopfen.«

90 Grad nördlicher Breite würde bedeuten, dass ich mich direkt über dem Nordpol befinde. Auf den Millimeter genau. Es ist ein Punkt auf der Karte, aber mit einem Ballon praktisch nicht zu erreichen. Selbst zu Fuß wäre es schon schwierig, den Nordpol punktgenau zu treffen, weil das Eis auf der Spitze der Welt schneller treibt, als die Füße einen tragen können.

»Ich habe große Mühe, drei-sechs-null zu finden«, erwidere ich. »Der Wind weht aus allen Richtungen.«

Die Windgeschwindigkeit verlangsamt sich, und meine Geschwindigkeit fällt von etwa acht auf weniger als drei Knoten. Ich brauche eine halbe Stunde, um drei weitere Kilometer zurückzulegen, und eine ganze Stunde, um 7,3 Kilometer hinter mich zu bringen. Gleichwohl bin ich um die Mittagszeit nur noch 34 Kilometer vom Pol entfernt, starre den GPS-Empfänger an und kann kaum glauben, wie nahe ich an den Nordpol herangekommen bin. Schneekristalle entströmen dem Heißluftkegel unterhalb der Ballonspitze und regnen auf mich herunter wie Brillanten. Wieder einmal habe ich das Gefühl, dass jemand über mich wacht und wünscht, dass ich immer näher an den Pol herankomme.

Ich rufe Clive, doch es dauert eine Weile, ihn ans Funkgerät zu bekommen. Jetzt, wo die Medien wissen, dass *Britannic Challenger* den Polarring erreicht hat, wird er mit Bitten um Interviews überschwemmt. Clive erzählt jedem, dass die Mission vollbracht ist, aber was mich betrifft, braucht die Torte noch eine Glasur.

»Ich befinde mich auf 89 Grad und 30 Minuten nördlicher Breite, Kleiner«, sage ich ihm. In der rechten Hand halte ich Rajivs Glücksperlen umklammert. Damit halte ich auch das Mikrofon. »Wie sieht der Schlachtplan jetzt aus? Ich könnte in Richtung Kanada fliegen; ich habe es bis zum letzten Breitengrad geschafft. Die Mission ist vollbracht, aber ich finde nicht, dass es schon an der Zeit ist, nach Hause zu fahren. Ich möchte weitermachen.«

»Gut gemacht, mein Alter. Hör jetzt nicht auf. Wir haben Interviews vor uns, und folglich könntest du genauso gut weiterfahren. In dieser Nähe zum Pol sollten dir starke Veränderungen der Luftströmungen keine Angst machen, sondern fahre einfach weiter nach Norden und warte ab, wohin du kommst. Vergewissere dich, dass der Autopilot eingeschaltet ist, ebenso das Iridium-Telefon und dass du die Sicherheitsgurte angelegt hast. Vergiss nicht – produziere bitte keine Schwierigkeiten.«

Der Wind lässt wieder nach, so dass ich mir die Sauerstoffkanüle unter der Nase festklebe, den einen funktionierenden Brenner einschalte und in den Himmel steige. In gut 3 500 Meter Höhe finde ich einen Windstrom, der fast direkt nach Norden weht, und ich hefte *Britannic Challenger* an seine Fersen.

Langsam, aber mit einem sicheren Gefühl von Unvermeidlichkeit nähert sich *Britannic Challenger* immer mehr dem Nordpol. Lucs Vorhersagen sind verblüffend. Im letzten Moment hat er mich nach links abdrehen lassen, als hätte ich es mit einer einfachen Straßenkreuzung am Himmel zu tun, und jetzt befinde ich mich auf direktem Weg zum Ziel. Ich kann einfach nicht das Gefühl abschütteln, dass jemand oder etwas, was größer ist als das Team und ich, den Wunsch hat, dass ich die Spitze des Globus erreiche, dass dieser Jemand oder dieses Etwas über mich wacht und dafür sorgt, dass nichts schief geht. Ohne jedes Missgeschick bis zum letzten Breitengrad zu fahren ist schon erstaunlich, aber dass ich jetzt einfach nach links abbiege und direkt zum Pol fahre, scheint unglaublich zu sein. Stunde um Stunde treibe ich näher heran. Ich fahre jetzt mit der Sauerstoffkanüle unter der Nase in einer Höhe von 3660 Metern. Um 13.10 Uhr habe ich noch knapp 26 Kilometer zurückzulegen. Brian Smith meldet sich über Funk und sagt: »Du sagst uns doch Bescheid, wenn du 90 Nord erreichst, oder?« Um 13.50 Uhr bin ich weitere drei Kilometer näher am Pol.

Dann bewege ich mich nicht mehr. Der Wind hat sich völlig gelegt. Clive schlägt vor, ich solle behutsam auf 2800 Meter heruntergehen, um dort vielleicht eine Windbahn zum Pol zu finden, aber es macht keinen Unterschied. Ich komme nicht näher heran. So nahe dran und doch so weit weg. Stattdessen treibt der Ballon nach Westen. Eine Stunde später ändert Clive den Plan und meint, ich solle langsam wieder auf 3100 Meter steigen. Ich folge seiner Anweisung, aber *Britannic Challenger* will sich keinen Zentimeter weiter nach Norden bewegen.

»Warum gibst du dich damit nicht zufrieden, mein Alter?«, schlägt Clive vor. »Du bist näher am Nordpol, als du es dir je erträumt hast. Luc sagt, du könntest zwar noch näher herankommen, aber dann müsstest du auf eine Höhe von 7000 Metern gehen, und dafür hast du nicht den Sauerstoff.«

»Ja, vielleicht hast du Recht, Kleiner«, erwidere ich, sage ihm aber nicht, dass ich noch nicht aufzugeben gedenke.

Ich drehe die Brenner auf und steige auf 3960 Meter. Das GPS fest im Blick, beobachte ich, wie *Britannic Challenger* langsam nach Norden treibt. Es kommt mir vor, als wollte der Ballon mich damit reizen, was sein könnte. Irgendwann, weniger als 19 Kilometer vom Pol entfernt, bleibt der Ballon wieder in der Luft stehen, und da entscheide ich, dass es reicht. Ich komme zu dem Ergebnis, dass ich mehr als 98 Prozent des Wegs geschafft habe. Wieder habe ich das Gefühl, dass etwas oder jemand mich in Richtung Pol zieht, als würde mich ein riesiger Magnet anziehen, aber diesmal lautet die Botschaft, es ist genug. Du hast es geschafft. Jetzt ist es an der Zeit, nach Hause zu fahren. Im Kontrollzentrum und in Belgien sitzen einige der besten Leute der Welt, um auf mich aufzupassen, aber das hier übersteigt selbst deren Fähigkeiten. Hier ist etwas Unheimliches passiert. Jemand hat über mich gewacht. Vielleicht ist es Andrée.

Irgendwo dort unten, zwar in Sichtweite, aber durch eine dichte Wolkendecke verborgen, liegt der Nordpol, wie ich weiß, und ich jubele vor Freude laut heraus, weil ich etwas geschafft habe, was ich wirklich für unmöglich gehalten habe. Ich habe Andrées Traum verwirklicht, den Nordpol aus der Luft zu sehen. Tatsächlich hätte ich nach seinen Maßstäben schon Erfolg gehabt, wenn ich Dutzende von Kilometern weiter südlich umgekehrt wäre. Hier oben auf der Spitze des Globus gibt es keinen Berg und keine Landmasse, was Andrée für möglich hielt. Stattdessen treibt nur eine gigantische Eisscholle über einem gedachten Punkt, an dem alle Längengrade zusammenkommen und wo jede Himmelsrichtung nach Süden zeigt.

Ich denke an den Tag vor etwas mehr als zwei Jahren zurück, an dem Rune und ich den Nordpol zu Fuß erreichten. Solange ich lebe, wird mir der 28. April 1998, ein Dienstag, für immer unauslöschlich im Gedächtnis bleiben. Es war der Tag, an dem ich schließlich den Grand Slam vollendete. 17 Jahre hatte ich versucht, den Nordpol zu erreichen; an jenem Tag vollendete sich mein Traum, glücklicherweise ruhmreich. Inmitten eines Felds aus losem Packeis, als die arktische Sonne gerade durch die Wolken brach, erreichten Rune und ich schließlich 89°59'59,4" nördlicher Breite und entschieden, dass wir nie näher an den Pol herankommen würden. Körperlich und seelisch völlig erschöpft, umarmten wir einander. Unsere Entschlossenheit war bis an die äußersten Grenzen auf die Probe gestellt worden. Dem GPS zufolge befanden wir uns 16,8 Meter vom Pol entfernt. Näher kann man nicht herankommen. Es war unmöglich, noch näher an diesen Punkt heranzukommen. Ein Jahr zuvor hatte mich Rune in Tränen ausbrechen sehen, als unsere 1997er Nordpolexpedition mit einem Fehlschlag endete. An jenem Tag des Jahres 1998 sah er mich erneut weinen, diesmal vor Freude darüber, schließlich doch die Spitze der Welt erreicht zu haben.

Nachdem wir einander umarmt und uns gegenseitig gratuliert hatten, sahen wir uns um. In diesem Augenblick wirkte die Umgebung verblüffend alltäglich. Der Nordpol sah kein bisschen anders aus als die anderen Felder aus Eis, Schnee und losem Packeis, die wir in den zurückliegenden acht Wochen hinter uns gebracht hatten. Das Erlebnis ließ mich an Captain Robert Pearys Worte denken, als er 1909 als erster Mensch den Nordpol erreichte, eine Leistung, die immer noch stark umstritten ist: endlich der Pol! Mein Traum und Ziel seit 20 Jahren! Endlich mein! Ich kann es noch immer nicht glauben. Es scheint alles so einfach und alltäglich zu sein. Wie Bartlett sagte, als er umkehrte, als er von seinem Aufenthalt in diesen exklusiven Regionen sprach, in die noch kein Sterblicher je vorgedrungen ist: »Es ist einfach wie jeden Tag.«

Rune jubelte und freute sich und umarmte mich sicherheitshalber noch einmal. Dann wandte er sich zu mir und wiederholte das Mantra, das bei uns zu einem Ritual geworden war, wenn wir unser Lager aufschlugen. »Gott schütze deine Königin«, sagte er und salutierte.

»Und Gott schütze deinen König«, erwiderte ich.

Inzwischen wurde uns beiden schon gefährlich kalt, so dass wir blitzschnell unser Lager aufschlugen und zu einem späten Lunch und einer gewaltigen Feier in unser Zelt krochen. Während er den Herd bereitmachte, las Rune noch ein letztes Mal das GPS ab. Aus dem Vorzelt hörte ich wieder lauten Jubel.

»Sieh mal, David«, rief und hielt mir sein GPS unter die Nase.

In der Zeit, in der wir unser Zelt aufgebaut hatten, waren wir näher an den Pol herangetrieben. Runes GPS zufolge befanden wir uns auf 89°59'59,9'' nördlicher Breite – drei Meter vom Pol entfernt und der Spitze der Welt so nahe, wie es nach menschlichem Ermessen überhaupt möglich ist. Ein paar Sekunden lang drehte sich die Welt ganz buchstäblich um unser Zelt. Dann trieb das Stück Eis, auf dem wir saßen, vom Pol weg, und wir ließen die Szene unseres Triumphs zurück.

Ich fühle mich plötzlich sehr einsam, als ich an jene wundervollen Augenblicke zurückdenke. Irgendwo auf dem Packeis unter mir ist Rune jetzt dabei, seinen Marsch über das arktische Eis von Sibirien zum Pol und dann weiter nach Kanada zu vollenden. Vor zwei Jahren erzählte ich ihm von meinem Traum, mit einem Ballon zum Nordpol zu fahren. Vor einem Jahr saß er mit mir in Chile in einem Ballon. Er ist für meinen Erfolg bei jedem Schritt von entscheidender Bedeutung gewesen, und wie sehr wünschte ich mir, er wäre jetzt hier. Diese Fahrt zum Pol hat mir weitaus weniger an körperlicher Ausdauer abverlangt als mein Marsch mit Rune, doch dafür hat mehr auf dem Spiel gestanden, und irgendwie sind die letzten Augenblicke schwieriger gewesen, weil ich auf mich allein gestellt bin.

Dann fällt mir ein, dass Amelia Geburtstag hat. 32 Kilometer vom Pol entfernt bestand meine einzige Sorge darin, auf keinen Fall zu vergessen, dass ich sie anrufen musste, aber die Anforderungen der Ballonfahrt haben es mich wieder vergessen lassen. Ich wähle auf dem Satellitentelefon die Nummer von zu Hause.

Claire nimmt ab, und als sie meine Stimme hört, antwortet sie so beiläufig, als riefe ich aus dem Büro an. »Gut gemacht, Darling. Wann wirst du wieder hier sein? Was meinst du?«

Ich erzähle ihr alles von der Fahrt, aber sie ist mit den Gedanken woanders: Sie gibt eine Party für 25 Mädchen aus Amelias Schule. Dann spreche ich mit Amelia, die hörbar erfreut ist, meine Stimme zu hören, die ihre Geburtstagsparty aber aufregender findet als das, was ich geleistet habe.

»Kommst du bald nach Hause, Daddy?«, sagt sie. »Wir vermissen dich.«

Wir plaudern kurze Zeit miteinander, und ich singe Amelia »Happy Birthday« vor. Sie sagt, sie habe den Ballon im Fernsehen gesehen, und dann ist sie verschwunden, zurück in dem Tumult, den ich im Hintergrund hören kann.

Ich schalte das Telefon ab, trinke einen Schluck aus einer Flasche Wasser, esse einen Schokoladenriegel und ein Stück Dörrfleisch. Und jetzt nach Hause, James, denke ich.

Dreizehntes Kapitel

Der Todeskampf

Weisse Insel, norwegische Arktis
2. Oktober 1897

Nach der Nacht des 2. Oktober, in der die große Eisscholle gleich neben der kunstvoll errichteten Eishütte von Andrées Expedition sich gespalten hatte, entwickeln sich die Ereignisse schnell. Strindberg trug in seinem Kalender für den 3. und 4. Oktober nur zwei Worte ein: *Aufregende Situation.* Dann, am 5. Oktober, fügte er drei weitere hinzu: *An Land gezogen.* Die Männer waren auf der Weißen Insel angekommen. 68 Tage nach dem Abflug von der Dänen-Insel hatten Andrée, Frænkel und Strindberg wieder festen Boden unter den Füßen und im Herzen die vage Hoffnung, den Winter zu überleben. Trotz ihrer Erfrierungen und der Erschöpfung machte ihnen der Anblick der Insel, das Scharren ihrer Schlitten auf Fels und die Erleichterung, wieder festen Boden unter den Füßen zu haben statt des tückischen, sich ewig wandelnden Eises, neuen Mut, als sie ihre schwere Ausrüstung hinter sich herzogen.

Doch die Situation war hoffnungslos. Der grobe Kies, der Permafrost und das Eis der weißen Insel boten keinen Schutz und keinerlei Möglichkeit, irgendwo unter der Erde eine warme und sichere Zuflucht zu bauen.

Gleichwohl machten sich die Männer am 6. Oktober in einem Schneesturm auf, um die kahle, windumtoste Insel zu erkunden. Elektrisiert durch diese neue Überlebenschance, bestiegen sie den Gletscher in der Mitte der Weißen Insel, nur um dort zu entdecken, dass sie nichts als den Untergang vor sich hatten. Um sie herum war nichts, nur Meer und Eis.

»Wir werden den Winter hier verbringen müssen«, sagte Andrée zu Frænkel und Strindberg. »Das ist unsere einzige Überlebenschance.«

Am nächsten Tag schrieb Strindberg ein Wort in seinen Kalender: *Umzug*. Von dem Strand, an dem sie die Weiße Insel zum ersten Mal betreten hatten, suchten sie eine höher gelegene Stelle mit einigen niedrigen Felsen, die ihnen wenigstens ansatzweise Schutz boten. Dies, erklärte Andrée, solle ihr Lager sein, das zu Ehren seiner geliebten Mutter Wilhelmina, die an diesem Tag Geburtstag habe, »Mina Andrées Platz« heißen solle. Dann bauten die Männer das Zelt auf und bereiteten aus Eisbären- und Seehundfleisch eine Mahlzeit zu. Im Boot hatten sie die Vorräte gestapelt, nachdem sie das Fleisch tatsächlich von der zerbrochenen Eisscholle retten konnten. Am Himmel über ihnen zuckten die farbigen Strahlen des Nordlichts, die wie grüne und purpurrote Flüsse dahinzogen.

Im Verlauf der nächsten Tage schleiften sie ihre Schlitten und das Boot höher hinauf, in Richtung Lager, entluden ihre Habseligkeiten und verstauten sie im Zelt und davor. Auf dem von Eis bedeckten Strand sammelten sie Treibholz und Walknochen, die sie in der Nähe des Zelts aufstapelten. Dann bauten sie eine sichere Zuflucht zum Schutz vor dem unerbittlichen Wind, dem ewigen Schneetreiben und dem allgegenwärtigen Eis. An der Westseite klemmten sie Walknochen fest, an der Nord- und Ostwand Treibholz, während die Südseite durch eine Felswand geschützt war. Über die Knochen und das Holz spannten sie das Zelt sowie alles, was von der Ballonseide übrig geblieben war, und sicherten die Tücher am Boden, so dass sie jetzt auch ein Dach hatten, das mit Ausrüstungsgegenständen von den drei Schlitten beschwert wurde. Endlich konnten sie sich in relativem Komfort ausstrecken, nachdem sie Monate in einem beengten Zelt zugebracht hatten. Diese Unterkunft war sehr viel größer als ihr Zelt und verfügte an der Felswand außerdem über einen erhöhten Vorsprung, auf dem alle drei schlafen konnten. Am besten jedoch war, dass diese Unterkunft vor Wind und Wetter geschützt war. Wenn der schmale Eingang in der Nordostecke fest verschlossen war und der Primuskocher auf der höchsten Stufe brannte, konnte es sogar recht warm und gemütlich sein. Nach drei Monaten harter körperlicher Arbeit auf dem Eis war es eine ungeheure Erleichterung für sie, ihre erschöpften Körper endlich auszuruhen und ihre Verletzungen ausheilen zu lassen. Ihre einzigen Sorgen waren, ihren Lebensmittelvorrat zu schützen und ihren Brennstoff vernünftig einzuteilen, doch es gibt in ihren Aufzeichnungen keinerlei Anzeichen dafür, dass die drei Polfahrer sich ausruhten und erholten. Zehn Tage lang schrieb keiner der Männer ein Wort in die jeweiligen Tagebücher. Dann, am 17. Oktober, schrieb Strindberg seinen letzten Eintrag: *Zu Hause 7.05 Uhr.* Danach nichts mehr.

Irgendwann an den nächsten Tagen, vielleicht sogar in den nächsten Wochen, verließ Strindberg die Unterkunft, um für ihre nächste Mahlzeit etwas zu essen zu suchen. Er litt schon unter den Symptomen der Trichinose, die er sich durch das Essen von verseuchtem rohem Eisbärenfleisch zugezogen hatte. Er zitterte heftig und ging gebückt, als er gegen einen eisigen nördlichen Sturmwind ankämpfte. Sein Wollpullover, sein Hemd und die Jacke schützten ihn nur unzulänglich gegen einen Wind, der ungehindert über Hunderte von Kilometern leeres Packeis geweht war, bis er die trostlose Küste der Weißen Insel erreichte. Etwa drei Meter von der Westseite der Unterkunft entfernt fand Strindberg den Kadaver eines der Seehunde, die Andrée geschossen hatte, als sie in der Nähe der Weißen Insel auf der Eisscholle dahingetrieben waren. Das Seehundfleisch, das er aus dem Kadaver hackte, sah kaum anders aus als das Fleisch, das sie zuvor gegessen hatten: Unter dem harten Fell war es fettig, die Speckschicht war in der Kälte fest gefroren, doch unter der Speckschicht lag das saftige Fleisch. Es gab nur einen erkennbaren Unterschied: Es sah nicht mehr so rosig aus wie frisches Seehundfleisch. Stattdessen war es grau geworden, aber im Übrigen gab es keine Anzeichen von Verwesung.

Strindberg schnitt mehrere Pfund Fleisch aus dem toten Seehund heraus und taumelte wieder zu ihrer Unterkunft zurück. Er hielt das Fleisch unter seine Jacke geklemmt, um es warm zu halten. In der Unterkunft begann er sofort, ihre Mahlzeit zuzubereiten. Er hielt das stumpfe Messer in seiner mit Schnittwunden übersäten geschwollenen Hand – ein Symptom seiner Infektion mit Trichinose – und schnitt das gefrorene Seehundfleisch zu kleinen Stücken für eine Suppe und in Scheiben zum Braten.

Als Strindberg versuchte, den Primuskocher anzuzünden, entdeckte er, dass dieser nicht angehen wollte. Das war schon einmal passiert, so dass er am Ende über Kerzen aus Seehundspeck hatte kochen müssen. »Es ist möglich, dass wir heute Abend nicht kochen können. Wie Seehundfleisch wohl roh schmeckt?«, fragte er Frænkel und Andrée und steckte sich ein kleines Stück halb aufgetautes Seehundfleisch in den Mund. »Wir haben es bisher nicht roh gegessen wie das Eisbärenfleisch. Vielleicht entgeht uns eine Delikatesse?«

Darauf bekam er sofort die Antwort. Seehundfleisch ist roh noch widerlicher als gekocht, schlimmer noch als ungekochtes Eisbärenfleisch. Der üble Geschmack verdorbenen Fischs strömte ihm in den Mund. Der kleine Bissen Seehundfleisch war zwar nur wenig, aber genügend mit Fischöl durchtränkt, um Strindbergs Zunge, Gaumen und Kehle zu bedecken. »Aaauh!«, rief er und würgte, als er das Stück Fleisch ausspie. »Das hätte ich wissen müssen. Seehunde fressen nur Fisch. Es schmeckt wie ein Fischmarkt, der seit Monaten nicht gespült worden ist.«

Während Frænkel Kleidungsstücke flickte und das Gewehr ölte, kümmerte sich Andrée um den Primuskocher, den er irgendwann dazu brachte, eine rußige, rauchige Flamme zu erzeugen. Das genügte Strindberg, um ihre Mahlzeit zu kochen, doch die Suppe, die mehrere Stunden vor sich hin köchelte, wurde nie mehr als lauwarm. Strindberg gab sich die größte Mühe, Seehundscheiben zu braten, doch deren Inneres war noch nicht durch, als die drei Männer das Fleisch aßen und mit einer Flasche Wein herunterspülten.

Nach dem Essen unterhielten sie sich etwa eine Stunde, bis Strindberg, der über Übelkeit klagte und sagte, seine Augenlider fühlten sich schwer an, vorschlug, zu Bett zu gehen. Wie sie es seit drei Monaten jede Nacht getan hatten, krochen sie zusammen in den Schlafsack aus Rehfell. So lagen sie wie Soldaten Seite an Seite nebeneinander auf dem Felsvorsprung an der Rückwand ihrer Unterkunft, während der Wind die Hauptwand aus Segeltuch und seidenem Ballonstoff zwischen den Stützen aus Walknochen und Treibholz nach innen blähte.

Zum ersten Mal seit ihrer Ankunft auf der Weißen Insel klagte Strindberg nicht über die Kälte. Stattdessen sagte er, er schwitze, habe einen entsetzlichen Durst und eine wunde Kehle. Als Andrée und Frænkel einzuschlafen versuchten, verschlimmerte sich Strindbergs Zustand. Er drehte sich im Schlafsack immerzu um und warf sich hin und her. Er sagte, Muskeln und Knochen täten ihm weh, und es falle ihm schwer, mit einem völlig ausgedörrten Mund zu sprechen.

»Nisse, möchtest du etwas Wasser?«, fragte Frænkel, den der plötzliche körperliche Verfall seines neben ihm liegenden Freundes beunruhigte. »Ich werde etwas Schnee für dich schmelzen.«

Doch Strindberg konnte nicht antworten; sein Mund war wie gelähmt. Er bemühte sich, die Augen aufzuschlagen. Durch schmale Augenschlitze konnte er sehen, wie seine besorgten Freunde über ihm kauerten. Er sah sie jedoch doppelt. Er nahm seine ganze Willenskraft zusammen und nickte, entdeckte aber, dass er den Kopf nur leicht neigen konnte.

»Ich glaube, das bedeutet: Ja, er will Wasser«, sagte Andrée zu Frænkel. Dieser öffnete die Klappe in der Ecke der Unterkunft, um mit einem Kochtopf aus Aluminium etwas Schnee zu holen. Er erhitzte den Topf auf dem Primuskocher und fügte noch ein paar Hand voll Schnee und Eis hinzu, als der Schnee schmolz.

Während Frænkel den Schnee erhitzte, behielt Andrée Strindberg im Auge. Ihm fiel auf, dass dieser mit einem klagenden Laut stöhnte und dabei seine Jacke betastete. Andrée sah zu, da er nicht ergründen konnte, was Strindberg ihm mitzuteilen versuchte. Dann ging Andrée auf, dass sein Freund Annas Medaillon wollte, das in seiner Jackentasche steckte. Strindberg wollte das Bild seiner Verlobten betrachten. Andrée zog das Medaillon aus Strindbergs Jackentasche, wo dieser es neben den Eintrittskarten der Ausstellung aufbewahrte, die er am Abend vor ihrer Trennung mit Anna besucht hatte. Andrée öffnete das Medaillon behutsam und sah, dass sich die goldene Haarlocke noch darin befand; er nahm sie heraus und legte sie Strindberg zwischen die Finger. Dann hielt er das Medaillon, auf dem die Initialen N.S. eingraviert waren, seinem Freund aufgeklappt vor die Augen, deren Lider fast geschlossen waren.

Strindberg bemühte sich, etwas zu erkennen, versuchte aber vergeblich, Annas Bild zu sehen. Sein Sehvermögen ließ nach; er fand das Zelt zu dunkel. Ein Laut entfuhr seinem Mund. Andrée bemühte sich, es zu hören. »Noch einmal!«, sagte er und neigte den Kopf, so dass er das Ohr direkt am Mund des jungen Mannes hatte. »Sag es noch einmal!« Strindberg grunzte nochmals und blickte mit weit aufgerissenen Augen auf die Seehundspecklampe.

»Er will die Lampe, damit er sehen kann«, sagte Frænkel, der neben dem Primuskocher stand. »Er möchte Anna sehen.«

Andrée ergriff die Lampe, stellte sie direkt neben Strindberg und hielt diesem wieder das aufgeklappte Medaillon hin. Er achtete darauf, dass der Lichtschein der Flamme Annas Foto gut beleuchtete. Strindberg nickte einmal und seufzte leicht, wobei seine Lippen sich zur Andeutung eines Lächelns verzogen. Andrée betrachtete das Porträt. Strindberg hatte während der ersten Nächte auf dem Eis so liebevoll von Annas herzlichem Lächeln gesprochen; in dem goldenen Lichtschein der Lampe sah es sogar noch verführerischer aus, als er es so viele Male zuvor geschildert hatte.

Dann schloss Strindberg die Augen und machte einen Ruck mit der Hand, ein Hinweis, dass er die Lampe entfernt wissen wollte. Das Licht verursachte ihm noch mehr Übelkeit; es brannte unangenehm hell und löste Halluzinationen aus. Andrée zog Annas Haarlocke zwischen den zusammengepressten Fingern Strindbergs hervor und legte sie wieder in das herzförmige Medaillon. Er verschloss es, schob es Strindberg in die verschwitzte Faust und wickelte ihm die Kette um die Finger. Dann drückte er die Faust seines Freundes, als wollte er sagen: Umschließe es fest, halte es fest, lass es nie los.

Als das Wasser fertig war, hob Frænkel behutsam Strindbergs Kopf hoch und hielt seinem Freund den Becher an die ausgedörrten Lippen. Als er erkannte, dass Strindberg nicht mehr schlucken konnte, goss Frænkel ihm das Wasser in den Mund und neigte den Kopf nach hinten, damit es von allein in die Kehle floss. Strindberg zuckte mehrmals, als würde er an dem Wasser ersticken, konnte aber weder husten noch sich übergeben.

Im Verlauf der nächsten Stunden konnten Andrée und Frænkel nichts weiter tun, als ohnmächtig zuzusehen, wie Strindberg immer mehr verfiel, wie er schwitzte und stöhnte. Manchmal zuckten seine Beine wie Schlangen, als sich die Lähmung an seinem Körper immer weiter nach unten bewegte. Fünf oder sechs Stunden nach der

Zubereitung des Essens wurde Strindbergs Atem kurz und röchelnd – die Lähmung hatte die Lungen erreicht. Einige Minuten lang rang er nach Luft, und sein Atem rasselte ihm in der Brust. Dann hörte das Rasseln so plötzlich auf, wie es begonnen hatte, und Strindberg verstummte. Er lag mit offenem Mund auf der Seite.

Andrée kniete neben dem Mann nieder, der bei zwei Startversuchen auf der Dänen-Insel loyal zu ihm gehalten hatte, neben dem Gefährten, der ihn unterstützt hatte, als Ekholm und viele andere behauptet hatten, *Örnen* sei nicht fahrtüchtig. Andrée wusste, dass Strindberg der einzige wahre Freund war, den er hatte, ein Freund, der seine Verlobte Anna um ihre Hand gebeten hatte, weil er davon überzeugt war, als Held vom Nordpol zurückzukehren. Niemand hatte mehr als Strindberg daran geglaubt, dass Andrées Ambitionen nicht die Träumereien eines von romantischen Abenteuervorstellungen verführten Narren waren, der sich auf Biegen und Brechen einen Namen machen wollte, sondern die Pläne eines Visionärs, der seiner Zeit voraus war.

Andrée legte Strindberg behutsam die Hand auf die Schulter und beugte sich über ihn. Er versuchte, trotz des heulenden Windes, der gegen ihre Unterkunft schlug, am Mund seines Freundes Atemgeräusche zu hören. Er hörte nichts, konnte nur eben noch spüren, wie ihm Strindbergs leises, flaches Keuchen die Wange streichelte. Andrée blickte zu Frænkel hinüber, riss die Augen auf und nickte, um darauf hinzuweisen, dass ihr Freund noch am Leben war, es aber nicht mehr lange bleiben würde. Dann senkte sich Strindbergs Brustkorb mit einem leisen Seufzer, als er seinen letzten Atemzug tat, und Andrée erkannte, dass es vorbei war. Strindberg, der die Hoffnung viel länger als seine beiden Gefährten behalten hatte, würde weder Schweden noch seine geliebte Anna je wiedersehen.

»Ende. Es ist vorbei«, sagte Andrée und ließ die Schultern sinken, als er sich zurückbeugte. »Hilf mir, ihn umzudrehen.«

Die beiden Männer drehten Strindberg auf den Rücken und kreuzten ihm die Arme auf der Brust. An der linken Hand trug er seinen Verlobungsring. In der rechten Hand hielt Strindberg immer noch Annas Medaillon fest umklammert.

»Wir sollten ihn hinausbringen. Ich werde einen Schlitten holen«, sagte Frænkel. Er konnte nur mit Mühe sprechen. Er warf einen letzten Blick auf den Mann, der noch vor weniger als einem Jahr ein Fremder für ihn gewesen war, den er inzwischen aber wie einen Bruder liebte. Frænkel kroch zu der Stelle hinüber, wo das Segeltuch und die Ballonseide in der Öffnung ihrer Unterkunft im Wind flatterten. Er schob die Klappen beiseite, verzog das Gesicht und zuckte zurück, als ein Lichtstrahl eindrang. »Das Licht! Es ist zu hell draußen; es macht mich krank. Ich muss meine Schneebrille suchen.«

»Ich fühle mich auch nicht wohl«, erwiderte Andrée. Selbst in dem warmen Lichtschein der Kerze kam Andrée Frænkel wächsern und krank vor.

Frænkel zog sich eine Decke über den Kopf, kroch aus der Hütte, vorbei an dem Seehund, aus dem Strindberg noch vor ein paar Stunden das Fleisch herausgeschnitten hatte, auf die Schlitten zu. Er durchwühlte die Schachteln, die im Schnee ausgebreitet lagen, fand seine Brille, setzte sie auf und begab sich dann wieder in die Schutzhütte. Dort fand er Andrée auf allen Vieren. Er hielt den Kopf dicht über den Boden und würgte.

»Wir werden schnell arbeiten müssen, wenn wir Nisse anständig begraben wollen. Ich fühle mich zu schwach, ihn zu heben«, sagte Frænkel mit lallender Stimme.

Andrée und Frænkel schleiften Strindberg aus der Hütte. Jeder ergriff ein Bein. Beide bissen die Zähne zusammen, um gegen die Übelkeit anzukämpfen. Sie zogen ihn übers Eis, wobei seine Arme auf der Brust gekreuzt blieben. Etwa zehn Meter von der Hütte entfernt drehte Andrée sich um und bemerkte, dass Strindbergs rechter Arm auf dem Boden schleifte. Das Medaillon steckte immer noch in seiner Faust, und die Kette baumelte daran.

»Nimm ihm das Medaillon aus der Hand«, wies Andrée Frænkel an, doch dieser krümmte sich zusammen, atmete schwer und rang nach Luft. Andrée entwand Strindberg das Medaillon und steckte es sich in eine Innentasche seiner Jacke. Dann zog er Strindberg die Jacke aus und legte ihm den rechten Arm wieder auf die Brust, so dass die rechte Hand auf der linken lag.

»Was ist mit einer Flagge? Wir sollten Nisse in die Flagge hüllen«, sagte Frænkel, der jetzt vor Strindbergs Leichnam stand. »Das hat er wirklich verdient.«

Doch Andrée reagierte nicht. Er wusste, dass er wie Frænkel weder die Energie noch den Willen hatte, die schwedisch-norwegische Unionsflagge zu suchen und Strindbergs Leichnam damit einzuhüllen. Schweigend schleiften die beiden Männer ihren toten Freund weiter am Strand entlang, bis zu einer Stelle, wo sich zwischen zwei großen Felsen ein Spalt befand, etwa 30 Meter von ihrer Unterkunft entfernt.

Da sie zu schwach waren, Strindberg direkt in den Felsspalt zu heben, zerrten und zwängten sie ihn in die Lücke und hielten dabei zweimal inne; einmal, weil Andrée einen Anfall von Höhenangst bekam, als er auf dem niedrigeren der beiden Felsen stand, und zum zweiten Mal, als Frænkel nicht mehr richtig sehen konnte. Schließlich gaben sie auf und ließen Strindbergs Füße aus dem Spalt herausragen. Frænkel nahm Strindberg seinen Kalender und den Füllfederhalter aus der Jackentasche. Andrée nahm eine Geldbörse an sich, die einen kleinen silbernen Keiler enthielt, den Strindberg am Hals getragen hatte, legte das silberne herzförmige Medaillon, das mit den Initialen N.S. graviert war, dazu und steckte es sich in die Innentasche seiner Jacke, um beide Dinge aufzubewahren.

Unter Aufbietung ihrer letzten Reserven an Kraft und Entschlossenheit sammelten sie mehrere Dutzend Steine und ließen sie auf Strindbergs Leichnam fallen. Sie kämpften gegen ihre Übelkeit und Schwäche an und blieben einige Sekunden vor dem arktischen Grab stehen, um ihrem Gefährten schweigend die letzte Ehre zu erweisen. Unfähig, die Energie aufzubringen, die für die Errichtung eines Kreuzes nötig war, taumelten sie atemlos und desorientiert zu ihrer Hütte zurück und brachen auf dem Boden zusammen.

Andrée ergriff das Gewehr und kroch auf den Felsvorsprung an der Rückwand der Hütte. Er konnte sich nicht mehr bewegen und lag in seiner zerfetzten Kleidung zitternd und schwitzend da. Neben ihm lagen seine Axt, die Angelschnur, die er auf dem Eis gemacht hatte, und eine Dose mit Lanolin. In seiner Jacke steckte sein Tagebuch; er hatte vor, noch eine letzte Notiz zu schreiben, doch er konnte kaum noch etwas sehen, und helles Licht war ihm unerträglich.

Frænkel wälzte sich auf dem Boden zu der Kiste mit Medikamenten und klappte deren Deckel auf. Er schaffte es noch, etwas von dem Inhalt zu ergreifen und zu verstreuen, bevor er rücklings zu Boden sank. Er hatte wie Andrée und Strindberg eine Fleischvergiftung. Alle drei hatten von dem grauen Seehundfleisch gegessen.

In diesen Stellungen starben die beiden Männer einige Stunden später, als die von dem Botulinus-Toxin ausgelöste Lähmung ihre Lungen erreichte, was zu einem langsamen und grausigen Erstickungstod führte. In der Nähe blieb ihr Primuskocher auf dem Felsvorsprung stehen. Auf dem Boden lagen ein vergoldetes Obstmesser, ein paar Kochutensilien sowie eine Schachtel mit dem Geldvorrat der Expedition für den Fall, dass sie Alaska oder Sibirien erreichten: 160 Rubel und 80 Dollar in Silber und Gold.

Die drei Männer hatten mehr als drei Monate überlebt, nachdem sie im Überschwang eines nackten Optimismus auf der Dänen-Insel losgefahren waren. Vor dem Zelt standen ihre drei Schlitten und zeigten auf den sanft abfallenden Hang, auf den Schauplatz ihrer letzten Atemzüge. Die Schlitten standen verlassen da. Nur ein Schlitten war entladen worden; auf den beiden anderen befand sich immer noch der größte Teil ihrer Ladung, darunter auch das Boot. Nach und nach wurden die Männer im Lauf der nächsten Monate durch Schneeverwehungen zugedeckt; als der Schnee dann schmolz und wieder fest wurde, waren sie in Eis eingeschlossen und warteten, bis die *Bratvaag*-Expedition und ein junger Reporter namens Knut Stubbendorff sie 33 Jahre später entdeckten.

Andrées Traum ging auf dem arktischen Eis zugrunde, doch der Traum von eine Fahrt zum Nordpol ist nicht mit ihm gestorben. Es wurden noch mehrere Versuche von der Dänen-Insel aus unternommen, von denen die meisten weit verrückter waren, als selbst Andrées schlimmste Kritiker die Fahrt von *Örnen* herabgewürdigt hatten.

1906 brachte ein amerikanischer Forschungsreisender namens Walter Wellman ein Luftschiff auf die Dänen-Insel, dessen Motoren jedoch schwach waren. Das Luftschiff wurde nie mit Luft gefüllt. Wellman kam im nächsten Jahr wieder, um einen Flug von 25 Kilometern zu machen. 1909 schaffte er 65 Kilometer, bevor ein technischer Fehler ihn zwang, zur Dänen-Insel zurückzukehren.

1925 machte sich Roald Amundsen, der Norweger, der im Dezember 1911 vor Robert Falcon Scott zum Südpol gelangt war, zusammen mit dem amerikanischen Forschungsreisenden Lincoln Ellsworth in zwei Wasserflugzeugen von Dornier zum Nordpol auf. Etwa 120 Seemeilen vor dem Pol musste er notlanden und brachte beide Besatzungen auf einer der Maschinen unter.

1926 verkündete ein amerikanischer Marineoffizier namens Richard Byrd, er sei zusammen mit einem amerikanischen Piloten namens Floyd Bennett von Spitzbergen aus zum Pol geflogen. Die meisten Historiker der Polarforschung bezweifeln jedoch Byrds Behauptung. Im selben Jahr leitete Amundsen eine weitere Expedition, diesmal an Bord der *Norge*, eines Luftschiffs, das den Pol überquerte und nach Alaska weiterflog. Dieser Flug wird allgemein als erstes Erreichen des Nordpols durch den Menschen gewertet, und das bedeutet, dass der Norweger Amundsen wahrscheinlich sowohl am Südpol wie am Nordpol der Erste war. Die Fahrt des Amerikaners Robert Peary im Jahre 1909 per Hundeschlitten und zu Fuß wird mit äußerstem Misstrauen betrachtet, da er behauptete, in den letzten Stadien mehr als 60 Kilometer am Tag zurückgelegt zu haben, eine Leistung, die bis zum heutigen Tag unerreichbar geblieben ist.

Zwei Jahre später starb Amundsen bei dem Versuch, Umberto Nobile zu retten, einen General der italienischen Luftwaffe, der die *Norge* entworfen hatte, aber bei seinem eigenen Flug zum Pol an Bord des Luftschiffs *Italia* abstürzte, was eine riesige internationale Rettungsaktion auslöste.

Während dieser Zeit, in der der Nordpol in der Luft und möglicherweise zu Fuß erobert wurde, blieben die Leichen von Andrée, Strindberg und Frænkel unter dem Eis begraben. Das Schicksal dieser Männer und der Ort ihres Todes blieben bis zum 5. August 1930 unbekannt, dem Tag, an dem Olav Salen und die anderen Robbenfänger von der *Bratvaag* im Permafrost der Weißen Insel auf ihre Überreste stießen.

Zwei Wochen später befand sich Knut Stubbendorff, ein ehrgeiziger junger Reporter, der für die Stockholmer Zeitung *Dagens Nyheter* arbeitete, in seiner Kajüte an Bord der *Isbjörn* (Eisbär), einem klapprigen Fischkutter, der zur Weißen Insel unterwegs war. Stubbendorff hatte einen Wettlauf von Zeitungsjournalisten verloren, die sämtlich zur *Bratvaag* unterwegs waren, da sie gerade von der Insel zurückkehrte. Allerdings überredete Stubbendorff erfolgreich seinen Chefredakteur, ihn in der Hoffnung zur Weißen Insel weiterreisen zu lassen, um dort die dritte Leiche zu finden. Im Radio war berichtet worden, dass die Wissenschaftlerkommission bisher nur zwei Leichen entdeckt hatte.

Am Morgen des 5. September ging Stubbendorff zusammen mit sechs Männern nach einer an Zwischenfällen reichen Überfahrt auf der Weißen Insel an Land. Kaum hatten sie die Tundra betreten, wurden sie von drei Eisbären angegriffen, die sie alle erschossen.

Ein großer Teil des Schnees und des Eises war geschmolzen, seit die *Bratvaag*-Expedition mit den Überresten von zwei Leichen abgefahren war. Das Tauwetter hatte einen weiteren Schlitten sowie Dutzende von Gegenständen freigelegt, die Andrée, Frænkel und Strindberg gehört hatten. Stubbendorff notierte sie sorgfältig in seinem Notizbuch, aber seine erstaunlichsten Entdeckungen standen noch bevor.

Als er das zum Andenken an Andrée von Dr. Gunnar Horn und anderen Mitgliedern der *Bratvaag*-Expedition errichtete steinerne Mahnmal verließ und weiterging, entdeckte er den größten Teil eines menschlichen Skeletts, das auf dem Eis lag. Ein Rückgrat, ein Becken und ein Schenkelknochen lagen beieinander; in der Nähe fand Stubbendorff einen weiteren Schenkelknochen, eine Kniescheibe und einen Fuß. Er ging weiter und suchte dabei sorgfältig den Boden ab, bevor er einen Schritt machte. Ein kurzes Stück weiter an dem steinigen Strand entdeckte er einen Oberarmknochen, der noch in die Fetzen eines gestreiften Hemds gehüllt war. Stubbendorff suchte weiter und zeichnete sorgfältig die genaue Anlage des Lagers auf, bis er am späten Nachmittag neben einem Stück Treibholz einen menschlichen Schädel fand, der im Eis in der Nähe der anderen Knochen eingefroren war.

Da Stubbendorff und seine Männer davon ausgingen, dass jetzt nur noch wenig zu finden war, gingen sie am nächsten Tag mit roher Gewalt vor, um weitere Artefakte auszugraben. Während er weiter auf Fels und Eis einhackte, stieß seine Brechstange plötzlich auf etwas, was sich brüchig und hohl anhörte.

»Aufhören!«, rief er für den Fall, dass ein anderer dem Eis einen Schlag versetzte. Er kniete nieder und fegte die Eisstücke beiseite, die seine Brechstange herausgehackt hatte. Der junge Reporter presste das Gesicht an die glasähnliche Oberfläche. Tief im Eis konnte er vage die Umrisse eines Kopfes und den Torso eines Mannes erkennen, der auf der linken Seite lag. Stubbendorff polierte das Eis mit dem Ärmel seines Mantels, aufgeregt, genau die Stelle gefunden zu haben, an der das letzte Mitglied der Andrée-Expedition gestorben war. Er hielt kurz in seiner Arbeit inne und zog sein Notizbuch hervor. *Nur Zentimeter unterhalb der Stelle, an der ich stehe,* schrieb er, *ist ein Mann in das Reich der ewigen Kälte eingegangen, der einmal voller Sehnsucht nach Leben war und durch dessen Adern warmes Blut pulsierte.*

Er rieb erneut die Oberfläche; allmählich erkannte er, dass der Mann den linken Arm unter dem Kopf angewinkelt hatte, als wäre er in dieser Stellung eingeschlafen. Vorsichtig schlug Stubbendorff auf das Eis ein und kam mit jeder Eisscherbe bis zu dem Torso, der genau in der Stellung am Boden festgefroren war, in der Knut Frænkel vor 33 Jahren gestorben war.

Mit Hilfe der Besatzung der *Isbjörn* schob Stubbendorff die Hand behutsam unter Frænkel, um den Polfahrer aus seinem gefrorenen Grab zu heben. Er konnte spüren, dass sich der Torso mühelos vom Permafrost würde lösen lassen, aber Frænkels Kopf, der an einer schalenförmigen Vertiefung im Fels festgefroren war, wollte keinen Millimeter weichen. »Geben Sie mir Ihr Messer«, verlangte Stubbendorff. Ein Besatzungsmitglied der *Isbjörn* reichte ihm einen kurzen Dolch, mit dem er äußerst vorsichtig das Eis in der schmalen Lücke zwischen Schädel und Fels wegschnitt, bis der gesamte Torso und der Kopf in einem Stück von ihrem Ruheplatz hochgehoben und in einen Korb gelegt werden konnten. Etwa einen Tag später als Frænkels Leichnam in einen provisorischen Sarg auf der *Isbjörn* gelegt wurde, fiel der Kopf ab.

Im Lauf der nächsten drei Tage fand Stubbendorff ein bemerkenswertes Inventar an Ausrüstungsgegenständen. Darunter befanden sich ein weiterer Schlitten, Ballonseide, Persennings, drei Paar Schneeschuhe, ein Sextant, eine Metallkiste mit Proviant, eine Kiste mit Medikamenten, Kleidung, ein Sack, der in Kupferschachteln geologische Proben enthielt, zwei Schachteln Munition und ein Riemen des Bootes. Am wichtigsten war jedoch ein weiterer Fund: der entscheidende dokumentarische Beweis für das Schicksal der Andrée-Expedition: mehrere Blechschachteln mit Rollen belichteter Filme, Frænkels Kalender und seine drei Notizbücher, Strindbergs Logbuch und Kalender sowie ein meteorologisches Journal.

Am letzten Tag hisste die *Isbjörn* ihre Sturmflagge. Ein Nordwind drohte den Kutter mit einer Barriere aus Treibeis am Auslaufen zu hindern. So musste die Expedition die Weiße Insel auf der Stelle räumen.

Während die *Isbjörn* über die stürmische See nach Hause fuhr, begab sich Stubbendorff in seine Kajüte, wo er die Dokumente zu untersuchen begann. Die Gelegenheit, das tatsächliche Schicksal von Andrée, Strindberg und Frænkel zu enthüllen, war eine Versuchung, der er nicht widerstehen konnte; er wusste, dass eine schwedische Regierungskommission nach Ankunft des Kutters in Tromsø die Tagebücher und Filme beschlagnahmen würde. Stubbendorff war sich sehr wohl bewusst, dass er das Schlusskapitel einer Geschichte in den Händen hielt, welches die schwedische Nation schon seit mehr als drei Jahrzehnten hören wollte; es war eine Sensation, die kein Journalist ignorieren konnte.

In dem schwachen Lichtschein einer Taschenlampe und einer kleinen Tischlampe arbeitete Stubbendorff rund um die Uhr. Er konzentrierte sich so intensiv auf seine Arbeit, dass er keinen Gedanken für den schweren Sturm hatte, der die *Isbjörn* auf den Wellen tanzen ließ. Er nahm vorsichtig die gefrorenen Dokumente auseinander, die er auf der Weißen Insel gefunden hatte, und ließ jedes Papierbündel unter der leichten Wärme seiner Tischlampe auftauen, bis sich die Tagebuchseiten oder Briefe von den Kleiderfetzen und anderen Artefakten lösen ließen, an denen sie klebten. Es war ein mühevolles Unterfangen. Stubbendorff ließ jedes Notizbuch nur so lange trocknen, bis sich einzelne Blätter ohne Gefahr mit einem Messer voneinander lösen ließen. Wenn er die Seiten zu trennen versuchte, wenn sie noch zu nass waren, rissen sie wie aufgeweichtes Zeitungspapier, wenn er sie aber zu lange trocknen ließ, blieben die Seiten wie Karton aneinander kleben, und damit würde ihr Inhalt bis ans Ende der Zeiten verborgen bleiben.

Mehr als 24 Stunden lang arbeitete Stubbendorff an diesen Papieren. Er wagte seine konzentrierte Arbeit nicht einmal zum Essen zu unterbrechen, geschweige denn zum Schlafen. Das erste Dokument, das er in Angriff nahm, war Strindbergs Taschenkalender. Dessen erste Seiten ließen sich recht einfach trennen, obwohl der handgeschriebene Text auf ihnen noch immer nicht lesbar war. Als Stubbendorff aufging, dass die Seiten beim Trocknen wieder aneinander kleben bleiben könnten, löste er jedes einzelne der kostbaren Blätter aus dem Kalender und trocknete sie separat, so dass jedes Blatt auf einem eigenen Stück grobem Papier lag. Bald war jede freie Fläche belegt, die er finden konnte.

In Stubbendorffs enger Kajüte stank es schon bald nach verfaulendem Papier. Auf seinem Bett, dem Schreibtisch, auf Stühlen, Regalen und sogar auf dem Fußboden wurden die nassen Seiten so angeordnet, wie er sie aus dem Kalender entfernt hatte. Die Seiten, die schon fast trocken waren, hängte er an Baumwollschnüren auf, die wie Wäscheleinen in der engen Kajüte hingen und mit den stürmischen Wellenbewegungen der hoch gehenden See hin und her schwangen. Als die zahlreichen hauchdünnen Dokumente dann trockneten, wurden nach und nach die Worte sichtbar. Langsam hellte sich das Papier auf, und die dunkle Tinte kam zum Vorschein und ließ die Geschichte der toten Männer durchschimmern, als sprächen Stimmen aus dem Grab, als erzählten sie von den letzten Wochen einer Saga aus dem goldenen Zeitalter des Abenteuers, der letzten Reise in der Art eines Jules Verne, die zu einer Zeit unternommen worden war, als die Technik dem Mann, der Wagemut zeigte, alles zu bieten schien.

33 Jahre lang hatten ihre Familien und Freunde Spekulationen über ihren Untergang angestellt. War der Ballon direkt in das eisige Wasser gestürzt? Waren seine drei Passagiere innerhalb weniger Minuten an Unterkühlung gestorben? Bevor ein anderer den Nordpol erreichte, nahmen manche eine Zeit lang an, die drei Männer hätten tatsächlich eine Landmasse erreicht und seien immer noch am Leben, aber nicht in der Lage, in die Zivilisation zurückzukehren. Andere glaubten, sie hätten eine Bruchlandung auf dem Eis gemacht und versucht, sich nach Spitzbergen zurückzuschleppen, nur um von Erschöpfung, Hunger und Kälte überwältigt zu werden. Jetzt hatte Stubbendorff die Antworten auf alle Fragen.

Trotz ihres Verschwindens und des Fehlschlags ihres Versuchs, den Nordpol zu erreichen, wurden die Namen Andrée, Strindberg und Frænkel in Schweden in hohen Ehren gehalten. Wie Captain Robert Falcon Scott in Großbritannien wurden Andrée und seine Landsleute von ihrer Generation betrauert, für die sie einen wagemutigen und couragierten Geist verkörperten, dessen Streben letztlich auf tragische Weise erfolglos blieb. Ihre Expedition war ebenso heroisch wie die von Captain Scott, möglicherweise ähnlich ohne

Sorgfalt geplant und gewiss genauso tollkühn. Und doch hatte ihr Vorhaben etwas von Größe an sich, ließ etwas von Romantik ahnen, selbst im Jahre 1930, als man ihre Leichen fand.

Wie ein Echo von Scotts letzten Worten – »Unsere Leichen müssen die Geschichte erzählen« – begannen die im Eis auf der Weißen Insel gefundenen menschlichen Überreste ihre Geheimnisse preiszugeben. Während die *Isbjörn* mit voller Kraft nach Tromsø fuhr, tauchten die drei schwedischen Abenteurer nach und nach aus dem Nebel der Zeit auf, als ihre Einträge in den Tagebüchern vor Stubbendorffs Augen erschienen. Sie erzählten ihm von ihrem Kampf ums Überleben, von ihren Ängsten, Hoffnungen und Erlebnissen, aber vor allem erzählten sie Stubbendorff von ihrer Verzweiflung, die Menschen zurücklassen zu müssen, die sie geliebt hatten, Frauen, die darum hatten trauern müssen, was hätte sein können, die sich hatten fragen müssen, was mit den drei tapferen Männern aus Schweden geschehen war.

Während Stubbendorff in seiner Kajüte arbeitete, machte sich in Göteborg eine Frau mittleren Alters bereit, an Bord eines Dampfers nach Southampton zu gehen. Nach einem ausgedehnten Besuch bei Verwandten und Familienangehörigen freute sich Anna Hawtrey auf die Rückkehr nach Paignton in Devon, wo ihr Ehemann Gilbert sie erwartete.

Es war ein angenehmer Urlaub im August gewesen, aber Besuche in Schweden weckten in Anna jedes Mal Erinnerungen an ihr früheres Leben, als sie mit einem schneidigen jungen Physiker verlobt gewesen war. Das schien ein anderes Leben gewesen zu sein, aber das Herzeleid, das sie vor 33 Jahren gespürt hatte, machte sich gelegentlich immer noch bemerkbar.

Wie gewohnt hatte sie auch die Familie ihres früheren Verlobten besucht, bei der sie einige Zeit nach der Verlobung gelebt hatte. Und wie üblich war der Besuch mit einem tränenreichen Abschied zu Ende gegangen. Als ihre Koffer und Taschen schon an Bord des Schiffs verstaut waren und man ihre Fahrkarte kontrolliert hatte, hatte Anna Tränen in den Augen, als ein junger Mann atemlos angerannt kam und ihren Abschied von einer Freundin unterbrach.

»Sie haben ihn gefunden!«, keuchte er. Anna erkannte in dem jungen Mann den Sohn eines Freundes der Familie. »Auf der Weißen Insel«, fuhr er fort. »Im Eis. Zwei Leichen, eine davon ist Nils. Er hat seinen Verlobungsring noch immer am Finger.«

Anna wurde schwarz vor Augen. 33 Jahre ohne jede Nachricht, und jetzt das.

»Woher weißt du das? Sag mir alles, was du weißt!«, hauchte sie.

Der junge Mann sprudelte die Geschichte hervor. Er erzählte, wie die Robbenfänger zufällig auf die Leichen gestoßen waren, was sie außerdem gefunden hatten und dass die *Bratvaag* Andrée und Annas geliebten Nils nach Schweden zurückgebracht hatte. Von der Entdeckung war in den Zeitungen berichtet worden, aber die Familie, bei der Anna gewohnt hatte, hatte ihr die Nachricht vorenthalten, bis die Meldung von Nils' Entdeckung bestätigt wurde.

Endlich erfuhr Anna, was mit ihrer ersten Liebe geschehen war, dem Mann, den sie nie vergessen hatte, der ihr in seinem Testament alles vermacht hatte, was er besaß, und dessen Bilder ihr Haus in Devon schmückten. Hell und klar kehrten die Erinnerungen zurück: die glückliche Zeit in ihrer Jugend, die kurze Zeit ihrer Verliebtheit, die Verlobung, die langen Sonntagnachmittage auf dem Land und Nils' Leidenschaft für die Fotografie, seine Erklärung, er werde sie auf immer lieben, bevor er zur Dänen-Insel aufbrach, sowie die Briefe, die er aus Virgo-Hafen geschrieben hatte, und seine Fotos in den Zeitungen.

Anna dachte an jenen ersten Nachmittag zurück, den sie gemeinsam verbrachten, als Nils den zweirädrigen Einspänner und das Pony geliehen hatte und sie beide in dem ländlichen Schonen einen magischen Nachmittag verbracht hatten. Sie erinnerte sich auch daran, wie Nils sie aus dem Augenwinkel beobachtet und wie gut er ausgesehen hatte, als er mit den Zügeln des Ponys in der Hand aufrecht neben ihr saß. Später hatte er ihr ausführlich davon erzählt, wie fasziniert er von ihrem Lächeln gewesen sei. Das waren Worte, die sie nie vergessen hatte. Und dann erinnerte sie sich daran, wie er plötzlich wieder aufgetaucht war und sie zwei Jahre nach ihrer ersten Begegnung in sein Elternhaus eingeladen hatte. Vor allem aber erinnerte sie sich an die unbändige Freude, die sie am nächsten Tag gefühlt hatte, als Nils mit ihr zur Insel Skeppsholmen gegenüber dem Königlichen Schloss in Stockholm gegangen war, um dort um ihre Hand zu bitten.

Doch mit diesen glücklichen Erinnerungen meldeten sich auch schmerzliche, wenn Anna an das Schweigen dachte, ihre Gebete um ein Wort oder eine Nachricht, als sie mit Nils' Vater, Johan Oscar Strindberg, und dessen Familie wartete. Monatelang hatte sie nicht zu denken gewagt, dass Nils vielleicht nicht zurückkommen würde; es kam ihr illoyal vor, da er so felsenfest behauptet hatte, er werde zurückkehren, und der Nordpol werde endlich entdeckt werden. Aber als der Winter näher rückte, verlor Anna den Glauben an eine Rückkehr und verfiel in tiefe Depressionen. Ihre größte Angst, den geliebten Mann zu verlieren, bevor sie ihn überhaupt geheiratet hatte, suchte sie von da an heim.

Der einzige Hinweis, dass Nils vielleicht noch am Leben war, kam einige Tag nach seinem Start von der Dänen-Insel, als Ole Hansen, der Skipper des norwegischen Robbenfängers *Alken*, berichtete, er habe eine der 36 Brieftauben der Expedition geschossen. Sie habe eine kurze Notiz bei sich gehabt, in der von »guter Geschwindigkeit« die Rede gewesen sei sowie davon, dass an Bord von *Örnen* alles wohlauf sei, aber es sei keine Nachricht von Nils dabei gewesen.

Anna klammerte sich an diese Worte und an die Briefe, die Nils' Freund Alexis Machuron von der Dänen-Insel mitbrachte. Sie waren alles, was sie an ihre große Liebe erinnern konnte.

Ein Jahr nachdem Strindberg, Andrée und Frænkel mit großem Gepränge in Göteborg verabschiedet worden waren, schickte die schwedische Regierung mehrere Suchtrupps in die Arktis. Man hoffte, die drei Männer noch lebend auf dem Eis zu finden. Ein Suchtrupp landete sogar auf der Weißen Insel und kam bis auf wenige Meter an Strindbergs Grab heran, kehrte aber mit leeren Händen zurück.

Im September 1899, mehr als zwei Jahre nach Aufbruch der Expedition, fand der Kapitän eines norwegischen Kutters, der *Martha Larsak*, etwas, was in Anna wieder die Hoffnung darauf weckte, dass Nils noch am Leben war und vielleicht schon bald zurückkehren würde. Es war die Polarboje, die am Strand von König-Karl-Land gefunden worden war, einem Teil Spitzbergens. Ursprünglich war geplant gewesen, sie von *Örnen* abzuwerfen, wenn der Ballon den Nordpol überquerte; stattdessen war sie über Bord gegangen, als der Ballon vereist war und die drei Männer verzweifelt darum kämpften, über die Wolken zu kommen. Die kleine Unionsflagge Schwedens, die sich hätte entfalten sollen, wenn die Boje aufs Eis aufprallte, fehlte. Der Kupferdraht auf der Oberseite der Boje war weggerissen, und der Kork in ihr war beschädigt, doch am schlimmsten war, dass sie keine Nachricht enthielt. Die Zeitungen druckten spekulative Berichte, die Annas Verzweiflung aber nur noch schlimmer machten.

»Es wäre besser zu wissen, dass Nils nie zurückkehren wird, als von dem Gedanken gequält zu werden, dass er vielleicht da draußen irgendwo ist und verzweifelt versucht, nach Hause zu kommen, oder vielleicht Schmerzen leidet, allein und nicht in der Lage ist, sich vor der Kälte zu schützen«, sagte sie eines Abends zu Nils' Vater.

Johan Oscar Strindberg musste hilflos mit ansehen, wie Anna immer mehr verzweifelte. Er dachte ebenfalls an glücklichere Zeiten zurück, etwa an den Abend, an dem Nils von der ersten Expedition zur Dänen-Insel zurückkehrte. Trotz des fehlgeschlagenen Startversuchs war er so stolz auf seinen Sohn gewesen. Anna war in seinem Haus sehr willkommen, doch manchmal dachte er, dass ihre Gegenwart das Gefühl von Verlust steigerte. Sein Kummer über Nils' Verschwinden wurde noch dadurch verschlimmert, dass er Annas tiefe Verzweiflung mit ansehen musste. *Es gibt Zeiten, in denen sie trauert, aber sie quält niemanden mit ihrem Schmerz und ihrer Verzweiflung*, schrieb er in sein Tagebuch. *Wie lange wird das so weitergehen, wenn die Ungewissheit Jahr für Jahr weiter anhält?*

Im August 1900, als Johan Oscar Strindberg glaubte, Anna habe schon genug gelitten, wurde eine weitere Boje gefunden, diesmal an der Küste Nordnorwegens. Ein Bergungsarbeiter, der den Strand absuchte, entdeckte sie. Sie war 1142 Tage auf See gewesen, enthielt aber immer noch die Nachricht, die Andrée am ersten Tag von *Örnens* Fahrt geschrieben hatte: Die Fahrt verlaufe gut, hieß es in der Notiz, das Wetter sei großartig, und alle an Bord seien bester Stimmung; überdies fahre der Ballon in einer guten Höhe direkt nach Nordosten. Und am Ende der Nachricht folgte eine kurze Notiz in Nils' unverkennbarer Handschrift, obwohl sie für Anna weder einen Trost noch ein herzliches Grußwort enthielt: *Seit 19.45 Uhr MEZ über den Wolken.*

Wieder stellten die Zeitungen Spekulationen an. Anna zog sich eine Rippenfellentzündung zu. Sie war wochenlang bettlägerig und dachte immerzu an das Schicksal ihres geliebten Nils. *Ihr Glaube ist grausam und zerreißt mir das Herz*, schrieb Johan Oscar Strindberg damals. *Ich fürchte, sie wird sich nie erholen und nie Gelegenheit erhalten, ihren Kummer und ihren Verlust zu verarbeiten, wie vergeblich das auch sein mag. Um wie viel grausamer wäre es aber, wenn ihr Ro-*

meo zurückkäme und seine Julia tot vorfände. Ich kann nicht glauben, wie grausam das Leben manchmal sein kann.

Anna wartete 13 Jahre, bis sie alle Hoffnung auf eine Rückkehr von Nils aufgab. Dann lernte sie den Engländer Gilbert Hawtrey kennen. Sie reisten nach Amerika und ließen sich später in England nieder. Endlich hatte sie so etwas wie Glück wiedergefunden, doch sie dachte auch weiterhin jeden Tag an Nils.

In diesem Augenblick auf dem Kai in Göteborg, als sie erfuhr, dass man ihren Nils gefunden habe, hatte Anna den größten Teil ihres Lebens schon hinter sich. Die Jahre, die inzwischen vergangen waren, ließen sein Schicksal für sie nicht weniger herzzerreißend erscheinen, nachdem es nun bekannt geworden war. Der junge Mann bat Anna zu bleiben und sagte ihr, es werde ein Staatsbegräbnis geben, doch sie konnte ihre Abreisepläne nicht mehr ändern.

»Erzähl mir, wie Nils gefunden wurde«, wollte Anna wissen. »Ich muss alles erfahren. Lass keine Einzelheit aus.«

»Sie fanden ihn in einer Felsspalte begraben unter 30 Zentimeter sorgfältig aufgeschichteten Steinen. Es war ein unmarkiertes arktisches Grab. Wie es scheint, ist er als Erster gestorben«, sagte der junge Mann. »Er trug seine Hosen und seine Jacke; darin fand man zwei Eintrittskarten für eine Ausstellung in Stockholm.«

Anna stockte der Atem. »Die müssen von unserem letzten gemeinsamen Abend gewesen sein. Was haben sie noch gefunden?«

»Sehr wenig. Er hatte noch seine Stiefel an den Füßen, aber die Bären haben sich über seinen Leichnam hergemacht. An einem der Fingerknochen steckte sein Verlobungsring.«

Anna rollten Tränen über die Wangen. »Hat man ein herzförmiges Medaillon gefunden?«

»Ja, aber in der Jacke des anderen Mannes. In Andrées Jacke«, erwiderte der junge Mann. »Er hatte auch einen Kalender bei sich, in den Nils geschrieben hat, wie ich glaube.«

Anna drehte sich zu ihrer Freundin um und vergrub das Gesicht an deren Schulter. Sie weinte stumm. Endlich wusste sie nach all diesen Jahren, was ihrer ersten großen Liebe zugestoßen war. Nach wenigen Wochen würde sie von Stubbendorff hören, der in diesem Augenblick, als sie auf dem Kai in Göteborg weinte, gerade dabei war, Nils' Briefe an sie behutsam zu trocknen. Endlich würde Anna die Tagebücher und Briefe lesen können, in denen über den Traum berichtet wurde, der Nils von ihr entfernt hatte, den Traum, der wie ihre Liebe im arktischen Eis zertrümmert lag.

Für Anna Hawtrey war die genaue Ursache des tragischen Todes ihres geliebten Nils unwichtig. Als die Überreste ihres früheren Verlobten aus der arktischen Einöde nach Schweden heimkehrten, trauerte sie schon lange nicht mehr um ihn, hatte ihn aber nicht vergessen. Das Haus in Paignton in Devon, in dem sie mit ihrem Ehemann Gilbert lebte, war mit Fotos von Nils übersät. Ein Raum des Hauses war Nils gewidmet; Besuchern kam dieser Raum wie ein Heiligtum vor.

Nils war jedoch nicht das einzige Mitglied der Andrée-Expedition, der eine unerfüllte Liebe zurückgelassen hatte. In Gurli Linders Stockholmer Haus befand sich ebenfalls ein kleines Heiligtum. Es war dem Mann geweiht, der ihre heimliche Liebe zu ihm verschmäht hatte, bevor er 1896 zum ersten Mal zur Dänen-Insel aufbrach.

Heute steht wie an jedem Tag ein Veilchen neben deinem Porträt, schrieb sie kurze Zeit nach der Entdeckung von Andrées Leichnam. Sie bezog sich damit auf die Blume, die sie immer an ihn erinnern würde, wie sie Andrée gesagt hatte. *Wenn ich ihren Duft rieche, verschwindet alles, was uns trennt. Lieber August, ich sehe und höre dich. Doch mir stellt sich immer wieder die gleiche Frage: Was ist aus all dem geworden, was du gewesen bist? Existierst du in dem unendlichen Welt-*

all in irgendeiner anderen Form? Können meine liebevollen Gedanken dir irgendwie helfen? Der Herbst 1894 war unsere glücklichste Zeit, obwohl wir im Grunde unseres Herzens wussten, dass es unsere letzte gemeinsame sein würde. Ich habe damals ein ungewöhnliches Doppelleben geführt. Meine Liebe galt aber nur dir, dir allein. Sie war beständig und treu, obwohl sie nie Erfüllung fand. Ich spüre immer noch den Schmerz, den es mir bereitete, als du mir sagtest: »Die Expedition wird immer an erster Stelle stehen.«

Dann bist du nach Stockholm gekommen, fuhr Gurli fort, womit sie das Staatsbegräbnis und die nationale Trauer meinte, mit der die Heimkehr der Überreste von Andrée, Strindberg und Frænkel begrüßt wurden. *Der König persönlich war da, um eine Begrüßungsrede zu halten. Ich war mit Greta und Signe dort und habe zugehört. Es war so eigenartig. Ich empfand gar nichts. Es kam mir vor, als ginge es nicht um dich, als ginge mich das Ganze nichts an. Ich sah uns beide, wie wir damals waren. Alles, was seitdem geschehen ist, ist unwirklich und unbedeutend geworden.*

Gute Nacht, mein teurer Geliebter. Ich bin heute Nacht bei Dir. Schenke mir einige Augenblicke des Friedens und des Glücks in Deinen Armen. Lass mich wissen, dass du mich liebst.

Im August 1949, 19 Jahre nachdem Nils' Gebeine nach Schweden zurückgekehrt waren, starb Anna. Sie wurde auf dem Gemeindefriedhof von Paignton beigesetzt. Heute befindet sich dort weder ein Grabstein noch ein Gedenkstein, nichts, was darauf hindeutet, dass sich ihre Überreste in irgendeiner Weise von denen ihres Mannes Gilbert unterscheiden, mit dem sie das Grab teilt.

Anna hatte keine Kinder mit dem Mann, der ihre Liebe zu Nils nie in Frage stellte. Er stellte ebenso wenig den Schmerz in Frage, den sie immer noch empfand, wenn sie an den Forschungsreisenden dachte, von dem sie sich im Mai 1897 mit einem Kuss verabschiedet hatte. So war Annas Testament nur kurz. Anna Albertina Constancia Hawtrey, geborene Charlier, hinterließ alles, was sie besaß, ihrem Mann, jedoch mit einer bezeichnenden Ausnahme.

Nachdem der Anwalt ihr Testament verlesen hatte, machte er eine kurze Pause und reichte das Blatt über seinen Schreibtisch, damit Gilbert die letzte Bitte seiner Frau lesen konnte. Sie war einfach und direkt, überraschte Gilbert aber dennoch. »Ich habe während meiner gesamten Ehe mit Anna gewusst, dass ich eine so wundervolle Frau nie kennen gelernt hätte, wenn Nils Strindberg aus der Arktis zurückgekehrt oder nie zur Dänen-Insel aufgebrochen wäre«, sagte er dem Anwalt. »Angesichts der Umstände, die unser Kennenlernen ermöglicht haben, werde ich ihre Bitte buchstabengetreu erfüllen.«

Bevor sie einige Tage später auf dem Friedhof von Paignton beigesetzt wurde, hatte man Annas Leichnam das Herz entnommen. Es wurde eingeäschert. Die Asche wurde in eine silberne Urne gefüllt, eine größere Version des herzförmigen Medaillons, das sie Nils 52 Jahre zuvor an seinem Geburtstag hatte überreichen lassen. Die Urne wurde nach Schweden geschickt und zusammen mit den eingeäscherten Überresten von Nils Strindberg in Stockholm begraben, wo ihre Verlobungszeit vor mehr als einem halben Jahrhundert begonnen hatte. Endlich waren die beiden jungen Liebenden, die ihre Liebe zueinander nie vergessen hatten, in ihrer Heimat vereint.

Vierzehntes Kapitel

Die Heimkehr

Der Eismeer
1. Juni 2000

»Was ist jetzt geplant, Brian?«

Der Pol ist geschafft; ich fühle mich spürbar erleichtert, empfinde sogar etwas wie Leere in mir, aber da ich den Mount Everest bestiegen habe, weiß ich, dass dies der Augenblick ist, in dem die Wahrscheinlichkeit eines Fehlschlags am größten ist. Ich habe nie die alte Weisheit vergessen, dass mehr Bergsteiger beim Abstieg vom Gipfel sterben als auf dem Weg hinauf. Da sie ihren Ehrgeiz verwirklicht haben und nicht mehr auf der Hut sind, werden sie sorgloser und machen beim Abstieg folglich Fehler. Das ist etwas, was ich vermeiden möchte.

»Ich habe mit Wayne Davidson von der Wetterstation Resolute Bay gesprochen. Er sagt, vom Pol abwärts bis 85 Grad nördlicher Breite auf der kanadischen Seite gebe es nur Wolken«, sagt Brian. »Das ist aber eher akademisch, da wir nicht glauben, dich nach Kanada bringen zu können.«

Das sind schlechte Neuigkeiten. Da ich eine Landung in Kanada geplant hatte, habe ich John Perrin nach Resolute Bay geschickt, der mich dort abholen sollte. Ich weiß, wie es in der kanadischen Arktis aussieht, und es wäre leichter, dort abgeholt zu werden als in Russland. Was Alaska angeht, glaube ich, werde ich nicht mehr das Durchhaltevermögen besitzen.

»Ich habe auch mit Luc gesprochen«, fährt Brian fort. »Wenn wir uns vergegenwärtigen, dass es sich um eine sehr frühe Wettervorhersage handelt, haben wir drei Wahlmöglichkeiten. Plan A: Fahr nach Süden. Wenn das Wetter aufklart, lande etwa 500 Kilometer nördlich von Spitzbergen. Plan B: Fahr zum russischen Festland. Und Plan C ... äh.« Es gibt eine lange Pause, während Brian einige »Ahas« und »Ähs« hören lässt. »Ähem, an den dritten kann ich mich nicht erinnern.«

»Also so viele Wahlmöglichkeiten haben wir eigentlich gar nicht, nicht wahr, Brian?«, sage ich. »Entweder Spitzbergen oder Russland. Gibt es denn keine Chance, es nach Kanada zu schaffen?«

»Nur wenn du in mehr als 7300 Meter Höhe fliegst. Angesichts deiner Müdigkeit und der Tatsache, dass das Sauerstoffgerät verrückt spielt, ist das aber keine Wahlmöglichkeit.«

Kanada wäre ideal gewesen. Wenn ich es bis Ellesmere-Land schaffen könnte, könnte mich die Sea-King-Maschine in Eureka abholen. Auf der Eiskappe nördlich von Ellesmere-Land müsste es ein Flugzeug des Typs Twin Otter sein; diese Maschine braucht nur eine Piste von 30 Metern zum Landen und von 240 Metern zum Starten, aber weite Teile der polaren Eiskappe sind schon so weit geschmolzen, dass sie das Gewicht der Maschine nicht mehr tragen kann.

Russland ist noch problematischer. Ich weiß, dass es nördlich von Murmansk in Richtung Franz-Joseph-Land keine Möglichkeit gibt, sich von Hubschraubern abholen zu lassen. Wenn ich das will, werde ich in Sibirien landen müssen, und die Aussichten, mit dem Ballon oder auch nur einem Teil meiner Ausrüstung aus Russland zurückzukehren, sind gleich null; es wird alles gestohlen werden. Wenn ich weiter nach Westen fahre, werde ich rund einen Monat auf einen Eisbrecher warten müssen, von dem ich weiß, dass er Touristen zum Pol bringt. In der Gondel des Ballons habe ich Lebensmittel für zehn Tage – ich habe es noch immer nicht geschafft, etwas Vernünftiges zu essen –, und auf dem Schlitten habe ich Rationen für 25 Tage. Bei halben Rationen könnte ich auf dem Eis 60 Tage überleben, aber darüber möchte ich nicht einmal nachdenken.

»Sieht aus, als wäre es dann Plan A, Brian«, sage ich. Wieder einmal haben die Winde über mein Schicksal entschieden. »Auf welcher Windbahn und in welcher Höhe werde ich meinen Kurs wohl finden?«

»Dazu werde ich mich wieder bei dir melden, wenn ich wieder mit Luc gesprochen habe. Im Augenblick solltest du auf dem Kurs bleiben, den du hast. Du fahre schnell in die richtige Richtung.«

Als ich vom Pol wegfahre, blicke ich zurück und bedenke, dass ich den Leuten erzählen könnte, ich sei noch näher an den Pol herangefahren oder gar genau bis zum Nordpol. Immerhin würde außer mir niemand den Unterschied kennen. Anders als manche Behauptungen, etwa die von Robert Peary, er habe ihn 1909 zu Fuß erreicht, wäre meine Erklärung glaubhaft. Ich habe mich allerdings nicht auf diese Fahrt begeben, um unten im Pub an der Ecke etwas zum Prahlen zu haben; hier geht es um eine persönliche Leistung. Ich tue dies nur für mich, und wenn andere Menschen nicht verstehen, warum ich mit dem zufrieden bin, was ich geleistet habe, ist das deren Problem. Ich kann noch immer nicht glauben, wie nahe ich herangekommen bin; ich habe ungewöhnliches Glück gehabt.

Wieder überwältigt mich ein Gefühl, dass hier eine Macht am Werk ist, die größer ist als all die Menschen, die so hart dafür gearbeitet haben, *Britannic Challenger* zum Pol gelangen zu lassen. In jedem kritischen Moment hat sich das Glück für uns entschieden. Das Abheben von einer Insel, die von stürmischen Winden heimgesucht wird, die nur einen Augenblick vor dem Start so gut wie verschwunden waren, wäre ein Glück, mit dem die meisten Menschen schon zufrieden wären. Und dass dann die gesamte Kommunikation wieder funktionierte, als ihr Versagen kritisch zu werden drohte, war ebenfalls eine bemerkenswerte Wendung zum Guten. Dass ich meine Sicherheitsgurte anlegte, kurz bevor ich in einen Schlaf fiel, in dem ich fast aus der Gondel hinausspaziert wäre, war wieder ungewöhnliches Glück. Und als ich dann in einer geraden Linie über das ursprüngliche Ziel des Polarrings hinaus nach links flog und so bis auf 19 Kilometer an den Pol herankam, ist wieder außergewöhnliches Glück gewesen. Und dass ich jetzt dorthin zurückfahre, woher ich gekommen bin, ist sozusagen die Glasur auf der Torte.

»Ich rufe Golf Bravo Yankee Zulu X-ray.« Island Radio ruft. Ich melde mich. »*Britannic Challenger*, eine Meldung von Ihrer Bodenstation.«

Es ist Clive. »Wir haben mit Luc gesprochen. Er sagt, du sollst bei 2130 Metern bleiben; das ist ein perfekter Hochgeschwindigkeitsluftstrom nach Spitzbergen. Am Sonnabend um acht Uhr morgens solltest du da sein.«

Das sind weniger als 36 Stunden für die Rückfahrt, mehr als doppelt so schnell wie die Fahrt nach Norden zum Pol.

»Wie fühlst du dich, mein Alter?«

»Müder, als ich je gewesen bin, Kleiner. Ich habe soeben eine Stunde geschlafen, das ist aber noch immer nicht genug.«

»Ich schlage vor, dass du den Autopiloten einschaltest und noch ein Nickerchen machst. Sonst gibt es im Augenblick nicht viel anderes zu tun. Wie sieht das Wetter aus?«

»Über mir klarer Himmel, Kleiner, unter mir Wolkenfetzen. Ich kann das Eis sehen; es sieht nicht sehr einladend aus. Ich werde jetzt schlafen. Melde mich in zwei Stunden bei dir.«

Zweieinhalb Stunden später weckt mich Brian mit einem Anruf über das Satellitentelefon.

»David, was ist passiert? Wir haben nichts von dir gehört.«

Ich kann vor Erschöpfung gar nicht klar denken, komme aber sofort wieder zu mir, als ich mir die Navigationsgeräte ansehe. Auf dem Höhenmesser lese ich 1280 Meter; ich bin so müde gewesen, dass ich eingeschlafen bin, ohne den Autopiloten einzuschalten. In der Zwischenzeit ist *Britannic Challenger* gut 900 Meter tiefer gegangen. Noch ein paar Stunden, und ich hätte eine Bruchlandung auf dem Eis gemacht. Wieder einmal habe ich das Glück auf meiner Seite gehabt und die Mission um Haaresbreite vor einem Misserfolg bewahrt.

»Himmel, Brian. Gott sei Dank hast du angerufen.« Ich erzähle ihm, was passiert ist.

Er lässt sich nicht aus der Ruhe bringen, und seine gelassen klingende Stimme beruhigt mich. »Ich werde die ganze Nacht da sein, David, und auf dich aufpassen, also halte mich darüber auf dem Laufenden, wie es dir geht. Hol dir so viel Schlaf, wie du kannst, und wenn dir nicht nach Schlaf zumute ist, kannst du dich mit mir unterhalten.«

Ich spüre jetzt keine Adrenalinstöße mehr, nachdem ich den Pol bewältigt habe; das macht es noch schwieriger, der Erschöpfung zu widerstehen. Ich denke nur langsam, und die Augenlider sind schwer wie Blei. Ich war schon immer der Meinung, dass der Kampf gegen die Müdigkeit bei Rückfahrt der schwierigste Teil der Reise sein würde, und mit dieser Vorhersage habe ich Recht behalten.

»Luc ist schlafen gegangen, und der NOAA-Computer[9], den er braucht, ist außer Betrieb, und so freut er sich, dich einfach durch die Nacht fahren zu lassen. Er sagt, die gegenwärtige Windbahn sei gut, aber wenn du steuern willst, solltest du hinuntergehen, wenn du nach rechts willst, und aufsteigen, wenn du nach links willst.«

Da noch so viel erledigt werden muss, bevor ich ausruhen kann, ignoriere ich das Schlafbedürfnis meines Körpers und bespreche verschiedene Logistikfragen mit Brian. Ich möchte sicher sein, dass der Hubschrauber, der mich abholt, über eine Schlinge verfügt, um die Hülle von *Britannic Challenger* mitzunehmen; ich muss alle Kontrollen vornehmen, die der Landung vorausgehen müssen; ich mache mir Sorgen, dass Leute, denen ich versprochen hatte, sie könnten beim Abholen dabei sein – in erster Linie Fernseh- und Zeitungsreporter –, in Spitzbergen ankommen, bevor ich lande. Da ich vor allem den Wunsch habe, die Kosten minimal zu halten, mache ich Brian den Vorschlag, auf das Eis östlich von Spitzbergen zuzufahren.

»Meinen Thermographen zufolge sieht das Eis dort gut aus«, erkläre ich Brian. »Es wird ein kurzer, preiswerter Flug mit dem Hubschrauber, und ich werde länger brauchen, um hinzukommen, was den Reportern Zeit lässt, nach Spitzbergen zu kommen.«

»Was ist mit den Eisbären, David? Gerade dort wimmelt es von Bären.«

»Dem Problem werde ich mich zuwenden, wenn es sich stellt.« Ich habe ein Gewehr, das ich in Longyearbyen gekauft habe, und obwohl ich es nicht gern benutzen möchte, werde ich es tun, falls es notwendig werden sollte.

Ich bin schon einmal einem Eisbären begegnet. Im Februar 1984, als ich meine Solowanderung von Resolute Bay auf Cornwallis Island zum magnetischen Nordpol gerade begonnen hatte, hörte ich vor meinem Zelt ein Scharren und Schnüffeln. Es war zwei Uhr morgens, und ich war erschöpft, aber das Geräusch weckte mich auf der Stelle auf. Ich wusste nicht, dass ich mich in Polar Bear Pass befand, dem Gebiet mit der größten Eisbärendichte der ganzen Welt, aber dass ich es mit einem Eindringling zu tun hatte, hörte ich sehr wohl. Ich öffnete den Reißverschluss meines kleinen Ein-Mann-Zelts und sah in einer Entfernung von vielleicht 22 Metern einen riesigen erwachsenen Eisbären, der mich unverwandt anstarrte.

Ich schnappte mein Gewehr und feuerte einen Warnschuss ab, aber der Bär schien das gar nicht zu bemerken. Das riesige Tier hatte wohl seit Tagen nichts mehr gefressen und hatte mich sichtlich ins Visier genommen. Im Vergleich mit Seehunden, der Alltagsnahrung der Bären in der Region vom Cornwallis Island, war ich schmackhafte Kost, und ich konnte sehen, dass ein Warnschuss nicht genügte, um den Bären von seiner nächsten Mahlzeit zu verjagen.

Das Tier machte ein paar Schritte von mir weg, wirbelte dann herum und trottete sehr entschlossen und drohend auf das Zelt zu. Obwohl das alles relativ gemächlich vor sich ging, war unverkennbar, dass ich angegriffen wurde.

»Du Bastard!«, schrie ich den Bären an und feuerte eine ganze Salve von Kugeln ab. In Resolute Bay hatten mir die Ortsbewohner geraten, sorgfältig zu zielen und einzelne, gut gezielte Schüsse abzugeben, aber da mir keine Zeit blieb, vergaß ich jede vernünftige Selbstbeherrschung und feuerte jede Kugel in dem Gewehr auf das Tier ab. Der Bär fiel schwer zu Boden. Mehrere meiner Kugeln hatten getroffen, aber selbst da ging ich kein Risiko ein. Da ich bis unter die Schädeldecke mit Adrenalin voll gepumpt war, gab ich noch zwei weitere Schüsse auf die Region hinter der Schulter des Tiers ab, den einzigen Punkt, an dem man die lebenswichtigen Organe erreichen kann. Dann lud ich das Gewehr mit fünf neuen Kugeln durch und feuerte auch die noch auf den riesigen weißen Kadaver des Bären ab. Das Tier sah scheußlich aus, aber ich hatte überlebt.

Sobald ich mich beruhigt hatte, fühlte ich mich schrecklich. Als ich aufbrach, war das Letzte, was ich mir gewünscht hatte, irgendeins der wild lebenden Tiere zu töten, geschweige denn ein so großartiges Tier wie einen Eisbären. Ich hatte kein Recht, mich dort aufzuhalten, wo ich mich befand; ich war in das Territorium des Bären eingedrungen und nicht etwa umgekehrt, und doch hatte der Bär den Kürzeren gezogen. Ich fühlte mich sehr schuldbewusst, meldete mich über Funk in Resolute Bay und sagte den Leuten, sie sollten mir ein Flugzeug schicken.

Als die Twin Otter ankam, waren die Piloten verblüfft. Der Bär lag keine zwei Meter von meinem Zelt entfernt; es war deutlich zu sehen, dass ich nur mit knapper Not davongekommen war. Die Piloten fluchten über das Gewicht des Tieres und wuchteten den Bären in die Maschine, die den Kadaver nach Resolute Bay brachte. Dort wurde der Bär gehäutet, zerlegt und von der jährlichen Jagdquote des Weilers gestrichen. Das Fell wurde verkauft und das Fleisch an Huskys verfüttert. Für die Zeitungen in England war ich der erste Brite seit vielen Jahren, der einen Eisbären geschossen hatte.

Ich fahre durch die Nacht, sitze auf meiner Kühlbox und denke an jenen Tag zurück. Zwischendurch verändere ich gelegentlich die Flughöhe, um *Britannic Challenger* auf einem Kurs von 161° in Richtung Spitzbergen zu halten. Ich denke auch an den armen alten Andrée, der ein besseres Schicksal verdient hätte. Mir ist sehr wohl bewusst, dass ein Rettungsteam sofort zur Stelle gewesen wäre, um Andrée, Strindberg und Frænkel vom Eis zu holen, wenn sie heute die gleiche Fahrt gemacht hätten und alles schief gegangen wäre. Schlimmstenfalls hätten sie leichte Erfrierungen davongetragen, und ihr Stolz hätte einen Dämpfer erhalten.

Es ist ein demütigender Gedanke, dass das Schicksal jedes Menschen bei einem Abenteuer in den Händen der Götter liegt; bei dieser Fahrt mehr als bei allem, was ich zuvor versucht habe. Man kann noch so sorgfältig planen, aber meist entscheidet etwas anderes darüber, ob man Erfolg hat oder nicht. In diesem Fall sind es das Wetter und die anderen Mitglieder des Teams gewesen. Luc Trullemans, der vor einem Computerbildschirm in Belgien gearbeitet hat, ist in Wahrheit derjenige, der *Britannic Challenger* zum Pol gefahren hat. Es wäre zwar ungerecht, Luc als den Drehorgelspieler und mich als den Affen zu bezeichnen, aber man kann durchaus behaupten, dass er jeden einigermaßen kompetenten Piloten zum Pol hätte führen können, während ich ohne seine Hilfe nicht dorthin gekommen wäre. Ich habe ihn für drei Monate solider Arbeit gut bezahlt, und er hat jeden Penny davon verdient. Luc hat sich als der wichtigste Bestandteil der Mission erwiesen. Ohne ihn wäre ich nicht gestartet.

Der Mount Everest hat mich Demut gelehrt, aber diese Herausforderung hat in einer anderen Spielklasse stattgefunden. Ich will das Besteigen des Everest keineswegs herabsetzen – es ist außerordentlich schwierig –, aber diese Fahrt hat bis jetzt fast 100 Stunden beständiger und konzentrierter Bemühungen erfordert. Ich bin überzeugt, dass ich das in jüngeren Jahren nicht geschafft hätte; früher hätte ich noch nicht das seelische Durchhaltevermögen besessen. Die Tatsache, dass ich drei Kinder habe, hat gewiss geholfen, besonders die Erfahrung, wenn man ein krankes Kind eine ganze Nacht versorgen muss und den nächsten Tag dann trotzdem irgendwie zu überstehen hat. Das hat mich gelehrt, was es heißt, extrem müde zu sein, und wie man tief in sich hineinhorchen muss, um die letzten Reserven an körperlicher Energie und seelischer Entschlossenheit zu finden, die nötig sind, um sich auf den Beinen zu halten. Meine Kinder haben mich gelehrt, selbst dann noch weiterzumachen, als ich glaubte, nicht weitermachen zu können.

Am Freitag, dem 2. Juni, überquere ich am Vormittag den 85. Breitengrad und erreiche damit die Zone, die mir größere Sicherheit bietet. Auf dem Weg zum Pol markierte der 85. Breitengrad den Punkt, von dem an eine Rückkehr nicht mehr möglich war; auf der Rückfahrt markiert er den Beginn des Gebiets, das von Spitzbergen aus mit Rettungsflugzeugen erreichbar ist. Selbst wenn ich jetzt eine Bruchlandung machen müsste, wird die Mission ein Erfolg gewesen sein.

»Gut gemacht, mein Alter. Wie fühlst du dich?«, fragt Clive.

»Nicht schlecht, Kleiner. Ich habe etwas geschlafen, was eine Menge ausmacht. Wetter und Ballon in Ordnung, aber ich habe immer noch keinen Hunger.«

»Bleib bei deinem Wasser, den Süßigkeiten und Keksen; eigentlich solltest du Pasta essen und drei Liter Wasser am Tag trinken. Du hast immer noch eine Menge vor dir.«

»Wenn das so ist, werde ich lieber gleich runtergehen«, entgegne ich. »Ich habe es satt, in dieser winzigen Gondel festzusitzen. Ich werde runtergehen, dann kannst du kommen und mich abholen.«

Clives Antwort ist temperamentvoll wie immer. »Wenn ich gewusst hätte, dass du benebelt wirst, hätte ich dich nicht so lange schlafen lassen. Wir hätten dich wach halten sollen; leider besteht jetzt eine größere Aussicht, dass es doch noch schief geht, weil du jetzt meinst, alleine entscheiden zu können.«

»Die Batterie des Satellitentelefons hat fast keinen Saft mehr«, sage ich. »Was kann ich tun?«

»Ich habe Anweisungen von Colin Hill, wie man sie behelfsmäßig an den Akku anschließen kann. Damit sollte es eine Zeit lang funktionieren«, erwidert Clive.

Dann äußere ich eine Reihe von Bitten und Befehlen.

»Du fängst an, uns herumzukommandieren, mein Alter. Darf ich dich daran erinnern, dass wir dich immer noch in der Scheiße sitzen lassen können? Es ist doch besser, wenn wir das Denken übernehmen und du dem Affen Zucker gibst, oder?«

Ich weiß, dass Clive Recht hat, aber ich mache mir Sorgen wegen der Vorkehrungen für die Landung. »Kannst du mit dem Tower in Longyearbyen sprechen? Frag sie nach den Winden, den Eisverhältnissen und nach dem besten Platz zum Landen.«

»David, entspann dich. Das ist alles in Arbeit. Das Polarinstitut sagt, der beste Platz zum Landen sei auf 81 Grad nördlicher Breite und 21 Grad östlicher Länge. Wenn du die Stelle verpasst, gibt es drei kleine Inseln 33 Kilometer genau südlich davon. Eine von ihnen ist sehr eben; Nelson ist einmal dort gelandet – natürlich per Schiff und nicht im Ballon. Ich habe auch mit den Leuten von Airlift gesprochen, der Hubschrauberfirma auf dem Flugfeld von Longyearbyen, und habe ihnen Größe und Gewicht der größten Objekte genannt – deinen Kopf ausgenommen. Jetzt brauche ich nur noch grünes Licht vom Gouverneur, um dich per Hubschrauber abholen zu lassen. Schließlich habe ich noch mit den Eisbären gesprochen und sie informiert, dass sie morgen früh um acht Uhr mit einem Picknickkorb rechnen können.«

»Was bleibt dann noch für mich zu tun, Kleiner?«

»Leiste weiter gute Arbeit wie bisher, ruh dich ein wenig aus, und bereite dich auf die Landung vor. Die wird schneller erfolgen, als du glaubst.«

Wieder übermannt mich die Erschöpfung und trifft mich wie ein warmes, feuchtes Flanelltuch, das mir das Gesicht bedeckt, und so nehme ich ein paar Koffeintabletten. Da sie keine Wirkung zeigen, nehme ich noch ein paar. Immer noch keine Verbesserung; ich muss so müde sein, dass Koffein keine Wirkung hat. Zum Glück muss ich in den nächsten paar Stunden nur wenig tun. Ich habe den Autopiloten im Blick und sitze in der Gondel, versuche zu dösen und verbinde das Iridium-Satellitentelefon mit dem Akku. Irgendwann ist das Ding wieder funktionsfähig, aber die Batterie hat nicht mehr viel zu bieten. Wenigstens erlaubt sie mir, ein paar Interviewwünsche zu erfüllen.

»Sind Sie enttäuscht, es nicht bis zum Pol geschafft zu haben?«, fragt mich einer der Journalisten.

Ich bin sprachlos. »Was meinen Sie damit?«

»Na ja, 19 Kilometer vor dem Pol ist nicht der Pol, oder?«

Ich möchte am liebsten schreien, aber ich zwinge mich, ruhig zu bleiben, und sage dem Mann, dass es immer mein Ziel gewesen ist, Andrées Maßstab zu anzulegen: in Sichtweite des Pols. Das bedeutet innerhalb des Polkreises – 90 Kilometer vom Pol entfernt –, aber ich habe es sogar weiter geschafft.

»Ich hätte näher heranfahren können, aber das hätte bedeutet, dass ich in eine Höhe von 7300 Metern hätte gehen müssen, obwohl mein Flüssigsauerstoff nicht funktionierte«, erwidere ich. »Der Sinn dieser Fahrt bestand nicht darin, den Polpunkt genau zu treffen; die Herausforderung bestand darin, durch höchst unvorhersehbare Winde zu fahren, und das habe ich geschafft. In Begriffen der Ballonfahrerei ist der letzte Grad zu definieren, der Nordpol selbst aber nicht. Ich bin bis auf 19 Kilometer herangekommen und habe damit überhaupt kein Problem. Nur ein Dummkopf würde sagen, er werde genau bis zum Nordpol fahren. Das kann man nicht schaffen. Selbst in einem Heißluftballon in England weiß man nicht, wo man landen wird.«

Am liebsten möchte ich ihn fragen, ob er je am Nordpol gewesen ist oder mal einen Ballon gefahren hat. Dann würde er das Ausmaß der Herausforderung begreifen. Wenn ich den Pol punktgenau hätte treffen wollen, wäre ich zu Fuß marschiert, statt mit einem Ballon hinzufahren, was die unhandlichste Art der Fortbewegung ist, die man sich überhaupt vorstellen kann. Selbst die Versuche, die Welt zu umfahren, hatten ein vergleichsweise riesiges Zielgebiet. Sie mussten die Fahrt auf demselben Längengrad beginnen und beenden, aber wenn man genau zum Nordpol und zurück fahren will, ist das etwa so, als müsste man von einem Stockwerk aus starten und zu einem anderen, 1139 Kilometer entfernten Stockwerk fahren, um dann zu dem ersten zurückzukehren.

Ich bin zum Zentrum des Ziels gefahren, habe aber nicht den absoluten Mittelpunkt getroffen. 1139 Kilometer zu fahren und bis auf 19 Kilometer an den Pol heranzukommen, bedeutet eine Zielgenauigkeit von mehr als 98 Prozent. Ballonfahrer, die an Wettbewerben teilnehmen, können beurteilen, wie schwierig es ist, so genau zu fahren; sie müssen einen Zielkreis von einem Meter Durchmesser aus einer Entfernung von wenigen Kilometern treffen, können aber selber entscheiden, wo genau sie innerhalb dieses Radius starten wollen. Wenn man ihnen sagte, sie müssten von einer vorherbestimmten Position aus starten und darauf warten, dass der Wind in die richtige Richtung weht, und trotzdem das Ziel genau treffen, würden sie sich weigern.[10]

Ich möchte den sehen, der es fertig bringt, von Spitzbergen zum Nordpol und wieder zurück zu fahren, nicht weil dieser Jemand nicht dazu fähig wäre, sondern weil ich bei diesem Vorhaben bemerkenswertes Glück gehabt habe. In jedem Stadium der Fahrt traf sich alles sehr günstig, und es ist höchst unwahrscheinlich, dass ein anderer je wieder so viel Glück haben wird. Das Besteigen des Mount Everest, die Märsche zum Nord- oder zum Südpol, eine Weltumsegelung oder gar ein Flug zum Mond sind nicht damit vergleichbar, und das aus einem einfachen Grund: Man kann diese Vorhaben wiederholen.

Andere könnten es vielleicht schaffen, in Russland zu starten, in einem Ballon zum Pol zu fahren und in Alaska zu landen, aber niemand sonst wird es schaffen, auf Spitzbergen loszufahren, bis auf 19 Kilometer an den Pol heranzukommen und dann direkt nach Spitzbergen zurückzufahren. Ich habe das selbst nicht für möglich gehalten – aus diesem Grund befindet sich auch das Team, das mich abholen sollte, im Norden Kanadas. An jeder Weggabelung ereignete sich das Richtige. Ich bin kein brillanter Pilot. Jeder Pilot hätte es schaffen können, aber das Glück, das dazu gehörte, hat es mir ermöglicht. Es ist für das ganze Team eine ungewöhnliche Leistung gewesen. Wenn ein Journalist mich also fragt, ob ich enttäuscht bin, kann ich nur antworten, dass Enttäuschung das allerletzte Gefühl ist, das ich empfinde.

Am frühen Nachmittag meldet sich Brian wieder über Funk.

»Hast du was zu melden?«

»Nichts Besonderes, Brian. Bin einfach nur durch die Lüfte gesegelt. Ich habe gerade geschissen. Zum ersten Mal seit Tagen. Ich musste es über die Reling werfen.«

»Ich wette, das hat dich wie eine Rakete in den Himmel steigen lassen«, witzelt Brian. »Ich habe mit dem Wettergott gesprochen. Du musst sofort eine Windbahn von eins-vier-null Grad finden. Luc sagt, dass du zu weit westlich von Spitzbergen abweichst; wir müssen dich weiter nach Osten bringen.«

In der Hoffnung, dass ich dieses ganze Brimborium zum letzten Mal durchmache, wiederhole ich den langwierigen Vorgang, langsam aufzusteigen und alle 15 oder 30 Meter die Windrichtung festzustellen. Ich gehe von 2280 auf 2743 Meter, kann die 140-Grad-Windbahn aber nicht finden und gehe deshalb tiefer. Irgendwann erwische ich sie in einer Höhe von 2255 Metern.

Kurz bevor ich mich über Funk beim Kontrollzentrum melde, um ihnen mitzuteilen, dass ich auf Kurs bin, lasse ich eine leere Batterie des Hochfrequenz-Funkgeräts über Bord gehen. Das ist ein schwerer Fehler. Der Ballon schießt in die Höhe und erreicht 4876 Meter. In meiner Panik über den Verlust von Ballast lege ich die Maske mit Flüssigsauerstoff an und löse dabei zufällig den Feuerlöscher aus. Es zischt nur kurz, aber ich bin plötzlich mit weißem Pulver bedeckt, während ich versuche, Heißluft aus der Hülle von *Britannic Challenger* entweichen zu lassen. Irgendwann habe ich den Ballon unter Kontrolle, und er sinkt langsam auf 2743 Meter, als sich Brian über Funk meldet.

»Golf Bravo Yankee Zulu X-ray, wie ist deine Position, Höhe, Windbahn und Geschwindigkeit?«, fragt er.

Ich melde ihm die Details.

»Fällt es dir schwer, die Bahn zu finden, David?«

»Kann ich nicht unbedingt sagen. Ich habe sie bei genau 2255 Metern gefunden.«

»Warum bist du dann in einer Höhe von 2743 Metern in die falsche Richtung unterwegs?«

Ich erzähle ihm von der Batterie und dem Feuerlöscher.

»Dann siehst du jetzt ja ganz weiß aus, nicht wahr? Das wird dir dabei helfen, nach der Landung mit der Landschaft zu verschmelzen. Außerdem wird es dem Hubschrauber die Aufgabe erleichtern, dich zu finden. Wenigstens wird es die Bären fern halten.«

»Brian, ich bin wieder dabei, auf 2255 Meter hinunterzugehen und auf dieser Höhe zu bleiben«, sage ich. Ich fühle mich einfach zu müde, um mich ärgern zu lassen. »Was soll ich sonst noch tun?«

»Geh auf etwa 1590 Meter hinunter und bleib auf der Höhe. Halte dich von Wolken fern, und halte einfach nur Kurs, in geringer Höhe und langsam – wie es dir am liebsten ist.«

Eine Stunde später meldet sich Brian wieder über Funk. Unterdessen habe ich mit dem Tower von Longyearbyen Kontakt aufgenommen.

»Wie sieht der Schlachtplan jetzt aus, Brian?«

»Immer mit der Ruhe. Es liegt noch eine gute Strecke vor dir, etwa 160 Kilometer, also wirst du noch etwa zehn weitere Stunden unterwegs sein. Deine geschätzte Ankunftszeit ist null-sieben-eins-fünf Zulu oder 9.15 Uhr deiner Zeit. Nicht schlecht, wenn ich bedenke, dass Luc vor ein paar Tagen vorhergesagt hat, du würdest um acht Uhr landen. Was für ein Star!«

Da ich nicht will, dass noch im letzten Moment alles schief geht, lege ich meine Sicherheitsgurte an und kontrolliere den Autopiloten. Ich möchte eigentlich schlafen, aber stattdessen blicke ich über die Seite auf das Eis. Es ist inzwischen stark zersplittert. Meinem Thermographen zufolge sollte das Eis in dieser Position in einem guten Zustand sein, aber ich kann deutlich sehen, dass das nicht der Fall ist. Ich erzähle Clive von meinen Besorgnissen, als er sich zur vollen Stunde zum vereinbarten Gespräch über Funk meldet.

»Das Eis sieht hier leider nicht gut aus«, sage ich. »Wenn es so schlecht ist, wie es hier im Norden zu sein scheint, wird das Eis weiter südlich mein Gewicht wohl kaum tragen können. Ich denke, ich sollte jetzt zu sinken beginnen.«

»Komisch, dass du das sagst, mein Alter. Wir haben das Gleiche gedacht. Wir haben uns gesagt, dass du nicht weniger müde werden wirst, wenn die Zeit voranschreitet. Ich möchte dich möglichst früh wieder am Boden haben, wo du auf den Hubschrauber warten kannst, als dich noch so viel länger in der Luft zu wissen.«

Dann übernimmt Brian am Funkgerät. »Wie fühlst du dich?«

»Geht so«, sage ich.

»Du musst jetzt alle Landefunktionen überprüfen. Clive wird sie mit dir durchgehen. Melde dich wieder mit deiner Position, wenn du die Kontrollen abgeschlossen hast und bereit bist, runterzugehen. Lass dir so viel Zeit, wie du willst.«

»In Ordnung. Ich habe alles verstanden. Was ist mit dem Wetter?«

»Wolkendecke liegt bei 450 Meter oder höher. Sicht 20 Kilometer oder mehr. Es besteht die Möglichkeit, dass es leicht schneit.«

»In Ordnung. Ich melde mich bei dir, wenn ich bereit bin.«

»Gut. Wir freuen uns darauf, auf dem Argos-Gerät Kode 14 zu sehen.«

Wir wissen alle, dass Kode 14 eine sichere Landung bedeutet, aber jetzt, wo das Ende in Sicht ist, will ich nicht, dass die Fahrt zu Ende geht. Ich freue mich zwar darauf, meine Frau und meine Kinder wiederzusehen, und es wird mir auch recht sein, wenn das Leben wieder seinen normalen Gang geht, doch ich weiß, dass ich nach der Landung jemandem zum Abschied zuwinken werde, der während der Fahrt zu einem Gefährten und Schutzengel geworden ist: Andrée.

Als ich auf meiner Kühlbox sitze, schießen mir die Tränen in die Augen, als ich meine Position prüfe und feststelle, dass ich zum zweiten Mal während dieser Fahrt genau über das Gebiet fahre, in dem *Örnen* am zweiten Tag seiner stockenden Fahrt eine Schleife fuhr. Ohne Andrée wäre ich vermutlich nie auf die Idee gekommen, in einem Ballon zum Pol zu fahren. Ich empfinde eine große Dankesschuld gegenüber Andrée, Strindberg und Frænkel und hoffe, sie ein wenig dadurch beglichen zu haben, dass ich gezeigt habe, dass ihr ehrgeiziger Plan funktionierte. Andrée und ich haben die Fahrt im gleichen Alter unternommen, mit 43 Jahren. Er war der Visionär, und ich habe seine Idee ausgeführt.

Obwohl ich Erfolg gehabt habe, bezweifle ich, dass man sich an meine Leistung auch nur annähernd so lange erinnern wird wie an Andrées Unglücksfahrt. Dafür gibt es gute Gründe, und es erscheint mir auch richtig: Andrée war ein wirklicher Forschungsreisender, der auf unbekanntes Gebiet vorstieß, während ich für mich nur in Anspruch nehmen kann, ein Abenteurer oder Sportsmann zu sein, der alten Pfaden auf neue Weise folgt. Und was die Erforschung der Polarregion angeht, gibt die Öffentlichkeit den tragisch Scheiternden den Vorzug vor triumphierenden Helden; aus diesem Grund ist uns Scott besser in Erinnerung als Amundsen oder Shackleton, die beiden größten Polarforscher von allen. Wenn man Erfolg hat, nehmen die Menschen an, dass es leicht gewesen sein muss.

Während der Fahrt habe ich bei mehreren Gelegenheiten das Gefühl gehabt, dass etwas oder jemand mir geholfen hat. Ich bin nicht besonders spirituell oder religiös, habe aber das Gefühl gehabt, als wäre Andrée bei mir in der Gondel, als hätte er meinen Wunsch nach einem Gefährten erfüllt, der das Abenteuer mit mir teilt. Das hört sich vielleicht merkwürdig an, doch ich bin überzeugt, dass Andrée mich mit dem Wunsch begleitet hat, ich möge weiter kommen. Er hat sicher über mich gewacht, damit ich, mehr als ein Jahrhundert nachdem das wissenschaftliche Establishment sich über seine Ideen lustig machte und seine Fahrt mit einer

Schmach endete, beweisen konnte, dass er mit seiner Vision Recht hatte.

Nachdem ich die Propangastanks sicher an der Seite der Gondel festgezurrt habe, den gesamten Sauerstoff abgeschaltet und meine gesamte Ausrüstung befestigt habe, nachdem ich das Verdeck über der Gondel heruntergenommen sowie Sicherheitsgurte und Rettungsfloß zweimal geprüft und meinen Taucheranzug angelegt habe, beginne ich am Sonnabend, dem 3. Juni, um 3.42 Uhr mit *Britannic Challenger zu sinken*, indem ich an den weiß gefleckten und rot-weiß gestreiften Seilen ziehe, die Helium und Heißluft entweichen lassen. Einige Augenblicke lang tut *Britannic Challenger* gar nichts, als würde er den Himmel nur ungern verlassen; dann beginnt mein majestätischer Ballon, langsam und würdevoll zu sinken.

Eine Stunde lang kauere ich in der Gondel und untersuche ängstlich das Eis unter mir. Es sieht nicht gut aus. Mehrmals sehe ich einen perfekten Schatten des Ballons auf dem aufgebrochenen Eis. Das erinnert mich an die Momente, in denen ich sah, wie der Schatten über weite Strecken vollkommenen Eises in Richtung Pol raste. Das war ein wundervoller Augenblick, aber diesmal ist der Anblick des Schattens noch besser: Diesmal bedeutet er, dass ich fast zu Hause bin.

Eine Stunde und 15 Minuten nachdem *Britannic Challenger* mit seiner Rückkehr zur Erde begonnen hat, höre ich das leise Rattern der Rotoren eines Hubschraubers und entdecke dann den Rettungshubschrauber, den ersten Farbfleck, den ich in dieser monochromen Landschaft seit fünf Tagen gesehen habe. Allmählich entferne ich mich von diesem isolierten, einsamen Dasein, nach dem es mich so sehr verlangt, wenn ich fern von ihm bin, und beginne mit dem Wiedereintritt in die reale Welt.

Die nächste halbe Stunde vergeht wie in Trance. Ich fahre in gut 300 Meter Höhe und werde mir zunehmend bewusst, dass allmählich das feste Eis ausgeht, auf dem ich landen kann, und stelle mich auf das rot-weiß gestreifte Seil. Das ist zwar unorthodox, aber nur so kann ich das Heißluftventil ständig geöffnet halten. Kurz darauf bin ich nur noch in einer Höhe von 30 Metern, aber das Eis unter mir sieht scheußlich aus. Ich halte nach einem geeigneten Landeplatz Ausschau und fahre weiter. Dabei schwebe ich mit zehn bis zwölf Knoten direkt über das Eis hinweg und rede *Britannic Challenger* dabei gut zu: »Na komm schon, alter Junge. Hilf mir, ein glattes, weiches und großes Stück Eis zu finden, auf dem ich dich sanft aufsetzen lassen kann.«

Doch mein Appell an meinen Triumphwagen führt zu nichts; Sekunden später rast der weiße Untergrund schnell auf mich zu, als *Britannic Challenger* auf einer Eisscholle aufprallt. Ich wünschte, ich wäre erfahren genug, mit der Gondel die Geschwindigkeit des Ballons zu verringern, so mache ich einen Satz nach oben, knalle wieder aufs Eis und sause wieder wie ein Querschläger auf 30 Meter Höhe. Das rot-weiße Seil ist unter meinem Fuß immer noch festgespannt, aber sonst halte ich mich nur aus Leibeskräften fest, als *Britannic Challenger* mit mir eine Achterbahnfahrt macht, die in jeder Sekunde genauso erschreckend ist wie *Örnens* holprige Fahrt übers Packeis im Jahre 1897.

Bevor der Ballon wieder auf dem Eis aufprallt, ziehe ich an der knallroten Schnur. Das soll das gesamte Helium in der inneren Zelle der Ballonhülle freisetzen, doch es funktioniert nicht. Mit dem Gedanken, dass dies vielleicht der Punkt ist, an dem mir das Glück ausgeht, werde ich von den Füßen gerissen, als die Gondel gegen einen Eiswall prallt, darüber hinweghüpft und mit zwölf Knoten über das unebene Eis geschleift wird. Die Gondel vibriert und wackelt, und die letzten fünf Tage ziehen blitzartig an mir vorüber. Ich sehe den

Start, die Entscheidung weiterzufahren, als ich den 85. Breitengrad erreicht hatte, und meine Angst, als ich um ein Haar aus dem Ballon geklettert wäre. Ich erinnere mich an die Erleichterung und die Freude, als ich den 89. Breitengrad überquerte und schließlich den Pol erreichte. Ich denke dann an die Erschöpfung während der Rückfahrt. Doch die Erinnerungen hören da nicht auf; mein Leben läuft wie ein Film vor meinem inneren Auge ab. Ich sehe Claire und meine Töchter, meine Eltern und alle meine Freunde, mit denen ich Berge bestiegen habe und übers Eis marschiert bin. Der Höhepunkt ist erreicht, als Rune mich aus dem eisigen Wasser des Eismeers zieht, als ich zum letzten Mal das Gefühl hatte, gleich vor meinem Schöpfer zu stehen.

Das Scharren leerer Propangasflaschen an der Außenseite der Gondel, die auf dem Eis weiterrutscht, holt mich wieder in die Wirklichkeit zurück, und ich schaffe es eben noch, das rot-weiß gestreifte Seil gerade rechtzeitig zu ergreifen, bevor die Gondel in das schwarze Wasser stürzt. Ein eisiger Wasserstrom quillt durch das Weidengeflecht, steigt mir innerhalb von Sekunden bis zu den Knien und verlangsamt das wilde Torkeln von *Britannic Challenger*. Bevor ich Zeit habe, mich hochzuziehen, reißt ein heftiger Windstoß den Ballon wieder aufs Eis, und *Britannic Challenger* wird wieder schneller.

Und so geht es 15 Furcht erregende Minuten und mehrere Kilometer lang weiter. Der bitterkalte Wind schleudert mich von einer Eisscholle ins Wasser und dann wieder aufs Eis. Es ist ohne jeden Zweifel das Gefährlichste, was mir je widerfahren ist. Der Ausbildungskurs für Kampfpiloten hat mich kaum auf das hier vorbereitet; damals bin ich vergleichsweise gemächlich ins Meer eingetaucht. Als mir das Wasser bis zu den Schenkeln steigt, wird mir klar, dass ich vielleicht ertrinken werde, als *Britannic Challenger* in dem Moment in einer etwa 30 Meter breiten offenen Rinne versinkt.

Ich spreche ein Gebet. Ich bin überzeugt, dass jetzt das Ende da ist. Irgendwann geht jedem das Glück aus, und mir ist es in diesem Moment ausgegangen.

Das Wasser verlangsamt *Britannic Challenger*, so dass der Ballon fast zum Stillstand kommt; wenn er jetzt gebremst wird, werde ich mit ihm im Wasser versinken. Es gibt keine Vorrichtung, mit der ich die Gondel von der Hülle trennen kann, sondern nur den Kamin, um das gesamte Gas ausströmen zu lassen, aber diese Methode funktioniert nicht. Mir geht auf, dass ich jetzt wirklich Gefahr laufe, vom Ballon heruntergezogen zu werden. Folglich beschließe ich, meine Sicherheitsgurte durchzuschneiden, damit ich hinausspringen und mich von dem Hubschrauber aus dem Wasser fischen lassen kann. Doch bevor ich mich befreien kann, bewegt sich der Ballon wieder, und ich werde mit ihm aus dem Wasser und aufs Eis gehoben.

Der Boden der Gondel ist zu einer Eisbahn geworden. Ich kann nicht mehr aufrecht stehen oder mich festklammern. Ich wünschte, ich hätte einen riesigen Haken an einem herabhängenden Seil als Anker. Da ich befürchte, dass die Propangasflaschen, die an der Außenseite der Gondel baumeln, bei diesen Schlägen explodieren könnten, überlege ich, ob ich hinausspringen und mich so in Sicherheit bringen soll. Doch mich überkommt Scham bei dem Gedanken, diese Gondel im Stich zu lassen, die mich mehr als 2700 Kilometer getragen hat, und das lässt mich ausharren. Es wäre eine Schmach für den Kapitän, sein Schiff im Stich zu lassen; wenn ich jetzt hinausspringe, würde *Britannic Challenger* 1000 Meter in die Höhe schießen, und ich würde den Ballon für immer verlieren.

Nach einiger Zeit stößt die Gondel gegen einen Eiswall, kippt um und bewegt sich nicht mehr. Inzwischen ist genügend Helium aus der Hülle entwichen, so dass der Ballon nicht mehr abheben kann, aber ich bin in der Gondel gefangen. Wie festgenagelt in der Gondel kann ich sehen, wie der Hubschrauber blitzschnell landet. Die Besatzung springt heraus und hackt mit Messern auf die Ballonhülle ein, um das restliche Gas und die Heißluft entweichen zu lassen. Nach und nach sinkt der Ballon auf die Eisfläche, und meine Zeit der Prüfung ist vorbei.

Nachdem ich mich befreit habe, laufe ich zu dem Mann hin, der die Seilwinde bedient, und umarme ihn. Es ist meine erste Berührung mit einem Menschen nach 132 Stunden Einsamkeit.

»Keine Zeit für so was«, ruft er über das ohrenbetäubende Schwirren der Rotorblätter hinweg. »Sie haben zehn Minuten, bis der Hubschrauber abheben wird und muss!«

Ich renne los, um meine Ausrüstung einzusammeln, ziehe die Elektronik und das Gasventil – die teuersten Ausrüstungsgegenstände – an mich, während zwei Fotografen und ein Kameramann des Fernsehens, die mit dem Hubschrauber hergeflogen sind, sich daranmachen, die Hülle zusammenzufalten. Ich winke den Mann an der Seilwinde zu meinem Stapel mit Ausrüstung heran und rufe durch die Wolke aus Schnee und Eis, welche die Rotorblätter um uns herum haben aufwirbeln lassen.

»Diese Sachen müssen mit zurück.«

»Nein«, ruft er zurück. »Wir nehmen alles mit.«

»Wie bitte?«

»Wir nehmen alles mit zurück«, wiederholt er.

»Ich habe Sie schon beim ersten Mal verstanden. Ich konnte nur nicht glauben, dass ich den Ballon ruiniert und einen Schaden von mindestens 5000 Pfund verursacht habe und Sie mir jetzt sagen, dass alles in den Hubschrauber passen wird.«

Der Mann zuckt nur die Schultern.

Wir verstauen die Hülle von *Britannic Challenger* im Hubschrauber und zerren die Ausrüstung durch die Luke. Minuten später befinden wir uns über dem Eis und halten auf zwei kleine Hütten an der Spitze Spitzbergens zu, wo Bill Haynes und Stuart Nunn von Britannic seit sechs Stunden warten. Sie haben Taucheranzüge an und nur eine kleine Pistole zum Schutz gegen Eisbären. Der Hubschrauber hat sie dort auf dem Weg nach Norden abgesetzt, da an Bord nicht mehr genug Platz für die beiden und die Hülle von *Britannic Challenger* gewesen wäre.

Bill und Stewart zittern vor Kälte und sind sichtlich erleichtert, uns zu sehen. Bill umarmt mich. »Gut gemacht, Kumpel. Ich habe es immer gewusst, dass du es schaffen wirst.«

»Vielen Dank, Bill«, sage ich. »Vielen Dank für alles, aber vor allem bedanke ich mich dafür, dass du an mich geglaubt hast.«

Bill führt mich in die Hütte. »Die Piloten haben uns gesagt, dass es drei Tage dauern würde, bis wir wieder jemanden sehen.« Er zeigt auf einen Stapel verschimmelter Matratzen und fährt fort: »Ich habe mich auf eine davon gelegt und eine zweite über mich gelegt, aber mir war so kalt, dass ich am ganzen Leib zitterte. Ich dachte, wir müssten uns bewegen, und so sind wir hinausgegangen und haben gegraben, dann haben wir einen Spaziergang gemacht, aber dabei wurden wir in unseren Taucheranzügen ganz verschwitzt. Gerade als ich dachte, das hältst du nicht länger aus, seid ihr aufgetaucht.«

Nachdem wir die Gondel und den Ballon auf der kleinen Insel ausgeladen haben, gehen Bill und Stewart an Bord und fliegen mit uns nach Longyearbyen. Endlich bin ich wieder auf dem Weg in die Geborgenheit, stolz darauf, dass die Mission sicher zu Ende gebracht worden ist, und überglücklich, dort erfolgreich gewesen zu sein, wo so viele gesagt hatten, es würde mir misslingen. Ich freue mich darauf, mit meiner Frau, meinen Töchtern und Freunden zu feiern, dass ich es als erster Mensch geschafft habe, mit einem Ballon zum Nordpol zu fahren. Die Feiern werden aber auch von traurigen Gedanken an Andrées, Frænkels und Strindbergs einsamen Tod begleitet sein.

Mein Traum, den ich zusammen mit Rune vor zwei Jahren auf dem Eis ausgeheckt habe, ist Wirklichkeit geworden. Ein paar Mal habe ich gedacht, vor allem während der Landung und als ich im Schlaf fast aus der Gondel geklettert wäre, dass meine Pläne wie die Andrées mit einer Katastrophe enden würden, aber irgendetwas oder irgendjemand hat mir dabei geholfen, alles heil und unversehrt zu überstehen.

Meine Vorstellung ist, dass es der Mann war, dem ich dieses Abenteuer widme, der Mann, der mit einer Vision den Kampf gegen die Natur aufnahm, die ihrer Zeit voraus war: Salomon August Andrée.

NACHBEMERKUNG DES KOAUTORS

Um das Schicksal von Salomon August Andrée, Nils Strindberg, Knut Frænkel, Nils Ekholm sowie die Fahrt von *Örnen* so dramatisch und authentisch wie nur möglich zu schildern, habe ich ihre Tagebücher und Kalender verwendet, ferner verschiedene Briefe, Berichte Dritter und jüngst veröffentlichte Forschungsarbeiten. Damit stößt dieses Buch mehrere frühere Ansichten um, vor allem was die Todesarten von Andrée, Strindberg und Frænkel auf der Weißen Insel betrifft. Bislang ist man davon ausgegangen, dass entweder Trichinose die Ursache gewesen ist, Erstickung durch Qualm und Rauch des Primuskochers oder die Konsequenz einfacher Erschöpfung infolge der Kälte.

Anhang I erklärt ausführlicher, weshalb Botulismus die wahrscheinlichste Todesursache ist. Ich habe den Eindruck, dass diese Theorie besser zu den vorhandenen Belegen passt und weit eher einen Sinn ergibt als irgendeine der anderen Hypothesen. Zu besonderem Dank bin ich Håkan Jorikson verpflichtet, dem Kurator des vorzüglichen Andrée-Museums in Gränna am Vätternsee in Schweden. Er machte mich mit Mark Personne bekannt, einem früheren Facharzt für Intensivmedizin und heute Direktor des schwedischen Gift-Informationszentrums. Dr. Personnes Forschungsarbeiten, die vor kurzem in der schwedischen Ärztezeitschrift *Läkartidningen* veröffentlicht worden sind, haben der Schilderung der Todesszenen im 13. Kapitel zugrunde gelegen. Mein Dank gilt auch Dr. Personnes Erlaubnis, eine Übersetzung seiner Arbeit zu veröffentlichen.

Håkan Jorikson hat mich nicht nur mit Mark Personne bekannt gemacht, sondern auch viele Fragen beantwortet, welche die Andrée-Expedition betrafen. Außerdem hat er mir die Genehmigung erteilt, aus den Tagebüchern, Kalendern und meteorologischen Journalen der drei Männer zu zitieren. Auch dafür vielen Dank. Sämtliche Auszüge aus Tagebüchern oder Briefen entsprechen dem Original und sind nur dort, wo es mir notwendig erschien, um der Klarheit willen redigiert worden. Die meisten direkten Zitate stammen aus Tagebüchern, Briefen oder aus Berichten Dritter, die über die Ereignisse geschrieben haben. Auch hier habe ich um der Klarheit willen gelegentlich redigiert. In wenigen Fällen sind Zitate jedoch dazu verwendet worden, das Verständnis für den Fortgang der Ereignisse zu fördern, um technische oder Hintergrundinformationen in möglichst einfachen Begriffen zu vermitteln und Einsichten in die Charaktere der drei Männer zu ermöglichen. Überdies werden so einige Unterschiede erklärt, die zwischen den offiziell dokumentierten Ereignissen und dem bestehen, was geschehen sein muss. Wo immer dies notwendig war, habe ich mich möglichst eng an den Geist der Originalquelle gehalten.

Die Rekonstruktion und Wiedergabe der Geschichte der Andrée-Expedition wurde durch einander widersprechende Berichte über das, was geschehen und gesagt worden ist, erschwert. Das liegt zum Teil daran, dass die Tagebücher der drei Männer unvollständig und beschädigt sind. Oft fehlen einzelne Worte, häufig sogar ganze Sätze. In diesen Fällen sind Worte und Satzteile hinzugefügt worden, um die Lücken auszufüllen. Gelegentlich gibt es Unstimmigkeiten bei der Zeitbestimmung von Ereignissen, weil Andrée und Strindberg Zeiten auf verschiedene Weise festhielten. In anderen Fällen wird deutlich, dass die Männer die Nachwelt im Blick hatten und sich bemühten, verzweifelte Situationen in einem besseren Licht erscheinen zu lassen. Infolgedessen ist es in einigen Fällen nötig gewesen, die Ereignisse zu interpretieren. Außerdem haben Andrée, Strindberg und Frænkel in ihren Tagebüchern Abkürzungen und Kurzschrift verwendet. Diese Passagen sind in voller Länge ausgeschrieben worden, um sie verständlicher zu machen.

Besonderen Dank schulde ich auch Håkan Wasén, einem Verwandten von Nils Strindberg, der mir Übersetzungen von Briefen zwischen Nils und Anna sowie Nils und seinem Bruder Tore überlassen hat. Überdies hat er viele Fragen über die Familie Strindberg und über Nils' Romanze mit Anna beantwortet. Noch einmal vielen Dank.

Robert Uhlig, Januar 2001

FUSSNOTEN

1 Anfang 1999 ersetzte Brian Tony Brown als Kopilot. Die beiden waren die ersten, die in einem Ballon nonstop um die Welt gefahren waren. Es war eine fantastische Leistung, die in allen Büchern der Rekorde Erwähnung fand.
2 Eine ausführliche Liste der Ausrüstungsgegenstände findet sich in Anhang II.
3 Virgo-Hafen wurde nach dem Boot benannt, mit dem Andrée zur Dänen-Insel gefahren war. Die Namensgebung erfolgte jedoch erst einige Jahre nach seinem Start zum Pol.
4 Das Z in der Zeitangabe bezieht sich auf »Zulu-Zeit« oder Mitteleuropäische Zeit, MEZ. Somit bedeutet 6Z 6.00 Uhr mitteleuropäischer Zeit MEZ.
5 Machuron suchte die Holländer-Landspitze vergeblich nach Strindbergs Brief an Anna ab. Bis zum heutigen Tag ist die Dose auf der Insel Vogelsang nicht gefunden worden.
6 Wäre das nicht passiert, wäre *Örnen* im Lauf der Nacht vermutlich nach Spitzbergen zurückgetrieben worden.
7 Eine vollständige Liste der Ausrüstung findet sich in Anhang II.
8 In Wahrheit handelte es sich um die Weiße Insel.
9 Der staatliche Wetterdienst der USA, National Oceanic and Atmosphere Administration, NOAA.
10 Aus diesem Grund erklärte der British Balloon and Airship Club später, es sei »eine absolute Unmöglichkeit«, näher an den Pol heranzufahren, als ich es getan hatte. Das Guinness-Buch der Rekorde bestätigte, dass ich näher an den Pol herangefahren war als irgendjemand vor mir, und fügte hinzu, es sei höchst unwahrscheinlich, dass jemand diese Leistung wiederholen könne. Nach Beratung mit dem BBAC verkündete Guinness, dass sie meine Fahrt als die erste Ballonfahrt zum Nordpol anerkannten. Ursprünglich hatten sie erklärt, ich müsse bis auf einen Meter an die absolute Position herankommen. Wegen der Geschwindigkeit der Meeresströmungen unter dem Eis ist das etwas, was nur sehr wenige, wenn überhaupt jemand von den Leuten, die den Pol zu Fuß erreicht haben, uneingeschränkt für sich in Anspruch nehmen können (und selbst das Satellitenortungsgerät GPS ist bestenfalls nur auf zehn Meter genau).

Anhang I

Die Todesursache

Der folgende Aufsatz von Mark Personne, Direktor des schwedischen Gift-Informationszentrums, wurde 2000 in der schwedischen Ärztezeitschrift *Läkartidningen* veröffentlicht.

Die Mitglieder der Andrée-Expedition sind vermutlich an Botulismus gestorben
Neue Hypothese erklärt die rätselhaften Todesfälle

Zusammenfassung

Bei den drei Mitgliedern der Ballonfahrt zum Nordpol im Jahre 1897 ist die Todesursache nie zweifelsfrei festgestellt worden. Im Lauf der Jahre sind eine Reihe von Theorien vorgelegt worden (Vitamin-A-Vergiftung, Erfrierung, Kohlenmonoxidvergiftung, Selbstmord, Skorbut, Trichinose, Austrocknung des Körpers etc.), aber keine davon ist völig fehlerfrei.

Nach der Entdeckung des letzten Lagerplatzes der drei Männer auf der Weißen Insel nordöstlich von Spitzbergen im Jahre 1930 wurden ihre Leichen keiner Autopsie unterzogen. Die menschlichen Überreste wurden nach der Ankunft in Schweden eingeäschert. Andere Objekte werden im Andrée-Museum in Gränna aufbewahrt.

Hier werden drei weitere Theorien über die möglichen Todesursachen vorgelegt, von denen eine Vergiftung mit dem Botulinus-Toxin wahrscheinlicher zu sein scheint als die anderen.

Die Ballonfahrt von Salomon August Andrée, Kurt Frænkel und Nils Strindberg begann am 11. Juli 1897 und endete drei Tage später mit einer Notlandung auf dem Packeis. Ihr folgte eine Wanderung auf dem Eis, die am 5. Oktober 1897 endete, als die Männer auf der Weißen Insel an Land gingen.

Andrée führte ein ausführliches Tagebuch, dessen letzte Seiten jedoch so stark beschädigt sind, dass der Text teilweise unlesbar ist. Frænkel und Strindberg machten sich ebenfalls Notizen. Diese Tagebuchnotizen sowie die Untersuchung der Überreste ihres letzten Lagerplatzes enthüllen eine Reihe von Umständen, die durch jede Theorie über die Todesursache bestätigt werden sollten, wenn diese Theorie als glaubwürdig gelten soll.

Strindberg starb vor den anderen. Er wurde in einem 30 Meter vom Lager entfernten flachen Grab beigesetzt, aber ohne Leichentuch, Kreuz, Flagge oder sonstige Andenken. Er trug Hosen und eine Lederweste, aber seine Jacke und persönlichen Habseligkeiten wurden woanders aufbewahrt.

Überreste von Andrée und Frænkel wurden dicht nebeneinander in den Überresten ihres Zelts gefunden, aber nicht in dem gemeinsamen Schlafsack der Gruppe. Frænkel trug eine Mütze. Neben seinem Schädel wurde eine Schneebrille gefunden.

Der Marsch auf dem Eis dauerte fast drei Monate, die Weiße Insel erreichten sie kurz vor ihrem Tod. Der Marsch über das Packeis war extrem mühsam gewesen, aber nichts deutet darauf hin, dass die drei Männer bei der Ankunft auf der Insel schon dem Tod nahe waren.

Die Tagebücher erwähnen die folgenden Krankheitssymptome: periodisch auftretender Durchfall (bei allen drei Männern), vorübergehende Verstopfung (Andrée), Magenschmerzen, laufende Nasen (bei allen drei Männern), Muskelkrämpfe (Frænkel), Schneeblindheit bei Beginn der Eiswanderung (Frænkel), ausgeprägte Müdigkeit der Muskeln (bei Frænkel und in gewissem Umfang auch bei

Strindberg). Gegen Ende der Eiswanderung gibt es keine schriftlichen Symptombeschreibungen mehr.

Die Tagebucheinträge enden um den 7. Oktober herum, und soweit sich beurteilen lässt, starben die drei Männer kurz nacheinander. Auf den letzten bruchstückhaften Seiten von Andrées Tagebuch findet sich kein Hinweis auf Krankheit, Tod, Unfälle, Verwirrung oder sonstige Hintergründe für die Todesursache. Es finden sich Beobachtungen der Natur, von Erkundungsgängen, Bemerkungen über das Wetter, die Bezeichnung ihres Landeplatzes und andere Dinge. Die Schrift ist lesbar, und es finden sich keine Rechtschreibfehler oder andere Anzeichen einer stark gestörten Gehirntätigkeit.

Man kann annehmen, dass alle drei an der gleichen Ursache gestorben sind. Bei einem Expeditionsmitglied war der Todeskampf offensichtlich so lang, dass dieser Mann noch eine Art Beisetzung erhielt. Insgesamt ging es jedoch so schnell zu Ende, dass es nicht die Zeit oder die Möglichkeit gab, in den Tagebüchern etwas über den ersten Todesfall zu sagen.

In der Nähe von Andrées Leichnam wurde ein Gewehr gefunden, doch es war unklar, ob es geladen war. Es gibt keine Berichte über Einschusslöcher oder andere Verletzungen an den Leichen oder von beschädigten Kleidungsstücken mit Ausnahme eines kleinen Risses in Strindbergs Jacke. Im Lager wurden große Mengen Lebensmittel gefunden, hauptsächlich rohes Fleisch und Konserven in Dosen. Fleisch und Fett von Seehunden, Walrossen und Eisbären, die während der Eiswanderung geschossen worden waren, wurden auf den Schlitten transportiert.

Der Primuskocher, eine Flasche, ein Becher und ein Teller mit Lebensmittelresten befanden sich immer noch im Zelt. Der Primuskocher funktionierte noch und enthielt beim Auffinden einen Dreiviertelliter Brennspiritus. Das Ventil war geschlossen. Nirgends im Lager waren Überreste eines offenen Feuers zu sehen.

Trichinenlarven wurden später in Überresten von Eisbärenfleisch gefunden. Es befand sich dort, wo man auch die drei Männer fand. Die Expedition führte mit: Brennspiritus, Opium und Morphin.

Alte und neue Theorien über die Todesursachen

Trichinose. Der dänische Arzt E. A. Tryde, der ein ganzes Buch über dieses Thema geschrieben hat, hat seine Theorie in den fünfziger Jahren vorgelegt. Sein Hauptargument war, dass man Trichinen in den Resten von Eisbärenfleisch gefunden habe, das man an der Stelle entnommen hatte, wo die drei Männer gefunden worden waren. Einige der in den Tagebüchern erwähnten unbestimmten Krankheitssymptome stimmen mit Trichinose überein (Durchfall, Verstopfung, Muskelschmerzen – doch diese Symptome waren vorübergehend). Erwartete Symptome fehlen (Zeiten mit erhöhter Temperatur, Augenlidödeme [übermäßige Schwellungen in Folge von Flüssigkeitsspeicherung], Bindehautblutungen, ständiger Muskelschmerz, Pneumonitis [Lungenentzündung]). Wenn es zu einer tödlichen Myokarditis kommt [Herzmuskelentzündung], dann meist zwischen vier und acht Wochen nach der Einnahme von Trichinenlarven. Selbst eine unbehandelte Trichinose ist normalerweise nicht tödlich. Es ist sehr unwahrscheinlich, dass drei Personen mehr oder weniger gleichzeitig an dieser Infektion sterben. Nansen und andere Polarforscher haben in dieser Region sehr gut überlebt, obwohl sie wiederholt Eisbärenfleisch gegessen hatten.

Beurteilung: mögliche Ursache bestimmter Krankheitssymptome, als Todesursache jedoch sehr unwahrscheinlich.

Skorbut. Skorbut ist eine wohlbekannte Todesursache bei Seefahrern früherer Zeiten, die sich von einer Vitamin-C-armen Diät ernähren mussten, aber drei Monate sind eine zu kurze Zeit, um lebensbedrohende Symptome zu entwickeln. Andrée, Strindberg und Frænkel hatten immer wieder Zugang zu Lebensmitteln, die Vitamin C enthielten, etwa Frischfleisch und Algen. Überdies werden in den Tagebüchern keine typischen Symptome beschrieben. So wurden auch keine gelockerten Zähne beobachtet.

Beurteilung: als Todesursache ausgeschlossen.

Vitamin-A-Vergiftung. Aus den Tagebüchern geht hervor, dass die drei Männer keine Eisbärenleber gegessen hatten, die reich an Vitamin A ist. Es werden keine typischen Symptome beschrieben wie etwa schwere Kopfschmerzen, schuppige Haut, Haarausfall, Ödeme und die Neigung zu Blutungen. Überdies ist unwahrscheinlich, dass eine Vitamin-A-Vergiftung alle drei Männer in einem so kurzen Zeitraum hätte töten können.

Beurteilung: als Todesursache ausgeschlossen.

Kohlenmonoxidvergiftung. Dieser Theorie zufolge war der Primuskocher die Quelle des Austretens von Kohlenmonoxid. Es ist jedoch unwahrscheinlich, dass der Primuskocher nachts zum Heizen benutzt wurde, denn die Männer mussten sparsam mit ihrem Brennstoff umgehen. Der Tod der zwei Männer im Zelt hat sich vermutlich während des Tages ereignet, da die Leichen außerhalb des Schlafsacks gefunden wurden. Ein Mensch, der wach ist, bemerkt Symptome von Kohlenmonoxidvergiftung und setzt sich dem Gas nicht mehr aus. Das simple Zelt ist vermutlich zugig und gut belüftet gewesen. Zwei Menschen, die anfänglich überleben, aber später an Kohlenmonoxidvergiftung sterben, schaffen es nicht, einen dritten Mann zu bestatten. Es befand sich noch etwas Brennspiritus in dem Primuskocher, und das Ventil war geschlossen, was darauf hindeutet, dass der Kocher im Augenblick des Todes nicht in Gebrauch war.

Beurteilung: sehr unwahrscheinliche Todesursache.

Bleivergiftung. Es ist seit langem bekannt, dass Mitglieder von Arktis-Expeditionen häufig sehr hohe Bleiwerte im Körpergewebe hatten. Die Leichen von zwei Mitgliedern der Franklin-Expedition von 1846 wurden auf der Beechey-Insel in der kanadischen Arktis wohlerhalten aufgefunden. In den 1980er Jahren wurden diesen Leichen Proben entnommen. Anschließend wurden die Bleiwerte in Gewebeproben aus Skelett, weichem Körpergewebe und Haar analysiert. Werte von 110 bis 228 ppm (parts per million) wurden im Skelett gefunden. In einer Studie aus dieser Zeit wurde ermittelt, dass die normalen Bleiwerte in Fingernägeln bei annähernd 5 ppm liegen.[1] Man hat eine Vergiftung als mitwirkende Todesursache bei den Mitgliedern der Franklin-Expedition vermutet,[2] aber auch hier gehen die Ansichten auseinander.[3]

Andrée hat wie Franklin Proviant in Metalldosen mitgenommen, die mit Bleinähten verschlossen waren. Es ist bekannt, dass diese Art von Konservendosen gefährliche Bleimengen freisetzen und damit den Inhalt kontaminieren können.

In den Sammlungen des Andrée-Museums in Gränna fand man 1979 in einem Fausthandschuh drei Fingernagelstücke. Der Bleigehalt der Nägel ist inzwischen mit zwei verschiedenen Techniken analysiert worden. Im Dezember 1997 wurde auf einer 0,25 cm^2 großen Fläche in der Mitte eines der Nägel eine Röntgen-Analyse durchgeführt. Dort wurde ein Wert von 60 ppm gemessen, zehn- bis 20-mal mehr als normale Vergleichswerte aus der gleichen Zeit. Um diese Erkenntnisse zu bestätigen, wurde im Juni 1998 eine neue Analyse mit protonengesteuerten Röntgenstrahlen an der Technischen Hochschule in Lund vorgenommen. Der Bleigehalt wurde an zwölf Punkten der Längsachse eines anderen Fingernagels gemessen. In diesem Fall wurden die Proben der Unterseite des Nagels entnommen, um das Risiko nach Möglichkeit auszuschließen, dass der Fingernagel durch exogenes Blei kontaminiert worden war. Die

Analyse ergab Bleiwerte von 27 bis 486 ppm (mit einem Durchschnittswert von 65 ppm).

In einer schwedischen Studie von Menschen, die über einen längeren Zeitraum hinweg mit Blei in Berührung gekommen sind, fand man einen Bleiwert im Finger eines Skeletts von 55 ppm (eine Kontrollgruppe wies 3 ppm auf).[4] In einer anderen Studie wiesen 13 Personen, die berufsmäßig mit Blei in Berührung kamen, Skelettwerte von 26 bis 410 ppm auf (Kontrollpersonen 4 bis 18 ppm).[5]

Symptome einer chronischen Bleivergiftung machen sich anfänglich nicht bemerkbar: Es kann zu Müdigkeit, Übellaunigkeit und Initiativlosigkeit kommen. Wer über einen längeren Zeitraum mit Blei in Berührung kommt, wird zusätzlich an Symptomen des Verdauungstrakts leiden, etwa an Appetitlosigkeit, unbestimmten Magenschmerzen, Verstopfung oder Durchfall, Muskel- und Gelenkschmerzen. Außerdem macht sich ein Gefühl von Taubheit in den Beinen bemerkbar, wenn der Patient weiter mit Blei in Berührung kommt. Dann kommt es zu Bleikoliken zusammen mit schweren Anfällen von Magenschmerzen. Probleme der Körperbeherrschung, Lähmung, Verwirrung und Gedächtnisverlust können ebenfalls beobachtet werden. Im Endstadium kommt es zu Zuckungen und Bewusstlosigkeit.

Fingernägel wachsen um 0,5 bis 1,2 Millimeter pro Woche. Die Andrée-Expedition war etwa 88 Tage unterwegs, was für diesen Zeitraum ein Nagelwachstum von sechs bis 15 Millimeter erwarten lässt. Wenn man annimmt, dass die Wachstumsrate innerhalb dieser Grenzen liegt, hätten sich nur die ersten sieben Messpunkte, von der Wurzel des 20 Millimeter langen Fingernagels an gerechnet, während der Expedition gebildet. Der höchste Wert von 486 ppm wurde am Messpunkt 10 festgestellt, somit definitiv außerhalb des relevanten Zeitrahmens. Wenn die Werte korrekt sind, hat sich der Wert vor Beginn der Expedition ergeben.

Unter den in den Tagebüchern erwähnten Krankheitssymptomen finden sich verschiedene unbestimmte Symptome, die sich mit einer Bleivergiftung vereinbaren lassen, aber auch mehrere andere Ursachen haben können. Da eine Bleivergiftung die höheren Gehirnfunktionen beeinträchtigt, kann man spekulieren, inwieweit das Urteilsvermögen und die Fähigkeit der Expeditionsmitglieder, rationale Entscheidungen zu treffen, betroffen gewesen sind. Das Tagebuch enthält jedoch keinerlei auffallende Zeichen einer mentalen oder funktionalen Beeinträchtigung, was während der letzten Tage einer tödlichen Bleivergiftung zu erwarten wäre.

Eine Bleivergiftung allein kann den Tod der drei Männer im Verlauf von einem Tag oder wenigen Tagen nicht erklären.

Beurteilung: denkbare Ursache bestimmter Krankheitssymptome, als Todesursache sehr unwahrscheinlich.

Methanol-Vergiftung. Die Expeditionsmitglieder hatten Brennspiritus bei sich, und im Lager auf der Weißen Insel wurden zwei leere Dosen davon gefunden. Bislang hat man nicht feststellen können, ob dieser Spiritus auch Methanol enthielt. Eine Möglichkeit ist, dass sie unwissentlich den Brennspiritus tranken. Da sie Treibholz gefunden hatten, war es nicht mehr notwendig, Brennspiritus zu sparen, und zum Zeitpunkt ihrer Ankunft auf der Weißen Insel hatten sie keinen Wein oder gewöhnliche Spirituosen mehr.

Ein Glas mit vier bis sechs Zentilitern reinen Methanols kann tödlich sein. Die Vergiftung läuft innerhalb von einem Tag oder zwei Tagen ab, wobei es große individuelle Unterschiede gibt.

Das beeinträchtigte Sehvermögen, das eine Methanolvergiftung verursachen kann, macht es schwierig, ein Tagebuch zu führen. Bei Strindbergs Beisetzung scheinen seine Gefährten körperlich in einem schlechten Zustand gewesen zu sein. Diese Theorie setzt voraus, dass der Brennspiritus einen hohen Methanolanteil besaß und dass alle drei Männer eine Menge tranken, die mindestens einem großen Schnaps entsprach, und zwar mehr oder weniger gleichzeitig.

Beurteilung: mögliche Todesursache von geringer Wahrscheinlichkeit.

Selbstmord. Es wurden keine Abschiedsbriefe gefunden, und in den Tagebüchern finden sich an keiner Stelle Hinweise auf Selbstmordgedanken. Selbstmorde mehrerer Personen in einem gewissen zeitlichen Abstand oder kollektiver Selbstmord sind extrem selten. Dagegen sprechen auch die Persönlichkeiten der Männer und der Geist der Zeit. Unter den herrschenden Umständen war der Überlebensinstinkt vermutlich stark entwickelt. Man kann davon ausgehen, dass die Beisetzung Strindbergs mit größerer Sorgfalt vorgenommen worden wäre, wenn die beiden Überlebenden noch im Vollbesitz ihrer Kräfte gewesen wären, was der Fall gewesen wäre, wenn ihr Tod das Ergebnis von Selbstmord war.

Beurteilung: möglich, aber unwahrscheinliche Todesursache.

Austrocknung, reine Unterkühlung, Erschöpfung etc. Diese Zustände haben einen schleppenderen Verlauf, als die Todesumstände vermuten lassen. Andrée und Frænkel wurden zwar im Zelt, aber nicht im Schlafsack gefunden, in dem man Personen vermutet hätte, die an Erschöpfung und Unterkühlung gestorben waren. Die Möglichkeit, dass beide wegen eines tödlichen Fiebers den Schlafsack verlassen haben, scheint unwahrscheinlich zu sein. Überdies trug Frænkel eine Mütze, als man seinen Leichnam fand. Brennstoff in Form von Treibholz und Brennspiritus war reichlich vorhanden. Überdies dürften auf der Insel die körperlichen Strapazen geringer gewesen sein als während der Wanderung übers Eis. Von Erschöpfung ist in den letzten Tagebucheinträgen an keiner Stelle die Rede.

Beurteilung: unwahrscheinliche Todesursache.

Angriffe von Eisbären. Es kam immer wieder zu Begegnungen mit Eisbären. Eine große Zahl der Bären wurde erlegt. Zum Zeitpunkt des Todes der drei Männer besaßen diese noch Munition.

Beurteilung: kann höchstens Strindbergs Tod erklären, aber nicht den der anderen.

Botulismus. Der Botulismus des Menschen ist eine Fleischvergiftung, die durch das Toxin des *Bacillus botulinus* ausgelöst wird. Es kommt in gelagertem, nicht ausreichend gekochtem Fleisch (besonders der Meerestiere) vor.[6, 7, 8]

Die ersten Symptome sind oft diffus: ein allgemeines Gefühl von Krankheit, Übelkeit, Schwäche, lallende Sprache, Höhenangst, Sehschwäche, Lichtempfindlichkeit, Pupillenerweiterung, ein trockener Mund und Schluckbeschwerden. Das allgemeine Krankheitsbild wird dann durch eine im Körper nach unten fortschreitende Muskellähmung beherrscht, bis das Atemsystem sechs bis acht Stunden nach Erscheinen der ersten Symptome gelähmt ist. Botulismus lässt sich mit den folgenden Daten in Einklang bringen:
- Die drei Männer starben im Verlauf von ein bis zwei Tagen, aber nicht gleichzeitig.
- Die Zeit reichte, um Strindberg zu begraben, aber Andrée und Frænkel konnten ihn nur in einem flachen Grab beisetzen, da sie selbst durch Vergiftungssymptome geschwächt waren.
- Es gibt keine Tagebuchnotizen über Strindbergs Tod, da Sehstörungen und Muskelschwäche das Schreiben unmöglich machen.
- Neben Frænkels Schädel wurde eine Schneebrille gefunden (Lichtempfindlichkeit ist ein frühes Symptom). Es ist unwahrscheinlich, dass man in diesen Breiten am 7. Oktober eine Schneebrille brauchte.

· Diese Todesursache setzte keine unwahrscheinlichen Ereignisse voraus und passt gut zu den bekannten Tatsachen.
Beurteilung: wahrscheinliche Todesursache.

Von den oben genannten Theorien über die Todesursache ist eine Vergiftung durch das Botulinus-Toxin am wahrscheinlichsten. Soweit bekannt, sind unter den vorhandenen menschlichen Überresten keine organischen, in der sich dieses Toxin mit modernen Labortechniken nachweisen ließe.

Anhang II

Die Ausrüstung

Ausrüstung von David Hempleman-Adams

Brenner/Heizgerät: Heizung; elektrisches Ventil; Autopilot; Gasanzünder; chemischer Wärmer, Propangastanks; Schnellabschaltungsventile; Kältedichtungen; Tabelle über den Brennstoffverbrauch

Fluginstrumente: Analoger Höhenmesser; Höhenmesser-Warnsignal; Lenkhilfe; zwei Wecker; zwei Variometer; Kugelvariometer; zwei Barographen

Sauerstoffausrüstung: Flüssigsauerstofftank; Flüssigsauerstoff; drei Masken; zwei Kanülen; Schläuche und Beutel; vollständige Ersatzausrüstung mit Flüssigsauerstoff und Ersatztanks

Ausrüstung in der Gondel: Sonnencreme; Schiffskompass; Trinkwasser; Ballast und Ballastsäcke; Silikonöl; Frostschutzmittel; Funkfeuer; wasserdichte Taschenlampe; Streckenkarte; abnehmbare Trennwand; Isoliermaterial und Matten; Persenning; Befestigungen für die Brennstofftanks; Auslaufschrauben für die Brennstofftanks; Heizgerät; Toiletteneimer; Trittleiter; Stuhl; Unterlage für den Kocher; Kocher; Brennstoff für den Kocher; Kartentisch; Folienstifte; Prüflisten; drei Feuerlöscher; feuerfeste Decke; Erste-Hilfe-Ausrüstung; Werkzeugkasten und Ersatzteile; Müllsäcke;

Toilettenpapier; Urinflasche; Zündhölzer; Anzünder; Eispickel; Kühlbox; Helm; Sicherheitsgurte; Seile; Bootshaken; Schaufel und Handfeger; Messer; Schlafsäcke; Stiefel; Kleidung; Schutzbrille; Fernglas; Lebensmittel; Lebensmitteltaschen; Feldflaschen; Leuchtstäbe

Kommunikationsausrüstung: zwei ICOM-UKW-Funkgeräte mit Antennen; Lithium-AA-Batterien; Mobiltelefon; Satellitentelefon und Batterien; Hochfrequenz-Funkgerät; Frequenz- und Flugplantabellen; Batterie; Argos; zwei Thermometer; Spillsbury-Funkgerät mit zwei Batteriesätzen und zwei Antennen; zwei Funkfeuer für den Notfall; drei GPS-Satellitenortungsgeräte mit Lithium- und AA-Batterien und den dazugehörigen Beuteln; Satellitentelefon der Marke Iridium mit Batterien.

Startausrüstung: Flugplan; Starterlaubnis; Funkfrequenztabellen, Regenplane; Helium; Heliumschläuche; Propangas; Propangasschläuche; Stickstoff; Stickstoffschläuche; Äthan; Äthanschläuche; Flüssigsauerstoff; Flüssigsauerstoffschläuche; Handschuhe; Verbindungsstücke; Adapter; Werkzeuge; Waage; Federwaage

Überlebensausrüstung bei Kälte: Stiefel (Alfa Polarstiefel Mørdre Extreme); zwei Paar Katangaer verstärktes Stiefelfutter; zwei Paar dünne Socken; Thermosocken; drei Paar dicke Socken; zwei Paar lange Unterhosen; zwei Oberteile Karrimor Polartec; eine Fleece-Jacke; dickes Jackenfutter; Thermoskihosen; Rab-Winterjacke; Windjacke; drei wollene Kopfschützer; Fellmütze; Nasenschutz aus Lammfell; elf Paar Handschuhe, dreifach übereinander zu tragen; Fleecebeutel; Persenning; zwei Thermowesten; zwei dünne Schlafsäcke; ein Thermoschlafsack; eine gefütterte Tasche; drei Spirituskocher mit Bodenplatten; Kochtöpfe; Kochlöffel; Holzlöffel;

Kanne; Becher mit Deckel; Löffel; Trichter für Brennspiritus; Lebensmittel für 25 Tage; Taschen für Wasserflaschen und Butterbrote; Schlitten; Sicherheitsgurte; Seile; Skier; Zeltstäbe; Zelt; Eispickel; Schneeschaufel; Gewehr; Munition; Waffenschein; Heliograph; Feuerzeug; Streichhölzer; Klebeband; Toilettenpapier; Eimer; Toilettenbeutel; Handfeger und Schaufel für Zelt; Sonnenbrille; Urinflasche; Erste-Hilfe-Kasten; Werkzeugkasten; Halterungen für Zeltstangen; Klebeband für die Zeltstangen; Messer; Plastikflaschen für Brennstoff; Brennspiritusflasche; zwei Uhren, Wecker; Kurzwellenradio; AA-Batterien; zwei Taucheranzüge; Rettungsfloß; Rettungsjacke; Leuchtkugeln; Schneiderkreide

Sonstige Ausrüstung: Feuerlöscher; Karten; Navigationskarten; Kugelschreiber und Bleistifte; Tagebuch; Glücksperlen und Glücksstein; Bilder; Reisepass; Geld; Kreditkarten; zwei Olympus-Kameras; zwei Canon-Kameras; Film; Batterien; Hi8-Videokamera mit Videobändern und Batterien; Flaggen (die norwegische, schwedische, britische, kanadische und russische)

Ausrüstung der Andrée-Expedition

Diese Liste ist so vollständig, wie es unter den gegebenen Umständen möglich ist. Sie ist aus Einkaufslisten zusammengestellt worden, Bestandsverzeichnissen, Listen in Tagebüchern und Kalendern sowie anhand von Entdeckungen auf der Weißen Insel und anderen Quellen.

Im Ballon beim Start: zwei Anker; drei Dregganker; 350 Kilo Sandballast; 450 Kilogramm Lebensmittel (vorgesehen für 3 1/2 Monate); 200 Kilogramm Wasser und Brennspiritus; 125 Kilogramm Reservationen (vorgesehen für weitere 2 1/2 Monate); ein eigens für den Ballon konstruiertes Kochgerät; Primus-Kocher; zwölf Bojen; 36 Brieftauben in einzelnen Körben; drei Schlitten; ein Boot; eine Flagge

Nach dem Start auf der Dänen-Insel zurückgeblieben: eine Ballonhalle aus Holz; ein Apparat zur Wasserstofferzeugung

Kleidung: Jeder Mann war mit sechs Paar wollener Unterhosen ausgerüstet; drei Westen; neun Paar Socken; drei Paar dünner Wollsocken; einem Paar langer Socken aus Wolle und Haar; drei Flanellhemden; einer wollenen Strickjacke; einem Pullover; einer mit Wolle gefütterten Lederweste; vier Paar Handschuhen oder Fäustlingen; einem Anzug; einem Paar englischer, mit Wolle gefütterter Stiefel; einem Paar Schneeschuhen; zwei Paar Schnürstiefeln; wollenen Hosen; ledernen Bein- und Knieschützern; einer Mütze; Taschentüchern

Lebensmittel: 72 große Dosen mit Keksen und Knäckebrot; eine Dose Äpfel; 14 kleine Dosen mit Keksen; eine Dose Zucker; zwei Schachteln Fleischextrakt; eine Schachtel konserviertes Rindfleisch (Pemmican); 73 Kartons Milch; zwölf Kartons Milchpulver; 24 Kartons Rousseaus Fleischpulver; 20 Kartons Butter; 13 und eine halbe Dose Cloettas Fleischpulver; Kakao; neun Gläser Butter; vier Gläser eingemachte Preiselbeeren; Kaffee; Himbeersirup; Schokolade und Zitronensaft; Sardinen in Dosen; Mellin's Food (eine Art Haferschleim); Leberpastete; belgische Pralinen; Brühwürfel

Andrées Schlitten: vier Planken; drei Bambusstäbe; ein Tragring aus Holz; ein Bootshaken; eine Persenning als Zeltboden; ein Sack mit privaten Habseligkeiten (darunter auch Röhren für das Sammeln wissenschaftlicher Proben); ein Korb; ein Topf Schuhcreme; ein

Schlauch; eine Schaufel mit einem Ersatzgriff; zwei Körbe mit Lebensmitteln und Vorräten; Dregganker und Seil (Gesamtgewicht 210,8 Kilo bis zum 27. Juli 1897. Danach wurde ein Teil der Ladung aufgeben, wonach Andrées Schlitten mit insgesamt 129,5 Kilo beladen war.)

Frænkels Schlitten: Boot; ein Sack mit privaten Habseligkeiten; Munition; Altazimut mit Stativ; verschiedene meteorologische und Navigationsinstrumente (darunter ein Aneroid-Barometer, ein Psychrometer, ein Sextant, mehrere Chronometer, ein Senkblei, ein Nivelliergerät, Kompasse, Hygrometer, Thermometer, Aktinometer) und Navigationstabellen; ein Fotoapparat; ein Primus-Kocher; zwei Ferngläser; Streichhölzer; Schlafsack; drei Wolldecken; Besteck und Geschirr; ein Gewehr mit Futteral; Ausrüstung zum Reinigen der Waffen; ein Sack mit Büchern (Gesamtgewicht 135,6 Kilo)

Strindbergs Schlitten: Strindberg scheint hauptsächlich Lebensmittel und seine persönlichen Habseligkeiten gezogen zu haben, obwohl die folgenden Gegenstände abwechselnd von den drei Männern gezogen wurden, anfänglich wahrscheinlich von Strindberg: Medikamentenkasten; Munition; mehrere Gewehre; ein Sextant; Fotoausrüstung; ein Zelt; zwei Zeltstäbe; Werkzeuge; ein Theodolit mit Stativ; ein Spaten.

Danksagung

Viele Menschen haben dazu beigetragen, die Fahrt der *Britannic Challenger* zum Nordpol zu ermöglichen. Leider kann ich nicht jedem namentlich für seinen unschätzbaren Rat und seine Ermutigung danken, versichere aber allen, wie sehr ich jedem Einzelnen von euch für eure Freundschaft und euren Beistand danke.

Vor allem muss ich Bill Haynes und David Newman von Britannic Assurance danken. Sie besaßen die Weitsicht, mich zu unterstützen. Claire, Denise, Stuart und Paula bin ich dafür dankbar, dass sie die mühevolle Kleinarbeit auf sich genommen haben, die Bills und Davids Förderung mit sich brachte. Von meinem Team bin ich Brian Smith, Clive Bailey, Gavin Hailes, Pete Johnson, Tom Shaw, Brian Jones und unserem meteorologischen Genie Luc Trullemans für ihre unermüdliche Hilfe und ihre Unterstützung zu Dank verpflichtet. Mein Dank geht auch an: Rachel Clarke und Sue Earl, die in meinem Büro dafür sorgten, dass ich nicht die Übersicht verlor; Colin Hill und Peter McPhillips für ihre Hilfe und Patrick O'Hagan für seine Geduld.

Mein Dank gilt auch Seiner Königlichen Hoheit dem Herzog von Edinburgh, der die Schirmherrschaft über die Fahrt der *Britannic Challenger* übernommen hat, und Ian McEwan, der es übernommen hat, die Einführung zu schreiben.

Meine Frau Claire und meine Töchter Alicia, Camilla und Amelia haben meine häufige Abwesenheit von zu Hause toleriert, wofür ich ihnen zutiefst danke. Ich bin auch den Bewohnern Spitzbergens einen besonderen Dank schuldig, weil sie an meinen Traum geglaubt und ihn unterstützt haben.

Schließlich möchte ich Robert Uhlig für seine Ausdauer und harte Arbeit beim Schreiben dieses Buches danken. Er wiederum möchte unserer Lektorin Selina Walker für ihren unschätzbaren Rat und ihre Begeisterung danken sowie Robert Kirby, unserem Agenten bei PFD, der für dieses Buch ein gutes Zuhause gefunden hat.

Schließlich möchte sich Robert besonders bei Hilary und Linus für ihre Liebe, Unterstützung und Toleranz in den vielen Monaten bedanken, in denen er durch dieses Buch von ihnen fern gehalten wurde.

Literaturnachweis zum Anhang

1. Bu-Olayan, A. H., Al-Yakoob, S. N., Alhazeem, S., »Lead in drinking water from water coolers and in fingernails from subjects in Kuwait City, Kuwait«, Sci Total Environ, 1996, 181:209–14.
2. Kowal, W. Krahn, P., Beattie, O., »Lead levels in human tissues from the Franlin Forensic Project«, International Journal of Environmental Analytical Chemistry, 1989, 35:119–26.
3. Farrer, K. T. H., »Lead and the last Franklin Expedition«, Journal of Archaeological Science, 1993, 20:399–409.
4. Börjesson, J., Gerhardsson, L., Schutz, A., Mattson, S., Skerfving, S., Österberg, K., »In vivo measurements of lead in fingerbone in active and retired lead smelters«, Int Arch Occup Environ Health, 1997, 69:97–105.
5. Kiewski, K., Lowitz, H. D., »Determination of lead in hybride form in bone biopsies of patients with long past lead poisoning«, Arch Toxicol, 1982, 50:301–11.
6. Dolman, C. E., »Human botulism in Canada (1919–1973)«, Can Med Assoc J, 1974, 110:191–7.
7. Wainwright, R. B., Heynard, W. L., »Food-borne botulism in Alaska 1947–1985: epidemiology and clinical findings«, J Infect Dis, 1988, 157:1158–62.
8. Hauschild, A. H., Gauvreau, L., »Food-borne botulism in Canada, 1971–1984«, Can Med Assoc J, 1985, 133:1141–6.

BILDNACHWEIS

© Andréemuseet/SSAG: Bildteil 1: S. 1 o. li., o. re und u. re, S. 2 o., S. 3 o., S. 6 u., S. 7 o. und u., S. 8 o., beide Abb. li. und u.
© Andréemuseet/SSAG; © Tekniska Museet, Stockholm/photo Andréemuseet/SSAG: Bildteil 1: S. 1 u. li.
© David Burges: Bildteil 2: S. 8 o. und m.
© The Daily Telegraph/Stephen Lock 1999: Bildteil 2: S. 10.
© The Daily Telegraph/Paul Groover 1998: Bildteil 2: S. 1 ganzseitiges Bild
© The Daily Telegraph/David Burges 2000: Bildteil 2: S. 6, S. 7, S. 8 u.
© Popperfoto; © Andréemuseet/SSAG: Bildteil 1: S. 4
© Roger-Viollet, Paris: Bildteil 1: S. 2 ganzseitiges Bild, S. 3 u., S. 5, S. 6 o.
Alle übrigen Fotos mit freundlicher Genehmigung von David Hempleman-Adams.

**NATIONAL GEOGRAPHIC TASCHENBÜCHER
VON FREDERKING & THALER**

MANCHE MÖGEN'S WEISS

David Hempleman-Adams
Arktisches Solo
Eine spektakuläre Wanderung zum Nordpol
ISBN 3-89405-186-8

Alle Wege führen nach Norden: Unter diesem Motto macht sich der Abenteurer David Hempleman-Adams auf den riskanten und beschwerlichen Marsch durch das ewige Eis der Arktis zum Nordpol. Ein dramatisches und fesselndes Soloabenteuer auf Skiern.

Richard Parry
Die Männer der Polaris
Die wahre Geschichte der tragischen Arktis-Expedition von 1871
ISBN 3-89405-209-0

Mord und Kannibalismus – ist dies die Bilanz der letzten Nordpolexpedition von Charles Francis Hall? Was 1871 unter scheinbar besten Voraussetzungen beginnt, endet bald in einer Spirale aus Missgunst und Verrat ...

Jean-Louis Etienne
Zauberwelt Arktis
Abenteuer im Polareis
ISBN 3-89405-198-1

Enthusiasmus, Poesie und die Lust am Abenteuer prägen die Schilderungen des berühmten Polarforschers Jean-Louis Etienne. Abenteuerbericht und Resümee zugleich, lässt dieses Buch vor unseren Augen ein zerbrechliches Universum von sensationeller Schönheit entstehen.

So spannend wie die Welt.

**NATIONAL GEOGRAPHIC
FREDERKING & THALER**

REISEN · MENSCHEN · ABENTEUER

NATIONAL GEOGRAPHIC TASCHENBÜCHER
VON FREDERKING & THALER

WASSER UND MEHR

REISEN · MENSCHEN · ABENTEUER

W. Hodding Carter
Wie die Wikinger
Von der verrückten Idee zur abenteuerlichen Fahrt
ISBN 3-89405-190-6

Kontiki? – Das war gestern. Heute segelt der amerikanische Abenteurer W. Hodding Carter auf den Spuren des Wikingers Leif Eriksson durch die eisigen Gewässer des Ozeans – mit "Snorri", dem originalgetreuen Nachbau eines Wikingerschiffs.

Dea Birkett
Jella
Allein unter Männern auf dem Schiff von Lagos nach Liverpool
ISBN 3-89405-156-6

Die Welt entdecken, zur See fahren – reine Männersache? Nicht für Dea Birkett. Sie heuert auf der "Minos" an, als einzige Frau unter lauter rauen Kerlen, denen sie rasch beweist, dass sie seetüchtig, wind- und wetterfest ist.

Patrice Franceschi
Die Odyssee der "La Boudeuse"
Abenteuerreisen auf einer Hochseeschunke
ISBN 3-89405-205-8

Auf einer Hochseeschunke in indonesischen Gewässern: Die Besatzung des Forschungsschiffes "La Boudeuse" ist fasziniert und verzaubert von der Inselwelt Indonesiens. Die Reise führt sie zum Stamm der Sakuddei und zu der überwältigenden Höhlenlandschaft der Sungai Bai auf Borneo ...

So spannend wie die Welt.

NATIONAL GEOGRAPHIC
FREDERKING & THALER

NATIONAL GEOGRAPHIC TASCHENBÜCHER
VON FREDERKING & THALER

ÜBER ALLE BERGE

REISEN · MENSCHEN · ABENTEUER

Evelyne Binsack/
Verfasst von Gabriella Baumann-von Arx
Schritte an der Grenze
Die erste Schweizerin auf dem Mount Everest
ISBN 3-89405-221-X

Am 23. Mai 2001 stand die erste Schweizerin auf dem Mount Everest: Evelyne Binsack. In ihrem Buch führt sie uns die hart errungenen 8850 m hinauf bis in die eisigen Höhen ihres Erfolges und gibt Einblicke in ihre Visionen und ihren Lebensweg.

Peter Habeler
Der einsame Sieg
Erstbesteigung des Mount Everest ohne Sauerstoffgerät
ISBN 3-89405-098-5

Der Gipfel des Mount Everest liegt weit in jenem Bereich, in dem Leben nicht mehr möglich ist. Peter Habeler und Reinhold Messner vollbrachten am 8. Mai 1978 eine einzigartige Leistung: Sie bezwangen den Mount Everest ohne Sauerstoffgerät.

Heidi Howkins
Herausforderung K2
Eine Frau auf dem Weg zum Gipfel
ISBN 3-89405-192-2

Die erste Amerikanerin auf dem K2: Heidi Howkins bezwingt den berüchtigten Achttausender im klassischen alpinen Stil – ohne Träger, ohne aufwändiges Basislager, ohne modernes Equipment. Ein mitreißender Bericht über den Kampf einer Bergsteigerin gegen Fels und Eis.

So spannend wie die Welt.

NATIONAL GEOGRAPHIC
FREDERKING & THALER

**NATIONAL GEOGRAPHIC TASCHENBÜCHER
VON FREDERKING & THALER**

ABENTEUER IM GEPÄCK

Oss Kröher
Das Morgenland ist weit
Die erste Motorradreise vom Rhein zum Ganges
ISBN 3-89405-165-5

Deutschland, 1951: Zwei junge, wagemutige Männer wollen raus aus dem Nachkriegsmuff. Mit einem Beiwagengespann machen sie sich auf den Weg nach Indien. Ein spritziger Bericht voll mitreißender Aufbruchsfreude.

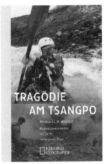

Wickliffe W. Walker
Tragödie am Tsangpo
Wildwasserexpedition auf Tibets verbotenem Fluss
ISBN 3-89405-177-9

Unfassbare 2.700 Höhenmeter stürzt sich der Tsangpo in Tibet durch eine der wildesten Schluchten der Welt. Die Erstbefahrung gelang nur um den Preis eines Toten. Ein ungemein packender Expeditionsbericht.

Christian E. Hannig
Unter den Schwingen des Condor
Rad-Abenteuer zwischen Anden und Pazifik
ISBN 3-89405-133-7

Mit dem Fahrrad ins Abenteuer: Auf seiner Fahrt von Bolivien über die Anden bis nach Lima schließt der Autor Freundschaft mit Indios, gerät in einen Rebellenaufstand und begibt sich auf die geheimnisvollen Spuren der Inka.

So spannend wie die Welt.

**NATIONAL GEOGRAPHIC
FREDERKING & THALER**

**NATIONAL GEOGRAPHIC TASCHENBÜCHER
VON FREDERKING & THALER**

Begegnungen in freier Wildbahn

Jack Becklund
Bärenjahre
Das Erlebnis einer ungewöhnlichen
Freundschaft
ISBN 3-89405-131-0

Das Ehepaar Becklund lebt abgelegen am
Elbow Creek in Minnesota. Eines Tages sucht
eine junge Bärin ihre Gesellschaft. Schon bald
folgen ihr weitere Artgenossen. Die anfängliche Scheu weicht wachsendem Vertrauen.

John Hare
Auf den Spuren der letzten wilden Kamele
Eine Expedition ins verbotene China
Mit einem Vorwort von Jane Goddall
ISBN 3-89405-191-4

Wüstenabenteuer, internationale Diplomatie
und eines der seltensten Tiere der Erde – eine
spannende Mixtur und ein mitreißender
Bericht über die letzten wild lebenden baktrischen Kamele in der mongolischen Wüste,
gewürzt mit einer Prise britischem Humor.

Peter Matthiessen
Tiger im Schnee
Ein Plädoyer für den Sibirischen Tiger
ISBN 3-89405-201-5

Werden Tigerspuren im Schnee schon bald der
Vergangenheit angehören? Der Autor lässt den
Leser teilhaben an einem gefahrvollen und oft
vergeblichen Kampf für den vom Aussterben
bedrohten Sibirischen Tiger
im fernen Osten Russlands.

So spannend wie die Welt.

**NATIONAL GEOGRAPHIC
FREDERKING & THALER**

REISEN · MENSCHEN · ABENTEUER